Wolfgang Benz / Werner Bergmann

Vorurteil und Völkermord

W0083004

HERDER / SPEKTRUM

Band 4577

Das Buch

Wo liegen die Wurzeln, die den Holocaust möglich machten? Wie konnte sich die Judenfeindschaft vom Mittelalter bis zum modernen Antisemitismus entwickeln? Welches Konglomerat von Ursachen führte zu dem vernichtenden Haß gegen Juden? Die Autoren dieses Buches erklären Ausformungen und Entwicklungen seit dem Mittelalter in Europa und den Umschlag in den Haß des Antisemitismus in Deutschland. Grundsätzliche, analytische Kapitel leiten jede Zeitperiode ein, die schließlich durch Beiträge anschaulich gemacht wird, die ein bestimmtes Ereignis oder ein Phänomen beispielhaft beleuchten. Die Autoren sind ausgewiesene Kenner ihres Faches und der aktuellen Diskussion. Ein notwendiges Buch, um in der von Daniel Goldhagen initiierten Debatte mitreden zu können.

Die Herausgeber

Professor Dr. Wolfgang Benz ist Leiter des Zentrums für Antisemitismusforschung, Technische Universität Berlin. Dr. Werner Bergmann ist dort Privatdozent und wissenschaftlicher Oberassistent. Beide haben zahlreiche Veröffentlichungen zur Thematik vorgelegt.

Wolfgang Benz / Werner Bergmann

Vorurteil und Völkermord

Entwicklungslinien des Antisemitismus

Herder

Freiburg · Basel · Wien

Gedruckt auf umweltfreundlichem,
chlorfrei gebleichtem Papier

Originalausgabe

Alle Rechte vorbehalten – Printed in Germany
© Verlag Herder Freiburg im Breisgau 1997
Herstellung: Freiburger Graphische Betriebe 1997
Umschlaggestaltung: Joseph Pölzelbauer
Umschlagmotiv: Felix Nussbaum,
Selbstbildnis mit Judenpaß, um 1943.
Sammlung Felix Nussbaum der Niedersächsischen Sparkassenstiftung
im Kulturgeschichtlichen Museum Osnabrück,
© VG Bild-Kunst 1997
ISBN 3-451-04577-X

INHALT

III
DER ANTISEMITISMUS IM KAISERREICH

IV
DER ANTISEMITISMUS IN DER
WEIMARER REPUBLIK

V
VOM ANTISEMITISMUS ZUM VÖLKERMORD
DIE NS-JUDENVERFOLGUNG

VI
DAS FORTLEBEN DES ANTISEMITISMUS
NACH 1945

Vorwort

Die Diskussion in der Geschichtswissenschaft und in der Öffentlichkeit hat sich in den letzten Jahren verstärkt der Frage nach der Genese des Holocaust, nach der Beteiligung „gewöhnlicher Männer" und dem dem Massenmord zugrunde liegenden ideologischen Motiven und deren Geschichte zugewandt. Die Verbindung der beiden Begriffe „Vorurteil und Völkermord" im Titel des vorliegenden Buches soll deutlich machen, daß ein Schwerpunkt auf dem Zusammenhang von antijüdischem Vorurteil und der Gewalt gegen Juden in der Geschichte liegt. Entsprechend werden für die zentralen Entwicklungsphasen der Judenfeindschaft in Europa seit dem Mittelalter *Verfolgungsaktionen* vorgestellt, in denen Vorurteile situativ in Gewalttaktionen umgeschlagen sind, die je nach historischem Kontext ganz unterschiedliche Formen annehmen konnten. In die jeweiligen Ausprägungen der Judenfeindschaft einer Epoche führt eine *Überblicksdarstellung* ein. Zur Vertiefung dienen Beiträge zu spezifischen Erscheinungsformen oder Ereignissen, da sich an gründlichen Fallstudien die Zusammenhänge genauer erkennen lassen. Wenn möglich werden *neuere Arbeiten* bevorzugt, um den aktuellen Forschungsstand zu dokumentieren. Für einige der Überblicksaufsätze ist allerdings auf bis heute nicht überholte „Klassiker" zurückgegriffen worden.

Wolfgang Benz und Werner Bergmann

Einleitung

Antisemitismus –

Vorgeschichte des Völkermords?

Wolfgang Benz und Werner Bergmann

Der vom Deutschen Reich begonnene Zweite Weltkrieg und
der Mord an den europäischen Juden hat für die Geschichtswissenschaft eine doppelte Frage aufgeworfen: Gibt es Besonder-
heiten in der deutschen Nationalgeschichte, die man als Bedingungen für diese politische Aggressivität angeben kann? Und
damit verbunden: Welche Rolle kommt dem Antisemitismus,
der sich nun nicht mehr anders als aus dem Blickwinkel des
Holocaust betrachten läßt, in diesem Zusammenhang zu?
Gleich nach Kriegsende beginnt die deutsche und internationale Geschichtswissenschaft und Öffentlichkeit sich mit der
Frage nach den Ursachen der „deutschen Katastrophe" (Friedrich Meinecke 1945) und dem „Irrweg einer Nation" (Alexander Abusch 1946) zu beschäftigen. Nach Shulamit Volkov
erschien es, als „ob alle mit der deutschen Geschichte zusam-
menhängenden Ereignisse nur als Material zur Deutung des
Nationalsozialismus dienten, so insbesondere auch der Antisemitismus" (1996, S. 208), der bei einer solchen Sichtweise
zum zentralen Faktor in der Vorgeschichte des NS-Völker-
mords werden mußte. Der englische Titel des bekannten Buches „Rehearsal of Destruction"[1] von Paul W. Massing aus
dem Jahre 1949 spiegelt diese Perspektive ebenso wider wie andere frühe Publikationen zum deutschen Antisemitismus von
Eva Reichmann, dem frühen George L. Mosse u. a.[2] In diesen

---

[1] In der deutschen Übersetzung des Massing-Buches: Die Vorgeschichte
des politischen Antisemitismus, Frankfurt 1959, geht der englische Wort-
sinn „Probelauf für die Zerstörung" verloren.
[2] Einen guten Überblick über diese Kontinuitätsdiskussion und die Kritik daran bietet Niewyk 1990.

Büchern wurde eine kontinuierliche Entwicklung des deutschen Antisemitismus zumindest vom Kaiserreich bis in die NS-Zeit angenommen. Auf diese frühe Perspektive ist jüngst Daniel Goldhagen (1996) mit seiner These zurückgekommen, die Deutschen hätten bereits seit dem frühen 19. Jahrhundert einen spezifischen „eliminatorischen Antisemitismus" entwickelt, der in letzter Konsequenz auf die Ermordung der Juden gezielt habe, so daß dem Nationalsozialismus nur noch die Bedeutung zukommt, diesen Völkermord ermöglicht zu haben. Mit dieser These, die international auf heftigen Widerspruch der großen Mehrheit der Historiker getroffen ist,[3] die sich seit den siebziger Jahren gegen die These vom Sonderweg und der Prädestination der deutschen Geschichte gewandt hatten, wird zweierlei unterstellt: einmal eine ungebrochene, sich radikalisierende Kontinuität dieser Judenfeindschaft von Luther bis Hitler, zum anderen ein besonderer Charakter des Antisemitismus in Deutschland.

Die Frage der Kontinuität des Antisemitismus in Deutschland, für deren Beantwortung man in den in diesem Band zusammengestellten Texten Antworten finden kann, zielt auf dessen Rolle für den Erfolg des Nationalsozialismus und als Motiv für die am Judenmord Beteiligten. Was die Kontinuitätslinien betrifft, so dürfte heute wohl soweit Einigkeit in der historischen Forschung bestehen, daß man zwar auf der Ebene der judenfeindlichen Vorstellungen einen sehr hohen Grad an inhaltlicher und motivischer Kontinuität zumindest seit dem „Früh-Antisemitismus" der Emanzipationsperiode konstatieren muß (Erb/Bergmann 1989, S. 11 f.), daß aber die Bruchlinien, die zu qualitativen Veränderungen in der politischen

---

[3] Insbesondere Hans Mommsen vertritt seit den frühen achtziger Jahren die Goldhagen diametral widersprechende These, daß die Realisierung des Völkermords mit ideologischen Faktoren, nämlich der Einwirkung der antisemitischen Propaganda und der autoritären Färbung der deutschen politischen Kultur, nur unzureichend zu erklären ist, sondern daß vielmehr die politisch-bürokratischen Mechanismen, die den Gedanken der Massenausrottung Wirklichkeit werden ließen, auch unter anderen gesellschaftlichen Bedingungen denkbar seien (1983, S. 420).

Rolle der Judenfeindschaft, ablesbar z. B. an den Vorschlägen zur „Lösung der Judenfrage", und ihrer Trägerschichten sowie zu Radikalisierungsschüben führten, sowohl zwischen der Emanzipationszeit und dem Kaiserreich als auch zwischen diesem und der durch Krieg und Niederlage verwilderten politischen Kultur der Weimarer Republik nicht übersehen werden dürfen. Es deutet sich heute ein Konsens der Antisemitismusforschung dahingehend an, im Ersten Weltkrieg mit seinen verrohenden Wirkungen und dem sich danach im Vergleich zu den Verhältnissen unter Bismarck und Wilhelm II. völlig verändernden, polarisierten politischen Klima der Weimarer Republik die entscheidende qualitative Veränderung des Antisemitismus und seines Wirkungsfeldes zu sehen, auch wenn sich viele daran mitwirkende Faktoren im Kaiserreich und früher herausgebildet hatten (Berding 1996, S. 205) und auch wenn die Weimarer Republik andererseits für die Juden die völlige rechtliche Gleichstellung, soziale Aufstiegschancen und eine kulturelle Blütezeit bedeutete, deren Ende nicht zwangsläufig war (Herzig 1993, S. 1). Von zentraler Bedeutung dürfte gewesen sein, daß die antisemitische Bewegung im Kaiserreich ihre Forderungen nach Rücknahme der Judenemanzipation an einen von ihnen selbst und von der Mehrheit der Deutschen als legitim empfundenen Staat stellte, so daß etwa Gewalt als Mittel der Politik ausschied, während seit 1918 die rechtsradikalen antisemitischen Gruppen und Parteien ihren Kampf gegen die Juden in ganz anderer, viel radikalerer Weise führen konnten, da sie damit gleichzeitig ein von vielen politischen Gruppen und großen Teilen der Bevölkerung als illegitime politische Ordnung bekämpftes „System" angriffen, das zudem noch mit der Niederlage im Weltkrieg und dem „Versailler Vertrag" belastet war, dem gegenüber alle Parteien „revisionistisch" eingestellt waren. Im Kampfbegriff „Judenrepublik" verschmolz für die antirepublikanischen Kräfte der politische Kampf gegen den demokratischen Staat, gegen die „Erfüllungspolitik" und den „Ausverkauf Deutschlands" untrennbar mit dem gegen die Juden. Dies bedeutete eine völlig neue Dynamik des politischen Antisemitismus. Zu diesem innenpolitischen Kampf kam noch ein außenpolitischer hinzu: Mit der Niederlage im Ersten Weltkrieg avancierten die kapitalistischen Vereinigten Staaten (Stichwort: „Wall Street") auf der einen, die bolschewistische Sowjetunion auf der anderen Seite für die rechten und nationalistischen Strömungen zu den bedrohlichsten äußeren Feinden. Beide, die „Rote" und die „Goldende Internationale" wurden als Teil der jüdisch-freimaurerischen Weltverschwörung gesehen, die angeblich auf die Zerstörung Deutschlands zielte. Insbesondere der Antibolschewismus in Verbindung mit der rassistischen Abwertung der „Slawen" stellt für den Nationalsozialismus eine wichtige ideologische Komponente dar, ohne die der „Weltanschauungskrieg" im Osten und letztlich auch der Holocaust kaum zu erklären sein dürften.

Die historische Forschung zur NSDAP und zur Spätphase der Weimarer Republik hat zeigen können, daß der Erfolg der Partei nicht primär auf ihrem Antisemitismus basierte, an dem sich die Wähler andererseits auch nicht stießen, da er ihnen als Fortsetzung der traditionellen Judenfeindschaft erschien. [4] Das Jahr 1933 markierte dann – insbesondere auch in der Wahrnehmung der deutschen Juden – einen Bruch in der politischen Bedeutung des Antisemitismus, der nun Staatsideologie war und in eine sich stufenweise steigernde Diskriminierungs- und Verfolgungspraxis umgesetzt wurde. Vor allem Mosse hat betont, daß Aufrufe zu Gewalt und Grausamkeit gegen die Juden seit Anfang der NS-Bewegung zum Bestandteil ihrer Propaganda gehörten, die nun ab 1933 in Filmen, Vorträgen, Literatur usw. ungehindert das „Feuer des Antisemitismus" schüren konnte (1991, S. 320). Die strukturgeschichtlich orientierten Arbeiten zum

---

[4] Gegen die Zentralität des Antisemitismus im strategischen Denken und den tagespolitischen Aktionen der Nationalsozialisten vor 1933 argumentiert Oded Heilbronner 1990. Abweichend dazu Jochmann (1988) und Mosse (1991). Niewyk ist allerdings zuzustimmen, daß der alte Antisemitismus ein Klima geschaffen hatte, das den „neuen" Antisemitismus für Millionen Deutsche akzeptabel machte: „The line from pre-1914 antisemitism to Auschwitz must take into account both Nazism's popular support and its successs in getting Germans to participate or acquiesce in anti-Jewish measures both before and during the Holocaust (1990, S. 369).

Nationalsozialismus haben immer wieder hervorgehoben, daß diese Verfolgungspraxis keinem „Masterplan" folgte, sondern sich durch Initiativen auf verschiedenen politischen Ebenen immer weiter radikalisierte, um schließlich in den Holocaust zu münden (vgl. Benz i. d. Band). Beim Umschlag der Vertreibungspraxis in den Massenmord ist vor allem die Rolle des Krieges im Osten zu berücksichtigen, da erst dieser als Vernichtungskrieg gegen die Sowjetunion geplante Feldzug die Möglichkeit für die vielfältigen Formen der Massentötung, von der Massenerschießung bis hin zur Gaskammer bot (Streit 1991, Browning 1993). Das verbrecherische Handeln eines Staats- und Machtapparates kann in dieser Situation auch ohne die explizite Zustimmung der Bevölkerung geschehen. Im Unterschied zum Antisemitismus bis 1933, der von politischen Oppositionsbewegungen getragen wurde, wurde antijüdisches Handeln und eine rassistische Gesetzgebung danach von einem totalitären Staat ausgeübt, der zuvor alle politischen Gegner mit Gewalt ausgeschaltet hatte, was die Durchsetzungsbedingungen antijüdischer Politik fundamental veränderte.[5] Der deutsche Antisemitismus folgt also keineswegs einer einfachen Entwicklungs- oder Radikalisierungslogik, sondern weist neben Kontinuitäten auch zahlreiche Brüche, Phasen von Dynamik und relativer Ruhe auf, in denen die Entwicklung hätte anders verlaufen können.[6] Die Besonderheit der NS-Bewegung bestand im Vergleich zu anderen faschistischen Bewegungen und autoritären Staaten in ihrem ausgeprägten Rassismus, der sich ja in seinem Vernich-

---

[5] Dieser Gedankengang basiert auf wichtigen Anregungen unseres Kollegen Rainer Erb, dem wir für die konstruktive Kritik einer früheren Fassung dieser Einleitung danken.

[6] Shulamit Volkov ist sicher zuzustimmen, daß ein Bestehen darauf, es habe gar keine antisemitische Kontinuität in der deutschen Geschichte gegeben, wie Thomas Nipperdey in seinem Buch: Nachdenken über die deutsche Geschichte (1986, S. 164), schreibt, oder die Tragweite des Antisemitismus sei gering gewesen, ebenso wenig haltbar sind wie Goldhagens These von der zentralen Wirkung eines eliminatorischen deutschen Antisemitismus für die Genese der „Endlösung" (1996, S. 211), der kürzlich der israelische Historiker Oded Heilbronner die zugespitzte These vom „politischen Unfall" entgegengesetzt hat (zit. n. FAZ 10. 12. 1996).

tungspotential nicht ausschließlich gegen die Juden richtete, sondern generell gegen als „rassisch" oder sozial „minderwertig" klassifizierte Völker, Gruppen und Individuen.

Die Frage nach der Besonderheit eines deutschen Antisemitismus, ob, und wenn ja, wann sich hier eine deutsche Sonderentwicklung abzeichnet, ist nur im Vergleich mit den Entwicklungen in den anderen europäischen Ländern zu klären.[7] Für die Zeitgenossen schien Ende des 19. Jahrhunderts nicht Deutschland, wo die Assimilation sehr weit fortgeschritten und der Erfolg der Juden in der bürgerlichen Gesellschaft unübersehbar war, als das Land von Antisemitismus und Verfolgung, sondern viel eher das Frankreich der Dreyfus-Affäre mit der Welle antijüdischer Ausschreitungen von 1898 und das Rußland der wiederkehrenden Pogromwellen seit den frühen 1880er Jahren, vor denen die Juden Schutz im Westen, gerade auch in Deutschland suchten.[8] Die Antisemitismusforschung ist bisher jedoch primär nationalgeschichtlich oder übergreifend ideengeschichtlich vorgegangen, so daß sich nur wenige Versuche eines systematischen komparativen Vorgehens finden (z. B. Strauss 1993, für einen Vergleich zweier Länder Hagen 1996, Pulzer 1966). Die meisten Vergleiche beschränken sich auf einen kleinen Ausschnitt – z. B. die Kirchen, antisemitische Bewegungen, die Rechtsstellung der Juden usw. Ein umfassender Vergleich müßte mindestens folgende Ebenen einbeziehen: die ideologisch-kulturelle Dimension, die sozialen Trägerschichten, antisemitische politische Organisationen

---

[7] Zu Recht ist Goldhagen von seinen Kritikern vorgeworfen worden, daß er für seine Behauptung eines spezifischen deutschen Antisemitismus ein komparatives Vorgehen hätte wählen müssen, anstatt aus dem Völkermord in der Form einer petitio principii auf einen besonderen deutschen Antisemitismus zurückzuschließen.

[8] Noch 1934 hörte Neville Laski, Präsident des Board of Deputies of British Jews, auf seiner Rundreise durch Polen von dem prominenten jüdischen Journalisten Bernard Singer, daß Deutschland gegenwärtig in bezug auf den Antisemitismus eine Abnormalität sei, während Polen das normale Nervenzentrum des Antisemitismus sei (zit. nach Hagen 1996, S. 357).

und ihre Ziele, die quantitative, rechtliche, soziale und kulturelle Position der jüdischen Minderheit und die gesellschaftlichen und politischen Gegenkräfte, insbesondere das Verhalten von Staatsapparat und Justiz. Dieses Forschungsdefizit kann an dieser Stelle natürlich nicht behoben werden, doch wollen wir in aller Kürze einen Überblick über den Antisemitismus in anderen europäischen Ländern geben, um so den Charakter des Antisemitismus im Deutschen Reich in seinen unterschiedlichen Phasen besser einschätzen zu können.

Den Überlegungen von Herbert A. Strauss (1993/1, S. 1–7) folgend, wählen wir als Rahmen einer vergleichenden Analyse die Theorie gesellschaftlicher Modernisierung, wobei vor allem die Entwicklung der europäischen Staaten zu Nationalstaaten und der Wandel von agrarisch geprägten zu industriellen kapitalistischen Gesellschaften im Mittelpunkt steht, ohne daß religiöse und kulturelle Traditionen außer acht gelassen werden dürfen. Die jüdischen Gemeinschaften wurden von dieser Modernisierung ergriffen, in deren Verlauf sich ein Prozeß der Akkulturation zwischen Juden und ihrer nicht-jüdischen Umgebung abspielte, in dem sich erstere aus ihrer Position als religiös und sozial definierte Außenseiter befreien wollten. Antisemitismus ist so verstanden keine zufällige Anomalie der europäischen Geschichte, sondern als eine Form der zahlreichen Anti-Bewegungen gegen die Moderne ein zentraler Bestandteil des Modernisierungspfades im christlichen Europa. Daher finden wir variierend mit dem Tempo und den Bedingungen der Modernisierung Antisemitismus in unterschiedlichen Formen und Intensitäten in allen europäischen und von europäischen Einwanderern geprägten Ländern. Für die Entwicklung des modernen Antisemitismus war die Beziehung zwischen der Emanzipation und Modernisierung der Juden auf der einen Seite und dem Entwicklungsniveau der Mehrheitsgesellschaft auf der anderen von entscheidender Bedeutung, wobei noch das unterschiedliche Modernisierungstempo in den europäischen Staaten hinzukam, was zu Ungleichzeitigkeiten in den Entwicklungen und damit zu jüdischen Wanderungsbewegungen führte, die ebenfalls eine Rolle in der Entwicklung des Antisemitismus in den westlichen Ländern, z. B. in England und Deutschland spielten („Ostjudenfrage"). Antisemitismus als Ideologie ebenso wie als soziale und politische Bewegung erscheint damit als ein Resultat von krisenhaften Entwicklungen im aufeinanderbezogenen Modernisierungsprozeß von jüdischer Minderheit und christlicher Mehrheit, der die Juden in vielen Ländern von der Peripherie ins Zentrum der Gesellschaft führte.[9] Warum die Juden in Krisensituationen als „Sündenbock" herhalten mußten, erklärt sich einmal aus dieser exponierten sozialen Stellung der aufgestiegenen jüdischen Minderheit,[10] zum anderen aus der Existenz eines negativen Judenbildes in der christlich geprägten Tradition, da der moderne Antisemitismus zwar zusätzliche Begründungen einführt (z. B. rassistische, nationale, völkische), jedoch auf den älteren Schichten aufbaut und diese nicht als überholt beiseite läßt.[11] Herbert A. Strauss hat mit Recht auf die Vitalität des christlichen Antisemitismus auch im 19.–20. Jahrhundert hin-

---

[9] In dieser Perspektive wird verständlich, wieso gerade die beeindruckende Aufstiegsgeschichte der deutschen Juden für konkurrierende und zurückbleibende Gruppen Anlaß für antijüdische Ressentiments war: Die Verbürgerlichung der Juden ging so schnell und erfolgreich, daß sie diesen Gruppen nicht mehr als Gleichstellung, sondern als Dominanz und Bedrohung erschien (Stichworte: jüdische Weltherrschaft, Verjudung der deutschen Kultur, Entchristlichung usw.). Entsprechende antisemitische Forderungen nach Rücknahme der Emanzipation und nach einer rechtlichen und wirtschaftliche Separierung der Juden fanden in diesen Gruppen Resonanz.

[10] Vor allem Jacob Katz hat betont, daß die Sündenbock-Theorie zur Erklärung des Antisemitismus nicht ausreicht, sondern daß man durchaus reale konflikthafte Beziehungen der Juden als einer Gesellschaft für sich mit der sie umgebenden Mehrheitsgesellschaft als Auslöser für antisemitische Ressentiments annehmen muß, ohne daß man damit den Juden die Verantwortung für die Entstehung von Antisemitismus zuschreibt (1989, S. 251 ff.).

[11] Die religiöse Komponente des NS-Antisemitismus ist immer wieder betont worden. Arno Herzig sieht gerade in den pseudo-religiösen Zügen des NS-Antisemitismus seine besondere Schlagkraft und Wirkung, da dieser über eine bloße politische Antihaltung hinausging und als ein sozialer Mythos in der Lage war, Bedürfnisse und Sehnsüchte einer breiteren Bevölkerung anzusprechen und Heilserwartungen zu wecken (1993, S. 13).

gewiesen, der eine Basis in der Theologie und im volkskulturellen Brauchtum besaß und politisch in den Kirchen quer durch ganz Europa von Frankreich bis Rußland Bündnisse mit den Mächten konservativer Beharrung gegen die Modernisierung einging. Die Furcht vor der Gegenwart verband sich mit dem Feindbild „Jude", das für alle als antikirchlich und antichristlich eingeschätzten Strömungen stand, z. B. Mammonismus, Materialismus, Marxismus, Avantgardekunst usw. (1990, S. 10 f.). Das Bild des „Juden" löste sich damit von realen sozialen Beziehungen und wurde zu einer abstrakten Chiffre für alle Übel der modernen Welt. In Deutschland führte diese Abstraktion so weit, daß der „Jude" zum „geheimen Feind der Deutschen" wurde, die sich damit als Opfer der Juden zu fühlen begannen (Omer Bartov). Gegenüber der traditionellen Judenfeindschaft stellte der Rassismus eine Weiterentwicklung (gerade im Umkreis der avancierten deutschen Wissenschaft) dar, da er im Grunde als Abwehrreaktion auf die erfolgreiche jüdische Assimilation (z. B. in Frankreich und Deutschland) eine unübersteigbare Grenze markieren wollte, die dem Zeitgeist entsprechend wissenschaftlich begründet sein sollte. Peter Pulzer (1966) hat den Rassismus eine „Gegenwissenschaft" genannt, die alle Schritte einer echten Wissenschaft imitierte. Gerade der rationale, kühle Charakter des Rassenantisemitismus, der nur auf „Tatsachen" basieren sollte, machte ihn letztlich noch gefährlicher als den emotionalen Judenhaß.

Wenn man davon ausgeht, daß der Weg der gesellschaftlichen Modernisierung eine zentrale Rolle bei der Entwicklung des modernen Antisemitismus gespielt hat, dann scheinen vor allem die westeuropäischen Länder wenig Ansatzpunkte für seine Entwicklung geboten zu haben, da hier wie auch in den Vereinigten Staaten den Juden rechtliche Gleichstellung gewährt und ihre „Verbürgerlichung" dem freien Spiel der Kräfte in Wirtschaft und Gesellschaft überlassen wurde, während in Mittel- und Osteuropa die Gleichstellung an die Bedingung einer fortschreitenden Assimilation geknüpft und damit immer weiter hinausgeschoben wurde. Zumindest für Frankreich, in dem Ende des 19. Jahrhunderts die Juden eine Minderheit von

0,02 % (80 000 Personen) ausmachten, stimmt dieses Bild jedoch nicht. Mit der Französischen Revolution und der 1791 mit zweijähriger Verzögerung vollzogenen rechtlichen Gleichstellung der Juden als französische Staatsbürger waren trotz einer starken christlichen antijüdischen Tradition in der intellektuellen wie in der Volkskultur (hier vor allem das Bild des umherirrenden Juden, des „Juif errant") die Bedingungen für die Integration der relativ kleinen sephardischen Minderheit in Südfrankreich sehr günstig, während das aschkenasische Landjudentum vor allem in Elsaß-Lothringen größeren, zum Teil gewalttätigen Anfeindungen ausgesetzt blieb, da sich im 19. Jahrhundert in Frankreich verschiedene Stränge eines ideologischen Antisemitismus entwickelten: die französische Version eines europäischen Katholizismus, ein romantischer Nationalismus, der Rassismus eines Gobineau und Drumont, dessen Schrift „La France Juive" (1886) ein neues antisemitisches Klima schuf, sowie eine starke antisemitische Komponente im französischen Frühsozialismus (Fourier, Toussenel, Proudhon) und in der antiklerikalen und antikapitalistischen Linken der Dritten Republik. Für diese Bewegungen bildete der Antisemitismus ein Integrationsmoment, in dem sich die Opposition gegen das moderne, kapitalistische, laizistische und republikanische Frankreich bündeln konnte. Daß sich in Frankreich der Antisemitismus zugleich gegen das herrschende System, die „République Juive" richtete, erklärt sicher dessen Militanz im Unterschied zu Österreich und Deutschland, wo die Loyalität gegenüber dem System Gewalt ausschloß. Dieser antirepublikanische Antisemitismus fand seinen Ausdruck in der Dreyfus-Affäre und der achtzehnmonatigen Welle von antijüdischen Ausschreitungen, an denen Arbeiter, Handwerker, katholischer Klerus, Militärangehörige sowie freie Berufe überproportional beteiligt waren. Die Konzentration der Juden in wenigen ländlichen Regionen im Osten und Nordosten sowie in einigen größeren Städten ließ die antisemitische Propaganda trotz der Agrarkrise der 1880er Jahre auf dem Lande keine große Wirkung entfalten. Die Dreyfus-Affäre und die Ausschreitungen führten dann auch zu einer Wende in der sozialistischen Bewe-

gung. Der lange umkämpfte „Sieg" der republikanischen Drey-
fusards nahm dem Antisemitismus in Frankreich viel von seiner Stoßkraft. Regierung und Wähler erteilten dem organisierten Antisemitismus eine deutliche Absage. Die Annäherung
zwischen dem Vatikan und der Französischen Republik ver-
söhnte auch den Klerus und die Armee mit dem republikanischen Frankreich, was ebenfalls zum Verschwinden eines offenen Antisemitismus beitrug. In seiner antimodernen Stoßrichtung, seiner rassistischen Komponente und in seiner Stärke
unterschied sich der Antisemitismus in Frankreich kaum von
den Verhältnissen im Deutschen Kaiserreich, während diese
Momente etwa in England weitgehend fehlten.

Natürlich war das Lager der Dreyfus-Gegner nicht mit dem
Ende der Affäre verschwunden, es blieben rechtsextreme Eliten
bestehen, insbesondere die Action Française. Allerdings war
die Mittelklasse wegen der langsameren Industrialisierung und
der damit geringeren sozialen Krisenerfahrung weniger an-
sprechbar für rechtsextreme Ideologien als in Deutschland. Im
Unterschied zu Deutschland und Österreich-Ungarn, die den
Krieg verloren hatten, und im Gegensatz zu den sich nach der
Auflösung der K. u. K. Monarchie im Umbruch befindlichen
mittel- und osteuropäischen Staaten, spielte Antisemitismus
im Ersten Weltkrieg und – nach einem antisemitischen Zwi-
schenspiel in der frühen Nachkriegsperiode, in der das „Gespenst des jüdischen Bolschewismus" beschworen wurde – im
siegreichen Frankreich der zwanziger Jahre keine besondere
Rolle mehr. Es war die Phase, in der sich in Deutschland, aber
auch im übrigen Ostmitteleuropa der Antisemitismus radikalisierte. Erst mit der Weltwirtschaftskrise und der aus Deutschland und Osteuropa einsetzenden Flüchtlingswelle gewann
Antisemitismus in Frankreich wieder an Bedeutung und führte
während der deutschen Besatzung zu einer weitgehenden Indifferenz bzw. sogar zur Unterstützung der antijüdischen Maßnahmen der Vichy-Regierung; es gab daneben aber auch Hilfe
und Widerstand (Marrus/Paxton 1981, S. 34–58).[12]

---

[12] Zur Frage von Solidarität und Hilfe für Juden wird ein Forschungspro-

Trotz eines anders verlaufenen Emanzipationsprozesses, der das zähe gesetzgeberische Ringen um Fortschritte in der Judenemanzipation wie in den deutschen Staaten – ungeachtet der partiellen Einführung diskriminierender Ausnahmeverfügungen für einige Departments im Napoleonischen „infamen Dekret" von 1808 – nicht kannte, finden wir in der zweiten Hälfte des 19. Jahrhunderts in Frankreich einen ausgeprägten klerikalen, rassistischen, antimodernistischen Antisemitismus, der in seiner Vehemenz dem deutschen nicht nachsteht, der allerdings andere Trägerschichten besitzt: den katholischen Klerus, die Sozialisten (die in Deutschland gerade nicht dazu zählen) und konservative Eliten. Im deutschen Kaiserreich fehlte ein Wendepunkt wie die Dreyfus-Affäre, wenn auch der organisierte Antisemitismus in den neunziger Jahren ebenfalls seinen Niedergang erlebte. Hier diffundierte das antijüdische Ressentiment in das konservative Lager und die Haltung zu den Juden wurde zu einem „kulturellen Code", der die Zugehörigkeit zum Lager der Antimodernen und Modernen symbolisierte. Zum Übergang von einem wesentlich schriftlich artikulierten Antisemitismus, der im Kaiserreich in zahllosen Pamphleten und Traktaten verbreitet wurde und dessen verbale Aggressivität einen Ersatz und nicht eine Vorbereitung gewalttätigen Handelns darstellte, zu einem agitatorischen, in dem das öffentlich gesprochene Wort und die Aktion dominierten, kam es mit der sich abzeichnenden Wende des Ersten Weltkrieges (hier bildete die „Judenzählung" von 1916 den entscheidenden Einschnitt) und der bürgerkriegsähnlichen Radikalisierung zwischen 1918 und 1923. Diese Phase mit der von vielen beobachteten Verrohung der deutschen Gesellschaft und dem Zusammengehen der antisemitischen Agitation mit dem „nationalen" Kampf gegen die „Judenrepublik" markiert eine neue Qualität des Judenhasses, nämlich den Übergang zur

---

jekt am Zentrum für Antisemitismusforschung der TU-Berlin durchgeführt, in dem es um die Rettungsversuche für Juden vor der Verfolgung und Vernichtung unter nationalsozialistischer Herrschaft geht. Vgl. Benz und Wetzel 1996.

Aktion gegen eine ökonomisch erfolgreiche Minderheit, die als „Drückeberger" und „Kriegsgewinnler" im Zuge der „Dolchstoßlegende" zu den Mitverursachern der deutschen Niederlage gemacht wurde (Mosse 1987).

In diesem Punkt, nämlich im aggressiven Kampf der sich modernisierenden Mittelschichten (freie Berufe, Ingenieure, Lehrer, Journalisten) um vorteilhafte Positionen im ökonomischen und beruflichen Leben zusammen mit dem jahrzehntelangen Prozeß der Ausformung ihrer nationalen Identitäten sieht William W. Hagen die den mittel- und osteuropäischen Ländern gemeinsame Ursache ihres virulenten Antisemitismus, der alle diese Staaten früher oder später zu einer Ablehnung der jüdischen Minderheit als einer eigenen Subkultur führte, obwohl die Position der Juden in diesen Ländern sehr differierte. Betrachten wir diese Entwicklung für Polen, so ist zunächst festzuhalten, daß dort die Juden anders als in Westeuropa und Deutschland eine zahlenmäßig bedeutende Minderheit von ca. zehn Prozent ausmachten (1 % in Deutschland), die in städtischen Zentren sogar 20–33 % stellen konnte. Diese Kompaktheit der Minorität führte dazu, daß die Juden an ihrer jiddischen Sprache und ihrer Kultur festhielten (viele waren orthodox oder chassidisch, die säkularisierten Juden zionistisch) und sich auch politisch in eigenen Parteien organisierten, so daß die jüdisch-polnische Differenz über einen Unterschied der Religion weit hinausging. Pole war im polnischen Selbstverständnis nur ein Katholik und polnisch sprechender Bürger, die großen Minderheiten wie Juden, Deutsche und Ukrainer blieben davon ausgenommen. Die internationale Festschreibung von Rechten für diese Minderheiten verletzte den nun triumphierenden Nationalismus der Polen, die nach der russischen, preußischen und österreichischen Besetzung erstmals wieder einen eigenen Staat besaßen. Die Juden wiesen in Polen eine ähnliche Berufsstruktur wie in westeuropäischen Ländern auf, hier allerdings im Kontext einer überwiegend noch agrarischen Gesellschaft (60 % der Polen waren in der Landwirtschaft tätig, nur 4 % der Juden), aber sie lebten überwiegend in bescheidenen bis armen Verhältnissen. Diese Berufsstruktur wurde in

der zurückgebliebenen polnischen Ökonomie zu einem grundlegenden Faktor des Antisemitismus (Strauss 1993, S. 964).
Dieser beruhte hier nicht auf einer Krise des Kapitalismus,
sondern auf dessen Unterentwicklung, die dazu führte, das aufstrebende, besser ausgebildete Generationen von Polen keine
ihren Wünschen und Qualifikationen entsprechenden wirtschaftlichen Positionen erreichen konnten. Nimmt man noch
den katholisch geprägten, volkskulturellen Antisemitismus
dazu, so kann man behaupten, daß tiefsitzender Judenhaß ein
konstantes Element in der politischen und sozialen Atmosphäre Polens war (Gutman 1993, S. 1038 ff.), und daß dieser
gegenüber dem ideologischen und abstrakten deutschen Antisemitismus eher konkret war und direkte gewalttätige Kon-
frontationen einschloß. Der polnische Antisemitismus radikalisierte sich wie in Deutschland zwischen 1918 und 1923 bis
hin zu Pogromen. Daß von den zwanzig Jahren der polnischen
Republik (1918–1939) nur wenige Jahre relativ frei von antijüdischer Gewalt waren, spricht für die Einschätzung des polnischen Antisemitismus als politische, ideologische und religiöse Norm in dieser Zeit.[13] Manche Autoren ziehen durchaus
Parallelen zwischen der aggressiven antijüdischen Politik des
autoritär regierten polnischen Staates ab 1934 und der gleich-
zeitigen Judenverfolgung im Dritten Reich. In beiden Staaten
waren antijüdische Agitation und Gesetzgebung staatliche Politik und nicht etwa die Forderung oppositioneller Bewegungen. Hagen sieht die Bedrohung einer Auflösung der kollektiven und kommunalen jüdischen Existenz jedoch nicht nur für
Deutschland und Polen, sondern tendenziell auch für andere
mittel- und osteuropäische Staaten (z.B. für Rumänien und
Ungarn), und zwar nicht nur wegen der Bedrohung durch faschistische und rechtsextremistische Bewegungen mit ihren

---

[13] Im Beitrag von Hagen (1996, S. 356) wird Isaac Giterman, der Vertreter
des Joint Distribution Committee in Warschau 1934 folgendermaßen zitiert: „G. said that any minister who treated the Jews fairly would cease
to be minister." Polish anti-Semitism was „inherent". It was „substan-
tially economic and a fight for bread". The Polish intelligentsia were
„wholly anti-Semitic".

antisemitischen Programmen, sondern aufgrund einer strukturellen Krise in der Beziehung zwischen der jüdischen Gemeinschaft und dem sich modernisierenden Staat.[14] Trotz aller nationalen Unterschiede deutet Hagen den Antisemitismus als ein gemeinsames Phänomen in dieser Region Europas, das im wesentlichen eine Begleiterscheinung der schwierigeren Herausbildung einer Mittelklasse war, da hier im Unterschied zu West- und Südeuropa eine relativ große und ökonomisch erfolgreiche jüdische Stadtbevölkerung dem Aufstieg dieser neuen Mittelklasse im Wege zu stehen schien. Diese Konstellation schloß jedoch nicht aus, daß ein stark katholisch geprägter, volkskultureller Antisemitismus auch auf dem Lande virulent war und sich vor allem in der Periode direkt nach dem Ersten Weltkrieg in Pogromen und sozialen Unruhen z.B. in Ostpolen äußerte. So erscheint die zugespitzte Situation der zwanziger und dreißiger Jahre in dieser Sicht als Kulminationspunkt einer sich vertiefenden strukturellen Krise, die in Deutschland in den 1870–80er Jahren begann, nach Russisch-Polen ausstrahlte und spätestens nach dem Ersten Weltkrieg auf Ungarn, Rumänien, die Slowakei und die Baltischen Staaten übergriff. In allen diesen Ländern (auch Österreich ist hier dazuzurechnen)[15] sahen sich Juden den Angriffen der gebildeten Mittelschicht oder Intelligenz (vor allem Studenten spielten dabei eine führende Rolle), von kleinen Geschäftsleuten und Bauern ausgesetzt, deren Erwartungen auf ökonomische

---

[14] „Thus in the 1920s and 1930s central and eastern European Jewry everywhere faced the threat of communal degradation or dissolution, if not physical uprooting and destruction, well before the ‚Final Solution' was launched" (Hagen 1996, S. 361).

[15] Die politische Kultur des fin-de-siecle Wien war geradezu die Wiege des modernen Antisemitismus, der in Österreich von zwei der drei großen Parteien (Christlich-soziale Partei und Volkspartei) jahrzehntelang offen propagiert wurde. Neville Laski (s. Fußnote 8) nannte Österreich 1934 „a nest of anti-Semites" und führte dies auf die Armut der Österreicher und die Enttäuschung der beruflichen Aufstiegshoffnungen vor allem der jungen Leute aus den unteren Mittelschichten zurück, die sich durch die Juden in den freien Berufen und im Handel blockiert sahen (Hagen 1996, S. 353f.).

Verbesserung enttäuscht wurden oder aber zyklischen Turbulenzen unterworfen waren. Die herrschenden Eliten, die zumeist aus dem agrarisch orientierten Adel stammten, konnten diese Entwicklung nicht steuern, sie waren zumeist auch selbst antisemitisch eingestellt. In den meisten der genannten Länder, etwa in Rumänien, Lettland, Litauen, der Ukraine, der Slowakei, fanden die Deutschen nach 1941 willige Helfer für ihre Vernichtungspolitik gegen die Juden.

Neben dem Frankreich der Dreyfus-Affäre erschien den Zeitgenossen das zaristische Rußland als das klassische Land des Antisemitismus. Dort war die Verfolgung der Juden massiver und andauernder als in allen anderen europäischen Ländern vor dem Dritten Reich. Begrenzt auf einen Ansiedlungsrayon im Westen Rußlands lebte dort bis 1914 die größte jüdische Minderheit, wobei sich ihre Zahl in Reaktion auf die Pogrome und die anhaltende Armut durch eine Massenauswanderung nach Westeuropa und in die USA ab 1881 nach und nach verringerte. Die Reformperiode unter Alexander II., die auch Verbesserungen für die Juden brachte, endete 1881 mit der Ermordung des Zaren, auf die eine erste Welle antijüdischer Pogrome (1881–82) folgte. Die russische Autokratie verlor daraufhin das Vertrauen in die Steuerung des Modernisierungsprozesses und setzte auf die Sicherung ihrer Machtposition in Kirche, Militär, Bürokratie und landbesitzendem Adel. Die seit dem Beginn des 19. Jahrhunderts zwischen Reform und Repression schwankende Politik gegenüber den Juden war Teil der insgesamt halbherzigen und unentschlossenen zaristischen Politik. Im Konflikt der reformorientierten Kräfte mit den Reformgegnern behielten letztere bis zu den Revolutionen von 1905 und 1917 die Oberhand. Dies bedeutete, daß die Juden in ihrem Siedlungsgebiet eingeschlossen blieben, von ökonomischen Chancen ausgeschlossen wurden und bis 1914 niemals die rechtliche Gleichstellung erreichten. Im Unterschied zu Mittel- und Westeuropa blieben die kulturellen Barrieren zwischen den Juden und ihrer Umgebung bestehen, eine Akkulturation an die Mehrheitsgesellschaft erfolgte nur an den Rändern, ansonsten blieb die ständische Situation mit großer sozialer Distanz bestehen. Das im Europa des 18. Jahrhunderts dominierende Bild der Juden als einer verarmten, sozial schädlichen Minorität blieb für die russische Politik bis 1917 bestimmend (Strauss 1993, S. 1181). Das Besondere des russischen Antisemitismus war, daß antijüdische Agitation und Diskriminierung, z.B. durch die gesetzliche Behinderung der Entstehung einer jüdischen Bildungsschicht, durchgängige Regierungspolitik war, was zwischen 1881 und 1914 sogar die internationalen Beziehungen zu westlichen Ländern tangierte, die sich ebenso wie westliche jüdische Wohlfahrtsorganisationen für die armen und unterdrückten russischen Juden engagierten. Die konservative russische Politik nutzte Antisemitismus als politisches und ökonomisches Mittel, wobei das etwa für Deutschland und Frankreich typische nationale und rassistische Element weitgehend fehlte, da die Aristokratie polyethnisch und multikonfessionell war und sich vorrangig auf den imperialen Staatszusammenhang ausrichtete (Geyer 1996, S. 103). Erst in der Krise seit 1905 kam ein kruder, völkischer russischer Nationalismus auf, der getragen von monarchistischen und präfaschistischen Verbänden, wie dem „Bund russischer Leute", der „Russischen Sammlung" usw., die die Organisation der „Schwarzhundertschaften" aufbot, um den „Volkszorn" gegen die Juden zu lenken. Diese waren aufgrund ihres überproportionalen Engagements in sozialrevolutionären Organisationen in den Verdacht staatsfeindlicher Aktivitäten geraten und wurden so zum primären Ziel nationalistischer Angriffe. Rogger spricht in dieser Hinsicht sogar von einer tiefsitzenden zaristischen Paranoia bezüglich der Illoyalität der jüdischen Untertanen. Diese wurden zum Symbol des Liberalismus und des „Westens", in denen das zaristische Regime seine Hauptfeinde erkannte, d.h., Antisemitismus wurde zu einem Kernstück des russischen Antimodernismus, die Juden wurden mit den Feinden Rußlands identifiziert (vgl.: Die Protokolle der „Weisen von Zion").

Der Antisemitismus in Rußland wurde also weniger als im übrigen Europa von aufsteigenden bzw. sich vom Abstieg bedroht sehenden mittleren Schichten getragen (Liberale und die neue Mittelklasse waren im Gegenteil ebenfalls Ziel politischer Unterdrückung), sondern er war einmal ein weitverbreitetes Ressentiment in nahezu allen gesellschaftlichen Schichten, das sich in Zeiten lokaler oder nationaler Krisen in Pogromen Luft machte, zum anderen politisches Mittel des um Machterhalt kämpfenden Establishments, der Gerichtsbarkeit, der orthodoxen Kirche, der Bürokratie und des Offizierscorps. Mit der Oktoberrevolution verlor diese politische Verwendung des Antisemitismus ihre Basis. Eine der ersten Maßnahmen der Provisorischen Regierung war 1917 die Gewährung gleicher staatsbürgerlicher und nationaler Rechte für die Juden. Der Sieg der Roten Armee über ihre inneren wie äußeren Gegner stoppte die weit verbreiteten Morde und Ausschreitungen gegen Juden seitens der Weißen und durch die polnische und ukrainische Soldateska (Vetter 1995). Den Juden wurde nun ein individueller sozialer Aufstieg in der sowjetischen Gesellschaft ermöglicht, als ethnische Gruppe und als Religion wurden sie jedoch weiterhin bekämpft, da es dem totalitären Staat um die Ausschaltung intermediärer Gruppenstrukturen ging. D.h., die soziale und ökonomische Modernisierung mußte mit dem Verlust der kulturellen und religiösen Identität der Juden als Gemeinschaft erkauft werden. Auch war der Einsatz von Antisemitismus in Form beruflicher Benachteiligung, Propagandatätigkeit und kurz nach der Gründung des Staates Israels vor allem in Form des Antizionismus und Kosmopolitismus, der sich gegen Israel und den westlichen, im Kapitalisten- und „Finanzjuden"-Stereotyp gesehenen Kapitalismus generell richtete, weiterhin von Fall zu Fall Bestandteil der sowjetischen Regierungspolitik (nicht nur Stalins). Abgesehen von der von Moskau initiierten antisemitisch-antizionistischen Kampagne der frühen fünfziger Jahre, die zum Moskauer Ärzteprozeß und zum Slansky-Prozeß in der Tschechoslowakei führte und in gemilderter Form auch die DDR erreichte, spielte Antisemitismus in der Innenpolitik der sozialistischen Staaten nur in Polen wiederholt (1952/53, 1958 und 1968) eine wichtige Rolle in innerparteilichen Auseinandersetzungen der Kommunistischen Partei und in der Bekämpfung der politischen Reformbestrebungen von 1968 und 1980 als „zionistisch".

Der europäische Judenhaß besitzt gemeinsame mittelalterliche christliche Wurzeln. Trotz ganz unterschiedlicher Wege der Modernisierung und Emanzipation lassen sich auch im modernen Antisemitismus seit der zweiten Hälfte des 19. Jahrhunderts gemeinsame Phänomene erkennen. In fast allen europäischen Ländern nimmt der Nationalismus um diese Zeit eine Wendung von Liberalismus und Demokratie hin zu Chauvinismus und irredentistischen, xenophoben Formen. In vielen Ländern entstehen in dieser Zeit antisemitische Parteien oder Bewegungen (früh im Deutschen Reich, in Frankreich und im Kaiserlichen Österreich, später auch in Polen, Rußland, Ungarn und Rumänien). Der Antisemitismus erwies sich dabei als ein politisches Agitationsmittel, das von nahezu allen politischen Spektren genutzt wurde, von den Frühsozialisten und Katholiken in Frankreich, über christlich-soziale und konservative Strömungen in Deutschland und Österreich bis hin zu Bauernbünden und extrem nationalistischen bis präfaschistischen Bewegungen (Schwarzhunderter in Rußland, Endeks in Polen, Alldeutscher Verband, jungtschechische Bewegung vor dem Ersten Weltkrieg). Antisemitismus fand also auf verschiedenen Wegen Einzug in die Massenpolitik in West- und Mitteleuropa, in Osteuropa sogar in die autoritäre Regierungspolitik. Er war Ausdruck von Spannungen und Krisen dieser Politik, die ganz unterschiedliche Ursachen haben konnten: nationale Konflikte, soziale Mobilität, ökonomische Krisen, politische Machtkämpfe und raschen kulturellen und sozialen Wandel. Es hing sowohl von der Tiefe und Dauerhaftigkeit der genannten Krisenphänomene wie von der Existenz politischer Gegenkräfte, insbesondere in den Eliten ab, welche Rolle der Antisemitismus im politischen Leben spielen konnte. Dabei war für die Stellung der jüdischen Minderheit entscheidend, ob der Antisemitismus zur staatlichen Politik wurde, oder ob er auf Oppositionsbewegungen eingegrenzt blieb.

Neben diesen strukturellen Faktoren muß für Deutschland

natürlich auch die Person Hitlers, mit dessen Auftreten auf der politischen Bühne der Antisemitismus laut George Mosse eine neue Dimension annahm, und der besondere rassistisch-antisemitische Charakter der NS-Bewegung, die zudem schon früh Gewaltphantasien anhing, hinzugenommen werden, wenn man den Übergang zur Vernichtungspolitik verstehen will. Der Nationalsozialismus wollte eine Ideologie zur lebenden Wirklichkeit machen, das „Utopische realisieren".[16] Sein Erfolg wiederum war nur im Kontext der nach dem Ersten Weltkrieg entstandenen politischen und ökonomischen Instabilität der Verliererstaaten Deutschland und den Nachfolgestaaten der K. u. K. Monarchie möglich.

Literatur

Wolfgang Benz und *Juliane Wetzel* (Hrsg.), Solidarität und Hilfe für Juden während der NS-Zeit, Regionalstudien 1, Berlin 1996.

Helmut Berding, Antisemitismus in der modernen Gesellschaft: Kontinuität und Diskontinuität, in: Nation und Gesellschaft in Deutschland, hrsg. von Manfred Hettling und Paul Nolte, München 1996, S. 192–207.

Rainer Erb und *Werner Bergmann*, Die Nachtseite der Judenemanzipation. Der Widerstand gegen die Integration der Juden in Deutschland 1780–1860, Berlin 1989.

Christopher R. Browning, Ganz normale Männer: Das Reserve-Polizeibataillon 101 und die „Endlösung" in Polen, Reinbek 1993.

Dietrich Geyer, Nation und Nationalismus in Rußland, in: Nation und Gesellschaft in Deutschland, hrsg. von Manfred Hettling und Paul Nolte, München 1996, S. 100–113.

---

[16] Hitler hat in „Mein Kampf" diesen Übergang vom völkischen Glauben zur politischen Bewegung und schließlich zur Staatsgewalt klar formuliert: „Jede Weltanschauung, sie mag tausendmal richtig und von höchstem Nutzen sein, wird so lange für die praktische Ausgestaltung eines Völkerlebens ohne Bedeutung bleiben, als ihre Grundsätze nicht zum Panier einer Kampfbewegung geworden sind, die ihrerseits wieder so lange Partei sein wird, als sich ihr Wirken nicht im Siege ihrer Ideen vollendet hat und ihre Parteidogmen die neuen Staatsgrundsätze eines Volkes bilden" (Band 2, S. 418).

Daniel Jonah Goldhagen, Hitlers willige Vollstrecker. Ganz gewöhnliche Deutsche und der Holocaust, Berlin 1996.

Yisrael Gutman, Poles and Jews between the Wars: Historic Overview, in: Herbert A. Strauss, Hostages of Modernization. Studies in Modern Antisemitism 1870–1933/39, Bd. 3/2 der Reihe Current Research on Antisemitism, Berlin, New York 1993, S. 1038–1062.

William W. Hagen, Before the „Final Solution": Toward a Comparative Analysis of Political Anti-Semitism in Interwar Germany and Poland, in: Journal of Modern History 68, 1996, S. 351–381.

Oded Heilbronner, The Role of Nazi Antisemitism in the Party's Activity and Propaganda: A Regional Historiographical Study, in: Leo Baeck Institute Yearbook 35, 1990, S. 397–439.

Arno Herzig, Zur Geschichte des politischen Antisemitismus in Deutschland (1918–1933), in: Conditio Judaica. Judentum, Antisemitismus und deutschsprachige Literatur vom Ersten Weltkrieg bis 1933/38, Dritter Teil, hrsg. von Hans Otto Horch und Horst Denkler, Tübingen 1993, S. 1–15.

Werner Jochmann, Gesellschaftskrise und Judenfeindschaft in Deutschland 1870–1945, Hamburg 1988.

Jacob Katz, Vom Vorurteil bis zur Vernichtung. Der Antisemitismus 1700–1933, München 1989.

Heinz-Dietrich Löwe, Antisemitismus in der ausgehenden Zarenzeit, in: Bernd Martin und Ernst Schulin (Hrsg.), Die Juden als Minderheit in der Geschichte, München 1981, S. 184–208.

Michael Marrus und *Robert O. Paxton*, Vichy France and the Jews, New York 1981.

Paul W. Massing, Die Vorgeschichte des politischen Antisemitismus, Frankfurt a. M. 1959.

George L. Mosse, Die völkische Revolution: Über die geistigen Wurzeln des Nationalsozialismus, Frankfurt a. Main 1991 (zuerst engl.: The Crisis of German Ideology, New York 1964).

Ders., Der Erste Weltkrieg und die Brutalisierung der Politik. Betrachtungen über die politische Rechte, den Rassismus und den deutschen Sonderweg, in: Manfred Funke et al. (Hrsg.), Demokratie und Diktatur: Geist und Gestalt politischer Herrschaft in Deutschland und Europa, Düsseldorf 1987, S. 127–139.

Hans Mommsen, Die Realisierung des Utopischen: Die „Endlösung der Judenfrage" im „Dritten Reich", in: Geschichte und Gesellschaft 9, 1983, S. 381–420.

Donald L. Niewyk, The Jews in Weimar Germany, Baton Rouge und London 1980.

Ders., Solving the „Jewish Problem": Continuity and Change in German Antisemitism, 1871–1945, in: Leo Baeck Institute Yearbook 35, 1990, S. 335–370.

Thomas Nipperdey, Nachdenken über die deutsche Geschichte, München 1986.

Peter Pulzer, Die Entstehung des politischen Antisemitismus in Deutschland und Österreich 1867–1914, Gütersloh 1966 (engl. 1964).

Eva Reichmann, Flucht in den Haß, Frankfurt a. Main 1956.

Hans Rogger, Reforming Jews – Reforming Russians, in: Herbert A. Strauss, Hostages of Modernization. Studies in Modern Antisemitism 1870–1933/39, Bd. 3/2 der Reihe Current Research on Antisemitism, Berlin, New York 1993, S. 1208–1229.

Herbert A. Strauss, Hostages of Modernization. Studies in Modern Antisemitism 1870–1933/39, Bde. 3/1 und 3/2 der Reihe Current Research on Antisemitism, hrsg. von H. A. Strauss und Werner Bergmann, Berlin, New York 1993.

Ders., Einleitung: Vom modernen zum neuen Antisemitismus, in: ders., W. Bergmann und C. Hoffmann (Hrsg.), Der Antisemitismus der Gegenwart, Frankfurt a. M. 1990, S. 7–25.

Christian Streit, Ostkrieg, Antibolschewismus und „Endlösung", in: Geschichte und Gesellschaft 17, 1991, S. 242–255.

Matthias Vetter, Antisemiten und Bolschewiki. Zum Verhältnis von Sowjetsystem und Judenfeindschaft 1917–1939, Berlin 1995.

Shulamit Volkov, Das geschriebene und das gesprochene Wort. Über Kontinuität und Diskontinuität im deutschen Antisemitismus, in: dies., Jüdisches Leben und Antisemitismus im 19. und 20. Jahrhundert. München 1990, S. 54–75.

Dies., Nationalismus, Antisemitismus und die deutsche Geschichtsschreibung, in: Nation und Gesellschaft in Deutschland, hrsg. von Manfred Hettling und Paul Nolte, München 1996, S. 208–219.

I
Judenfeindschaft im Mittelalter
und in der frühen Neuzeit

Judenfeindschaft im Mittelalter

Bei jeder Untersuchung der Judenfeindschaft in den etwa ein-
tausend Jahren, die man gemeinhin als „europäisches Mittelalter" bezeichnet, taucht unwillkürlich die Frage auf, ob – bezie-
hungsweise inwieweit – diese Feindschaft mit dem Antisemitismus der folgenden Jahrhunderte vergleichbar sei. Die
Antworten auf diese Frage gehen recht weit auseinander. Während von manchen Historikern die Judenfeindschaft im christlichen Europa geradezu als eine Konstante der Geschichte angesehen wird, die zwar jeweils spezifische Formen angenommen hat, im Grunde genommen aber unverändert blieb,
werden von anderen die Unterschiede nachhaltiger betont, und
sogar teminologisch wird zwischen einer älteren „Judenfeindschaft" und einem „Antisemitismus" im 19. und 20. Jahrhundert unterschieden. Ohne den Anspruch zu erheben, diese
Frage lösen zu wollen, sollen die folgenden Ausführungen einen Vergleich ermöglichen und die *unterschiedlichen* Aspekte
mittelalterlicher Judenfeindschaft darstellen. Es wird sich dabei herausstellen, daß die Judenfeindschaft im Mittelalter
keine unveränderliche Konstante war – weder ursprünglich-
angeboren noch unveränderlich in ihrer Art und Ausdrucks-
form –, sondern recht eigenartige und charakteristische Formen und Änderungen im Laufe der Jahrhunderte annahm, die
das sogenannte Mittelalter der Folgezeit als Erbe hinterließ.

Die Grundlage jeder Begegnung und Auseinandersetzung
zwischen Juden und Christen war im Mittelalter durch den
religiösen Hintergrund bestimmt, dem ein viel größerer Stellenwert zukam, als man im 20. Jahrhundert geneigt ist anzunehmen. Die „Religion" war noch längst keine Privatangele-
genheit, sondern ein integraler Bestandteil des gesamten

gesellschaftlichen Lebens. Unterschiede in der religiösen Auffassung mußten sich weit über das Feld, das wir mit dem Wort „Glauben" umschreiben, auswirken. Sie griffen direkt und unmittelbar in das Alltagsleben ein und erschwerten ungemein die Einstellung, die man gewöhnlich „tolerant" nennt, die jedoch wohl eher als „desinteressiert" bezeichnet werden müßte. Die Betonung der religiösen Grundlage des Gegensatzes erklärt, warum Auseinandersetzungen selbst über Einzelfragen so leicht einen erbitterten oder pathetischen Ton annahmen, und warum Diskussionen meist zwei parallel verlaufende Monologe blieben: Jeder wähnte sich selbst im Besitz der einzigen, der göttlichen Wahrheit und konnte nicht verstehen, warum sein Gesprächspartner nicht einmal die „elementarsten Tatsachen" einsehen wollte.

Für den Christen gehörte dazu die Erlösung der Menschen durch Christus, der von seinem Volk, den Juden, mißachtet und sogar getötet worden war. Für die Juden war es unbegreiflich, wie man in dieser Welt glauben könne, der verheißene Messias sei bereits gekommen, der wahre und einzige Gott sei in Wirklichkeit eine mysteriöse Dreifaltigkeit. Für den Christen war es unbegreiflich, daß der Jude die Augen vor dem Siegeszug des Christentums verschloß, die Wunder christlicher Heiliger nicht anerkannte und in seiner „Verstocktheit" verharrte; der Jude konnte zwischen den Götzenbildern, von denen er in der Bibel las, und den Kreuzen und Heiligenbildern in den Kirchen keinen schwerwiegenden Unterschied entdecken und sah in den Christen eine Abart von Götzendienern. Man könnte in dieser Aufzählung fortfahren, eine Fülle von strittigen Vorstellungen und Meinungen anführen, in denen sich Juden und Christen völlig verständnislos gegenüberstanden und allein schon für die Grundlagen der anderen Glaubensvorstellung kein Verständnis aufbringen konnten.

Aus dem Charakter dieses Gegensatzes erklärt sich die Erbitterung der Polemik, mit der zentrale Bereiche des Glaubens und der Wertvorstellung des Gegners in Frage gestellt wurden: Denn im Bereich der göttlichen Wahrheit konnte es eben nur eine Wahrheit geben, nur einer konnte recht haben. Jede Verteidigung des eigenen Glaubens, schon das bloße Festhalten an ihm, bedeutete letztlich eine Negation der Richtigkeit des anderen Glaubens. Gewiß ist dieser Gegensatz im Laufe der Jahrhunderte in unterschiedlichen gesellschaftlichen Situationen nicht immer gleich scharf empfunden worden; als latente Grundhaltung war er jedoch immer vorhanden, jederzeit bereit, das Verhalten von Gruppen zu bestimmen. Voll wirksam wurde der Antagonismus erst im Hochmittelalter, als sich ein christlicher Volksglaube zu formen begann. Auf dieser Grundlage mußte eine Aversion oder Feindschaft gegenüber den Andersgläubigen nicht versteckt oder bemäntelt werden, wie es später die Moderne tat. Feindschaft war durch göttlichen Auftrag gegeben, geradezu befohlen.

Den grundlegenden Charakter des Gegensatzes zwischen Christen und Juden zu betonen ist auch deshalb nötig, weil im 19. und 20. Jahrhundert versucht worden ist, diesen national oder gar von einem mystischen Rassenbegriff her zu „deuten" – eine Interpretationsart, gegen die zu polemisieren heute bereits überflüssig ist. Unbestreitbar lebte bei den Juden der biblische Begriff des Volkes Israel (ăm Jisrael) weiter – aber dieser Begriff war nicht im modernen Sinn national bestimmt. Auch auf christlicher Seite sind wirkliche nationale Vorstellungen teilweise erst im Spätmittelalter festzustellen. Systematisch und konsequent sind auch in allen mittelalterlichen Äußerungen die Juden nicht im Gegensatz zu einzelnen Völkern, sondern zur „Gesamtheit der Christenheit" gesehen worden. Eine Interpretation der mittelalterlichen Judenfeindschaft aus „nationalen Gründen" wäre ein grob anachronistisches Unterfangen.

Die Gegnerschaft zu den Juden war primär religiös bestimmt, aber dies war nicht der einzige Aspekt, der sie charakterisierte. Eine Abgrenzung im Alltagsleben ist recht bald von den „geistlichen Autoritäten" beider Seiten gefordert worden. Von Anfang an mußte das Christentum, das ja das Alte Testament anerkannte, bemüht sein, sich vom „auserwählten Volk" dieses Teils der Bibel abzugrenzen. Es mußte beweisen, daß Jesus die Erfüllung und Überwindung des Alten Testaments sei.

Die Gefahr, daß man das Alte Testament wörtlich als verpflichtend ansah, blieb bestehen, genauso wie es eine Anziehungskraft des Christentums, des Glaubens der Mehrheit und der Mächtigen dieser Welt für Juden gab. Unverkennbar ist daher die Tendenz in beiden Lagern vorhanden, die Beziehungen zu den „Andersgläubigen" auf ein Minimum einzuschränken. Seit der Patristik, der Auslegung der Lehren der Kirchenväter, waren Theologen und später auch Juristen bemüht, die Begegnungen der Christen mit Juden auf ein Mindestmaß zu reduzieren. Die Rabbinen ihrerseits errichteten mit demselben Eifer einen „Zaun" nach dem anderen, um das Gesetz zu schützen, ersannen immer neue Abgrenzungsmöglichkeiten, die dann letztlich zur völligen Erstarrung führten.

Stark unterschied sich gleichfalls die Stellung der Juden im Wirtschaftsleben von der ihrer Umgebung. Schon ihre religiösen Vorschriften, besonders die rigorose Sabbatruhe, begrenzten die Integrationsmöglichkeiten der Juden in eine andersartig strukturierte Wirtschaft. Die ganze Sozial- und Wirtschaftsentwicklung des frühen Mittelalters engte den Handlungsspielraum der Juden immer mehr ein. Der lehnsmäßige Aufbau der Gesellschaft machte die Juden zwangsläufig zu Außenseitern. Sie konnten in einem, zumindest am Anfang, weitgehend auf Kampf und Gefolgschaft ausgerichteten Verhältnis zwischen Herrn und Lehnsmann, das auch religiöse Formen zur Bestätigung verwendete, keinen Lebensraum finden. In einer so strukturierten Gesellschaft war für sie höchstens am Rande, etwa in der Rolle von Kaufleuten unter dem besonderen Schutz des Königs, ein Platz. Sie hatten diesen Platz so lange inne, bis die christlichen Kaufleute selber imstande waren, die Funktion der Vermittler auszufüllen, und ihr politisches Gewicht und ihre Macht in die Waagschale zu werfen, um die jüdische Konkurrenz auszuschalten. Die Stabilisierung der mittelalterlichen Stadt und deren dominante Rolle im Warenaustausch bedeutete praktisch das Ende des jüdischen Handels. Nur im Kleinsthandel, besonders auf dem Dorf, konnten sich die Juden teilweise auch später behaupten. Ähnlich verlief die Entwicklung im Bereich der Gewerbeproduktion, wo die Entstehung des

Zunftwesens das Ende jeder Handwerksproduktion der Juden, die den Eigenbedarf überschritt, bedeutete. Nur als Ärzte konnten Juden in einem gewissen Ausmaß weiterwirken, ständig angefeindet und verdächtigt und doch vielfach im Mittelalter unersetzlich. Die sozialen und ökonomischen Entwicklungen wurden von den Bürgern der Städte bewußt und gezielt zum konsequenten Ausschluß jeder nur möglichen jüdischen Konkurrenz genutzt.

Den Juden verblieb der Geldhandel, der durch die Kirche von alters her als Wucher verdammt wurde. Nach der Vorstellung der Kirchenväter war jede Forderung von Zinsen Wucher; bereits Augustin hatte den Lehrsatz verkündet, daß Geld kein Geld gebären könne. Jedes Zinsnehmen wurde als Wucher angesehen, Christen wurde es unter Androhung von Kirchenstrafen streng verboten. Natürlich ist auch dieses Gebot nie streng eingehalten worden, und teilweise gab es sogar offiziell geduldete christliche Wucherer, sogenannte Lombarden und Kawerschen. Aber der christliche Geldhandel war durch die kirchlichen Verbote doch weitgehend eingeschränkt. Vor allem das Leihen auf Pfand war geradezu ein jüdisches Monopol, das lange Zeit von Königen und Obrigkeiten im eigenen Interesse geschützt und zugleich durch eine rigorose Besteuerung genutzt wurde. Die jüdischen Geldverleiher wurden dadurch zu einer Art „Saugschwamm", den die Könige jederzeit und beliebig zum eigenen Nutzen auspressen konnten. Der Haß der Schuldner richtete sich allemal gegen den Juden, der zweifellos seine ökonomische Macht genauso oft mißbrauchte wie jeder, der sie besaß oder besitzt, nicht aber gegen den König oder die hohen Herren, die die Wucherer ihrerseits ausbeuteten. Allerdings funktionierte dieses System nur so lange, als es von den Obrigkeiten nicht „überstrapaziert" wurde und keine wirkliche nichtjüdische Konkurrenz vorhanden war.

Diese Grundlinien erhellen die Vorbedingungen der Judenfeindschaft, die nicht immer gleich stark zur Geltung kamen und oft gezielt genutzt wurden, um die Aufmerksamkeit von anderen Problemen abzulenken; sie erklären noch nicht die Entwicklung und die Wandlungen der Judenfeindschaft im

Laufe des Mittelalters. Auch muß betont werden, daß es neben der Strömung der Judenfeindschaft immer auch weitgehend normales Zusammenleben „gewöhnlicher" Menschen gab; sogar eine gewisse Beeinflussung der beiderseitigen theologischen Spekulationen ist festzustellen. Die sogenannte Folklore rezipierte bei Christen wie Juden recht ausgiebig von der „Gegenseite", und selbst während der großen Pogromwellen des Hoch- und Spätmittelalters gab es immer wieder Menschen, die aus dem üblichen Verhalten und aus den herrschenden Vorstellungsschemata ausscherten. Unverkennbar ist aber die Zeit seit dem ausgehenden 11. Jahrhundert durch eine Ausformung der Judenfeindschaft gekennzeichnet, die zwar ihre Grundlage in den bereits aufgezeigten Umständen hat, die aber nicht die Steigerung der Feindschaft, das Aufkommen von besonders virulenten Formen erklären können.

Kreuzzüge, Pogrome und Zwangstaufen

In einem gewissen Sinn bedeutete der sogenannte volkstümliche Teil des ersten Kreuzzugs im Jahr 1096 eine Wende: Es ereignete sich die erste wirkliche Pogromwelle in Europa, hervorgegangen sowohl aus religiös bedingter Feindschaft als auch aus Neid und aufgestautem sozialen Haß. Gruppen verarmter Bauern, „Habenichtse" und Abenteurer machten sich unter Führung fanatisierter Prediger auf, das Heilige Land von der Herrschaft der Ungläubigen zu befreien, aber nun fanden sie in den Städten des Rheinlandes Juden, die sie gleichfalls als Ungläubige ansahen, in Frieden und sogar in Reichtum leben. Was lag näher als der Gedanke, die „Feinde Christi" schon an Ort und Stelle zu bekämpfen, nicht erst im fernen Palästina? Die Kreuzfahrer stellten die Juden vor die Wahl, entweder die Taufe zu empfangen und so die Richtigkeit des Christenglaubens anzuerkennen, oder getötet zu werden. Ein Großteil der Juden wählte im Jahr 1096 und während der folgenden Pogromwellen den Tod „zur Heiligung des göttlichen Namens" (Kidduš hašem). Da sie im Christentum nur eine Abart des Götzendienstes sahen, war es zwingend, seine Annahme zu verweigern – auch unter Aufopferung des eigenen Lebens.

Während des ersten Kreuzzuges tauchen bereits alle typischen Grundzüge der mittelalterlichen Pogrome auf. Das Wort selbst ist allerdings erst neuzeitlich, aus dem Russischen übernommen. Bezeichnend für Pogrome ist, daß die Feindschaft nicht bloß gegen Einzelpersonen oder Einzelgruppen, die für gewisse Mißstände verantwortlich gemacht werden (etwa der jüdische Wucherer), gerichtet wird, sondern gegen *alle* Mitglieder einer Minderheit, im konkreten Fall gegen alle Juden und Jüdinnen. (Neben dem Judenpogrom ist auch der Typus eines allgemeinen Fremdenpogroms wiederholt überliefert, bei dem kurzerhand alle Angehörigen einer anderssprachigen Minderheit ermordet wurden; bezeichnend für das Wesen eines Pogroms ist auch hier, daß alle Angehörigen einer Gruppe verfolgt oder ermordet werden.) Der zweite charakteristische Zug eines Pogroms ist die Koppelung des Mordens mit Raub und Plünderung, der Verbindung von Haß und Neid entsprechend und in einem gewissen Ausmaß wohl für alle spontanen Erhebungen typisch; jedenfalls tauchte diese Koppelung auch in Städten und auf dem Land bei Revolten und Aufständen auf, die gegen bestimmte Personen oder Personengruppen gerichtet waren.

Spezifisch für die Judenpogrome war, daß die Opfer vor die Wahl Tod oder Taufe gestellt wurden. Vom Standpunkt des kanonischen Rechts war dieses Vorgehen absolut unzulässig. Es war strikt verboten, jemanden mit Gewalt oder unter Todesandrohung zu taufen, und diese Verbote wurden von Päpsten, von Theologen und von Kanonisten immer wieder in Erinnerung gerufen. Da aber die Taufe als Sakrament galt, war ihr Charakter unwiderruflich. Selbst wenn die Taufe erzwungen war und daher eigentlich nicht hätte vorgenommen werden dürfen, war sie – einmal formgerecht vollzogen – „für alle Ewigkeit" gültig. Der Zwangsgetaufte war genauso Christ wie jemand, der sich freiwillig und aus Überzeugung taufen ließ. Im 11. und 12. Jahrhundert wurde die Rückkehr der Zwangsgetauften zu ihrem alten Glauben von der kirchlichen Hierarchie stillschweigend gestattet; manchmal bewilligten sie einzelne Bischöfe sogar ausdrücklich. Seit dem 13. Jahrhundert wurde die Praxis gegenüber „Renegaten" jedoch immer rigoroser geübt, und vor allem die Inquisitionstribunale begannen immer mehr Zwangsgetaufte, die zum Judentum zurückgekehrt waren, als abtrünnige Christen zu verfolgen und dem Scheiterhaufen zu überantworten.

Die Frage der Taufe von Juden, aber auch des Übertritts von Christen zum Judentum hat das christlich-jüdische Verhältnis nicht nur im Mittelalter belastet; es zeigen sich Folgen bis in unsere Tage hinein. Jede Religion lebt von der Annahme, daß sie allein im Besitz der Wahrheit (oder der allein seligmachenden Wahrheit) sei; zwangsläufig muß sie daher den Übertritt von Ungläubigen oder Andersgläubigen zu der eigenen Anschauung als eine echte Bekehrung positiv werten, das Verlassen der eigenen Reihen dagegen als abscheuliches Renegatentum verdammen und – sofern sie dazu die Macht hat – auch verfolgen. (Im 20. Jahrhundert kommt infolge der konsequenten Nationalisierung der jüdischen Geschichte noch hinzu, daß man meinte, die Taufe als eine Variante eines „nationalen Verrates" deuten zu müssen.) Im Mittelalter kamen zu den religiös-geistigen Folgen der Taufe handgreifliche ökonomische Konsequenzen hinzu: Der Täufling ging oftmals seiner väterlichen Erbschaft verlustig. Er sollte seine Habe, die ja „unrechtmäßig" erworben war, das heißt gegen das kanonische Zinsverbot, der Kirche übergeben. Er mußte nicht nur nach einem neuen und ungewohnten Rhythmus leben, sondern auch einen neuen Beruf wählen. Die Taufe war absolut keine formale Angelegenheit, kein bloßes „Eintrittsbillett" in die christliche Gemeinschaft, als das sie zuweilen im 19. Jahrhundert angesehen wurde – sie war ein wirklicher Bruch mit der gesamten bisherigen Existenz. Dennoch sind immer wieder Taufen aus echter, aufrichtiger Überzeugung vorgekommen, aber die Missionierung der Juden insgesamt – öfter versucht – war ein eklatanter Mißerfolg. Die endliche Bekehrung der Juden erwartete man, entsprechend alter Tradition, erst am Ende der Tage. Die Praxis der Zwangstaufen trug entscheidend dazu bei, die

Aufrichtigkeit aller Judentaufen überhaupt in Zweifel zu ziehen. Die Folgen sollten sich im Spätmittelalter offenbaren, als man begann, getaufte Juden als Scheinchristen anzusehen. In Spanien setzte eine Gesetzgebung ein, die – den ausdrücklichen kirchlichen Verboten entgegen – getaufte Juden als „minderwertige Christen" nicht nur ansah, sondern sogar rechtlich einstufte.

Dieser Hinweis auf den Charakter der Zwangstaufen und der Taufe von Juden überhaupt eilt chronologisch den Ereignissen voraus. Die Pogromwelle des ersten Kreuzzuges, die erste wirkliche Verfolgungswelle des Mittelalters, drohte sich bei jedem weiteren Kreuzzug neuerlich zu wiederholen. Schon beim zweiten Kreuzzug (1147/49) war es nur dem entschiedenen Auftreten des bedeutendsten Predigers dieser Zeit, Bernhard von Clairvaux, zu verdanken, daß es nur zu vereinzelten Verfolgungen von Juden kam. Alle Kreuzzugsbewegungen – selbst die spätmittelalterlichen – waren judenfeindlich; aber die späteren größeren Verfolgungswellen waren nicht mehr durch Kreuzzüge bedingt und tragen in ihren Begründungen (und zum Teil auch in ihrer Organisationsform) andersartige Züge. Bei jeder Darstellung des Mittelalters muß immer wieder betont werden, daß eine christliche Volksfrömmigkeit sich erst langsam entwickelte und in den einzelnen Jahrhunderten recht unterschiedlich ausgeprägt war. Mit ihrem Vordringen und ihren Änderungen hängen auch die unterschiedlichen Formen der mittelalterlichen Judenfeindschaft zusammen.

Klerikale „Begründungen" von Judenverfolgungen

Die wichtigsten Begründungen der Judenfeindschaft seit dem 13. Jahrhundert waren Erzählungen über sogenannte Ritualmorde und Hostienfrevel der Juden, die zunehmend systematisch verbreitet wurden. Die erste Fabel, die immer wieder dazu diente, Judenverfolgungen anzufachen, war das Märchen von Ritualmorden der Juden. Es wurde ursprünglich zunächst im ausgehenden Altertum über Christen erzählt, die angeblich

Kinder schlachteten, um mit deren Blut Hostien zu bereiten. Für Jahrhunderte verschwand in der Folgezeit dieses Schauermärchen aus der Literatur, um im 12. Jahrhundert in England neu aufzutauchen: Im Jahre 1144 sollen Juden in Norwich einen christlichen Knaben aus Feindschaft zu Christus ermordet haben. Die Geschichte, die zunächst zur Begründung eines bescheidenen lokalen Heiligenkultes führte, wurde schnell nicht nur in England verbreitet. Sie fand bald Nachahmung in Frankreich (Blois) und taucht seit dem 13. Jahrhundert im Reich auf, um immer wieder lokalen Bedingungen angepaßt zu werden und neue „Märtyrer" zu schaffen, deren wundertätige Reliquien verehrt werden könnten – und deren Mörder verfolgt und ausgerottet werden mußten.

Die Erzählungen machten bald eine bedeutsame Entwicklung durch: In den ältesten Berichten wurde die Ermordung des Opfers weitgehend der Passion Christi angeglichen; das Opfer wurde angeblich von den Juden zu Tode gemartert. Sie wiederholten so das „Verbrechen", das ihre Vorfahren einst an Christus selbst vollbracht hatten und für das sie verdammt waren. Nun aber änderte sich die Grundlage dieser Erzählungen, und die jüdischen Übeltäter in diesen Schauermärchen waren nun primär nicht mehr an der Marterung des Christenknaben interessiert, sondern an seinem Blut, das sie angeblich für ihre rituellen Zwecke oder zu Heilpraktiken benötigten. Durch die Verbindung der Juden, die ohnehin allen guten Christen „unheimlich" waren, mit der Magie des Blutes, die dem Volksglauben geläufig war, wurde das Schauermärchen erst wirklich populär, so daß es literarisch auch die Existenz der Juden, zum Beispiel in England, überleben konnte: Mehr als einhundert Jahre nach der Vertreibung der Juden aus England erzählt es breit ausgemalt die Priorin in Chaucers „Canterbury Tales". Das Blut war eben „ein ganz besonderer Saft" – vor allem im Volksglauben. Jeder, der auch nur über die allergeringsten Kenntnisse über die Juden, ihre Vorstellungen und Vorschriften verfügte, wußte, daß die Erzählungen über eine rituelle Verwendung von Christenblut nicht stimmen konnten. Denn bei den Juden galt alles Blut, selbst tierisches, als verunreinigend, und allein die Vorstellung, daß Juden für ihre „rituellen Zwecke" irgendein Blut verwendeten, mußte jedermann, der diese Kenntnisse besaß, völlig absurd erscheinen. Wiederholt haben daher Gelehrte gegen diese Fabel protestiert, Päpste sind mehrmals entschieden gegen die Ritualmordbeschuldigungen aufgetreten. Könige und Kaiser haben die Juden vor diesen Anschuldigungen in Schutz genommen. Genutzt hat dies alles nur wenig, denn die Blutmystik dieser Erzählungen kam dem Interesse der Zuhörer weitgehend entgegen, und vor allem sind diese Mordgeschichten seit dem 13. Jahrhundert in das Standardrepertoire der Prediger, besonders der Bettelmönche, aufgenommen und von ihnen bereitwilligst verbreitet worden.

Tatsächlich eigneten sich diese Greuelmärchen nicht nur dazu, den Ruhm recht zweifelhafter „Märtyrer" zu begründen und zu mehren, sondern auch dazu, die Feindschaft gegen die Juden anzustacheln, ja geradezu zu normieren. In diesen Geschichten waren die sogenannten Ritualmorde nicht etwa Aktionen einfacher Mörder, Taten von Einzelgängern, aus rein privatem Eifer oder Haß vollbracht. Es waren angeblich rituelle Aktionen von Judengemeinden, an denen alle Juden beteiligt waren oder von denen zumindest alle gewußt haben sollen. Die Juden waren daher nicht als Einzelpersonen, sondern als Gemeinschaft schuldig. Sie handelten auch nicht auf Grund einer Privatinitiative, sondern auf Grund ihrer vermeintlichen Vorschriften, weil sie das Christenblut aus religiösen Gründen benötigten. Sie waren folglich schon ihres verdammenswerten Glaubens wegen Feinde aller Christen. Unermüdlich haben in der Folgezeit Prediger diese Erzählungen verbreitet, sie immer wieder neu erzählt. Prozesse wurden gegen Juden inszeniert, bei denen unter Folterungen entsprechende „Geständnisse" erzielt wurden, die ihrerseits wiederum dazu dienten, den Glauben an das Überlieferte zu stärken. Das zugleich Unbestimmte der Anschuldigungen, das Geheimnisvolle des Blutzaubers und eine systematische Verbreitung der Schauermärchen durch die Predigt haben aus der Ritualmordfabel ein besonders wirkungsvolles Instrument der Judenfeindschaft gemacht, das Anwendung bis in das 20. Jahrhundert hinein gefunden hat.

Erzählungen über Ritualmorde haben immer wieder lokale Verfolgungen hervorgerufen, meist „behördlich durchgeführte" Maßnahmen, die auf einer vorangegangenen systematischen Hetze und dem Auffinden einer Leiche, die als „Opfer" der Juden angesehen wurde, basierten. Das Ausmaß dieser Verfolgungen blieb meist beschränkt; das Interesse an den einzelnen „Märtyrern" war lokal eng begrenzt. Zur Konstruktion klerikaler Begründungen der größeren Verfolgungswellen des Spätmittelalters dienten derartige Anschuldigungen nicht, sondern Berichte über sogenannte Hostienfrevel der Juden, die geradezu ein „Modeschlager" der Predigerliteratur des 13. und 14. Jahrhunderts waren.

Durch den Wandel, den die Kirche im 12. Jahrhundert in der Lehre und in der Praxis durchmachte, wurde endgültig die Ansicht von der Transsubstantiation zur herrschenden Lehre, das heißt, man glaubte, daß sich bei der sogenannten Wandlung in der Messe die Hostie in den wahren Leib und das Blut Christi verwandle; die Ansicht, daß es sich um eine bloße symbolische Wandlung handele, wurde als Ketzerei verfolgt. Christus war jederzeit und überall in einer geweihten Hostie wirklich „körperlich vorhanden". Es genügte daher die alleinige Kommunion durch die Hostie, die Kommunion unter „beiderlei Gestalt", Brot und Wein, blieb den Priestern vorbehalten. Nach dem endgültigen Sieg der Transsubstantiationslehre begannen Prediger diese eifrig zu verbreiten und vor allem durch verschiedene Wunderberichte zu erhärten. Priester, die ursprünglich an der wirklichen Wandlung der Hostie zweifelten, sahen mit leiblichen Augen Christus als Kind in der Hostie. Hostien entzogen sich auf wunderbare Art unwürdigen Priestern, sprachen mit Kinderstimme, bluteten, wenn sie verletzt wurden, kurz: sie nahmen den Charakter eines „lebendigen Leibes" an. Prediger wurden nicht müde, von Hostienwundern zu erzählen, und man wird schwerlich eine Predigtsammlung dieser Zeit finden, in der nicht ähnliche Berichte variiert werden.

Die Zuhörerschaft hat diesen Glauben sehr schnell rezipiert, allerdings oft auf ihre Art und Weise, und so beklagten sich Prediger bald, daß Laien geweihte Hostien nicht verschluckten, sondern aufbewahrten und zu magischen Zwecken einsetzten: sie etwa im Stall vergruben, um ihr Vieh zu schützen, auf dem Felde, um die Ernte zu steigern, und sie verwendeten, wo immer man wundermächtige Mittel einsetzen konnte. Wenn Gott höchstpersönlich in der Hostie vorhanden war, konnte er zu Wundern gezwungen werden. Die Juden konnten nun „natürlich" die Hostien genauso martern, wie sie einst Christus selbst gemartert hatten. Da er ja in jeder Hostie wirklich vorhanden war, konnte er immer wieder neuerlich verspottet und gemartert werden – und wie hätten die Juden dieser Versuchung widerstehen können! Daß sie dabei überzeugte Anhänger der Transsubstantiationslehre gewesen sein müßten, das heißt, daß sie tatsächlich hätten glauben müssen, der Priester könne in der Messe eine wirkliche „Wandlung" der Hostie vornehmen, störte die Prediger bei der Verbreitung der Erzählung von gemarterten Hostien so wenig wie ihre Zuhörer; Glaubenspropaganda läßt sich ja üblicherweise von Elementarlogik nur wenig beeinflussen – nicht nur im sogenannten Mittelalter.

So verbreiteten sich denn in Windeseile Geschichten darüber, wie Juden Hostien mit Ahlen und Messern durchbohrt, in Aborte geworfen, zerstoßen und verbrannt hätten – und die Hostien hätten dabei auch geblutet, gerufen, einen himmlischen Schein verbreitet und so zwar meist nicht die verstockten Juden bekehrt, obzwar auch davon manche Prediger zu berichten wußten, sondern vor allem die Christen auf die Verbrechen der Ungläubigen aufmerksam gemacht und sie aufgefordert, ihre Schmach zu rächen. Tatsächlich war der Charakter gerade dieses „Verbrechens" ganz außerordentlich: Es betraf nicht eine Einzelperson wie etwa bei Ritualmord, sondern Gott selbst, der so von den Juden herausgefordert war. Wenn sein Zorn nicht beschwichtigt, das Verbrechen nicht im wahrsten Sinn des Wortes „gesühnt" wurde, so war dadurch die ganze Menschheit gefährdet; schwere Katastrophen konnten die Folge des göttlichen Zornes sein. Die einzige mögliche Sühne aber war die Ausrottung der Übeltäter – wiederum waren es alle Juden und Jüdinnen, die sich an der Blasphemie beteiligten oder von ihr wußten, die zur Sühne dieses unerhörten Verbrechens ermordet werden mußten. Die „entehrte Hostie", oft „blutend", wurde in die Kirche getragen und besonders verehrt; oft wurden sogar eigene Kirchen erbaut, die zu beliebten und einträglichen Wallfahrtskirchen wurden.

Wie leicht Hostienwunder zu fabrizieren waren, wußten schon die Zeitgenossen sehr gut und haben ihre Zweifel auch wiederholt klar zum Ausdruck gebracht. Auch die kirchliche Hierarchie begegnete allen Hostienwundern dieser Art mit unverhülltem und betontem Mißtrauen. Es ist daher unstatthaft, bei der Deutung dieser Wunder- und Hetzberichte, die nach einem geradezu typisierten Muster verbreitet wurden, einfach auf „zeitgenössische Vorstellungen" zu verweisen. In bedeutendem Ausmaß war bei diesem oft inszenierten Schauspiel Gewinnsucht und böse Absicht im Spiel. Hostienwunder haben in der Folgezeit immer wieder Pogromwellen hervorgerufen, darunter auch solche, die sich wie eine Seuche von einem Zentrum aus in eine weitere Umgebung verbreiteten (zum Beispiel im Jahre 1298 das sogenannte Rindfleisch-Pogrom in Unterfranken, 1337 in Deggendorf, 1338 in Pulkau). Die Grundfabel war bei diesen Erzählungen jederzeit und überall auch ohne ein besonderes Mordopfer wiederholbar.

Für den Charakter der Judenfeindschaft war bei dieser Variante der Predigtmärlein typisch, daß die Juden immer stärker dämonisiert wurden, ihre enge Beziehung zu Satan, dem Herrn der Finsternis, immer nachhaltiger betont wurde – im Anschluß an ein vermeintliches Wort Jesu in Joh 8,44. Wenn die Juden schon immer durch ihr Anderssein befremdlich, zuweilen durch ihren besonderen Ritus sogar etwas bedrohlich erschienen, so wurden sie nun vollends dämonisiert, zu Handlangern des Leibhaftigen stilisiert; sie waren natürliche Bundesgenossen des Antichrist, dessen Ankunft man als Vorzeichen des Jüngsten Gerichtes immer wieder erwartete. Die Juden waren nun eine ständige potentielle Gefahr, eine Bedrohung, die um so gefährlicher war, als sie mit einem überirdischen Verbündeten die Gemeinschaft der gläubigen Christen bedrohte, eine Ansicht, die nicht nur in Predigten und Ge-

schichten erzählt, sondern auch bildlich in den Kirchen dargestellt werden konnte: Immer abscheulicher, teuflischer wurden die Juden in den Darstellungen biblischer Geschichten
gemalt; als Abbilder zeitgenössischer Juden wurden sie, wie zutreffend Bernhard Blumenkranz formulierte, oft zu einem
„Bildevangelium des Hasses"[1]. Allerdings waren die Juden bei
weitem nicht die einzige Gefahr, die einzigen Verbündeten Satans, die die Christenheit bedrohten: Von alters her „konkur-
rierten" auf diesem Gebiet die Ketzer mit ihnen, die eine noch
schlimmere Gefahr als die Juden darstellten, zunehmend auch
die Magier und die Hexen, deren Massenverfolgung bald einsetzen sollte. Bei der Untersuchung der mittelalterlichen Judenfeindschaft darf nie vergessen werden, daß nie *nur* Juden
verfolgt wurden und daß in allen Jahrhunderten des „christlichen Mittelalters" Ketzer noch viel härter und mitleidloser behandelt wurden als Juden.

Mit Erzählungen über vermeintlichen Hostienfrevel der Juden war eine Idealform klerikaler Judenfeindschaft gefunden,
die immer wieder propagiert und nach bewährten Vorbildern
genutzt wurde. Eng mit dem Wandel der Volksfrömmigkeit
dieser Zeit verbunden, die sich erst jetzt wirklich konstitu-
ierte, entwickelte sich nun in breiten Schichten eine bewußte,
religiös verfestigte Judenfeindschaft. Diese war stark durch die
Passionsgeschichte bestimmt und immer besonders in der Karwoche akut. Die Darstellungsweise stilisierte die Juden endgültig zu Feinden aller Christen, denen sich gleichzeitig jeder
Christenmensch – auch der letzte hörige Bauer und der Habe-
nichts in der Stadt – weit überlegen fühlen konnte.

---

[1] *Bernhard Blumenkranz*, Juden und Judentum in der mittelalterlichen
Kunst, in: Willehad P. Eckert / Ernst L. Ehrlich (Hrsg.), Judenhaß – Schuld
der Christen?! Versuch eines Gesprächs, Essen 1964.

Die Pest in den Jahren 1348–1350
Weltliche „Begründungen" der Judenverfolgung

Mit dem 14. Jahrhundert setzte eine Epoche ein, in der die Initiative zu antijüdischen Maßnahmen allmählich von der Kirche immer mehr auf die Obrigkeiten überzugehen begann, wo die ersten nichtklerikalen Begründungen der Judenfeindschaft auftauchten und Verbreitung fanden. Während in der älteren Zeit die Obrigkeiten „ihre" Juden meist im ureigensten Interesse zu schützen versucht hatten, begann sich nun das Bild zu wandeln. Die ersten Anzeichen dafür sind die meist aus unmittelbaren ökonomischen Gründen entspringenden Vertreibungen der Juden aus England (1290) und Frankreich (erste Vertreibung 1306); im Reich signalisierte die Wandlung der Juden von Schützlingen des Königs in seine hörigen „Kammerknechte" (servi cammerae) in der ersten Hälfte des 13. Jahrhunderts und ihre Ausnutzung durch Reichsfürsten und zunehmend auch durch Städte eine Veränderung der Lage. Die Neuartigkeit der Feindschaft tauchte bereits bei der Pogromwelle der Jahre 1336/38 besonders in Franken und im Elsaß auf, bei der die zeitgenössischen Chronisten schwanken, wie eigentlich die Feindschaft dieser Scharen gegen die Juden begründet war. Eine wirkliche Zäsur aber bedeutete erst die Pogromwelle der Jahre 1348–1350.

Als sich im Laufe des Jahres 1348 Nachrichten über die Ausbreitung der Pest, den „Schwarzen Tod", mehrten, tauchten unter anderen Spekulationen über die Herkunft des Großen Sterbens sogleich Vermutungen auf, diese Epidemie sei eigentlich ein künstlich hervorgerufenes Übel, sie gehe auf die Vergiftung der Luft, besonders aber des Wassers zurück. Ähnliche Vermutungen waren schon früher bei verheerenden Seuchen aufgekommen und wurden auch gelegentlich noch im 19. und 20. Jahrhundert verbreitet und geglaubt. So verhielt es sich auch bei der Pestepidemie in der Mitte des 14. Jahrhunderts, und zunächst verdächtigten einander Arm und Reich, Gift in die Brunnen gestreut zu haben, bis sich dann – vermutlich von Savoyen ausgehend – das Gerücht verdichtete, man habe es mit einer großangelegten Vergiftungsaktion der Juden zu tun. In vergleichbarer Weise wurde schon, ohne daß eine konkrete Seuche vorlag, im Jahre 1321 in Südfrankreich von einer Vergiftungsaktion der Aussätzigen gefabelt, die angeblich alle Gesunden vergiften oder anstecken wollten. Aber bereits hier waren die Aussätzigen bloß ein Werkzeug der eigentlichen Verschwörer, die als zwei „Hauptschurken" des Abendlandes, als der König von Babylon und der Sultan von Granada, namhaft gemacht wurden. Beide waren die Anstifter, ihre Mittelspersonen aber waren einmal Aussätzige, einmal Juden. Da man sich der eigentlichen Hauptschuldigen nicht bemächtigen konnte, verbrannte man Aussätzige und Juden mit oder ohne Prozeß.

Im Jahre 1348 spielten dann Muslime oder Aussätzige keine Rolle mehr; es war eine rein jüdische Verschwörung, von der man munkelte. Alsbald wurden Juden eingekerkert, gemartert und erwartungsgemäß „gestanden" sie auch während der Folterungen ihre „Verbrechen"; manche gaben sogar die Rezepte des greulichen Giftes, das die Pest hervorrief, preis. Flugs wurden diese „Geständnisse", mit entsprechenden Kommentaren und Begleitbriefen versehen, in alle Richtungen versandt, gelesen und mindestens teilweise auch geglaubt. Vielfach dienten sie jedoch in den Städten nachweisbar bloß als Vorwand; im Elsaß etwa inszenierten mit dieser Begründung Adel und Patrizier eine Reihe von Pogromen, um sich ihrer Gläubiger zu entledigen. Der Klerus hielt sich diesmal im Reich wohlweislich im Hintergrund, denn die Erbitterung gegen ihn war groß, und stellenweise wurden Kleriker und insbesondere Mönche beschuldigt, sie seien die eigentlichen Giftstreuer. In der Nähe von Konstanz entging selbst der bekannte Dominikaner und Mystiker Heinrich Seuse nur mit Mühe und Not dem Schicksal, von einer aufgebrachten Menschenmenge als Brunnenvergifter getötet zu werden. Vergeblich wiesen Gelehrte auf die Unsinnigkeit der ganzen Fabel hin und auf die Tatsache, daß auch Juden massenweise von der Pest dahingerafft wurden. Ungehört verhallte auch eine Bulle Papst Klemens' VI., der sich entschieden gegen die Fabel von der Brunnenvergiftung wandte. Die „Begründung" schien allzu einleuchtend, sie diente als zu bequemer Vorwand, jüdische Gläubiger zu ermorden, als daß sie schnell verschwinden konnte. Lawinenartig verbreitete sich das Morden von Süden nach Norden, von Westen nach Osten und zerstörte innerhalb von zwei Jahren beinahe alle jüdischen Gemeinden. Nur einige Städte (Regensburg, Goslar) und Territorien (Österreich, Böhmen) blieben von diesen Pogromen verschont.

Als dann im Abstand von nur wenigen Jahren weitere Pestwellen ganz Europa überrollten, merkten auch die Einfältigsten, daß die Fabel von der Brunnenvergiftung durch die Juden nicht stimmen konnte, da diese weitgehend ermordet, vertrieben und die Städte „judenrein" waren. Stellenweise bemühte man sich zwar, Ersatzopfer zu finden – so wurden nun manchmal Magier und Hexen beschuldigt, die Epidemien „herbeigezaubert" zu haben –, aber die Verschwörungsfabel hatte kaum weitere Überzeugungskraft; erst in der Neuzeit, in den Spuren der Französischen Revolution, sollte sie neu aufleben und in den erfundenen „Protokollen der Weisen von Zion" eine gewisse Wiedergeburt feiern.

Die Fabeleien über Brunnenvergiftungen durch Juden waren die erste rein weltliche Begründung der Judenfeindschaft. Auch sie waren – wie Ritualmord und Hostienfrevel – eine Beschuldigung aller Juden, die angeblich aus altem Haß gegen alle Christen ihre Übeltaten begingen. Als Verbreiter der Anschuldigungen, vielfach sogar als unmittelbare Organisatoren von Pogromen, agierten verschiedenste Obrigkeiten – ein neues Kapitel der Judenfeindschaft begann, ohne daß die alten klerikalen Begründungen verschwanden. Hinzu kamen die einsetzenden Erschütterungen der Grundlagen des Lebens, jene „Krise" des Spätmittelalters, die sich auf verschiedenen Gebieten äußerte. Wie jede echte Verunsicherung führte sie zwangsläufig zur Aggression und zur Steigerung bereits vorhandener Feindschaft.

Die Obrigkeiten begannen aus eigener Initiative eine restriktive Judenpolitik zu betreiben, die Juden immer mehr zu marginalisieren, um sie letztlich völlig zu vertreiben. Auch hier hatte die Kirche programmatisch den Weg gewiesen mit ihrem systematischen Streben, alle Lebensbereiche der Juden weitestgehend einzuschränken. Mit Rückgriff auf die Gesetzgebung der visigotischen Konzile aus dem 7. Jahrhundert in Spanien, die als erste rigorose Beschränkungen kodifiziert hatten, verordnete das IV. Laterankonzil von 1215 eine fast gänzliche Absonderung der Juden von den Christen. Juden sollten in ihrer Kleidung als Ungläubige jederzeit kenntlich sein, in eigenen Vierteln (Ghetto) von dem Rest der Bevölkerung getrennt hausen und in jeder Hinsicht von den Christen abgeschieden leben. Eine Fülle von Einzelvorschriften sollte diese strikte Abgrenzung gewährleisten. Die Obrigkeiten, vor allem die Städte, waren zunächst recht lax in der Befolgung dieser Vorschriften. Erst seit der zweiten Hälfte des 14. Jahrhunderts setzte ihre weitgehende Befolgung ein. Als in die deutschen Städte nach der Pogromwelle der Jahre 1348–1350 Juden wieder aufgenommen wurden, sah man sie nicht mehr wie zuvor als Bürger an, sondern als bloß zeitweilig geduldete Einwohner. Die Städte entwickelten in mancherlei Hinsicht eine beachtliche Initiative zur Einschränkung – allerdings nicht nur Juden gegenüber. Sie begannen ganze Bevölkerungsteile bewußt zu marginalisieren, ihnen abgesonderte Wohnsitze zuzuweisen, ihre Rechte einzuschränken: Nicht nur Angehörige sogenannter unehrlicher Berufe und Prostituierte gehörten dazu, sondern zunehmend auch Arme, besonders Bettler, die durch eine eigene, im Entstehen begriffene Bettlerpolizei überwacht und reglementiert wurden. Fremde Bettler vertrieb man meist kurzerhand aus der Stadt. Immer eingehendere Sittenmandate sollten das Leben und das Wohlverhalten aller Einwohner der Städte bis in kleinste Einzelheiten hinein ordnen und durch Vorschriften einengen.

Vertreibung der Juden

In dieser Zeit begann sich eine Neuregelung des Kreditwesens anzubahnen. In dem Ausbau des Systems der städtischen Renten fand man eine ertragreiche Form der Geldleihe, die von der

Kirche nicht als Wucher verdammt wurde. In Italien kamen die ersten öffentlichen Pfandleihen auf, zunächst zwar beargwöhnt, aber immerhin geduldet. Immer mehr wurden die Wuchervorschriften für Christen gelockert. Gegen den zähen Widerstand von Theologen setzte sich – zwar langsam, aber unerbittlich – die Meinung durch, daß man erst von einer gewissen Höhe des Zinssatzes ab von Wucher sprechen könne – unterhalb dieser Grenze sei Zinsnehmen durchaus gestattet. Die Juden wurden durch diese Entwicklung zu unliebsamen Konkurrenten im kleineren Geldgeschäft, im größeren Geschäft spielten sie schon vorher nur ausnahmsweise eine bedeutendere Rolle. Hinzu kam, daß nicht nur die Steuerlast der Juden stetig anstieg, sondern auch die Kosten ihres Kredites angehoben wurden. Bei Juden borgten zunehmend nur die Kreise, denen niemand sonst Kredit gewährte. Für den „Normalverbraucher" gab es nun neue Kreditgeber, die um nichts besser waren als die jüdischen Wucherer, und am Ende des 15. Jahrhunderts konnte dann Sebastian Brant in seinem „Narrenschiff" zu Recht behaupten[2]:

> „Der Juden Zins war leidlich genug,
> Aber sie können nicht mehr bleiben,
> Die Christenjuden sie vertreiben,
> Die mit dem Judenspieß [Wucher] selbst rennen ..."

Der jüdische Wucherer blieb der Geldgeber des kleinen Mannes, und er war zugleich Schicksalsgenosse – vielfach als willkommener Hehler – anderer Ausgestoßener und Verfemter. Es ist kein Zufall, daß das deutsche Rotwelsch, die Sprache der Gauner und anderer Außenseiter, so viele Spuren des Hebräischen und des Jiddischen aufweist. Dadurch wurde der jüdische Wucherer immer mehr zum Sinnbild des Juden schlechthin – und zwar erst in dieser Zeit. Das Wettern und Eifern gegen Wucherer in der mittelalterlichen Literatur war längst

---

[2] *Sebastian Brant,* Das Narrenschiff, hrsg. von Manfred Lemmer, Tübingen 1962, Kap. 93, S. 159.

eine völlig übliche Angelegenheit. Aber bis in das 14. Jahrhundert hinein dominierte eindeutig die Verdammung des christlichen Wucherers. In der Schilderung der Höllenstrafen, die ihn erwarteten, schwelgte nicht nur die Phantasie der Schuldner, auch die Predigten und volkstümliche Erzählungen malten sie aus. Dies begann sich seit der Mitte des 14. Jahrhunderts zu ändern. Zum Inbegriff des Wuchers wurden immer mehr die jüdischen Wucherer, jene „Höllenhunde", die die Christenheit ohne Unterlaß verfolgen und aussaugen. Je mehr die Zinsnahme durch christliche Gläubiger geduldet, der Wucherbegriff auf Juden beschränkt wurde, desto mehr wurde das Schlagwort vom „Judenwucher", der die gesamte Stadt und das Land verderbe, zum neuen Panier der Judenfeindschaft. Es wäre falsch, den „Judenwucher" zu verniedlichen: Er war wie jeder Wucher, ja jede übergroße ökonomische Vorherrschaft, ein Übel, das viel Unheil angerichtet hat. Aber das Ablenken der Aufmerksamkeit auf nur einen Teil der Ausbeutung war ein oft bewußt angewandtes Manöver, um den gesamten Haß gegen eine fest umgrenzte Gruppe zu steuern, deren Ächtung den Machthabern nicht gefährlich war, sondern ihnen sogar höchst gelegen kam. Bei der Erörterung des „Judenwuchers" darf auch nicht vergessen werden, daß nur ein Teil der Juden als Wucherer tätig war; schon im Spätmittelalter lebte ein großer Teil der Ghettobewohner in bitterstem Elend und die Zahl dieser Armen stieg in der Folgezeit noch an.

Die Juden hatten jetzt ihre letzte bescheidene ökonomische Funktion eingebüßt, sie waren vollends dämonisiert, als „Höllenhunde" Zielscheibe des Hasses. Es bestand eine dauernde Gefahr von Ausschreitungen und Pogromen, so daß es immer verlockender erschien, Juden einfach zu vertreiben und sich dadurch alle mit ihnen verbundenen Probleme ein für allemal vom Halse zu schaffen. Der Ausweg war nicht neu: Juden wurden, wie bereits erwähnt, früher schon aus manchen Städten und Ländern vertrieben. Initiatoren dieser Vertreibungen waren Könige und große Herren, die sich zu diesen Maßnahmen aus verschiedensten Gründen entschlossen. Seit der Mitte des 14. Jahrhunderts ging die Initiative zur Vertreibung der Juden im Reich auf die Bürger der Städte über, die in ihren Mauern keine Juden mehr dulden wollten. Diese Entwicklung ist jedoch nicht nur im Reich festzustellen, auch die wohl spektakulärste Vertreibung, aus Spanien im Jahre 1492, ging letztlich auf eine Initiative der Städte zurück.

Die Gründe für dieses Streben der Städte lag in der ökonomischen, sozialen und religiösen Entwicklung, wie sie oben skizziert wurde. Zur „endgültigen" Lösung des Problems ballte sich ein ganzes Bündel von Motiven und Ursachen zusammen, wie sie geradezu paradigmatisch die Begründung der Vertreibung der Juden – übrigens gegen den Willen des formalen Judenherrn, des Erzbischofs von Köln und Königs Sigmund – im Jahre 1424 aus Köln am Rhein formuliert. Als sich die Kölner nach langem Drängen 1431 endlich entschlossen, diese Vertreibung zu rechtfertigen, da wußten sie eine Reihe von Gründen für ihr Vorgehen anzuführen: die Gefahr jüdischer Proselytenmacherei, die Schwierigkeit, sie vor Ausschreitungen der Kreuzfahrer gegen die Hussiten zu schützen, der Wucher der Juden, das Beispiel benachbarter Territorien, die ihrerseits ihre Juden vertrieben, Gerüchte über Brunnenvergiftungen durch Juden, das Auftauchen einer rätselhaften Krankheit und – die besondere Heiligkeit der Stadt Köln „mit großen köstlichen Heiligtümern der lieben Heiligen, die da ruhen und die ihr Blut um des Christenglaubens willen vergossen haben, mit denen Köln löblich verziert ist, so daß die Judenheit mit ihren unchristlichen Füßen diese heilige Erde billigerweise nicht mehr treten sollte".[3] Wirtschaftliche und politische Gründe wurden genauso ins Feld geführt wie der Glaubenseifer.

Man sollte sich davor hüten, nur einige Gründe auszuwählen und sie als die „entscheidenden" auszugeben. Im Laufe der Jahrhunderte hatte sich ein recht einheitliches Judenstereotyp herausgebildet, das zwar aus verschiedenen Schichten bestand,

---

[3] Die Begründung der Vertreibung durch die Stadt Köln bei: *Anna-Dorothee von den Brincken*, Das Rechtfertigungsschreiben der Stadt Köln wegen Ausweisung der Juden im Jahre 1424, in: Mitteilungen aus dem Stadtarchiv von Köln 60 (1971), S. 305–339.

aber nun endgültig ein einheitliches, geschlossenes Bild erreichte. Es wurde bequemer Vorwand zur Vertreibung der Juden aus den Städten. Tatsächlich waren am Ende des Mittelalters die meisten Städte in Mitteleuropa „judenrein" – von größeren Gemeinden behaupteten sich nur Frankfurt am Main und Prag. Das Gros der Juden aus dem deutschen Sprachgebiet wanderte entweder in den Osten ab oder fand in den Dörfern und Marktflecken ein noch bescheideneres Auskommen als vorher. Von der Stellung als Kaufleute unter königlichem Schutz zur Zeit der Karolinger, von der wirtschaftlichen Stärke war kaum etwas übriggeblieben. Sofern sich im Reichsgebiet überhaupt Juden hielten, waren es zum Großteil bescheidene Dorfjuden, die kümmerlich durch Kleinhandel ihre Existenz fristeten, nicht der Typus der späteren Hofjuden, die die Aufmerksamkeit auf sich zogen, obwohl sie bloß eine verschwindende Minderheit innerhalb der jüdischen Gemeinden darstellten.

Noch verheerender aber waren die Folgen im Bereich der Vorstellungen und der Mentalität, wo sich vollends ein dämonisiertes Judenbild stabilisierte. Das Zerrbild eines höllischen Wucherers, jederzeit bereit und bestrebt „die Christenheit" zu verderben, wurde zum Stereotyp, das sich erst im Laufe der Jahrhunderte herausgebildet hatte, sorgfältig genährt und gepflegt, in geradezu genormten Erzählungen verbreitet. Die Judenfeindschaft war absolut keine natürliche, spontane Reaktion der christlichen Gesellschaft, sondern ein anerzogenes und herangezüchtetes, über Generationen hin propagiertes, auf gewissen Grundlagen des Andersseins der Juden aufbauendes Stereotyp. Der Erfolg war durchschlagend, und das Zerrbild des Juden dominierte nun auch in Gegenden, wo längst kein Jude mehr zu sehen war, wie etwa im England des 16. Jahrhunderts. Die so ausgeprägte und formulierte Feindschaft gehörte von nun an geradezu „organisch" zum Christentum, oder wie dies Erasmus von Rotterdam 1519 an Jakob von Hochstraten schrieb: „Gibt es vielleicht jemanden unter uns, der diese Art von Menschen nicht genügend verabscheut? Wenn Judenhaß ein Zeichen des Christen ist, dann sind wir alle vorzügliche

Christen."[4] Wie jedes verfestigte Stereotyp wurde auch dieses Vorurteil geschlossen gelehrt, überliefert und „vererbt". Es wurde weitestgehend zum integralen, selbstverständlichen Bestandteil allgemein verbreiteter Anschauungen, sakral verankert und durch die Tradition autorisiert.

Die Skizze der Entwicklung der Judenfeindschaft im Mittelalter wäre aber unvollständig, wenn nicht ausdrücklich darauf hingewiesen würde, daß ein solcher langfristiger Aufbau eines Feindstereotyps nicht nur auf die Juden beschränkt blieb – eine Tatsache, die immer wieder vergessen wird. Das Ketzerstereotyp war noch früher festgefügt und trug in der ersten Hälfte des 15. Jahrhunderts zur völligen Isolierung der Hussiten im entscheidenden Ausmaß bei; erst die gegenseitige Verketzerung von Katholiken und Protestanten führte zu einer gewissen Auflockerung dieses Stereotyps – allerdings bloß mit dem Ergebnis, daß in den einzelnen konfessionellen Lagern nun unterschiedliche Ketzerstereotypen tradiert wurden. Einigkeit dagegen herrschte in der Verdammung von Magiern und Hexen, deren Schauerbild am Ende des 15. Jahrhunderts genauso fest gefügt war wie das Zerrbild der Juden, und die nun von Katholiken und Protestanten eifrig aufgespürt, verfolgt und massenweise verbrannt wurden. Immer mehr wandelte sich auch das Bild des Armen und Bedürftigen von einem Menschen, der durch Gottes Fügung arm sei und dem man daher helfen müsse, zu einem Menschen, der sein Elend selbst verschuldet und den man demgemäß bestrafen, zur Arbeit zwingen müsse. Aus den Städten vertrieb man nicht nur die Juden, sondern auch immer wieder alle ortsfremden Armen. Bettlerscharen durchzogen als nichtjüdische Ahasvere verschiedene Teile Europas. Der Leibhaftige drohte verschreckten, zutiefst verunsicherten Menschen von überall her und steigerte sie in eine wahre Angstpsychose hinein, die ihren Anfang im Spätmittelalter hat.

Keine Zeit beginnt ganz von neuem – auch wenn sie diese Il-

---

[4] Schreiben vom 11. August 1519, abgedruckt in: Epistolae, hrsg. von P. S. und H. M. Allen, Bd. 4, Oxford 1922, Nr. 1006, S. 46.

lusion hegt. Sie erbt von ihren vielen Vorläufern neben der Sprache auch Denkgewohnheiten, Einrichtungen und Vorstellungen, und sie vererbt diese ihrerseits spontan oder gezielt weiter. Stereotypen sind durch ihre Geschlossenheit und ihre vermeintliche Selbstverständlichkeit besonders geeignet, tradiert zu werden und nachfolgende Zeiten zu beeinflussen. Das Judenstereotyp ist ein Musterbeispiel dafür. Es hat sich erst im Laufe von Jahrhunderten herausgebildet, und es stand und steht nie isoliert da. Bereits im Mittelalter war es, genau wie in der Folgezeit, der integrierende Bestandteil allgemeiner Feindbilder und restriktiver Maßnahmen, damit zugleich ein empfindlicher Indikator für die Toleranzschwellen von Gesellschaften und eine Schule der Barbarei – einer Barbarei, die zu keiner Zeit allein auf Juden beschränkt war.

Literaturhinweise

Als grundlegende Darstellung kann gelten: *Salo Wittmayer Baron,* A Social and Religious History of the Jews, 15 Bde., New York 1952–1973; für das Mittelalter Bd. 3–13. – Als kurzgefaßte Gesamtübersicht: *Hermann Greive,* Die Juden. Grundzüge ihrer Geschichte im mittelalterlichen und neuzeitlichen Europa (Wissenschaftliche Buchgemeinschaft, Grundzüge 37), Darmstadt 1980; Mittelalter S. 15–115.

Als Versuche einer neuen Darstellung: *Bernd Martin / Ernst Schulin* (Hrsg.), Die Juden als Minderheit in der Geschichte, München 1981 (dtv 1745); das Mittelalter betreffen die Beiträge von Dieter Mertens (erster Kreuzzug), František Graus (Pogrome im 14. Jahrhundert), Ernst Schulin (Spanien und Portugal). – *Alfred Haverkamp* (Hrsg.), Zur Geschichte der Juden im Deutschland des späten Mittelalters und der frühen Neuzeit (Monographien zur Geschichte des Mittelalters 24), Stuttgart 1981; das Mittelalter betreffen die Beiträge von František Graus (Historische Traditionen), Alfred Haverkamp (Pogrom 1348–1350), Ernst Vollmer (Speyer), Franz Irsigler (Juden und Lombarden).

Unentbehrliche Hilfsmittel sind die *Encyclopaedia Judaica,* 16 Bde., Jerusalem 1971/72, und die *Germania Judaica,* I – III/1, Tübingen 1963–1987. Der 3. Band (1987) enthält ein alphabetisches Repertorium nach Orten, mit zusammenfassenden Angaben und weiterführenden Literaturhinweisen. Im zweiten Band sind in der Einleitung die wichtigsten Trends der Zeit vom Herausgeber *Zvi Avneri* zusammengefaßt.

Für die Wirtschaftsstellung immer noch unentbehrlich: *Georg Caro*, Sozial- und Wirtschaftsgeschichte der Juden im Mittelalter und der Neuzeit, 2 Bde., Leipzig 1908/1920 und Nachdruck 1964. – Zur Rechtsgeschichte grundlegend: *Guido Kisch*, Ausgewählte Schriften, 2 Bde., Sigmaringen 1978/79; weiterführend *Friedrich Battenberg*, Zur Rechtsstellung der Juden am Mittelrhein im Spätmittelalter und frühen Neuzeit, in: Zeitschrift für historische Forschung, Bd. 6 (1979), S. 129–183. – Der Versuch einer Gesamtdarstellung in einer deutschen Landschaft: *Monumenta Judaica.* 2000 Jahre Geschichte und Kultur der Juden am Rhein, 2 Bde., Köln 1963.

Zum Verhältnis von Juden und Christen besonders: *Solomon Grayzel*, The Church and the Jews in the XIIIth Century, Philadelphia 1933; Jacob Katz, Exclusiveness and Tolerance. Studies in Jewish-Gentile Relations in Medieval and Modern Time, Oxford 1961; Rudolf Glanz, Geschichte des niederen jüdischen Volkes in Deutschland. Eine Studie über historisches Gaunertum, Bettelwesen und Vagantentum, New York 1968; ferner zwei Sammelbände: Willehad P. Eckert / Ernst L. Ehrlich (Hrsg.), Judenhaß – Schuld der Christen?! Versuch eines Gesprächs, Essen 1964, und Karl H. Rengstorf / Siegfried von Kortzfleisch, Kirche und Synagoge. Handbuch zur Geschichte von Christen und Juden, 2 Bde., Stuttgart 1968/70.

Zur Herausbildung des Zerrbild-Judenstereotyps siehe den Versuch einer Gesamtdarstellung von: *Léon Poliakov*, Geschichte des Antisemitismus (Original 1955 ff.), deutsch: Worms 1978 ff.; für das Mittelalter die ersten zwei Bändchen der deutschen Ausgabe. – *Joshūa Trachtenberg*, The Devil and the Jews. The Medieval Conception of the Jew and its Relation to the Modern Antisemitism, Philadelphia [2]1961. – Bernhard Blumenkranz, Juden und Judentum in der mittelalterlichen Kunst, Stuttgart 1965; eine Auswahl von Arbeiten ist unter dem Titel: Juifs et Chrétiens. Patristique et Moyen Age, London 1977, erschienen. – Als Beispiel der Untersuchung eines literarischen Umkreises: Patricia Hidiroglou, Les Juifs d'après la littérature historique latine de Philippe Auguste à Philippe le Bel, in: Revue des Etudes juives 133 (1974), S. 373–456. – Zum Weiterleben des Stereotyps: Bernhard Glassmann, Anti-Semitic Sterotypes without Jews. Images of the Jews in England 1290–1700, Detroit 1975. – Zum Zusammenhang mit den allgemeinen Marginalisierungstendenzen František Graus, Randgruppen der städtischen Gesellschaft im Spätmittelalter, in: Zeitschrift für Historische Forschung 8 (1981), S. 385–437.

Horst Pietschmann

Die Vertreibung der Juden aus Spanien im Jahre 1492

1992 gedachte Spanien der 500. Wiederkehr von vier wichtigen Ereignissen seiner Geschichte, die auf den ersten Blick scheinbar unverbunden nebeneinanderstehen. Sie stehen aber gleichwohl in Beziehung zueinander und sind auch von relativ großer Bedeutung für die europäische bzw. für die Weltgeschichte. In ihrer zeitlichen Abfolge handelt es sich um die Kapitulation von Granada (der Hauptstadt des letzten Maurenreiches auf spanischem Boden), der Vertreibung der Juden aus Spanien, der Veröffentlichung der von Nebrija verfaßten Grammatik des Kastilischen (der ersten Grammatik einer europäischen Volkssprache) und schließlich um die europäische Entdeckung Amerikas durch Christoph Kolumbus, einen genuesischen Seefahrer in kastilischen Diensten. Diese Unternehmung wurde nicht unerheblich von Conversos, zum Christentum übergetretenen Juden, begünstigt und teilweise mitfinanziert.

Eine von der Chronistik überlieferte Anekdote bezüglich der Grammatik Nebrijas läßt den Zusammenhang dieser Ereignisse zumindest erahnen. Als der neu ernannte Bischof von Granada, Hernando de Talavera, ebenfalls ein Converso, den Autor der Grammatik der Königin Isabella präsentierte, soll diese gefragt haben, wozu eine solche Grammatik von Nutzen sei. Darauf soll der Bischof anstelle des Autors geantwortet haben, sie sei dazu dienlich, daß die von den Königen unterworfenen Völker die Sprache ihrer Herren lernten. Diese Begründung legt zumindest die Vermutung nahe, daß imperialer Expansionsdrang und kulturelles Sendungsbewußtsein als die verbindenden Elemente dieser vier bedeutenden Ereignisse in Betracht zu ziehen sind. Mit dem königlichen Schatzmeister Luis de Santangel, der die Kolumbusreise entscheidend begünstigt zu haben scheint, und dem Bischof von Granada, Hernando de Talavera, nehmen zwei jüdische Konvertiten in zwei Schlüsselbereichen der Politik jener Epoche – dem Finanzwesen und der kirchlichen Organisation – eine prominente Rolle ein, die die Komplexität jüdischer Präsenz im Spanien jener Epoche erkennen läßt. [1]

Es erscheint daher sinnvoll, zunächst einen Blick auf die Geschichte des Judentums auf der Iberischen Halbinsel zu werfen. [2]

Geschichte des Judentums auf der Iberischen Halbinsel

Die ersten Juden scheinen schon kurz nach der Zerstörung des Tempels in Spanien eingewandert zu sein. Von den Mittelmeerküsten breiteten sich jüdische Gemeinden in ganz Spa-

---

[1] Zu diesem Zusammenhang und zur Geschichte Spaniens im Zeitalter der Katholischen Könige vgl. *Joseph Pérez*, Ferdinand et Isabelle Rois Catholiques d'Espagne, Paris 1988 (die deutsche Ausgabe weist leider einige sinnentstellende Übersetzungsfehler auf: Ferdinand und Isabella. Spanien zur Zeit der Katholischen Könige, München 1989); *J. N. Hillgarth*, The Spanish Kingdoms 1250–1516, 2 Bde., Oxford 1976–1978; *Horst Pietschmann*, Staat und staatliche Entwicklung am Beginn der spanischen Kolonisation Amerikas, Münster 1980; *Luis Suárez Fernández*, Los Trastámara y los Reyes Católicos. – *Angel Montenegro Duque*, Historia de España, Bd. 7, Madrid 1985. Die klassischen Deutungen dieser Vorgänge sind: *Américo Castro*, La realidad histórica de España, Neuausgabe México 1962. *Claudio Sánchez-Albornoz*, España, un enigma histórico, 2 Bde., Buenos Aires 1956. Ausführliche Hinweise auf die neuere Literatur finden sich in den eingangs genannten Werken.

[2] Die Literatur zur Geschichte des Judentums in Spanien ist unübersehbar. Verwiesen sei auf die seit ein vierziger Jahren in Spanien erscheinende Zeitschrift „Sefarad". Klassische Darstellungen sind *J. Amador de los Rios*, Historia social, politica y religiosa de los judios de España y Portugal, 3 Bde., Madrid 1875; *Y. Baer*, A History of the Jews in Christian Spain, 2 Bde., Philadelphia 1961; *Luis Suárez Fernández*, Los judíos españoles en la Edad Media, Madrid 1980; *Maurice Kriegel*, Les juifs à la fin du Moyen Age dans l'Europe méditerranéenne, Paris 1979. Die nachfolgende Skizze stützt sich auf zwei neuere Übersichtswerke, die die ältere Literatur zusammenfassen: *José Luis Lacave / Manuel Armengol / Francisco Ontañón*, Sefarad, Sefarad, La España Judia, Madrid 1987; *Luis Suárez Fernándes*, La expulsión de los judíos de España, Madrid 1991.

nien aus, und bereits im 4. Jahrhundert n. Chr. scheinen Juden so zahlreich auf der Halbinsel vertreten gewesen zu sein, daß sich das spanische Konzil von Elvira zwischen 303 und 309 besorgt über die Folgen des Zusammenlebens von Christen und Juden für die christliche Rechtgläubigkeit äußerte. Gleichwohl scheint das Zusammenleben von Christen und Juden, die vorwiegend Landwirtschaft betrieben zu haben scheinen, friedlich verlaufen zu sein. Dies änderte sich freilich, als 586 der Westgotenkönig Rekared vom Arianismus zum Katholizismus übertrat und eine antijüdische Gesetzgebung einleitete, die unter seinem Nachfolger 613 in einem Dekret gipfelte, das die Juden zwang, sich zum Christentum zu bekehren. Dies hatte einen ersten Exodus nach Nordafrika zur Folge. Spätere Westgotenkönige ordneten sogar an, daß Juden und selbst Konvertiten der Sklaverei zu unterwerfen seien.

Die islamische Invasion Spaniens im Jahre 711 bedeutete daher für die Juden eine Befreiung. Unter maurischer Herrschaft lebten die Juden in geschlossenen Kolonien und genossen einen rechtlichen Sonderstatus, der ihnen gegen eine Sondersteuer die Religionsausübung garantierte. Bedingt durch die guten Verbindungen zum Orient, übernahmen die spanischen Juden nun den babylonischen Talmud, und so erfolgte eine starke jüdische Einwanderung aus Nordafrika. Inzwischen wurde auch die besondere Identität der spanischen Juden faßbar, für die Spanien den Namen Sefarad trug und die sich entsprechend als Sephardim bezeichneten. Dieser Name entstammte offenbar alttestamentlicher Bibelexegese und scheint bereits am Ende der römischen Herrschaft in Spanien aufgekommen zu sein. Im 10. Jahrhundert entfaltete sich im maurischen Spanien die jüdische Kultur zu großer Blüte. Als Ärzte, Diplomaten und Gelehrte gelangten Juden zu Ansehen und Einfluß sogar am Hofe der Kalifen.

In der Zwischenzeit waren auch in den von den Spaniern wiedereroberten Gebieten (Reconquista) jüdische Gemeinden entstanden; diese wurden im 12. Jahrhundert durch Einwanderung aus dem islamischen Spanien zahlenmäßig sehr gestärkt, nachdem unter der maurischen Almohaden-Dynastie die Toleranz gegenüber der jüdischen Minderheit ihr Ende gefunden hatte und sie vor die Alternative gestellt worden waren, zwischen der Bekehrung zum Islam und dem Verlust ihrer Wohnstätten zu wählen. Diesmal boten nun die christlichen Reiche den Juden größere Sicherheit, nachdem 1066 König Ferdinand I. von Kastilien die diskriminierenden Gesetze aus der Westgotenzeit aufgehoben und die Anwesenheit von Juden als legitim erklärt hatte. Damit war das Recht verbunden, Synagogen und Schulen zu besitzen, das Hebräische als Kultursprache zu benutzen und ungehindert religiöse Zusammenkünfte abzuhalten. Freilich waren die Juden den christlichen Vasallen des Königs nicht gleichgestellt, da sie keine christlicherseits anerkannten Treueide schwören konnten. Sie galten als unmittelbarer Besitz der Krone bzw. des königlichen Fiskus, und sie besaßen nur die Rechte, die das Königtum ihnen ausdrücklich zuerkannte. Sie wurden mit Sondersteuern belegt, und der einem Juden zugefügte Schaden mußte mit hohen Bußen an den Fiskus gesühnt werden. Auch erwarben Juden im christlichen Spanien ungeachtet des Umstandes, über Generationen hinweg in Spanien geboren zu sein und gelebt zu haben, nicht das Recht, sich als Angehörige des Königreiches ausgeben zu dürfen.

Die Schutzpolitik der christlichen Reiche der Iberischen Halbinsel wurde zunächst durch die Kirche gestützt. In einer „Constitutio pro Judaeis" hatte Papst Innozenz III. 1199 die Minimalrechte festgelegt, die den Juden einzuräumen seien: 1. die Juden seien in der Hoffnung, daß sie doch noch zum rechten christlichen Glauben fänden, in ihren Personen und ihrem Besitz zu schützen; 2. auf keinen Fall dürften sie zum christlichen Glauben gezwungen werden, da dazu die freie Willensentscheidung erforderlich sei; 3. die Juden dürften nicht mißhandelt und bei ihrer Religionsausübung gestört werden. Diese Bestimmungen lassen einerseits erkennen, daß offenbar Übergriffe gegen Juden vorkamen, und zum anderen, daß die Schutzbereitschaft der christlichen Kirche abhing von der Erwartung, daß zumindest das Gros der Juden sich doch noch zum christlichen Glauben bekehren würde. Ein latenter Druck zur Konversion und Übergriffe auf Juden scheinen mithin zum Alltag jüdischen Lebens gehört zu haben. Schon das IV. Laterankonzil forderte 1215 die räumliche Trennung der Juden von der christlichen Bevölkerung und die Verpflichtung, daß Juden ein gelbes Abzeichen tragen sollten, damit Christen rechtzeitig vor der Gefahr des Umgangs mit Juden gewarnt würden. Die Könige von Kastilien und von Aragón protestierten in Rom gegen diese Bestimmungen und erreichten einen Aufschub für die Umsetzung dieser kirchlichen Gebote; doch schon um die Mitte des 13. Jahrhunderts, nach der großen Südexpansion im Zuge der Reconquista, verschärfte die kastilische Gesetzgebung die Bestimmungen gegenüber den Juden erheblich, indem sie unter Androhung strenger Strafen allzu enge persönliche Beziehungen zwischen Christen und Juden zu unterbinden suchte. Parallel dazu verstärkte sich die Tendenz, die Juden auf eigene Stadtviertel zu begrenzen, in Kastilien „aljamas", in Aragón „calls" genannt.

Die Zahl der jüdischen Gemeinden im christlichen Spanien war in der Zwischenzeit stark angewachsen. Nahezu alle königsunmittelbaren Städte besaßen mehr oder weniger bedeutende „juderías", jüdische Kolonien. Insgesamt schätzt man die Gesamtzahl der Juden auf 100000–200000, die sich auf etwa 200 städtische Judenviertel konzentrierten. Die Aktivitäten der jüdischen Bevölkerung Spaniens waren vielfältig; sie reichten vom Ackerbau über eine Vielzahl von Handwerken, Arztberufen und anderen gelehrten Betätigungen bis hin zum Handel und den Geldgeschäften. Vor allem im Handels- und Finanzbereich, wo die Juden nicht durch das christliche Verbot des Zinsnehmens behindert waren, erlangten Juden hohe Stellungen an den Höfen des Hochadels und der christlichen Königreiche Spaniens. Aber auch Ärzte und jüdische Gelehrte genossen hohes Ansehen im Dienste der Könige. Der kastilische König Alfons X., der Weise, war im 13. Jahrhundert von zahlreichen gebildeten Juden umgeben, die den König bei seinen wissenschaftlichen Studien unterstützten (gleiches galt für islamische Gelehrte).

Durch die enge Verbindung islamisch-jüdisch-christlicher

Gelehrsamkeit auf der Iberischen Halbinsel gelang im Verlauf des Hochmittelalters die europäische Wiederentdeckung eines großen Teils der nur im Orient bewahrten Überlieferung antiker Philosophie und Wissenschaft, die beispielsweise die Aristotelesrezeption im Europa des 12. und 13. Jahrhunderts und die von da ausgehenden Impulse für das abendländische Denken ermöglichte. Vor diesem Hintergrund hat man in neuerer Zeit von einer Epoche friedlichen und von Toleranz bestimmten Zusammenlebens der drei großen Religionen sprechen wollen, was in dieser Form freilich nie der Realität entsprach. Zwar arbeiteten an den Höfen sowohl der christlichen wie auch der islamischen iberischen Reiche Angehörige der drei Religionen zumindest zeitweise eng und vergleichsweise vorurteilslos zusammen, doch religiöses Eiferertum bestand zu allen Zeiten in den breiteren Volksschichten fort.

Selbst innerhalb der jüdischen Gemeinden begegnet man diesem Phänomen. Einer vergleichsweise säkularisierten jüdischen Elite, die eng mit dem christlichen Adel und den Höfen zusammenarbeitete, standen in den „aljamas" oft jüdische Eiferer gegenüber, die ihre Glaubensgenossen als der religiösen Abweichung verdächtig bezichtigten, wie umgekehrt auf christlicher Seite die mit Juden und Mauren zusammenarbeitenden Angehörigen der Eliten als religiös unzuverlässig eingestuft wurden. Die christlichen Könige der Halbinsel erreichten daher oftmals durch enge Zusammenarbeit mit Angehörigen der jüdischen Elite freiwillige Bekehrungen zum Christentum, Konvertiten, die häufig adelige Stellungen erlangen konnten und mit dem kastilischen Adel verschmolzen. Ähnliche Entwicklungen ergaben sich in Aragón. Schon im 13. Jahrhundert findet sich daher eine wachsende Zahl von Konvertiten, die in jener Zeit noch kaum Diskriminierungen ausgesetzt waren. Während die Könige aber nach wie vor auf ihrer Schutzpolitik gegenüber den Juden beharrten, da sie die Juden als wichtiges Element für den königlichen Fiskus ansahen und Juden in vielen Bereichen höfischer Verwaltung unentbehrlich waren, nahm die antijüdische Stimmung in der breiten Bevölkerung des christlichen Spanien zu.

Die Anfänge des Antisemitismus

Der Grund für die Zunahme war vor allem auf die neue Religiosität zurückzuführen, wie sie die Bettelorden verfochten; vor allem Dominikaner und Franziskaner griffen in ihrem Missionseifer und in ihren Predigten immer wieder die Juden an. Parallel dazu wachte die neu eingeführte Inquisition verschärft über die religiöse Orthodoxie der Christen, insbesondere der jüdischen Konvertiten. An den neuen Universitäten Europas befaßten sich Theologen mit dem Talmud und anderen jüdischen Schriften und propagierten die Verurteilung jüdischer Glaubensinhalte, die sie als gegen christliche Überlieferungen gerichtet empfanden. Verbreitet (z. B. in Aragón) kam es zu öffentlichen Glaubensdisputen zwischen christlichen Theologen und jüdischen Rabbinern. Nicht selten waren dabei auf christlicher Seite Konvertiten die treibenden Kräfte, von denen ein Teil militanter war als die Altchristen, ein anderer Teil aber in Richtung zu den ehemaligen Glaubensgenossen tendierte.

Parallel dazu verschärften sich die Konflikte innerhalb der jüdischen Gemeinden, in denen eine nach Einfluß, Macht und Privilegien strebende Elite häufig eine im neuen Rationalismus begründete religiöse Indifferenz bzw. Anpassungspolitik an christliche Vorstellungen verfocht; andere Gruppen, oftmals gerade die sozial schwächeren Schichten des Judentums, hingegen neigten zu besonderem religiösen Eiferertum. Unter den Eliten des maurischen, christlichen und jüdischen Spanien fanden nämlich oft zeitgenössische philosophische Strömungen – z. B. der auf Averroes zurückgehende Rationalismus, der über den prominenten jüdischen Gelehrten Maimonides auch bei den Sepharden und über christliche Philosophen und Theologen auch unter den gebildeten christlichen Schichten Eingang fand – ein ziemlich breites Echo und führten auf religiösem Gebiet oft zu einer stärkeren Betonung der verbindenden Elemente als der Gegensätze.

Auf solche stets nur temporäre und auf bestimmte Gruppen der Elite beschränkte, begrenzte Annäherungen ist vermutlich die fälschlicherweise oft überbetonte Verallgemeinerung der These vom friedlichen und harmonischen Zusammenleben der drei abendländischen Hauptreligionen zurückzuführen. Geistige Grundströmungen manifestierten sich in den Jahrhunderten des Mittelalters eben oft gleicherweise in verschiedenen Gruppen und Schichten der Angehörigen der drei Religionen auf der Iberischen Halbinsel. Tendenziell waren jedoch die jeweiligen Unter- und Mittelschichten religiös meist viel intransigenter eingestellt, als viele Angehörigen der jeweiligen Eliten dies waren. Trotz der Verschärfung der intoleranten religiösen Grundstimmung im Verlauf des 13. Jahrhunderts bestanden zwischen Juden und Christen auf der Halbinsel oft enge persönliche Kontakte fort. Die prominenten Vertreter der jüdischen Gemeinschaften wurden von Christen oft mit der dem Adel vorbehaltenen Titulierung eines „Don" (zuzüglich des jeweiligen Vornamens) angesprochen. Vor allem in Kastilien spielten Juden eine wichtige Rolle in der Verwaltung der Staats-, Adels- und selbst Kirchenfinanzen; hingegen waren in Aragón gegen Ende des 13. Jahrhunderts die sephardischen Juden – infolge kirchlichen Drucks und aufgrund eines spektakulären Finanzprozesses um einen prominenten jüdischen Financier – größtenteils bereits aus der zentralen Finanzverwaltung ausgeschlossen.

Die Situation verschlechterte sich zu jener Zeit allgemein für die europäischen Juden aufgrund des verschärften kirchlichen Druckes. Es kam zu ersten Ausweisungen von geschlossenen jüdischen Gruppen, etwa 1289 aus dem englisch besetzten Frankreich, 1290 aus England selbst, das als erstes europäisches Land seine gesamte jüdische Bevölkerung vertrieb und erst gegen Ende des 17. Jahrhunderts wieder Juden zuließ. 1306 verwies Philipp IV. von Frankreich die Juden seines Landes, und auch im Deutschen Reich kam es zu Vertreibungen durch einzelne Landesherren oder Städte. Südfrankreich und das christliche Spanien wurden so zu den Hauptzufluchtsgebieten des europäischen Judentums, die Teile der andernorts vertriebenen Gruppen aufnahmen und die Zahl der jüdischen Bevölkerung anstiegen ließ – was freilich auch hier die Agitation gegen diese zahlenmäßig starke religiöse Minderheit anwachsen ließ.

Das Judentum zwischen städtisch-kirchlicher Militanz und königlichem Schutz

Zahlreich waren die Vorwürfe aus den Reihen der christlichen Bevölkerung. Nicht nur, daß man dazu neigte, alle auftretenden Mißgeschicke den Juden anzulasten, man beschuldigte sie auch allenthalben des Wuchers und der überhöhten Zinsnahme. Die Einführung neuer finanzwirtschaftlicher Techniken – etwa das Aufkommen der abgezinsten Schuldverschreibung, bei der auf einen mit 100 Prozent angesetzten Schuldbetrag beispielsweise nur 70 Prozent ausbezahlt, aber 100 Prozent getilgt werden mußten – hatte heftige Anklagen gegen jüdische Finanzpraktiken zur Folge. Dazu kam der Vorwurf der Unreinheit, die Beschuldigung der rituellen Verunglimpfung des Christentums (etwa durch die Schändung von Hostien) bis hin zu dem Vorwurf des rituellen Kindermords oder der Anklage, die marginalisierten Leprakranken dazu anzustiften, durch Baden in Brunnen und Gewässern das Trinkwasser zu vergiften, um auf diese Weise die Verbreitung von Krankheiten unter der christlichen Bevölkerung zu fördern.

Diese und ähnliche Beschuldigungen werden in unterschiedlich gewichteter Form und Intensität immer wieder vorgebracht und kennzeichnen den Fanatismus derer, die sie erhoben, mehr als daß sie sich auf irgendwelche eindeutig faßbaren Vergehen von einzelnen Angehörigen oder ganzen Gruppen der jüdischen Bevölkerung zurückführen ließen.

Die antijüdische Militanz im übrigen Europa griff zu Beginn des 14. Jahrhunderts erstmals auf Spanien über. Zu Beginn des Frühjahrs 1320 griff eine Truppe sog. „pastoreaux" in Nordspanien ein. Diese Gruppe hatte in Südfrankreich ein religiös „Erweckter" um sich geschart; sie setzte sich, dem Namen entsprechend, vermutlich überwiegend aus ärmerer Landbevölkerung und Schäfern zusammen. Obwohl ihr Ziel die Befreiung

Granadas von den Mauren war, überfiel der Haufen auf seinem Zug die Aljamas, plünderte, zwang die Juden zur Bekehrung bzw. tötete diejenigen, die sich weigerten. Über Navarra fielen die „pastoreaux" oder „pastorellos" in Aragón ein, wo sie rasch von Truppen besiegt wurden, die König Jakob II. ihnen entgegensandte. Als Repressalie für die begangenen Untaten wurde eine größere Zahl von ihnen hingerichtet. Der Vorfall läßt die zunehmende Verschärfung antijüdischer Stimmungen erkennen, hatten doch die Autoritäten Navarras zunächst keine Hand gerührt, um die bedrängten Juden vor dem zügellosen Haufen zu verteidigen. Kurz vorher (1309) war es in dem damals noch unabhängigen Königreich Mallorca ebenfalls zu einer Zuspitzung der Situation gekommen, als zwangsbekehrte Juden aus Frankreich wieder zu ihrem alten Glauben zurückkehren wollten und von der Inquisition verfolgt wurden. Da man im einzelnen die Betroffenen nicht unterscheiden konnte, richteten sich die Repressalien gegen die gesamte jüdische Minderheit, die sich nur durch die Zahlung einer sehr hohen Geldsumme von der Bedrückung befreien konnte.

Damit wurde eine neue Problematik sichtbar: unter Gewaltandrohung zum Christentum übergetretene Juden wurden als Christen behandelt, da sie ja der Form nach die Taufe empfangen hatten. Auch das Argument, gewissermaßen unter Todesangst die Taufe empfangen zu haben und damit also gewaltsam zum Christentum „bekehrt" worden zu sein, wurde nicht anerkannt; ihre Rückkehr zum alten Glauben wurde vielmehr von kirchlichen Autoritäten als Apostasie gewertet und mit Nachdruck verfolgt. Waren bis dahin die Konversionen zum Christentum überwiegend freiwillig erfolgt – nicht zuletzt hatten mehrere prominente Rabbiner diesen Schritt vollzogen –, so stellte sich aufgrund der Entwicklung in der Folgezeit zunehmend das Problem der zwangskonvertierten Juden, die im Grunde bei ihrem alten Glauben zu verbleiben wünschten, daran aber gehindert wurden. In der Folgezeit begannen die Konvertiten zu einem Problem zu werden, da es entsprechend christlichen Vorwürfen tatsächlich Konvertiten gab, die unter dem Mantel des Christentums jüdische Glaubenselemente bewahrten und nur dem Anschein nach als Christen lebten. Die Verschärfung des christlichen Druckes auf die jüdischen Gemeinden – der nunmehr in einem wichtigen Bereich von der bis dahin geltenden kirchlichen Verhaltensnorm gegenüber Juden abwich, indem er mit der Anerkennung zwangsbekehrter Juden als Christen zumindest teilweise von dem Prinzip abwich, daß die Bekehrung zum Christentum freiwillig erfolgen müsse – führte zu einem neuen und später immer dringlicher werdenden Problem, nämlich dem der nur oberflächlich und scheinbar christianisierten Konvertiten.

Bis zu einem gewissen Grade hatte die Zunahme antijüdischer Stimmungen aber auch soziale Gründe. Mit der Entfaltung des Städtewesens auf der Iberischen Halbinsel war eine christliche Schicht von Händlern, Financiers und Gewerbetreibenden entstanden, die in den Juden zunehmend eine unliebsame Konkurrenz sahen; hierbei spielte eine Rolle, daß zumindest die jüdische Elite oftmals über weiterreichende Geschäftsverbindungen über Glaubensgenossen verfügte als christliche Unternehmer und daß darüber hinaus wirtschaftliche Krisenphänomene die Rivalität zwischen beiden Gruppen verschärften und zur Zuspitzung der Situation führten. Die erste Hälfte des 14. Jahrhunderts war eine solche Krisenepoche, die durch zahlreiche Mißernten, teilweise bedingt durch eine vorübergehende Klimaverschlechterung, und die nachfolgende Pestepidemie der Jahre 1346–1350 ausgelöst wurde.

Diese Entwicklung verschärfte auch die finanziellen Schwierigkeiten des Königtums, das zunehmend finanziellen Druck auf die Aljamas ausübte, um höhere Abgaben zu erpressen, bzw. Reklamationen aus den Kreisen der städtischen Bevölkerung nachgab, die gegen „Wucherzinsen" von seiten jüdischer Geldverleiher protestierten und Schuldenreduzierung bzw. -nachlaß forderten. Die Wirtschaftskraft der jüdischen Bevölkerung wurde dadurch zunehmend geschwächt, was wiederum verschiedentlich ein Nachlassen königlicher Schutzbemühungen zur Folge hatte. Der Königsschutz für die jüdische Bevölkerung wird spätestens im 14. Jahrhundert zu einer Frage rein finanzpolitischer Konvenienz für das Königtum, das in „seiner"

– im Wortsinne – jüdischen Bevölkerung vor allem anderen eine wirtschafts- und finanzpolitische Dimension königlicher Politik sah. In einer Zeit, in der das Königtum zur Befriedigung zusätzlicher Finanzbedürfnisse zunehmend von ständischen Bewilligungen abhängig war, bedeutete eine Bevölkerungsgruppe, die nicht nur wirtschaftlich aktiv war, sondern auch fast beliebig besteuert werden konnte, einen wichtigen politischen Faktor für das Königtum. Mit dem Schwinden der Wirtschaftskraft dieser Bevölkerungsgruppe war daher stets die Gefahr verbunden, daß der königliche Schutz gleichfalls mit geringerem Nachdruck gewährt wurde.

Zur Bedrohung der jüdischen Bevölkerung trug ebenso der sich durchsetzende Ständestaat bei, da die Vertreter der Städte (als Repräsentanten des steuerpflichtigen gemeinen Mannes) auf den Ständetagen oftmals antijüdische Forderungen zu einem Programmpunkt ihrer Verhandlungen mit dem Königtum machten. So hatte bereits das Parlament (Cortes) von Valladolid 1293 in Kastilien eine stark restriktive Gesetzgebung durchgesetzt, die es Juden verbot, Grundbesitz zu haben bzw. zu erwerben; ferner war es ihnen nicht erlaubt, bei Kreditgeschäften mehr als 33 Prozent Zins zu verlangen (die Höhe des Zinssatzes erklärte sich aus der allgemeinen Geldknappheit), und sie mußten alle Geldgeschäfte von christlichen Notaren beurkunden lassen und alle strittigen Kreditgeschäfte vor christlichen Gerichten anhängig machen. Außerdem wurde den Juden verboten, für Streitfälle untereinander besondere, jüdische Richter zu haben, und es wurde allen Schuldnern freigestellt, das ihnen genehme Gericht im Streitfalle anzurufen. Zugleich wurde die Gültigkeit jüdischer Eidesleistungen eingeschränkt. Wie zuvor bereits in Aragón ging damit der Einfluß der Juden auf die Staatsgeschäfte zurück. Das Verbot, Grundbesitz zu erwerben, drängte die kastilischen Juden noch stärker in Richtung auf die wenigen Gewerbe, die ihnen erlaubt (bzw. nicht durch das Verbot, Mitglieder in zünftisch organisierten Gewerben zu sein, indirekt unzugänglich) waren, d. h. Geldgeschäfte, Handel und Medizin bzw. nicht durch Zunftordnungen geregelte Gewerbe.

Der Druck der amtskirchlichen Hierarchie gegen die Juden verstärkte sich ebenfalls. Aus den Religionsdebatten des 13. Jahrhunderts hatten christliche Theologen den Schluß gezogen, daß auch der Talmud die unmittelbar bevorstehende Ankunft Christi vorhersage und daß in den heiligen Schriften der Juden angeblich konkrete Hinweise auf Jesus Christus als den Erlöser zu finden seien. Dies führte dazu, daß zumindest Teile der Amtskirche die Juden als Ketzer gegen die alttestamentarische Überlieferung, die beiden Religionen gemein sei, einstuften und man daher auf die Beendigung der Toleranz gegenüber dem Judentum drängte. Die kastilische Synode von Zamora im Jahre 1313 drängte daher auf die Beendigung der Toleranz gegenüber dem Judentum und die Anwendung der päpstlichen und konziliaren Anordnungen des 13. Jahrhunderts, die die iberischen Königreiche bis dahin nicht umgesetzt hatten. Das Synodaldekret forderte eine striktere Trennung zwischen Juden und Christen (vor allem in bezug auf die Aljamas und die christlichen Wohngebiete), das strikte Verbot, daß Christen in jüdischen Häusern Dienste verrichteten, das Verbot, daß Juden Ämter ausüben dürften, die ihnen in irgendeiner Form Machtbefugnisse gegenüber Christen zuerkannten. Schließlich wurde es als unzumutbar bezeichnet, daß Juden gegen Christen Zeugnis ablegen dürften oder sonst irgendwie rechtlich gegen Christen vorgingen.

Der Zeitpunkt für diesen Vorstoß war günstig gewählt, da Kastilien wegen Minderjährigkeit des Königs Alfons XI. von einer Regentschaft geführt wurde. Spätere Synoden bestätigten und verschärften diese Forderungen in der Folgezeit. Der Krone blieb somit kein anderer Ausweg, als Schritt für Schritt die Forderungen des christlichen Episkopats in die Praxis umzusetzen. Freilich stärkte das Königtum im Gegenzug dazu bis zu einem gewissen Grade die Rechtsstellung der Aljamas; ihnen wurde eine christlichen Gemeinden vergleichbare Verfassung zugestanden, die es den Juden ermöglichte, sich über Gemeinderepräsentanten – vergleichbar den christlichen Ständevertretern, wenn auch mit wesentlich schwächerer Autorität – gegenüber dem Königtum korporativ zu artikulieren. Insbesondere Alfons XI. von Kastilien unternahm nach Erlangung seiner Volljährigkeit Schritte, um die Stellung des Judentums wieder einigermaßen zu konsolidieren. Als er 1350 an der bereits erwähnten Pestepidemie – die vor allem in den engen Aljamas, wo man sich vor Ansteckung kaum schützen konnte, viele Opfer forderte – starb, trat Kastilien in eine kritische Phase seiner Geschichte ein; diese führte schließlich zum Sturz der Dynastie und zum Aufstieg des Hauses Trastámara und mündete in den großen Pogrom des Jahres 1391 zum katastrophalen Rückschlag für das sephardische Judentum. Bereits um die Jahrhundertmitte war es im Gefolge der Pestepidemien zu ersten gewaltsamen Übergriffen gegen Judenviertel in Katalonien und Valencia gekommen.

Die ersten Pogrome

Der kastilische Bürgerkrieg zwischen Peter I. und der Adelsfraktion unter der Führung von Peters Halbbruder Heinrich von Trastámara, der 1369 mit dem Tod König Peters von der Hand seines Halbbruders und dessen Thronfolge endete, brachte eine neue Woge des Antisemitismus. König Peter wurde von seinen Gegnern nicht nur beschuldigt, ein Judenfreund zu sein und sich mit jüdischen Ratgebern zu umgeben – es wurde sogar das Gerücht verbreitet, er selbst sei Kind von Juden und der Königin (seiner Mutter), die in Wirklichkeit eine Tochter geboren habe, als Thronfolger ins Kindbett gelegt worden; diese durch nichts gerechtfertigte Propagandathese findet sich noch ein Jahrhundert später in der Chronistik der Trastámara.

Das sephardische Judentum wurde in die Kämpfe zwischen dem nach Konsolidierung der herrscherlichen Gewalt strebenden Königtum und der Adelsopposition hineingezogen. In dem Bürgerkrieg, in dem die antijüdische Propaganda eine so starke Rolle spielte, wurden zahlreiche Aljamas geplündert und Juden umgebracht bzw. durch hohe Subsidienzahlungen ausgepreßt; die Zentren des kastilischen Judentums, vor allem Toledo, gingen daher geschwächt aus dem Bürgerkrieg hervor. Der neue König, Heinrich von Trastámara, führte zwar die Schutzpolitik gegenüber den Juden fort, sah sich jedoch nicht nur weitreichenden Forderungen der Stände nach Einschränkung des Judentums gegenüber, sondern hatte auch Schwierigkeiten, die Militanz des Klerus gegenüber den Juden wieder zu dämpfen. Die aus dem Bürgerkrieg stammende antijüdische Propaganda begann sich zusehends zu verselbständigen. Diese Propaganda verstärkte einerseits den Trend zur Konversion zum Christentum, andererseits aber auch eine größere Hinwendung zu religiösem Pietismus, ja Fundamentalismus, innerhalb des sephardischen Judentums. Dies förderte die Tendenz der Rabbiner, heimlich wieder zum Judentum zurückkehren wollende Konvertiten aufzunehmen. Sie wurden so in den Augen der Kirche zu Komplizen abtrünniger Christen und sahen sich dem Anspruch der Inquisition auf Jurisdiktion über die Juden ausgesetzt. Die massiv zunehmende Feindschaft der christlichen Gesellschaft gegen das Judentum führte zu Binnenwanderungen, indem Juden aus den großen städtischen Zentren in kleinere Orte auswichen, wo der soziale und religiöse Druck auf sie weniger stark war. Die Zahl der Aljamas nahm deshalb zu, ohne daß dies auf einen Anstieg der jüdischen Bevölkerung zurückzuführen war. Dies bedeutete eine weitere Schwächung des Judentums, da die großen Aljamas an Bevölkerung und damit an Einfluß verloren, ohne daß die neuen kleineren Zentren dies hätten ausgleichen können.

In der antijüdischen Propaganda tauchen auf der Iberischen Halbinsel nun Forderungen auf, daß man dem Judentum rasch ein Ende setzen müsse, indem man die Bemühungen zur Bekehrung der Juden intensiviere und den Druck auf sie verstärke. Diese offizielle Lesart kirchlicher Verlautbarungen wurde von zahlreichen Klerikern dahingehend interpretiert, daß man auch vor gewaltsamer Bekehrung nicht mehr zurückschrecken dürfe; denn es müsse den Rabbinern bekannt sein, daß der Messias inzwischen gekommen sei und es daher auch aus dem jüdischen Glaubensverständnis heraus keinen Grund mehr gebe, Jesus Christus als den Messias zu verleugnen.

Einer der Verfechter dieser radikalen Linie war der Sevillaner Erzdechant Fernando Martínez, der in zündenden Predigten die Gläubigen gegen die Juden aufhetzte und der nur mit Mühe von seinen kirchlichen Oberen in Schach gehalten werden konnte. Um den Kanonikus sammelte sich eine Gefolgschaft, die sich „matadores de judíos" – Judentöter – nannten. Als sich 1390 eine günstige Gelegenheit bot, da der Stuhl des Erzbischofs vakant war und die Krone von einem unter Vormundschaft stehenden Minderjährigen getragen wurde, ließ Martínez seine Gefolgschaft losschlagen. Anfang Juni 1931 erfolgte der Überfall auf die Sevillaner Aljama[3]. Viele Juden – die Chronistik spricht von 4000, was aber angesichts der Bevölkerungszahl der Stadt etwas zu hoch gegriffen sein dürfte – fielen dem Überfall zum Opfer; der größere Teil nahm unter Zwang das Christentum an, verlor aber durch die Plünderungen einen großen Teil seines Besitzes.

Das Beispiel Sevillas machte rasch Schule und löste allenthalben vergleichbare Aktionen aus, die zwar nach Norden an Gewaltsamkeit abnahmen, aber insgesamt eine große Zahl an Menschenopfern forderten, enorme Vermögensverluste zur Folge hatten und eine Welle von erzwungenen Konversionen auslösten. Auch auf das Königreich Aragón griff die Bewegung über und führte zur Zerstörung der Aljama von Valencia. Ebenso waren in Katalonien zahlreiche Opfer zu beklagen. Die Aljama von Barcelona wurde ebenfalls vernichtet. In einigen Gebieten vermochten rechtzeitige Schutzmaßnahmen der Autoritäten schlimme Übergriffe zu verhindern.

Die Bilanz des Jahres 1391 für das sephardische Judentum war tragisch: eine nicht eindeutig fixierbare, vermutlich sich auf einige tausend belaufende Zahl von Toten; eine Fülle von zwangsbekehrten Juden, die nun kirchlicher Jurisdiktion unterstanden; zahlreiche Aljamas vernichtet und nicht faßbare Vermögensverluste. Die Historiker jener Epoche stimmen darin überein, daß mit dem Pogrom von 1391 das Judentum

---

[3] Vgl. *Philippe Wolf*, The 1391 Pogrom in Spain. Social Crisis or not, in: Past & Present 50 (1971), S. 4 ff.

seine herausragende wirtschaftliche und geistige Stellung in Spanien verloren hatte und sich von diesem Rückschlag nicht mehr erholte.

Hier zeichnet sich bereits die Grundkonstellation für den letzten Akt des Dramas ab, die nach weiteren 100 Jahren zur Vertreibung der Juden führen sollte: massiver kirchlicher Druck auf das Judentum selbst und seine Beschützer, das Königtum; das Judentum als Objekt der Propaganda in den inneren Auseinandersetzungen der christlichen Reiche der Halbinsel mit dem Ziel, politische Gruppeninteressen gegen das Königtum durchzusetzen; wirtschaftliche Schwächung des Judentums nicht zuletzt durch die gestiegene Zahl der Konvertiten, die Funktionen wahrzunehmen, die sie auch vorher schon innehatten; schließlich die Existenz einer zahlenmäßig sehr starken Gruppe von Konvertiten, die zwischen christlicher Militanz und jüdischer Religiosität hin- und hergerissen waren und deren Rechtgläubigkeit zunehmend von christlicher Seite im Blick auf das weiterexistierende Judentum in Frage gestellt wurde. Es bleibt festzustellen, daß in dem Moment, in dem das Königtum dazu übergehen würde, vermittels der Verfolgung der religiösen Homogenität seine Autorität gegenüber den verschiedenen Gruppen der ständisch gegliederten Bevölkerung durchzusetzen zu suchen, die Alternative „Zwangsbekehrung oder Vertreibung" (wie sie Ferdinand und Isabella 1492 stellten) kaum zu vermeiden war. In jedem Fall läßt die Entwicklung seit dem 13. Jahrhundert eine zunehmende Verschärfung der antijüdischen Stimmung vor allem unter den breiteren Schichten der Stadtbevölkerung erkennen, die von Adel und Klerus in unterschiedlicher Form instrumentalisiert wurde. Gleichzeitig bedeutete die wirtschaftliche Schwächung des Judentums einen Verlust an Sicherheit, da die wirtschaftliche Vorrangstellung gerade in den neuen Techniken der Geldwirtschaft einen, wenn nicht den entscheidenden Garanten für den königlichen Schutz boten. Obwohl die Könige noch ausgangs des 14. und weiterhin im 15. Jahrhundert das Judentum schützten, finden sich in königlichen Urkunden doch immer häufiger Adjektive wie „perfide" und „pervers" im Zusammenhang mit auf die Juden bezogenen gesetzlichen Bestimmungen. An dieser Ausgangslage konnten besonnene christliche Stimmen – wie die des heiligen Vinzenz Ferrer, eines katalanisch-valencianischen Dominikaners – wenig ändern. Ferrer hatte die Zwangsbekehrungen aus dem Jahre 1391 als null und nichtig erklärt und erkannte weiterhin nur das Mittel einer beharrlichen Überzeugungsarbeit als einzig möglichen Weg zur Christianisierung der Juden an.

Die Juden in der innerspanischen Auseinandersetzung

Kurz darauf wurde in Kastilien die antijüdische Gesetzgebung radikal verschärft. In den Gesetzen von Ayllón aus dem Jahre 1412 wurde die rigorose Ghettoisierung der Juden verordnet. Aljamas und christliche Wohnviertel sollten künftig streng getrennt sein, und den Juden wurde das Verlassen ihrer Viertel nur noch während des Tageslichtes gestattet. Ihr Rechtsstatus wurde definitiv als inferior, unfrei und elend („miserable") charakterisiert, womit sie auf eine Stufe mit Bettlern, Vagabunden und sozial diskriminierten Berufsgruppen gestellt wurden. Sie mußten lange Haare und Bart tragen als sichtbarer Ausdruck von Unreinheit. Außerdem durften sie nur noch billige und dunkelfarbige Stoffe zur Kleidung benutzen und mußten definitiv das runde gelbfarbige Erkennungszeichen tragen.

Zahlreiche Berufe wurden ihnen zur Ausübung verboten, z. B. Steuerpacht und Finanzverwaltung, der Beruf des Arztes, des Chirurgen, Pharmazeuten, sämtliche Berufe im Textilgewerbe, der Schreinerei, der Metallver- und -bearbeitung (mit Ausnahme des Schmuckgewerbes), Schusterei, Drechselei, Fleischerei und sogar der Handel. Wären diese Gesetze rigoros angewandt worden, so wäre den Juden kaum noch ein Berufszweig offen gestanden, mit dem sie sich ihren Lebensunterhalt hätten verdienen können. Immerhin künden diese Gesetze von der Tendenz, die Betätigungsmöglichkeiten der Juden radikal zu beschränken und sie sozial weitestgehend auszugrenzen. Die Bekehrungsbemühungen wurden freilich zunächst auf friedlichem Wege fortgesetzt, so daß es etwa in Aragón zu neuen Religionsgesprächen kommen konnte, die freilich davon ausgingen, daß es nur darauf ankomme, den Juden die Richtigkeit des christlichen Glaubens zu beweisen, indem man ihnen bewies, daß in ihrer eigenen schriftlichen Überlieferung die Hinweise auf Jesus Christus als den Erlöser enthalten seien.

Unter dem auf die Stärkung der königlichen Autorität bedachten König Johann II. von Kastilien und seinem Günstling Alvaro de Luna verbesserte sich die Lage der Juden wieder etwas, als einer von ihnen Einfluß auf Luna gewann; es gelang sogar, ein eigenes Rechtsstatut vom König genehmigt zu bekommen, das das Innenleben der Aljamas regelte. Wieder wurden die jüdischen Gemeinden in die inneren Machtkämpfe in Kastilien hineingezogen, als sich eine Adelskoalition gegen den starken Mann König Johanns II., Alvaro de Luna, formierte, die mit antijüdischen Parolen den Beistand der Städte zu gewinnen suchte. Antisemitismus war inzwischen ein Mittel, mit dem man die städtischen Eliten ebenso wie die breiteren Volksschichten mobilisieren konnte. Als Luna von der Adelsfronde gestürzt war, verschlechterte sich die Position der Juden erneut, gab es doch für sie zunehmend nur noch die Alternative, sich an einen starken König anzulehnen und dessen Autorität stützen zu helfen oder in die Fraktionskämpfe im Inneren des Königreiches hineingezogen und von den sich bekämpfenden Parteien nach Belieben instrumentalisiert oder gar verfolgt, zumindest aber finanziell geschröpft zu werden.

Diese Situation wiederholte sich weitgehend unter König Heinrich IV. In den Fraktionskämpfen, die sich dabei in Kastilien abspielten, waren freilich Heinrichs Halbschwester Isabella und ihr späterer Gemahl Ferdinand von Aragón bereits Parteien, die jeweils spezifische Interessen verfochten: Isabella strebte nach der umstrittenen Thronfolge, nachdem die Legitimität von Heinrichs IV. Tochter Johanna in Zweifel gezogen worden und ihr Bruder Alfons frühzeitig gestorben war; Ferdinand und sein Vater Johann II. von Aragón, aus einer Seitenlinie des Hauses Trastámara, sahen sich hingegen in Aragón städtischen und adeligen Frondebewegungen gegenüber, während sie zugleich bestrebt waren, die dynastischen Probleme der kastilischen Trastámaras für sich auszunutzen. Ein pikantes Detail am Rande war, daß Ferdinand, der jüngere Sohn Johanns II. von Aragón aus dessen Verbindung mit einer Tochter des adeligen kastilischen Magnaten Enriquez, des Admirals von Kastilien, über seine mütterliche Linie selbst aus einer Konvertitenfamilie stammte.

Der Blick auf die historische Entwicklung zeigt, daß sich seit dem großen Reconquista-Vorstoß in der ersten Hälfte des 13. Jahrhunderts – zu dem jüdische Financiers erheblich beigetragen hatten – die Situation der Juden schubweise verschlechterte. Prinzipiell war schon am Ende des 14. bzw. zu Beginn des 15. Jahrhunderts eine Situation gegeben, die eine Vertreibung bzw. Zwangsbekehrung der Juden als kurz bevorstehend hätte erwarten lassen. Ist es Zufall, daß die Verschlechterung der Situation der Juden nach den letzten großen Reconquista-Erfolgen im 13. Jahrhundert und die Vertreibung nach dem Ende der Reconquista, kurz nach dem Fall des letzten Maurenreiches im Jahre 1492, erfolgte? Hat die Vertreibung eher damit zu tun, daß sich ähnlich wie im 13. Jahrhundert auch im ausgehenden 15. Jahrhundert in Spanien wieder eine religiös-kirchliche Reformbewegung mit „fundamentalistischer" Ausrichtung beobachten läßt, die in der breiten Schicht der Stadtbevölkerung zu einem neuen Schub des religiösen Fanatismus führte? Spielten politische Gründe im Kräftespiel zwischen Königtum, Adel und Städten die entscheidende Rolle für den Vertreibungsbeschluß? Oder sind, wie ebenfalls behauptet wurde, eher soziale Gründe dafür maßgebend gewesen? Gaben letztlich die Conversos als zahlenmäßig starke, religiös unsichere und sozial aufstrebende Gruppe den Ausschlag für die Vertreibung, wie ebenfalls behauptet wird? Letztlich wird man wohl fragen müssen, welche neuen Konstellationen sich während der Regierungszeit der Katholischen Könige beobachten lassen, die eventuell die Vertreibung erklären könnten.[4]

---

[4] Die Literatur zur Vertreibung der Juden ist sehr umfangreich. Sie wird resümiert in dem bereits genannten Werk von L. Suárez Fernández

Die neue Religionspolitik der Katholischen Könige

Blickt man zunächst auf die Politik der Könige gegenüber den Juden, so lassen sich kaum Änderungen gegenüber vorangehenden Regierungsepochen beobachten. Die Könige sicherten den Juden – wie schon zuvor – ihren Schutz zu, verschärften jedoch wieder einmal die einschränkende Gesetzgebung. Dies geschah jedoch nur in einer Form, die auf striktere Beachtung der früheren Diskriminierungsgesetzgebung abzielte. Wiederum auf Forderung der Städte (anläßlich der Cortes-Tagungen von Madrigal, 1476, und Toledo, 1480) wurden Anti-Wucher-Bestimmungen erlassen, die wie bisher schon die Form des abgezinsten Kredits einzuschränken versuchten. Die Städte ersuchten weiter darum, mit den Judenvierteln nach Gutdünken verfahren zu dürfen, was von den Königen jedoch abgelehnt wurde. In Toledo wurde, wie schon so oft, die strikte Trennung von Aljamas und christlichen Wohngebieten gefordert. Dieses Mal wurde aber festgelegt, daß diese Maßnahmen innerhalb von zwei Jahren in präzis festgelegter Form durchgeführt werden sollten. Weiterhin wurde auf dem Wege der staatlichen Schuldenreduzierung eine Reihe von Krediten, die Heinrich IV. bei jüdischen Geldgebern aufgenommen hatte, für null und nichtig erklärt; von dieser Maßnahme war in noch höherem Maße der Teil des Adels betroffen, der im gerade abgeschlossenen Erbfolgekrieg auf der gegnerischen Seite gestanden hatte. Ansonsten bedienten sich die Könige nach wie vor jüdischer Mitarbeiter im Bereich der Finanz- und Steuerverwaltung, und Königin Isabella nahm die Dienste jüdischer Ärzte in Anspruch.[5]

Neu war jedoch die Entschlossenheit, mit der die Könige die Wiederherstellung der inneren Ordnung betrieben, und zwar

---

(s. Anm. 2); eine neuere Darstellung in deutscher Sprache bietet *Ludwig Vones*, Die Vertreibung der spanischen Juden 1492; Politische, religiöse und soziale Hintergründe, in: Hans Hermann Henrix (Hrsg.), 1492–1992. 500 Jahre Vertreibung der Juden Spaniens, Aachen 1992, S. 13 ff.
[5] Zur Politik der Katholischen Könige gegenüber den Juden vgl. die Literatur in Anm. 1.

im zivilen wie im religiös-kirchlichen Bereich. Wurde im zivilen Bereich unter persönlichem Einsatz der herrscherlichen Autorität der Adel befriedet und mit dem Aufbau der Santa Hermandad eine Organisation zur Sicherung des Landfriedens eingerichtet – die zwar an mittelalterliche Vorbilder anknüpfte, aber von den Städten bezahlt und von der Krone kontrolliert wurde –, so erfolgte im religiös-kirchlichen Bereich ebenfalls die Wiederbelebung einer alten Organisation unter neuen Vorzeichen, nämlich der Inquisition. Die alte Inquisition war ein reines Kirchengericht gewesen, das im Verlauf des Spätmittelalters in Verfall geraten war. 1478 erreichten die Könige von Papst Sixtus IV. eine Bulle, die ihnen die Ernennung von Inquisitoren gestattete. In der Folgezeit wurde in ganz Spanien ein Netz von Inquisitionsgerichten aufgebaut, das einer zentralen Ratsbehörde, dem „Consejo de la Suprema y General Inquisición", mit einem Generalinquisitor an der Spitze unterstand. Generalinquisitor und Mitglieder des Rates wurden von der Krone ernannt.

Die Wiedererrichtung der Inquisition richtete sich in erster Linie gegen die der religiösen Abweichung verdächtigen Christen, vor allem die Conversos. Die Gerichte funktionierten auf der Basis von Denunziation und geheimer Prozesse; zwar konnten die Angeklagten nur nach einem Geständnis verurteilt werden, aber angesichts des Einsatzes der Folter zur Erlangung von Geständnissen war dies kaum mehr als eine Staffage. Nach der Regierungszeit Johanns II. und Heinrichs IV. war dies ein erneuter Versuch, ein Staatskirchentum aufzubauen – mit dem Unterschied allerdings, daß der Versuch dieses Mal erfolgreich sein sollte. Der Grund für all diese in ihrer alltäglichen Konsequenz drastischen Maßnahmen war, daß in den vorangegangenen Bürgerkriegen die öffentliche Ordnung empfindlich gestört worden und die kirchliche Organisation in offenem Verfall begriffen war. Niedrige geistige und moralische Standards des Klerus, geringe Kirchendisziplin der Geistlichkeit und der Gläubigen waren, ungeachtet gleichzeitig zu beobachtender religiöser Intoleranz, an der Tagesordnung.

Von Interesse, wenngleich wenig beachtet, ist, daß die Inquisition ihre Tätigkeit in Andalusien (Sevilla) aufnahm. Andalusien war die Region, die im Erbfolgekrieg abseits von den beiden Parteiungen gestanden hatte, in der mächtige Adelsclans miteinander in heftigen Auseinandersetzungen um die Kontrolle der Städte lagen und wo diese sich gegenüber der Königsgewalt ziemlich autonom gebärdeten. Zugleich war Andalusien eine strategisch wichtige Region, bildete es doch die Grenze zu dem letzten Maurenreich Granada. Den Adel Andalusiens hatten die Könige durch ihre persönliche Präsenz befriedet und dabei die Tradition des persönlichen Königsgerichts wiederbelebt, was darauf hindeutet, daß Andalusien in den Augen der Herrscher die Problemregion par excellence darstellte. Im Herbst 1480 nahm das Inquisitionstribunal in Sevilla seine Arbeit auf; als erstes beugten sich ihm nach einem Bericht des Chronisten Pulgar 15000 Conversos, die vermittels einer Buße mit der Kirche ausgesöhnt wurden, da sie sich den propagierten Gnadenedikten unterworfen hatten. 1481 begann die erste Prozeßwelle, in deren Verlauf nach zeitgenössischen Berichten ca. 500 Personen in einem „Autodafé" verbrannt worden sein sollen.

Spätestens zu diesem Zeitpunkt war klar, daß die Inquisition mit aller Schärfe gegen religiöse Abweichungen vorgehen würde, was im ganzen Lande zu Angst und Schrecken und zur Emigration zahlreicher Conversos führte. Gleichzeitig mußte damit offenkundig werden, daß die Könige in ihrer Religionspolitik mit allem Nachdruck vorzugehen gewillt waren. Innerhalb des christlichen Glaubens tolerierte man zwar eine große Bandbreite theologischer Strömungen, aber alles, was der Abweichung in Richtung Judentum verdächtig war, wurde gnadenlos verfolgt. Die Könige setzten mithin stark auf die radikale Strömung innerkirchlicher Erneuerungsbestrebungen, wie u. a. auch ihre Begünstigung des Aufstiegs des aus einfachen Verhältnissen stammenden Kardinals Cisneros erkennen läßt. Dieser trieb schon früh mit Unterstützung der Könige die innerkirchlichen Reformbestrebungen, etwa in den Bettelorden, voran oder begünstigte sie zumindest.

Die Inquisition und die Vertreibung

Die neue Inquisition wandte sich schon bald und sehr polemisch gegen das Judentum, für das sie zwar nicht zuständig war, dessen Existenz sie aber als Bedrohung der Rechtgläubigkeit gerade der Conversos ansah. Unter dem Vorwand, daß die von den Cortes von Toledo verfügten Segregationsbestimmungen in Andalusien nicht in dem vorhergesehenen Zeitraum durchgeführt worden seien, verfügte die Inquisition bereits 1482 die Ausweisung aller Juden in den Bistümern Córdoba, Sevilla und Cádiz. Rechtlich begründete sie diese Maßnahme mit Bezug auf frühere Papstbullen, die die Ghettoisierung der Juden rigoros vorschrieben. Zur Begründung wurde darauf verwiesen, daß das Fortbestehen der jüdischen Aljamas die religiöse Orthodoxie gefährde. Die Krone beugte sich überraschenderweise diesem Vorgehen und verfügte lediglich, daß den andalusischen Juden eine Frist von sechs Monaten eingeräumt werden solle, um sich in anderen Teilen des Herrschaftsgebietes der Könige niederzulassen. Den Vertriebenen wurde zwar ihr Besitz und ihre persönliche Unversehrtheit garantiert, doch bedeutete dies de facto erhebliche finanzielle Einbußen für die Betroffenen. Inwieweit diese Maßnahme weitere Bekehrungen zum Christentum zur Folge hatte, ist nicht belegt. Die vertriebenen Juden siedelten sich in benachbarten Zonen Extremaduras und Neukastiliens an.

Spätestens von diesem Zeitpunkt an war die völlige Vertreibung der Juden nicht mehr auszuschließen, auch wenn Zeitpunkt und Umstände des Dekrets 1492 selbst für die Betroffenen überraschend kamen. Die Zeichen mehrten sich gleichwohl schon Mitte der achtziger Jahre. Nachdem der Inquisitor von Aragón durch ein Attentat von Conversos ermordet worden war, wurde die Auflösung der Aljama von Zaragoza und der von Albarracín verfügt: Die Sepharden wurden wieder zu Prügelknaben für die Vergehen anderer. Während des von 1482 bis 1492 dauernden Krieges gegen Granada war eine radikale Maßnahme gegen die spanischen Juden nicht zu erwarten, zumal eine Reihe von ihnen nach wie vor wichtige Funktionen bei Hofe ausübte. Dennoch erscheint zumindest aus der Rückschau klar, daß im Gegensatz zu ihren Vorgängern die Katholischen Könige entschlossen waren, das Kirchen- und Glaubensproblem in ihrem Sinne zu lösen, und daß daher die Gefahr für das Judentum so groß wie kaum je zuvor war.

Die Betroffenen, an die prekäre und unsichere Existenz in Spanien gewöhnt, mochten allerdings nicht an die Bedeutung dieser Vorzeichen glauben, zumal ihre Geschäfte und Rechtsstreitigkeiten von den Kronbehörden mit selten gekannter Korrektheit und im Sinne der geltenden Gesetze von den zentralen Kronbehörden und den Monarchen selbst behandelt wurden. Sie übersahen darüber verständlicherweise, daß unter den neuen Herrschern die Religions- und Kirchenfrage zu einem zentralen Punkt der Staatsraison geworden war: Der Glaube sollte die religiös, ethnisch und verfassungsrechtlich so verschieden strukturierten Völker der nur durch Heirat (im Falle Kastiliens und Aragóns) bzw. Personalunion (im Falle beider Königreiche) vereinigten Gebiete zu einem Ganzen schmieden.

Gleichwohl scheinen schon in der zweiten Hälfte des 15. Jahrhunderts Teile des Judentums an eine Zukunft in Spanien nicht mehr geglaubt zu haben. Es gibt Anzeichen, daß sich ein kontinuierlicher Auswanderungsprozeß in Richtung Orient und Nordafrika vollzog, da die Zahl der steuerpflichtigen Juden zurückging, ohne daß Anzeichen für eine massive Konversionsbewegung festzustellen sind. Freilich stand aufgrund der Beschränkungen der Bewegungsfreiheit und der Kosten diese Möglichkeit nur wohlhabenden Juden offen. Diese Bewegung scheint sich mit dem rigorosen Vorgehen der Inquisition verstärkt zu haben, als auch viele Conversos aus Spanien flohen.

Unmittelbar vor der Ausweisung fand 1490/91 ein spektakulärer Prozeß in Toledo statt, in dem Juden der Hexerei, religiöser Sakrilege und vor allem des Ritualmordes beschuldigt wurden. Es handelte sich um den berühmten Fall des „niño de la guardia de Toledo", in dem ein gefangener Konvertit einem sich als Rabbiner ausgebenden Untersuchungsrichter gestanden haben soll, am Karfreitag des Jahres 1479 in Toledo an der

Opferung eines christlichen Kindes teilgenommen zu haben. Der Beschuldigte widerrief das Geständnis seiner Teilnahme und sagte öffentlich aus, daß er über das Ereignis lediglich von einem zuverlässigen Zeugen gehört habe. Die umfangreichen Prozeßakten erwecken den Eindruck, daß nichts bewiesen werden konnte; die Bedeutung des Falles wird jedoch darin deutlich, daß sich schon bald in Spanien der Kult des „Santo Niño de la Guardia" ausbreitete. Es muß freilich dahingestellt bleiben, ob dieser spektakuläre Prozeß gewissermaßen der Tropfen war, der das Faß zum Überlaufen brachte.

Am 20. März 1492 präsentiert der Generalinquisitor Fray Tomás de Torquemada den Königen den Text des Ausweisungsdekretes, das von ihnen am 31. März unterzeichnet und in Granada sowie anschließend in allen Städten beider Kronen verkündet wurde.[6] Mit der Begründung, daß der Umgang mit Juden „schlechte Christen" zu jüdischen, religiösen Praktiken verleite, wurde angeordnet, daß alle Juden vier Monate Zeit hätten, um nach Verkauf ihrer Besitzungen das Land zu verlassen. Sie könnten ihre Liegenschaften entweder veräußern oder mit ihrer Veräußerung andere beauftragen; sie dürften ihre bewegliche Habe mit sich führen, jedoch mit Ausnahme von Edelmetall und Geld, deren Ausfuhr aus dem Königreich generell verboten sei.

Über die Adelsfamile der Mendoza versuchten die Juden, eine Rücknahme des Dekrets zu erreichen, doch vergeblich. Obwohl das Dekret die Möglichkeit der Bekehrung nicht erwähnte, war doch allseits bekannt, daß eine Bekehrung zum Christentum das Vertreibungsedikt außer Kraft setzen würde. Von den vier rabbinischen Oberhäuptern der Sepharden der Halbinsel machten drei mit ihren Familien von der Möglichkeit Gebrauch und traten zum Christentum über, allen voran der Oberrabbiner Abraham Seneor, als dessen Taufpaten die Könige sich selbst zur Verfügung stellten. Als Don Fernán Pérez Coronel besetzte Seneor anschließend eine Stelle im Stadt-

---

[6] Vgl. die deutsche Übersetzung des Dekretes, in: Henrix (s. Anm. 4), S. 121 ff.

rat von Segovia und im königlichen Rat. Darüber hinaus erlangte er die Position eines Schatzmeisters des Thronfolgers Johann.

Wie hoch die Zahl der Bekehrungen war, läßt sich nicht mit Sicherheit sagen, doch scheinen sie nicht unerheblich gewesen zu sein. Generell gilt, daß die Zahlenangaben über die vertriebenen Juden und die zurückbleibenden Conversos stark voneinander abweichen. Ging man früher von 100 000–200 000 vertriebenen Sepharden aus, so kommen jüngere Forschungen zu dem Ergebnis von ca. 40 000–50 000, die über die Levanteküste, die Guadalquivirmündung und die kantabrische Küste nach Nordafrika, in den Orient, nach Portugal und in den Nordseeraum emigrierten.[7] Viele der Emigranten kamen übrigens bald wieder nach Spanien zurück und ließen sich im Nachhinein noch taufen.

Ungeachtet der königlichen Schutzbestimmungen für die Auswandernden verloren diese doch erhebliche Teile ihres Vermögens an Spekulanten, die sich die Notlage der Vertriebenen zunutze machten. Die nahezu generalstabsmäßig geplante Operation der Vertreibung war nach Ablauf der vier Monate weitgehend abgeschlossen. Etwa zehn Tage nachdem die Flotte des Kolumbus Palos verließ, verließen die letzten Juden Spanien, nachdem noch eine kürzere Fristverlängerung bewilligt worden war in Anbetracht der zeitlichen Verzögerung bei der Verkündigung des Dekrets im Königreich.

Die Vertreibung brachte für die Betroffenen einen tragischen Einschnitt in ihren und ihrer Familien Leben, denn es war eine Art Exodus und nicht nur eine simple Auswanderung. Das Schicksal der Betroffenen rührte selbst die Zeitgenossen, wenn man dem im Grunde antijüdisch gesonnenen Chronisten und Zeitzeugen Andrés Bernaldez Glauben schenken will, der schreibt: „Sie zogen aus dem Land ihrer Geburt, Junge und Erwachsene, alte Männer und Kinder, zu Fuß, auf Eseln oder anderen Tieren reitend und in Wagen ... sie zogen über die Stra-

---

[7] Vgl. dazu *Henry Kamen*, The Mediterranean and the Expulsion of Spanish Jews in 1492, in: Past & Present 119 (1988), S. 30 ff.

ßen und Felder mit großer Mühsal und Mißgeschick, manche zusammenbrechend, einige wieder aufstehend, einige sterbend, andere (Frauen) kamen nieder, andere wurden krank, so daß es keinen Christen gab, der nicht Mitleid mit ihnen fühlte ... die Rabbis ermutigten sie und ließen die Frauen und Kinder singen, Trommeln und Tamburine schlagen, um das Volk aufzurichten. Und so zogen sie fort aus Kastilien."[8] Berücksichtigt man noch die innerfamiliären Spannungen zwischen zur Konversion tendierenden oder diese vollziehenden und zum Festhalten an ihrem Glauben entschlossenen Menschen, so kann man ermessen, welche Tragik diesen Exodus begleitete.

Das religiöse Problem auf der Iberischen Halbinsel war damit aber noch nicht entschärft. Wenige Jahre später wurde den Granadiner Mauren dieselbe Alternative wie den Juden gestellt: Auswanderung oder Bekehrung zum Christentum. Die religiöse Homogenität des sich imperial entfaltenden Spanien wurde offenbar als Vorbedingung für das Ausgreifen nach neuen politischen Ufern angesehen. Die noch vor der Jahrhundertwende einsetzende Eroberung des Königreichs Neapel und die Expansion in Amerika waren die schon früh sichtbaren Folgen dieser Politik. Berücksichtigt man, daß schon wenige Jahrzehnte später am Hofe des in Spanien erzogenen Habsburger Kaisers Ferdinand Spanisch gesprochen wurde, so wird der Bezug von Nebrijas Grammatik des Spanischen zu den Ereignissen von 1492 deutlich.

Einerseits läßt sich nicht bestreiten, daß die Vertreibung der Juden aus primär religiösen Gründen erfolgte; andererseits aber verdeutlichen die im 16. Jahrhundert zu beobachtenden Diskriminierungsmechanismen gegenüber den Konvertiten – wie sie sich in den sogenannten Statuten der Blutsreinheit („estatutos de limpieza de sangre"[9]) finden, die versuchten, Abkömmlingen von Juden den Zugang zu öffentlichen Ämtern und Ehrungen zu verwehren – deutlich werden, daß neben den

---

[8] Vgl. *Hillgarth* (s. Anm. 1), Bd. 2, S. 451.
[9] Vgl. *Albert Sicroff*, Les controverses des status de „pureté de sang" en Espagne du XVe au XVIIe siècles, Paris 1960.

religiös-politischen Gründen auch soziale Gründe eine Rolle gespielt haben müssen. Denn die Statuten sollten den Aufstieg einer sozial und wirtschaftlich erfolgreichen Bevölkerungs-gruppe verhindern. Gleichzeitig lassen sie nunmehr eindeutig erkennen, daß in den antijüdischen Ausbrüchen der Vergan-genheit die Wurzeln des modernen Rassismus zu suchen sind, der sich bald schon gegenüber außereuropäischen Völkern be-merkbar machte. So wie Spanien einerseits die globalen Euro-päisierungsprozesse der Neuzeit mit seiner überseeischen Ex-pansion auslöste, so stand es auch am Beginn der Geschichte des europäischen Rassismus, wenngleich die Anlagen dazu al-lenthalben in Europa vorgegeben waren.

Spanien wurde von seiner Vergangenheit freilich bald einge-holt, waren die vertriebenen Sepharden doch nicht unerheblich am Aufstieg der Niederlande und seiner Kolonialreiches betei-ligt und spielten in der Entwicklung der karibischen Plantagen-wirtschaft eine wichtige Rolle, so daß sie mittelbar an Spa-niens Niedergang mitarbeiteten.[10] [...]

---

[10] Vgl. *Jonathan Israel,* European Jewry in the Age of Mercantilism, 1550–1750, Oxford 1985.

Wolfram Baer

Zwischen Vertreibung und
Wiederansiedlung – Die Reichsstadt Augsburg
und die Juden vom 15. bis zum
18. Jahrhundert

Im ältesten Ratsbuch der Stadt Augsburg[1] findet sich unter der Überschrift „der Juden vßtryben" zum Jahre 1438 folgender Eintrag:

Item uff Mentag nach St. Ulrichs tag [7. Juli] haut clainer und alter Rant ainhelliclich erkennet, als von der Juden wegen, das man der hinfüro gantz müßig gan und die nit lenger hie in des Statt laußen solle. denn heit dem tag über zway Jare und das von haubtmar-schallks wegen und wenn auch die zway Jar en weg und vergangen sind, so söllen si alle baide alt und jung, kainer ußgenomen nach hin dan gesetzt hinus faren und komen, an alle Gnad. Und das von mäni-gerlay vrsach wegen und sunderlich umb des willen, das man an den Cantzlen offenlich von in prediget wievil übels darus komme, das man si in stetten und ouch anderschwa enthielte und ouch von unge-horsamkeit wegen, die si wider der Statt Bott und gesatzte in vil wege getan hätten und ist ouch nämlichen mit in beredt worden, daß si ge-warlichen davon syen, daß si als darüber werben nochwerben laußen sullen umb kainerlay gnad noch fryhait von unserm herrn, dem Ku-nig, noch sunst von yement anderm. zeer werben oder vßzebringen in dehain wyse [...].

Alsbald wandte man sich dann an König Albrecht II., um sich dieses Ratsdekret bestätigen zu lassen; denn man war fest ent-schlossen, die Juden zu vertreiben. Dies war jedoch nicht so ohne weiteres möglich, da einerseits die Rechte des Reichserb-

---

[1] Stadtarchiv Augsburg (künftig: StadtAAug.) Reichsstadt: Ratsbücher I 1392–1441.

marschalls von Pappenheim, dem die Reichsabgaben der Augsburger Juden verpfändet waren, tangiert worden wären, und andererseits der König auch nicht auf seine Rechte gegenüber den Augsburger Juden und die damit verbundenen Einnahmen verzichten wollte.

Die erste im Druck erschienene Augsburger Chronik,[2] die Welser-Chronik, die sich im wesentlichen auf die Annalen des Arztes und Geschichtsschreibers Pirmin Gasser stützt und damit die in Augsburg maßgebliche Traditionsbildung wiedergibt, bemerkt zu diesem Vorgang:

Und nachdem er [gemeint ist König Albrecht II.] auff fleissiges und embsiges ansuchen und begeren gemeiner unserer Statt Gesandten […] die altz Freyheiten dieser Statt bestettiget hatte, bewilligte er auch, daß der Rath die Juden allhie außtreiben möchte. Wie man nun dise macht bekommen, ward alsbald gleich an St. Ulrichs Tag den Gottlosen Juden angekündet und aufferlegt, daß sie ihren Sachen anderer Orthen rath schaffen, ihre Häuser verkauffen, und nach ablauffung zweyer Jahren, mit ihren Weib unnd Kindern auß dieser Stat, darein sie sich vor etlich hundert Jaren nidergelassen hatten, ziehen sollten.

Damit endete für die Augsburger Juden ein Kapitel von Mißgunst, Haß und Verfolgung, das zuletzt in dem Erlaß von 1434 eskaliert war, wonach die Juden eigene Erkennungszeichen zu tragen hätten.

Die Augsburger Steuerbücher, in denen die Juden gesondert aufgeführt sind, enthalten zunächst noch ganz wenige, später gar keine Eintragungen von Juden mehr. So findet sich 1438 noch gelegentlich der Eintrag „recessit", d. h., ist weggezogen, und im Steuerbuch von 1439 sind schließlich keine Einträge von Juden mehr verzeichnet.[3] Die Stadt Augsburg zog den Ge-

[2] Chronica der weitberuempten keyserlichen freyen und deß H. Reichs-Statt Augspurg. Gedruckt bei Engelbert Werlich, Frankfurt a. M. 1595, S. 173; so im Ergebnis auch Paul von Stetten, Geschichte der Heil. Röm. Reichs Freyen Stadt Augspurg, Bd. 1, Frankfurt a. M., Leipzig 1743, S. 164.
[3] Nach der Welser Chronik (s. Anm. 2), S. 175, sollen von der Auswei-

meindebesitz, wie Synagoge, Judenschule, Judenbad, Tanzhaus und Friedhof, ein. Als im Jahre 1449 das Augsburger Rathaus erneuert und großzügig umgestaltet wurde, verwendete man Grabsteine des jüdischen Friedhofes für den Bau. Zum gleichen Jahr berichtet wiederum die Welser-Chronik:

Zu welchem Gebäuw [gemeint ist das Rathaus] so erst folgenden Jars gar vollendet worden viel Sachen von der vertriebnen Juden eingerissenen Schuel und Kirchhoff angewandt und gebraucht worden, wie die Stiegen, darauff man von dem Berlachmarckt under dem Ercker auff gmeltes Rathhauß gehet, noch heut zu Tag Augenschein gibt.[4]

Der Judenfriedhof selbst wurde aufgelassen und in die Stadtbefestigung mit einbezogen. Die Judenschule und die Synagoge wurden dagegen in normale Wohnhäuser umgewandelt. Aus dem Tanzhaus wurde 1447 eine Mühle, und das Badehaus, das man schon früher dem in der Nähe gelegenen Heilig-Geist-Spital überlassen hatte – hier sind sich die Quellen nicht ganz einig –, wurde nun endgültig aufgehoben und umfunktioniert.[5]

In einem Privileg Kaiser Friedrichs III. vom 5. November 1456[6] wird der angebliche Rechtszustand der Juden bestätigt, aber doch etwas relativiert. Aufgrund einer Botschaft der Stadt Augsburg an den Kaiser mit der Bitte, ein Privileg zu erteilen, Juden aufnehmen zu dürfen, sie jederzeit in der Stadt behalten, sie aber auch jederzeit ausweisen zu dürfen, erklärt der Kaiser: Die Stadt Augsburg darf für immer beliebig viele Juden

---

sung 300 Juden betroffen gewesen sein, eine Zahl, die wohl zu hoch gegriffen ist, denn im Steuerbuch von 1437 finden wir nur 27 Juden; Stadt-AAug. Reichsstadt: Steuerbücher 1437, 1438, 1439.

[4] Welser-Chronik (s. Anm. 2), S. 182.

[5] *Richard Grünfeld*, Ein Gang durch die Geschichte der Juden in Augsburg. Festschrift zur Einweihung der neuen Synagoge in Augsburg am 4. April 1917, Augsburg 1917, S. 35; *Detlev Schröder*, Stadt Augsburg, München 1975 (Historischer Atlas von Bayern. Teil Schwaben. Heft 10), passim, besonders S. 102 und S. 165. Neue Forschungen mit neuen Ergebnissen zur Topographie des Bades liegen vor, sind aber noch nicht veröffentlicht. Damit wäre auch nicht mehr das sogenannte Rabenbad am Roten Tor mit Rabbinerbad zu identifizieren.

[6] StadtAAug. Herwartsche Urkundensammlung III.

aufnehmen und sie als Hausbesitzer wohnen lassen. Ebenso freizügig, wie die Stadt die Juden aufnehmen darf, kann sie sie auch vertreiben. Die Vertreibung allerdings habe in der Form zu erfolgen, daß den Juden körperlich kein Leid zugefügt werde. Sie sollen mit ihrem Vermögen nach eigenem Bedarf und Gutdünken verfahren dürfen, ohne von der Stadt daran gehindert zu werden. Offenbar hatte sich Kaiser Friedrich III. seines alten Rechts, des Judenschutzes für die königlichen Kammerknechte besonnen. Als aber die Stadt die Erteilung des Privilegs entsprechend honorierte – die Stadt Augsburg hatte für das Privileg 13 000 Gulden bezahlen müssen, weil sie sich urkundlich nicht mit einem Privileg König Albrechts II. zur Austreibung der Juden hatte ausweisen können[7] –, gab sich der Kaiser offenbar doch zufrieden, obwohl er die Stadt ursprünglich wegen ihrer Eigenmächtigkeit bei der Judenaustreibung gerügt hatte.

Die Stadt Augsburg machte nur von dem einen Teil ihres Rechts Gebrauch, nämlich von dem, die Juden jederzeit auszuweisen zu dürfen. Aber deren Rechtsstatus wurde nun wenigstens offiziell gewahrt, sie durften nicht mehr wie Geächtete behandelt werden. Hab und Gut konnten sie veräußern, ihre bewegliche Habe mitnehmen und, was besonders wichtig war, persönlich durften sie nicht behelligt werden. Sie konnten sogar ihr Recht vor Gericht durchsetzen. So ist etwa aus den Urgichten der Stadt Augsburg das Geständnis eines Hans Bader bekannt, der unter anderem einem Juden zu Winterspach – den Namen des Juden kann er nicht nennen – an Jakobi, an Michaeli und um den St.-Bartholomäus-Tag herum nacheinander drei Kühe gestohlen habe.[8] Peter Schäffler von Wimpfen, der innerhalb des Stadtgebiets Augsburg einen Juden bestohlen hat, wird vom Rat zu lebenslangem Verweis aus der Stadt ver-

---

[7] *Grünfeld* (s. Anm. 5), S. 35; vgl. auch *Markus J. Wenninger*, Man bedarf keiner Juden mehr. Ursachen und Hintergründe ihrer Vertreibung aus den deutschen Reichsstädten im 15. Jahrhundert (Beihefte zum Archiv für Kulturgeschichte, Bd. 14), Wien, Köln, Graz 1981, S. 123–134.

[8] StadtAAug. Strafamt: Urgichten 1507–1520, Nr. 2 (ca. 1510). Urgichten: Hans Bader.

urteilt, außerdem wird ihm die rechte Hand abgeschlagen.[9] Der Wollwirker Ulrich Arnold wird mit Stadtverweis belegt, weil er Garn, welches ihm die Stammlerin zum Wirken überlassen hatte, an die Juden versetzte. Nur wenn er der Stammlerin das Garn bzw. den aus dem Geschäft entstandenen Schaden ersetzt habe, dürfe er die Stadt wieder betreten.[10]

Diese Fälle zeigen einerseits, daß man die Juden und ihr Recht wohl zu respektieren wußte, und andererseits, und das erscheint besonders wichtig, daß sie nach wie vor nicht völlig aus dem Stadtbild verschwunden waren. In den Jahren 1514 bis 1543 wurde eine ganze Reihe hebräischer Bücher in Augsburg gedruckt,[11] was zumindest die gelegentliche Anwesenheit von Juden voraussetzt.[12]

Der Rat der Stadt Augsburg wendet sich in einem Schreiben vom 28. Mai 1535 gegen Geldverleihgeschäfte, die im Fürstentum Pfalz-Neuburg ansässige Juden mit Untertanen, die auf außerhalb der Stadt gelegenen städtischen Spitalgütern sitzen, betreiben. Der Rat fordert darin, Geldleihe auf Mobilien und Immobilien sowie die Pfandleihe in diesem Fall ausdrücklich zu verbieten.[13] Schließlich gewährt Kaiser Rudolf II. am 20. März 1599 der Stadt Augsburg das Privileg, daß künftig kein Jude mit den Untertanen des Rats, der Augsburger Spitäler und mit Augsburger Dienstboten in Stadt und Land auf irgendeinem Gut Pfand- oder Brief-, Leih-, Tausch-, Wechselgeschäfte und Anleihen tätigen noch andere Verträge abschließen dürfe ohne Wissen und Erlaubnis des Rats, der Pfleger und Bürgermeister der Stadt Augsburg. Käufe und Verkäufe auf Barzahlungsbasis sind von dieser Beziehung jedoch ausgenommen, soweit sie zur Deckung der Grundbedürfnisse nötig sind. Dies

---

[9] StadtAAug. Strafamt: Urgichten 1507–1520, Nr. 2. 1518 November 5–9. Urgichten: Peter Schäffler (Verrufe 1518).

[10] StadtAAug. Strafbuch 1543–1553, fol. 73.

[11] *Mosche N. Rosenfeld*, Der jüdische Buchdruck in Augsburg in der ersten Hälfte des 16. Jahrhunderts, London 1985, S. 5.

[12] Grünfeld (s. Anm. 5), S. 44.

[13] StadtAAug. Judenakten I: Die Judenschaft in genere 1298–1802. Varia. Fasz. I.

gilt auch für Handelsgeschäfte auf freien und offenen Märkten und Messen. Juden, die gegen diese Bestimmung verstoßen, haben 15 Mark lötigen Goldes zur Hälfte an die Kammer des Reiches und zur Hälfte an den Rat der Stadt Augsburg zu bezahlen.[14] Dieses Privileg wurde immer wieder, wie üblich, bestätigt, letztmals am 9. Juli 1732 von Kaiser Karl VI. zu Prag.[15] Aber nicht nur außerhalb des engen Stadtgebiets bestanden weiterhin Kontakte mit den Juden, auch innerhalb der Stadt gab es offenbar Berührungspunkte, ein Zeichen dafür, daß die diversen Privilegien zur Judenaustreibung nie vollständig durchgesetzt werden konnten und die Vorschriften des Magistrats von den Juden nur bedingt befolgt wurden. Wie sonst konnte man sich den Protest der Reichsstädte gegen die von Kaiser Rudolf II. auf dem Augsburger Reichstag am 8. Juli 1582 erlassene Taxordnung erklären?[16] Denn in ihrer Appellationsschrift tragen sie folgendes vor: Wenn der Artikel, daß niemand einen Fremden in seinem Hause ohne eine Beherbergungsgenehmigung aufnehmen dürfe, vom Erbmarschall so ausgelegt wurde, daß er auch Juden, fremden Krämern und Handwerkern eine Beherbergungsgenehmigung erteile, so verstoße diese gegen altes Herkommen und dürfe nicht weiter geduldet werden. Dies ist um so verwunderlicher, als der Augsburger Bischof Eglof von Knöringen im November 1574 endgültig die Juden aus Oberhausen bei Augsburg, wo sie sich neben Pfersee, Kriegshaber und Steppach offenbar besonders zahlreich niedergelassen hatten, sowie aus dem gesamten sonstigen Herrschaftsbereich von Hochstift und Domkapitel austrieb.[17] So-

---

[14] StadtAAug. Judenakten I. Die Judenschaft in genere 1298–1802. Varia. Fasz. I.

[15] StadtAAug. Herwartsche Urkundensammlung IX.

[16] StadtAAug. Urkundensammlung 1582 Juli 8.

[17] *Friedrich Zoepfl*, Das Bistum Augsburg und seine Bischöfe im Reformationsjahrhundert, München 1969 (Geschichte des Bistums Augsburg und seiner Bischöfe, Bd. 2), S. 541; *Grünfeld* (s. Anm. 5), S. 44. Vgl. *Wolfgang Wüst*, Die Judenpolitik in den geistlichen Territorien Schwabens während der Frühen Neuzeit, in: Rolf Kießling (Hrsg.), Judengemeinden in Schwaben im Kontext des Alten Reiches, Berlin 1995, S. 128–153.

mit war ihnen der Zugang zum gesamten Stadtgebiet verwehrt, nicht nur der zu reichsstädtischem Territorium.

Besonders in Notzeiten, wie etwa der Zeit des Dreißigjährigen Krieges, wurden alle diese Bestimmungen gewöhnlich gelockert,[18] und das Problem, ob Juden sich in Augsburg aufhalten durften oder nicht, trat naturgemäß in den Hintergrund. Aber der Friedensschluß 1648 brachte für die Juden, die neue Hoffnungen auf eine Besserstellung hegten, wiederum eine Enttäuschung.[19] Die Stadt Augsburg wollte den Juden zeigen, daß man keine Rücksicht auf sie zu nehmen gewillt war und dies auch nicht nötig hatte. Dies geschah schon rein äußerlich, da man ihnen nach wie vor eine eigene Tracht vorschrieb, dazu den bekannten gelben Tuchring, der entweder am Gürtel oder am Hut getragen werden mußte, wie er schon zu Zeiten Kaiser Sigismunds in Gebrauch war. Der Grund dafür war die angebliche Verwechslungsgefahr mit dem Klerus, da beide, Juden und Klerus, schwarze Kleidung zu tragen pflegten.[20] Begründungen dieser Art kehrten stereotyp wieder.

Die gesellschaftliche Diskriminierung der Juden kam auch darin zum Ausdruck, daß sie mit Betreten der Stadt ständig kontrolliert wurden.[21] Sie wurden sowohl beim Eintritt als auch beim Verlassen der Stadt auf ein Stadttor, nämlich das Gögginger Tor, beschränkt und mußten oft lange warten, bis sie nach Bezahlung der Einlaßgebühr die Stadt betreten durften. Mehr noch als dieses – und um so mehr ein Grund dafür, daß sich der ‚ehrbare‘ Augsburger Bürger regelrecht scheute, mit einem Juden zusammen gesehen zu werden – trug die Tatsache zu ihrer Diskriminierung bei, daß sie sich seit 1536 bei

---

[18] *[Johann Melchior Hoscher]:* Geschichte der Juden in der Reichsstadt Augsburg, Augsburg 1803, S. 20. In Kriegszeiten durften die Juden zeitweilig Wohnung in Augsburg nehmen.

[19] *Grünfeld* (s. Anm. 5), S. 46; *J. M. Hoscher* (s. Anm. 18), S. 22.

[20] *Hoscher* (s. Anm. 18), S. 16 f.

[21] Ausführlich darüber *Richard Hipper*, Die Reichsstadt Augsburg und die Judenschaft vom Beginn des 18. Jahrhunderts bis zur Aufhebung der reichsstädtischen Verfassung (1806). Diss. masch., Erlangen 1923, S. 13; *J. M. Hoscher* (s. Anm. 18), S. 18.

Besuchen in der Stadt ständig von einem Stadtsoldaten begleiten lassen mußten. [22] Dies empfanden sie nicht zu Unrecht als Angriff auf ihre Ehre, denn sie wurden damit ja fast wie Gefangene behandelt. Später (1741) freilich lockerte man diese demütigende Behandlungsweise wenigstens so weit, als man verordnete, daß bei Juden, die in höfischen Diensten standen, die Begleitung durch Stadtgardesoldaten „ohne Obergewähr" erfolgen sollte, also nicht mehr so, daß man auf den Transport eines Verbrechers schließen konnte. [23]

Alle diese Bestimmungen waren nicht nur dazu gedacht, die Juden in der Öffentlichkeit als solche zu brandmarken, um sie gegenüber den Christen zu unterscheiden, sondern sie sollten sie vor allem in ihrer Handlungsfähigkeit einschränken. Geht man dabei den tieferen Gründen für die Ausgrenzung der Juden nach, die nichts anderes als eine Diskriminierung darstellte, so wird sichtbar, daß vor allem wirtschaftliche Gesichtspunkte die Ursache waren. So waren es in erster Linie die gewerbetreibenden Kaufleute in der Stadt Augsburg, die sich damit eine gefährliche Konkurrenz vom Halse schaffen wollten. Dazu war ihnen jedes Mittel recht, auch das der moralischen Verunglimpfung. Den Juden wurde Betrug, Verführung von Minderjährigen und Diebstahl vorgeworfen; kein Wort sei ihnen heilig. Eide hielten sie nicht für verbindlich. In diese Richtung gingen auch die immer wieder geäußerten Stellungnahmen und Eingaben der Kaufleute und Krämer an den Rat der Stadt Augsburg. [24]

Diese verstiegen sich sogar zu der Behauptung, daß es für die Juden ein verdienstvolles Werk sein solle, die Christen zu betrügen. Ein Schreiben der Krämerzunft vom 3. Mai 1732[25] an den Rat gibt nur das wieder, was offenbar breite Bevölkerungsschichten dachten. Es richtete sich besonders gegen die freie „Hereinpassierung" der Juden in die Stadt und ist bezeichnend für die allgemein judenfeindliche Stimmung.

---

[22] *Hoscher* (s. Anm. 18), S. 18.
[23] *Hipper* (s. Anm. 21), S. 14.
[24] *Hipper* (s. Anm. 21), S. 17.
[25] StadtAAug. Judenakten II: Judengebühren.

[...] da nun dieses bey dem neuerdings wiederum, durch den freyen Eingang der Juden, und was demselben anhangt nicht nur, nicht geschehen kan, sondern wie vielmehr, in denen ohnehin gegenwärtigen Nahrungs-loßen Zeiten unsere Gewerber immer mehr gesperret sehen müßen, unsere Kinder und Angehörigen wegen aufopferung unseres Vermögens, die betrübteste Aussichten vor sich haben, unsere Läden und Boutiquen, vor welche unsere Nahrungs Verderber die Juden, mit unverschämter Stimme über unseren Mange frolokken, oder, wann Je eine Persohn kaufs wegen dahin gekommen, wie raubbegierige Löwen um dieselbe herumstreichen, biß Sie uns auch diß wenige, noch aus dem Munde reißen, im Ihren unersättlichen Rachen zu stillen, ganze Wochen Wüst, Öde, und Leer stehen, und darinnen die Zeit mit Weib und Kindern in Seufzen, Jammern und Wehklagen, bloß der gewißenlosen Juden, und ihrem schlechten Anhang wegen, welche uns sogar an Sonn- und Feyertagen, die Weeg biß zu denen vornehmsten Passagiers durch ihren einschlich in und um die Stadt, frech, und ohne scheu, nach ihrer längst bekannten gewißenlosigkeit, abschneiden zubringen müßen [...]

In diesem Tenor ist das ganze Schreiben gehalten. Auch sonst versuchte man, den Juden das Leben so schwer wie möglich zu machen und sie vor allem am Betreten der Stadt zu hindern. Das ging so weit, daß man ihnen in einem Erlaß vom 4. März 1700 gänzlich das Betreten der Stadt verbot.[26] Ansonsten durften sie nicht nur an dem den Christen heiligen Sonntag nicht in die Stadt, sondern auch an gewöhnlichen Feiertagen, „in memoriam Passionis Dominicae und des von den Juden an unserem Heyland verübten Frevels", wie es in einem Bericht der Einnehmer vom 5. Februar 1763 heißt.[27]

Die städtische Obrigkeit von einigen wenigen Ausnahmen wie etwa der verordnete Einnehmer der Stadt Augsburg, Franz Albrecht von Zech, der immer wieder gegenüber den Juden zur Mäßigung riet,[28] abgesehen, hatte sich im wesentlichen in der sozialen Beurteilung der Juden der immer wieder geäußerten

---

[26] *Hoscher* (s. Anm. 18), S. 22 f; StadtAAug. Judenakten I: Die Judenschaft in genere 1298–1802 (gedruckter Anschlag, der mehrmals z. B. am 15. 12. 1718 und am 18. 3. 1732 wiederholt wurde).

[27] StadtAAug. Judenakten XI: Juden, deren Hereinpassierung 1761–1804.

[28] *Hipper* (s. Anm. 21), S. 19.

öffentlichen Meinung angeschlossen. Bis in die Mitte des 18. Jahrhunderts waren deswegen die Juden auf den Schutz der Territorialherren angewiesen, in deren Gebiet sie sich nach der Vertreibung aus Augsburg niedergelassen hatten. Auch dort ging man, was Steuer und sonstige Abgaben anbelangte, nicht gerade großzügig mit ihnen um, aber man ließ sie wenigstens unbehelligt wohnen und ihren Geschäften nachgehen. Gerade als Kaufleute und Lieferanten machten sich die Juden dort alsbald unentbehrlich.

Die aus Augsburg vertriebenen Juden hatten sich möglicherweise in den westlich der Stadt gelegenen Ortschaften Pfersee, Kriegshaber und Steppach niedergelassen, die zur vorderösterreichischen Markgrafschaft Burgau gehörten, um weiter ihren Geschäften in Augsburg nachgehen zu können.[29] Die Zeugnisse für die Anwesenheit von Juden in der Nähe von Augsburg aus der Zeit ihrer Vertreibung aus Augsburg bis in die zweite Hälfte des 16. Jahrhunderts sind allerdings äußerst dürftig. In Oberhausen sind Juden erst ab 1555 nachweisbar, in Pfersee ca. ab 1530 und in Steppach ca. ab 1570. Dasselbe gilt auch für Kriegshaber, wo erstmals 1570 ein Judenhaus nachgewiesen ist.[30] Einzelne Juden sind nach ihrer Vertreibung aus Augsburg weiter weg, in andere Städte, gezogen.[31] Aber besagen diese zufälligen ersten Quellen, daß es nicht schon vorher eine Judenansiedlung in den drei Ortschaften gegeben hat? Neben den bereits oben angeführten Belegen findet sich in den Judenakten des Stadtarchivs eine Supplikation der Stadtgardesoldaten Melchior Schmid und Heinrich Knodel von 1550, die Spesen beim

---

[29] So ist die früher herrschende Ansicht, etwa bei *Adolf Layer*, Die Juden und ihre Niederlassungen, in: Handbuch der Bayerischen Geschichte, Bd. III/2, hrsg. von Max Spindler, München 1971, S. 1056. Anders *Reinhard H. Seitz*, Augsburg, In: Germania Judaica (= GJ), Bd. III/1, S. 65: „Die Meinung, daß die Vertriebenen in Dörfer der Umgebung Augsburgs zogen, bewahrheitet sich nicht."
[30] Vgl. *Louis Dürrwanger*, Augsburg – Kriegshaber. Kulturhistorische Beiträge zur Ortsgeschichte. Diss. München, Augsburg 1935, S. 27; vgl. auch *Schröder* (s. Anm. 5), S. 175.
[31] Vgl. GJ, Bd. III/1, S. 49 mit Belegen.

Herumgehen in der Stadt zur Begleitung eines Juden, wohl aus einem der Augsburger Vororte, anmahnte.[32]

Pfersee unterstand neben der Hochgerichtsbarkeit der Markgrafschaft Burgau seit 1682 der Jurisdiktion der Augsburger St.-Jakobs-Pfründe, die den dortigen Besitz von der Augsburger Familie Zobel erworben hatte, und dem Hochstift Augsburg. Durch diese Verbindung hatten die Juden von Pfersee näheren Kontakt zu Augsburg als die von Kriegshaber und Steppach, denn die beiden Orte wurden damals gewissermaßen schon als Ausland betrachtet, was sich besonders durch höhere Einlaßgebühren und andere Abgaben bemerkbar machte.[33] Alle drei Judengemeinden kamen jedenfalls nach der schlimmen Zeit der Vertreibung in der Mehrzahl wieder zu Wohlstand, wohl in erster Linie aufgrund des regelmäßigen Handels mit der Stadt Augsburg, deren größte Wirtschaftsblüte bekanntlich in der ersten Hälfte des 16. Jahrhunderts herrschte. Zwar sind Juden um diese Zeit in unmittelbarer Nähe der Stadt Augsburg so gut wie nicht faßbar, kann man sich aber diese Zeit ohne Juden in der näheren Umgebung Augsburgs vorstellen?

Im 18. Jahrhundert scheinen die Juden im Augsburger Umland zunehmend stärker vertreten gewesen zu sein, denn in Kriegshaber wurden z. B. im Jahre 1732 allein 402 Juden gezählt, wobei man freilich nicht vergessen darf, daß Kriegshaber mit Abstand die größte Judengemeinde war.[34] Und dies, obwohl sie auch in den Augsburger Vororten von ihren jeweiligen Herren kräftig zur Kasse gebeten wurden. Eine Liste, mit der Überschrift „Judengebühren in Specie", führt neben Einlaß- und Geleitsgebühren auch Neujahrs- und Kirchweihgebühren, Krönungssteuer und Opferpfennig sowie für die drei Judengemeinden burgauische Jägereigelder an.[35]

Wenn die Juden, ob arm oder reich, wenn es insgesamt gegen sie ging, in der Regel zusammenhielten, so gab es doch gewal-

---

[32] StadtAAug. Die Judenschaft im allgemeinen 1418–1869. Nr. 12.

[33] *Hipper* (s. Anm. 21), S. 23 f.

[34] *Hipper* (s. Anm. 21), S. 25.

[35] StadtAAug. Judenakten II: Judengebühren.

tige Unterschiede in der Sozialstruktur. Die Juden beispielsweise, die inzwischen gut situiert waren, blickten mit Verachtung auf die „Betteljuden" herab, die vom Hausierhandel lebten. Statistisch sind die Juden recht gut erfaßt, vor allem als 1751 die „Akkordierung" allgemein eingeführt wurde, d. h., die Zulassung der Juden in die Stadt Augsburg erfolgte gegen Zahlung eines jährlichen Pauschalbetrages anstelle von Einlaßgebühren und Geleit. Dies galt jedoch nicht für das sogenannte „Judengesind", die armen und besitzlosen Juden, mit denen man in der Stadt nichts zu schaffen hatte und auch nichts zu schaffen haben wollte, vor denen man sich allenfalls schützen zu müssen glaubte. Diese ständig wechselnde Schar von Juden war auch gar nicht faßbar. Im Oktober 1722 war ein angeblich beim Judenfriedhof in Kriegshaber[36] speziell eingerichtetes Lazarett Gegenstand mehrerer Verhandlungen der Obrigkeit, die die Befürchtung äußerte, man ziehe sich „nichtsnutziges Judengesind" heran. Auch wenn man dies als polemische Äußerung zu werten hat, ist dies doch ein Beleg dafür, daß es solche verarmten Juden, „vagierende Betteljuden", in nicht geringer Zahl in den drei Judengemeinden gegeben hat.[37]

Einige Juden hatten es früh zu Reichtum und Ansehen gebracht, und sie gaben natürlich auch den Ton an in ihren Gemeinden. Zu ihnen gehörten in Pfersee etwa die Ulmann, ein Name, den die Hälfte aller dort ansässigen Familien im 18. Jahrhundert führten. Samuel Ulmann, das Oberhaupt der Familie, betrieb ausgedehnte Geschäfte in kaiserlichen, kurbayerischen, badischen und anderen fürstlichen Diensten.[38] In Kriegshaber ragte besonders die Familie Mändle hervor, deren

---

[36] Zum Judenfriedhof in Kriegshaber: *Louis Lamm*, Die jüdischen Friedhöfe in Kriegshaber, Buttenwiesen und Binswangen. Ein Beitrag zur Geschichte der Juden in der ehemaligen Markgrafschaft Burgau, Berlin 1912, S. 10f.
[37] StadtAAug. Markgrafschaft Burgau. Akten. Fasz. 25; vgl. dazu auch *Hipper* (s. Anm. 21), S. 26; sowie *Lamm* (s. Anm. 36), S. 12, der nur von einem Wachhäuschen neben dem Friedhof spricht.
[38] Dazu *Hipper* (s. Anm. 21), S. 27.

bedeutendster Vertreter Abraham Mändle[39] sogar eine eigene Handelsgesellschaft gründete, mit der er, in kurbayerischen Diensten stehend, einen schwungvollen Pferdehandel aufbaute. Aber auch andere Familien, wie die Familie Neuburger, besaßen schon früh eigenen Grund und Boden in Kriegshaber und betrieben lebhafte Handelsgeschäfte in Augsburg. Die zahlreichen Kriegshändel des 18. Jahrhunderts lassen die Zahl der zugezogenen Juden mehr und mehr steigen, denn hier konnten sie sich vor allem als Heereslieferanten einen Namen machen. Dabei zeichnete sich der kaiserliche Kriegsoberfaktor Samuel Oppenheimer aus, der seine Familie in Pfersee und Kriegshaber nach dem Spanischen Erbfolgekrieg ansässig machte.[40] Der sicherlich bedeutendste Jude, der in der zweiten Hälfte des 18. Jahrhunderts nach Augsburg zugewandert war, war Amsel Isaak Goldschmied in Kriegshaber, der spätestens 1764 in der Liste der Akkordjuden erschien.[41] Dieser Goldschmied, ein Textilgroßhändler aus Frankfurt am Main, machte sich bei den Augsburger Händlern besonders unbeliebt, wovon ein eigener Aktenbestand im Stadtarchiv zeugt, der allein die Beschwerden der Augsburger Baumwoll- und Kattunhändler gegen ihn enthält.[42]

Mit anderen jüdischen Textilgroßhändlern, die besonders Frankfurt, den damals größten deutschen Kattunmarkt, kontrollierten, erlangte er großen Einfluß auch in Augsburg, sehr zum·Neid und Verdruß der Augsburger Kaufleute, aber auch der Augsburger Weber, denen er Brot und Arbeit wegzunehmen schien, wobei sich in diesem Zusammenhang auch nichtjüdische Augsburger Textilfabrikanten unrühmlich hervortaten. Allerdings kam es auch vor, daß Goldschmied den Webern di-

---

[39] *Louis Dürrwanger*, Der kurbayerische Hoffaktor Abraham Mendle aus Kriegshaber, in: Zeitschrift des Historischen Vereins für Schwaben 49 (1933), S. 163–167).

[40] Dazu und zum folgenden *Hipper* (s. Anm. 21), S. 27 f.

[41] StadtAAug. Judenakten XI: Juden, deren Hereinpassierung betr. 1671–1804. Akkordvertrag vom 11. Februar 1764.

[42] StadtAAug. Weberhaus. Fasz. 98: Beschwerden der hiesigen Baumwoll- und Kottonhändler wider den Schutzjuden J. A. Goldschmid 1774–1803.

rekt große Partien abnahm oder mit ihnen Tauschhandel betrieb, was wiederum die Augsburger Kaufleute verärgerte, da gewissermaßen ihr Bemühen die jüdische Konkurrenz auszuschalten, von den Webern unterlaufen wurde.[43] Bei den Augsburger Großhändlern ist besonders an Johann Heinrich Schüle[44] zu denken, der zunächst mit Goldschmied zusammenarbeitete, bald aber sein erbitterter Gegner wurde. Der Jude Amsel Isaak Goldschmied schaffte es im Jahre 1774, daß ihm die Stadt Augsburg gestattete, mehr oder weniger freien Baumwoll-, Farbwaren- und Kattunhandel in ihren Mauern zu betreiben und damit die jahrhundertealte Zunfttradition zu durchbrechen, nach der nur Augsburger Bürger und Mitglieder der Kaufleutestube dieses Privileg in Anspruch nehmen konnten.

Es waren also nicht die alteingesessenen Juden, die die allmähliche Besserstellung in Augsburg erstritten, sondern in erster Linie die neu zugezogenen, die sich erst im 18. Jahrhundert in den vor den Toren Augsburgs gelegenen Orten niedergelassen hatten. Sie erreichten diese Besserstellung und letztlich sogar auch Gleichstellung zu Beginn des 19. Jahrhunderts. Aber nach wie vor galten die alten kaiserlichen Privilegien des Ausschlusses der Juden aus der Stadt, und auch der Zutritt wurde ihnen so schwer wie möglich gemacht, auch wenn sie immer

---

[43] *Peter Fassl*, Geschichte und Kultur der Juden in Schwaben, in: Aus Schwaben und Altbayern. Festschrift für Pankraz Fried zum 60. Geburtstag, hrsg. von Peter Fassl, Wilhelm Liebhart, Wolfgang Wüst, Sigmaringen 1991 (Augsburger Beiträge zur Landesgeschichte Bayerisch-Schwabens Bd. 5), S. 21–30, hier S. 26; sowie *Peter Fassl*, Konfession, Wirtschaft und Politik. Von der Reichsstadt zur Industriestadt. Augsburg 1750–1850, Sigmaringen 1988 (Abhandlung zur Geschichte der Stadt Augsburg Bd. 32), S. 161–164.

[44] *Jacques J. Whitfield*, Johann Heinrich von Schüle, in: Lebensbilder aus dem Bayerischen Schwaben, Bd. 9, München 1966, S. 211–230; vgl. auch *Rainer A. Müller*, Johann Heinrich von Schüle, Aufstieg und Fall des Kattunfabrikanten im zeitgenössischen Urteil, in: Arbeitnehmer und Unternehmer. Lebensbilder aus der Frühzeit der Industrialisierung in Bayern, München 1985, S. 160–170, oder auch *Gerhard P. Woeckel*, Der Augsburger Kattunfabrikant Johann Heinrich Edler von Schüle (1720–1811), in: Zeitschrift des Historischen Vereins für Schwaben 82 (1989) S. 157–173.

wieder kaiserliche oder fürstliche Hilfe für sich in Anspruch nahmen. Das ging so weit, daß man den Juden sogar den Aufenthalt bzw. den Abschluß von Geschäften außerhalb der Stadtmauern, wie etwa in den westlich der Stadt gelegenen Anlagen des Schießgrabens oder in dem nördlich von Augsburg gelegenen Dorf Oberhausen, untersagte.[45]

Aber trotz der Bemühungen des Rates, die besonders durch die Intervention der Kaufleute und Krämer hervorgerufen wurden, die Juden überhaupt aus der Stadt fernzuhalten, wurde der Verkehr zwischen ihnen und der Stadt Augsburg nie ganz unterbunden. Es gab immer wieder gewisse Einschränkungen der generellen Aufenthaltsverbote, die es den Juden erlaubten, nach Augsburg zu kommen, vor allem dann, wenn sie in Geschäften eines ‚hohen Herrn' tätig waren. Man könnte fast annehmen, daß es gar nicht im Sinne des Rates der Stadt war, die Juden völlig aus der Stadt zu entfernen. So war es nur eine Frage der Zeit, bis das strikte Einlaßverbot erstmals unterlaufen wurde. Per Ratsdekret vom 6. Mai 1700 wurde dem kaiserlichen Hoflieferanten Samuel Moses Ulmann aus Pfersee, der im Namen des Kaisers Einlaß in die Stadt Augsburg forderte, nach langem Hin und Her sein Begehren erfüllt.[46] Vom Standpunkt der Stadt aus war dieses Nachgeben natürlich verhängnisvoll, es war der berühmte Präzedenzfall geschaffen. Alle Juden wollten nun im Auftrag eines ‚hohen Herrn' nach Augsburg kommen und auch die Bürger der Reichsstadt selbst versuchten nun, in die Rolle dieser bevorzugten Auftraggeber zu schlüpfen, und verlangten für diejenigen Juden, mit denen sie Geschäfte abschließen wollten, den Zutritt.

Aber auch sonst konnte das Zutrittsverbot in die Stadt nicht restlos durchgeführt werden. Mancher Jude konnte sich vor allem in Kriegszeiten, in denen Augsburg als Handelsplatz für die Versorgung eine wichtige Rolle spielte, zu Geschäften

---

[45] StadtAAug. Judenakten: Juden von 1544–1813. Varia. D1. 221. 16. März 1700; *Hipper* (s. Anm. 21), S. 50.
[46] StadtAAug. Judenakten VII: Juden, deren Hereinpassierung betreffend 1570–1701.

heimlich nach Augsburg begeben. Bei den größten Heereslieferanten und Faktoren, die sich auf den Schutz des Kaisers berufen konnten, war überhaupt kein städtischer Widerstand möglich. Dazu kam noch, daß der Verlust der jüdischen Einlaßgebühren wohl von der Stadt zu verschmerzen gewesen wäre – sie waren nicht sehr hoch –, aber nicht von den sonstigen Beamten, wie Stadtvogt, Torschreiber, Amtsdiener etc., die vor dem strengen Ausschließungserlaß vom 4. März 1700 von den Juden umfangreiche jährliche Bestechungsgelder bezogen hatten. [47] So war ein striktes Einlaßverbot nicht aufrechtzuerhalten, und man kehrte bald zu dem bequemeren Mittel der beschränkten Zulassung zurück, während offiziell das Dekret vom 4. März 1700 nie aufgehoben wurde. Immerhin wurde der Eintritt von Juden nach wie vor dadurch erschwert, daß sie sich von einem Stadtgardesoldaten begleiten lassen mußten. Daß hierbei Mißstände vorkamen, wie der, daß sich ein solcher Begleiter durch eine Maß Bier „überwinden" ließ, [48] liegt auf der Hand. Der Magistrat bestrafte solche Übertritte hart, wie etwa in dem Fall des Juden Lazarus Neuburger aus Kriegshaber, der seinen Begleiter sechs Stunden in Sturm und Regen vor der Tür des bischöflichen Rentenverwalters warten ließ und sich selbst durch ein Hintertürchen fortschlich und seine Geschäfte auf eigene Faust durchführte. [49]

Es war eine ständige Gratwanderung, die der Rat in seiner Judenpolitik praktizierte. Trotz der strengen Ausschließungserlasse – der vom Jahr 1700 wurde durch Verordnungen vom 15. Dezember 1718 und 18. März 1732 erneuert [50] – kann man in der Praxis eigentlich eher von einer beschränkten Einlassung sprechen. Diejenigen Juden, die es sich aufgrund ihrer

---

[47] *Hipper* (s. Anm. 21), S. 52.
[48] StadtAAug. Judenakten V: Juden, deren Wohnung und Aufenthalt in hiesiger Stadt, auch deren Ausschaffung betreffend von 1732–1745 (Gutachten des Ratskonsulenten Zwerger vom 29. 8. 1743); vgl. *Hipper* (s. Anm. 21), S. 54.
[49] *Hipper* (s. Anm. 21), S. 54.
[50] StadtAAug. Judenakten I: Die Judenschaft in genere von 1298–1802 (gedruckte Anschläge vom 15. Dezember 1817 und vom 18. März 1732).

wirtschaftlichen Stellung leisten konnten, kamen in die Stadt, gegen die ärmere Klasse der Judenschaft wurde das Ausschlußgesetz praktiziert. Übrigens wurde das sogenannte Ausschaffungsedikt vom 29. August 1713 nur vorübergehend in Anwendung gebracht. Denn damals herrschte in Augsburg die Pest, und man fürchtete durch die Juden Ansteckungsgefahr,[51] eine Begründung, die auch schon in früheren Zeiten als Motiv für die Judenausweisungen gedient hatte.[52] Man hat mehr und mehr den Eindruck, daß sich im Laufe des 18. Jahrhunderts die Bürgerschaft nicht darüber einig war, ob die Ausschaffung der Juden zu ihrem Nutzen oder zu ihrem Schaden erfolge. Aber immer wieder war es vor allem der Handelsstand, der sich gegen eine Wiederzulassung der Juden in der Stadt zur Wehr setzte.

Auf der anderen Seite waren es die Fürsten, die sich für ihre Juden verwandten.[53] Bald regte sich bei den Juden im Hinblick darauf ein neues Selbstbewußtsein, und sie forderten die völlige Befreiung von den demütigenden Vorschriften der Eintrittsgebühren in die Stadt, was ihnen schließlich auch mit Hilfe der Fürsten, in deren Diensten sie standen, gelang. Unter Berufung auf die Fürsten und besonders den obersten Herrscher des Reiches, den Kaiser, begehrte man zunächst die „Freipassierung", d. h. den gebührenfreien Eintritt in die Stadt; von einer Aufhebung des Geleits war noch nicht die Rede. Aber schon in dem erwähnten Fall des Juden Samuel Moses Ulmann aus Pfersee aus dem Jahre 1700 wurde die Forderung erhoben, ihn „unaufgehalten und frei" passieren zu lassen, wobei die vorderösterreichische Regierung in Innsbruck das Begehren an die Stadt dahingehend präzisierte, daß Ulmann auch des „costbaren Geleiths" zu entledigen sei.[54] Vermutlich wegen seines

---

[51] StadtAAug. Judenakten VII: Juden, deren Hereinpassierung betreffend 1570–1701: Den Juden wird bei der „Contagion halben sehr gefährlichen Zeiten [. .] der Zutritt Handl und Wandl [...] völlig verboten". Stadt Augsburg. Judenakten: Juden ca. 1544–1813. Varia.

[52] *Hipper* (s. Anm. 21), S. 55.

[53] Hierzu und zum Folgenden *Hipper* (s. Anm. 21) S. 58f.

[54] StadtAAug. Judenakten VII: Juden, deren Hereinpassierung betreffend

großen Einflusses beim Kaiser war es auch dem Kriegsoberfaktor Samuel Oppenheimer gelungen, die völlige Freipassierung in Augsburg zu erlangen, die sogar noch auf seine nächste Begleitung ausgedehnt wurde. Allerdings hatte dabei der Rat auch nicht zu befürchten, daß Oppenheimer mit seinen Geschäften der städtischen Bürgerschaft Konkurrenz machte, was seine Entscheidung sicherlich erleichterte.[55] Mit der Zeit konnte man den Eindruck gewinnen, die Fürsten versuchten in dem Bemühen, das freie Geleit „ihrer" Juden in der Stadt zu erreichen, sich gegenseitig zu überbieten. Rang und Einfluß des Fürsten – so hatte es den Anschein – wurde daran gemessen, wie oft es ihm gelang, die städtischen Bestimmungen gegen die Juden zu unterlaufen.[56]

Signifikant ist der Streit der Reichsstadt Augsburg mit dem Augsburger Bischof, dessen Hoflieferanten Lazarus Neuburger aus Kriegshaber und Löw Simon Ulmann aus Pfersee im Jahre 1721 den freien Zugang zum bischöflichen Hof, der bekanntlich innerhalb der Mauern der Reichsstadt gelegen war, verlangten.[57] Als der Magistrat den beiden Juden den Zutritt nur gegen Bezahlung einer Einlaßgebühr und mit Geleit erlauben wollte, setzte sich der Bischof, ebenso unabhängiger Reichsstand wie die Stadt, gegen die Verwehrung des freien Eintritts wegen Beeinträchtigung seiner standesherrlichen Rechte zur Wehr. Nun kam es zu einem regelrechten Machtkampf. Der Bischof versuchte, die Stadt unter Druck zu setzen, indem er bestimmte von ihm zu leistende Zahlungen einstellte. Dabei zeigte sich, daß die Vorenthaltung des Betrags doch mehr Wirkung erzielte als ihr Beharren auf eigenen, inzwischen doch recht zweifelhaften Rechtspositionen. Am 5. Februar 1727 erließ der Geheime Rat eine Verordnung mit dem Inhalt, daß die Stadt „Dero Hofjuden den freyen Zugang zu dero Hoffstatt al-

1570–1701. Schreiben des vorderösterreichischen Geheimen Rats vom 2. August 1708.
[55] StadtAAug. Judenakten VII; *Hipper* (s. Anm. 21), S. 62.
[56] *Hipper* (s. Anm. 21), S. 64 f.
[57] StadtAAug. Judenakten VIII: Juden, deren Hereinpassierung betreffend 1702–1732; dazu im einzelnen *Hipper* (s. Anm. 21), S. 65.

lein und zwar ohne allen entgelt und Gleit [...] erlauben"
wolle.[58] Die für die Stadt negativ verlaufene Auseinandersetzung entzündete sich erneut nach dem Ausschlußdekret von
1732, aber 1735 gab die Stadt wiederum nach, um allerdings
zehn Jahre später nochmals auf ihr altes vermeintliches Recht
zu pochen. Es war nichts anderes als ein reines Prestigeduell.

Aber auch andere Fürsten des Reiches, wie der Fürsterzbi-
schof von Konstanz und ganz besonders die bayerischen Kur-
fürsten, an ihrer Spitze Maximilian II. Emanuel, der sich für
seinen Pferdelieferanten, die Mändlesche Kompanie in Kriegshaber, einsetzte, wandten sich mit einer Fülle von Beschwerde-
briefen an den Rat der Stadt Augsburg, sobald ihre Hofjuden irgendwie behindert wurden.[59]

Mit der Zeit schien die Stadt Augsburg in ihrem Bemühen,
die Juden fernzuhalten, zu resignieren. Da man zwischen der
Ungnade der Fürsten und dem Schutz der eigenen Bürger zu
wählen hatte, wie man glaubte, tat man sich schließlich mit
der Reichsstadt Nürnberg zusammen, die ähnliche Probleme
hatte. Der Kaiser hatte 1750 nicht nur die Stadt Augsburg, sondern auch die Stadt Nürnberg aufgefordert, die Gebrüder Isaak
und Meier Landauer aus Pfersee frei und unentgeltlich passieren zu lassen und ihnen obendrein auch noch eine Wohnung
zur Verfügung zu stellen, womit er sich aber nicht durchsetzen
konnte.[60] Augsburg schloß sich der Praxis der Stadt Nürnberg
an, welche nur von Fall zu Fall punktuelle Erleichterungen für
die Juden zuließ. Um schließlich nicht das Gesicht zu verlieren, hatte man sich in Augsburg 1751 endgültig zu dem System
der sogenannten Akkordierung entschlossen, was man schon
früher gelegentlich praktiziert hatte, etwa in den Jahren 1706
bis 1718. Aber dies waren vergleichsweise nur Versuche, die
sich wohl noch nicht bewährten, zumal sie doch noch sehr an

---

[58] StadtAAug. Judenakten VIII (Anm. 57).
[59] Reichliches Aktenmaterial zeugt von diesen Auseinandersetzungen.
StadtAAug. Judenakten VIII, IX und X: Juden, deren Hereinpassierung betreffend 1702–1732, 1733–1750, 1751–1760.
[60] StadtAAug. Judenakten IX: Juden, deren Hereinpassierung betreffend
1733–1750; Hipper (s. Anm. 21), S. 70.

Knebelungsverträge der Juden erinnerten. Damit aber war die Freipassierung gewissermaßen präjudiziert. Mit der ‚Akkordierung' suchte man dem zu erwartenden Bestreben um endgültige Aufhebung der Eintrittsgebühr zuvorzukommen, die immerhin für die Juden aus Pfersee bisher 40 kr., für die Juden aus Kriegshaber und Steppach dagegen 1 fl. 6 kr.[61] betragen hatte. Dieser an sich recht stattliche Betrag stand freilich allzuoft nur auf dem Papier, denn viele Juden wandten sich an ihre Patronatsherren, die dann auf die Stadt Augsburg Druck ausübten, von der Einlaßgebühr abzusehen. Mit der „Akkordierung" wurden die finanziellen Belastungen der Juden zwar nicht geringer, aber die Tatsache, daß nun vor allem der bisher so entwürdigende Geleitzwang beim Betreten der Stadt entfiel, führte dazu, daß sie ihre Zahlungen nun viel bereitwilliger erbrachten. Das 1751 begonnene und reformierte Akkordierungssystem trug jedenfalls dazu bei, daß sich das Verhältnis der Stadt zur Judenschaft zu bessern begann. Die Zahl der Paktjuden wurde bei dieser Gelegenheit nicht mehr wie früher nach Familien, sondern pro Kopf festgelegt, und von 1751 bis 1803 wurden die Akkorde jeweils alle sechs Jahre erneuert. Aber Akkordverträge erhielten nur die wohlhabenden Juden, wie etwa Löw Simon Ulmann aus Pfersee oder Abraham und Josef Mändle sowie Lazarus Neuburger aus Kriegshaber.[62]

Auch die allgemeine „Akkordierung", die der Rat anstrebte, wurde in der Praxis so gehandhabt, daß doch nur der vermögende Teil der Juden in die Stadt eingelassen wurde. Man wollte auf eine bestimmte Paktgeldhöhe kommen, die möglichst unabhängig von der Anzahl der Eingelassenen Juden sein sollte, was aber in der Praxis nicht gelang, da immer weniger Juden Paktgeld zahlen konnten oder wollten. Im Jahre 1797 wurde der Akkord für nur mehr 30 Personen auf 1000 fl. angesetzt, eine wesentlich geringere Summe als ursprünglich.[63] Es

---

[61] StadtAAug. Judenakten von ca. 1544–1813.
[62] Zum ganzen *Hipper* (s. Anm. 21), S. 72–90.
[63] StadtAAug. Judenakten XI: Juden, deren Hereinpassierung betreffend 1761–1804. Ratsdekret vom 13. Mai 1797.

war dies der letzte Akkord, denn 1803 erlangten erstmals drei Juden endgültig das Privileg, festen Wohnsitz in Augsburg nehmen zu dürfen. Sie hatten sich freilich auch schon früher, vor allem in Kriegszeiten, wie der Zeit des Spanischen Erbfolgekrieges, in der Stadt längere Zeit aufgehalten, wobei man ihnen dann immer zur Auflage machte, nicht in der Nähe von Gotteshäusern und Schulen zu wohnen, da es hier mehrfach Beschwerden gegeben hatte. Es hatte sich hier aber nur um das vorübergehende Wohn- und Aufenthaltsrecht gehandelt. Nun wurden die unruhigen politischen Verhältnisse sowie die schwierige wirtschaftliche Lage der Stadt Bundesgenossen der Juden bei ihrem Bemühen, dauernd in der Stadt wohnen zu dürfen. Die Stadt Augsburg hatte hohe Schulden, und Gläubiger waren vielfach die Juden, wie das Bankhaus Veit Kaula in Kriegshaber oder die beiden vereinigten Banken Obermayer und Kaula. Aber auch andere reiche Juden, wie Henle Ephraim Ulmann aus Pfersee, Hirsch Wolf Levi und Simon Wallerstein aus Kriegshaber sowie die Bankiers Westheimer und Strassburger aus München hatten sich nicht nur um den dauernden Wohnsitz in Augsburg beworben, sondern sich auch erboten, die Schulden der Stadt zu übernehmen.[64] Da zudem in Frankfurt am Main und München inzwischen schon Juden angesiedelt waren, konnte man auch in Augsburg, trotz anfänglichen Widerstrebens, die Aufnahme der Juden nicht mehr verweigern. Mit dieser Ansiedlungsmöglichkeit hatte allerdings nur ein ganz geringer Teil der gesamten Judenschaft das dauernde Aufenthaltsrecht in Augsburg erlangt. Nur die finanzielle Not der Stadt Augsburg hatte ermöglicht, was zahlreiche Gesuche der Juden über Jahrzehnte und der Druck der Fürsten nicht bewerkstelligen konnten.

Das Dekret des Rates vom 10. November 1803[65] für die

---

[64] *Wolfgang Zorn*, Handels- und Industriegeschichte Bayerisch-Schwabens 1648–1870, Augsburg 1961 (Studien zur Geschichte des bayerischen Schwabens Bd. 6), S. 68 f.

[65] StadtAAug. Judenakten: Die Judenschaft im allgemeinen 1418–1869, Nr. 12. Sowie Judenakten VIa: Juden, deren Wohnung und Aufenthalt in hiesiger Stadt, Domiziliengesuche, auch deren Ausschaffung 1803–1806.

Bank- und Wechselhäuser Westheimer und Strassburger, Henle Ephraim Ulmann und Jakob Obermayer-Kaula verschaffte diesen in 38 Paragraphen trotz gewisser Einschränkungen endlich das lang ersehnte Aufenthaltsrecht. Sie erhielten zwar nicht das Bürgerrecht, waren aber den Augsburger Beisitzern gleichgestellt. Sie hatten plötzlich auch gesellschaftlich eine bessere Stellung erlangt, sie hießen nicht mehr ‚Schutzjuden', sondern wurden mit ‚Herr' betitelt. Die jüdische Bevölkerung selbst begann sich nun anzupassen, was nicht zuletzt in der Namensgebung zum Ausdruck kam. Hirsch Wolf Levi nannte sich nun Heinrich Wolf Levinau und der Jude Arnold Seligmann, der 1814 sogar in den Adelsstand erhoben wurde, nannte sich Arnold Freiherr von Eichthal.[66]

Als Ergebnis ist festzuhalten:

1. In Notzeiten und besonders in den zahlreichen Kriegen des 18. Jahrhunderts konnten die Juden ihre Chancen beim Unterlaufen des Aufenthaltsverbotes recht gut nutzen und vor allem als Heereslieferanten an Einfluß gewinnen, sehr zum Verdruß der Augsburger Kaufleute.

2. Während es ursprünglich vor allem religiöse Motive waren, die für die Judenhetze verantwortlich zeichneten, so wurden im Laufe des 17. und 18. Jahrhunderts mehr und mehr wirtschaftliche Gründe maßgebend.

3. Auch nach ihrer Vertreibung waren die Juden wohl weiter an Handelsgeschäften in der Stadt Augsburg beteiligt, wenn ihnen auch spätestens nach dem Jahre 1574, als die Juden aus dem Hochstift vertrieben wurden, das Betreten der gesamten Stadt äußerst erschwert wurde. Aus der Augsburger Umgebung ganz und gar verschwunden sind sie wohl nicht. Nach wie vor unklar und bisher quellenmäßig auch nicht belegbar ist, wohin

---

[66] *Grünfeld* (s. Anm. 5), S. 53, vgl. dazu auch den Begleitband zur Ausstellung: Siehe der Stein schreit aus der Mauer. Geschichte und Kultur der Juden in Bayern. Lebensläufe, hrsg. v. *Manfred Treml* und *Wolf Weigand* unter Mitarbeit von *Evamaria Brockhoff*, München 1988 (Veröffentlichungen zur Bayerischen Geschichte und Kultur, Nr. 18, 1988).

die Juden nach ihrer Vertreibung 1438/40 zogen; sowohl in andere Städte als auch in die unmittelbaren Vororte der Stadt Augsburg. Vielleicht ergeben hier bisher schwer zugängliche innerjüdische Quellen ein klareres Bild. Es bleibt doch immerhin unverständlich, warum die Augsburger Juden ausgerechnet in der Zeit der größten Wirtschaftsblüte Augsburgs wenn schon nicht in der Stadt selbst nicht wenigstens in der näheren Umgebung wohnhaft gewesen sein sollten.

Ein anonymer Autor, der sich für die Aufnahme der Juden in Augsburg ausspricht, gibt in seinen Äußerungen ein besonders schönes Beispiel von Liberalität und Toleranz und lieferte damit wohl auch die letztlich ausschlaggebenden Argumente dafür, daß die Juden sich wieder in Augsburg niederlassen durften.[67] Daraus einige Zitate:

Die Kaufleute glauben, daß es nur von dem neuen Magistrate abhange, die Juden von der Stadt abzuhalten, ihre Gewölbe oder Schreibstuben auszuschaffen, und ihren Handel allein auf alte Kleider einzuschränken. Hat man die gänzliche Abhaltung der Juden nicht schon seit mehr als 3 Jahrhunderten gewollt? Die Geschichte zeigt, wie vergebens alle die Bemühungen waren.

Man hat zehnmal ihre gänzliche Ausweisung statuirt, mit dem besten Willen aber sich niemals hierbey manuteniren können. Was in vorigen Jahrhunderten gegen die Juden im Effekt nicht hat zu Stand gebracht werden können, wird dieß jetzt besser gelingen?

Jetzt, wo die meisten Städte Deutschlands Juden in ihren Mauern herbergen? – Bey der jetzigen allgemein gewordenen Toleranz und herrschenden Aufklärung, die seinen Menschen der Religion wegen hintanzusetzen oder gar zu verfolgen erlaubt? – Jetzt, wo selbst das Thema, wie das Schicksal der Juden zu verbessern sey, ganz neuerlich an den deutschen Reichstag gebracht worden ist? – Wo in mehreren Landen die Juden als förmliche Bürger aufgenommen werden? [...] Es ist schon bürgerliche Freiheit, welche die Juden genießen, da

---

[67] *Hoscher* (s. Anm. 18), S. 47 f. Vgl. zur Diskussion um den Autor der anonym erschienenen Schrift den Beitrag von Volker Dotterweich und Beate Reißner in: *Rudolf Kießling* (Hrsg.), Judengemeinden in Schwaben im Kontext des Alten Reiches, Berlin 1995, S. 282–305.

sie den ganzen Tag ihre Wechselgeschäfte hier treiben dürfen, [...] das man ihnen nicht entziehen kann. Es kommt also nur noch darauf an, daß sie auch des Nachts hier sein dürfen. Was sie hierdurch für bürgerliche Rechte besonders mehr erhielten, ist nicht abzusehen. [...] Je größer die Zahl solcher Wechselhändler ist, [...] desto mehr blüht der Handel [...]. Daß der Jud wohl feilere Preise machen könne, als der christliche Kaufmann, ist kein Grund, das nachgesuchte Domicil zu verweigern. Jetzt existieren überall in den meisten Orten Juden. Sind denn in allen diesen Orten die christlichen Kaufleute zu Bettlern geworden? Behaupten die Kaufleute noch, [...] daß eine hochgepriesene Toleranz auf den hiesigen Staat schlechterdings unpassend sei [...]. Ich möchte niemals den Satz aufstellen, daß Intoleranz auf irgendeinen Staat passe.

II.
Emanzipation und Früh-Antisemitismus: Das 18. und 19. Jahrhundert

Reinhard Rürup

Judenemanzipation und bürgerliche Gesellschaft in Deutschland

Das 19. Jahrhundert ist das Jahrhundert des europäischen Bürgers, seiner Technik und Industrie, seines Handels und seiner Wirtschaft, seiner Kunst und Wissenschaft. Zwischen 1780 und 1870 ereignete sich jene wirtschaftliche und politische „Doppelrevolution", deren Ergebnis die politische, soziale und kulturelle Emanzipation des Bürgertums in Europa war.[1] Dieser Umwälzungsprozeß vollzog sich in England, Frankreich oder Deutschland unter je spezifischen Bedingungen, in unterschiedlichem Tempo und mit ungleichen Mitteln, gleichwohl handelt es sich überall um den gleichen Vorgang; die Auflösung der ständisch verfaßten, zumeist absolutistisch regierten alteuropäischen Ordnung und die Ausbildung einer neuen bürgerlichen Gesellschaft, deren Parole „Konstitution und Maschine" lautete. Die revolutionierende Kraft vernunftrechtlichen Denkens fand ihren Ausdruck in der Deklaration von Menschen- und Bürgerrechten in der Forderung nach Verfassung und politischer Freiheit; die wirtschaftliche und soziale Entwicklung verlieh der bürgerlichen Bewegung ihre Dynamik und zugleich den Fortschrittsoptimismus, der trotz Restauration und Reaktion keinen Zweifel an Sinn und Ziel der Geschichte – der Mündigkeit und Selbstbestimmung des Bürgers – aufkommen ließ. „Die Stärke des Glaubens und der Überzeugungen, die Macht des Gedankens, die Kraft der Entschlüsse, die Klarheit

---

[1] Vgl. hierzu vor allem *Eric Hobsbawm*, Europäische Revolutionen, Zürich 1962. - Bei der hier vorgelegten Skizze handelt es sich um Vorüberlegungen zu einer Problemgeschichte der Judenemanzipation in Deutschland. Sie beruhen auf dem Studium der preußischen, bayerischen, württembergischen, badischen und hessen-darmstädtischen Akten, der zeitgenössischen Publizistik und vor allem der Landtagsprotokolle. [...]

des Ziels, die Ausdauer der Hingebung ist in dem volkstümlichen Lager, alles, was einer geschichtlichen Bewegung den providentiellen Charakter, den Charakter der Unwiderstehlichkeit gibt", urteilte Gervinus, selber durchaus Partei, um die Jahrhundertmitte in seiner „Einleitung in die Geschichte des 19. Jahrhunderts".[2] Und in einer angesehenen deutschen Enzyklopädie konnte man 1850 lesen, daß „eigentlich die ganze Geschichte der Menschheit als ein großer Emanzipationsprozeß erscheint und alle sozialen und politisch wichtigeren Probleme unter den allgemeinen Begriff der ,Emanzipationsfragen' zu bringen sind".[3] Alle „Hauptzwecke des Lebens", so heißt es an anderer Stelle, seien auf eine dreifache Emanzipation zu reduzieren: „die ökonomisch-industrielle, die politische und die sittlich-religiöse". In der Tat war, den Zeitgenossen mehr oder weniger bewußt, Emanzipation zu einem konstitutiven Moment der modernen Gesellschaft geworden, zu einem wesentlichen Prinzip ihres Aufbaus: „Die Geschichte dieser Gesellschaft ist die Geschichte ihrer Emanzipation."[4]

Einen Teil dieses allgemeinen Emanzipationsprozesses der bürgerlichen Gesellschaft – sicherlich nicht den wichtigsten, wohl aber einen der schwierigsten und umstrittensten – bildete die Emanzipation der Juden. Auch dabei handelte es sich um ein gemeineuropäisches Problem, das freilich in jedem Staate sich anders stellte und auch unterschiedlich zu lösen versucht wurde. Der Ablauf dieses Emanzipationsvorganges ist unmittelbar verknüpft mit der allgemeinen Entwicklung der modernen bürgerlich-industriellen Gesellschaft; wenn in Mitteleuropa zwei Hauptphasen der Judenemanzipation – von 1780 bis

---

[2] *G. G. Gervinus,* Einleitung in die Geschichte des 19. Jahrhunderts [1852], hrsg. von H. Körnchen, Berlin 1921, S. 188 f.

[3] *K. H. Scheidler,* Art. „Judenemancipation", in: Allgemeine Encyclopädie der Wissenschaften und Künste, hrsg. von J. S. Ersch, u. J. G. Gruber, Section 2, Bd. 27, Leipzig 1850, S. 254; vgl. auch *K. H. Scheidler,* Art. „Emancipation", ebd., Section 1, Bd. 34, Leipzig, 1840, S. 2–12 (dort auch die im Text folgenden Formulierungen).

[4] *F. Steinbach,* Art. „Emanzipation", in: Religion in Geschichte und Gegenwart, Bd. 2, Göttingen 1958[3], Sp. 451.

1815 und dann wieder von 1840 bis 1870 – festzustellen sind, so entspricht das durchaus der wechselnden Dynamik der politischen und gesellschaftlichen Entwicklung in diesem Zeitraum, und in mehr als einer Hinsicht spiegelt die Geschichte der Judenemanzipation die besonderen Probleme jedes einzelnen Staates hinsichtlich der Entstehung und Ausbildung der modernen Gesellschaft. Gerade am Beispiel der Judenemanzipation wird auch die Gesamtproblematik eines Emanzipationsvorganges deutlich, der sich auf die Annahme einer Identität von rechtlicher und realer Freiheit gründete. Da die alte soziale Ordnung rechtlich verfaßt, die Schranken, die sich den neuen Kräften entgegenstellten, rechtlicher Natur waren, galt es zunächst einmal für die gesamte Bewegung, ebenso wie für die Juden, diese Schranken zu durchbrechen, die juristischen Fesseln einer vergangenen Welt abzuschütteln. Es zeigte sich dann jedoch bei den Juden besonders deutlich, daß Rechtsgleichheit nicht ohne weiteres die soziale Gleichheit verbürgte, daß auch die neue Gesellschaft vor der Lösung sozialer Probleme stand, die – solange die universelle Emanzipation eine Utopie blieb – nicht durch das bloße Aufsprengen der überlebten Formen zu erreichen war. Als im Gefolge der schweren Wirtschaftskrise der siebziger Jahre des 19. Jahrhunderts dann nicht nur die wirtschaftliche und politische Praxis, sondern auch die Normen des liberalen Systems einer weitverbreiteten Ablehnung verfielen, konnte daher auch die Judenemanzipation wieder in Frage gestellt werden: Es entstand die antisemitische Bewegung als die erste große Gegenbewegung gegen die moderne Gesellschaft und gegen die Ideen von 1789.

Deutschland kommt in einer Geschichte der europäischen Judenemanzipation ein besonderer Platz zu. Hier wurde zuerst der Gedanke der Emanzipation programmatisch ausgesprochen und auch zu verwirklichen gesucht; hier wurde darüber hinaus fast ein Jahrhundert lang die Emanzipationsdiskussion in einer Intensität geführt, wie sie in keinem anderen Lande der Welt zu beobachten ist. Kaum eine andere Frage hat die praktische Politik ebenso wie die öffentliche Meinung jahrzehntelang in gleicher Weise beschäftigt, und keine andere Frage war quer durch alle politischen Lager so umstritten. Die unterschiedlichsten Lösungsversuche standen in den einzelnen deutschen Staaten auf engem Raum nebeneinander, von einer zunächst vollen, dann teilweise zurückgenommenen Emanzipation in den zeitweise französisch beherrschten Gebieten bis hin zu mittelalterlichen Rechtsverhältnissen noch um die Mitte des 19. Jahrhunderts. Es gab Staaten mit einem hohen jüdischen Bevölkerungsanteil und Staaten mit sehr wenig Juden, Staaten, die wirtschaftlich und politisch relativ weit entwickelt waren, und Staaten, deren traditionelle agrarische Struktur auch im Vormärz noch völlig unverändert war. Auch hierin nahm Deutschland eine Sonderstellung ein: Während die politisch und wirtschaftlich fortschrittlichsten europäischen Staaten wie England und Frankreich einen nur sehr kleinen jüdischen Bevölkerungsanteil hatten, befanden sich die osteuropäischen Gebiete mit ihrer relativ starken jüdischen Bevölkerung in einem politischen und sozialen Gesamtzustand, in dem sich eine Emanzipationsfrage kaum stellen konnte. Deutschland war daher das Land, in dem sich zugleich das Schicksal der europäischen Juden weitgehend entscheiden mußte.

Die Judenemanzipation war kein Kind der reinen Theorie, sondern ein Produkt des sich seit dem späten 18. Jahrhundert beschleunigenden sozialen Wandels von der alten zur neuen Gesellschaft. Aber sie kam dennoch nicht unvermerkt, gleichsam von selber, sondern an ihrem Beginn stand ein klares Problembewußtsein. Die Emanzipation wurde als Aufgabe formuliert, mit einer ganz bestimmten Zielvorstellung, begründet auf eine kritische Situationsanalyse der Gegenwart. Die Diskussion begann im Jahrzehnt vor der Französischen Revolution, wobei jedoch bemerkenswerterweise die bereits erfolgte Aufhebung konfessioneller Schranken in Nordamerika keine Rolle spielte. 1781 erschien in Berlin das epochemachende Buch von Christian Wilhelm Dohm „Über die bürgerliche Verbesserung der Juden", das eine ungewöhnlich breite und intensive literarische Diskussion entfesselte. 1787 stellte die Akademie in Metz die Preisfrage: „Gibt es Mittel, die Juden glücklicher und nützlicher in Frankreich zu machen?", und diese Frage fand, nicht zuletzt unter dem Einfluß der deutschen Diskussion, in Frankreich ebenfalls ein lebhaftes Echo. Aber es waren nicht nur die Publizisten und Gelehrten, die solche Fragen erörterten, auch die Regierungen griffen sie auf: Joseph II. ging in Österreich voran – seine Verordnungen vom 2. Januar 1782 blieben vorerst die einzigen praktischen Schritte –, bald folgten, von seinem Vorbild angeregt, andere Fürsten, wie vor allem in Baden zu beobachten ist. In Preußen wartete man zunächst ab, da von Friedrich dem Großen in dieser Sache nichts zu erhoffen war; aber schon 1787 begann dann eine Regierungskommission an einem Gesetzentwurf über die künftige Stellung der Juden in Preußen zu arbeiten. Auch in Frankreich schließlich war noch vor der Revolution vom König eine Kommission unter dem Vorsitz Malesherbes' eingesetzt worden, um Reformmaßnahmen zu beraten. Die Lösung der „Judenfrage" stand von nun an auf der Tagesordnung der Politik der europäischen Staaten.

Daß es eine „Judenfrage" gab, war nichts Selbstverständliches. Jahrhundertelang hatte es in Europa wohl eine Judenpolitik – Judenverordnungen und Judenabgaben, auch gelegentliche Judenverfolgungen und Ausweisungen – gegeben, aber keine ‚Judenfrage'. Die Juden waren von den Ständen als eine „Landplage" oder von den Fürsten als eine Finanzquelle betrachtet worden, aber sie stellten für ihre Umwelt offensichtlich kein Problem dar, das irgendeine prinzipielle Lösung erfordert hätte. Sie lebten außerhalb der ständischen Ordnung, waren aber gleichwohl im Weltbild dieser älteren Zeiten fest verortet: als eine soziale Gruppe mit festen, scheinbar unveränderlichen Merkmalen und als ein unbezweifelbarer Bestandteil der göttlichen Ordnung dieser Welt. Daran änderte sich zunächst auch kaum etwas, als seit dem 17. Jahrhundert einzelne jüdische Familien zu bedeutendem Reichtum gelangten und als Finanzpartner der Fürsten und des Adels in eine neue Beziehung zu ihrer christlichen Umwelt traten. Erst seit der Mitte des 18. Jahrhunderts, als sich vor allem in Berlin – das hier freilich eine ganz eigenartige Stellung einnimmt – mit der wirtschaftlichen auch eine kulturelle jüdische Oberschicht auszubilden begann, entstand ein differenzierteres Bild vom Judentum. Dabei wurde es nun für die weitere Entwicklung entscheidend, daß zur gleichen Zeit die soziale Welt in Bewegung geriet und sich aus den Theorien der Aufklärung ein nicht mehr ständisch gebundenes, säkularisiertes Staatsdenken entwickelte, das es möglich machte, die „Judenfrage" in größeren Zusammenhängen zu sehen. Insbesondere in Deutschland eröffnete die lange Friedensperiode nach dem Siebenjährigen Krieg und die ansteigende Agrarkonjunktur seit den siebziger Jahren die Möglichkeit verstärkter innenpolitischer Reformtätigkeit. Merkantilistische und physiokratische Theorien fanden bei den Fürsten und ihren Regierungen ein zunehmendes Interesse, Manufakturen wurden gegründet und landwirtschaftliche Techniken verbessert, Rechts- und Verwaltungsreformen ebneten neuen Entwicklungen den Weg, Erziehungsprojekte mannigfachster Art galten der Ausbildung „brauchbarer", d. h. mit praktischen Kenntnissen und Fähigkeiten ausgestatteter Bürger. Die Regierungspolitik nicht weniger deutscher Staaten stand unter dem Vorzeichen von Reform und Experiment, unterstützt und vorangetrieben durch eine aufgeklärte öffentliche Meinung, die sich in einer Flut von gemeinnützigen Zeitschriften und patriotischen Broschüren äußerte. Hinter aller Aktivität stand dabei ein schier unbegrenztes Vertrauen in die Möglichkeiten des Staates als des Initiators und Lenkers aller sozialen Veränderungen, als eines Werkzeuges der Vernunft in einer scheinbar unvernünftig konstruierten Welt.

Unter diesen Voraussetzungen wurden auch die Juden zum Problem, entstand die moderne „Judenfrage" – gestellt als die Frage nach der Stellung der Juden in der modernen Gesellschaft. Dabei bestätigt sich die grundlegende Bedeutung der allgemeinen Entwicklungstendenzen darin, daß die Judenemanzipation durchaus keine Angelegenheit eines Philosemitismus war. Dohm hat sich stets gegen das Mißverständnis gewehrt, daß er eine „Apologie" des Judentums geschrieben habe, und auch unter den Vorkämpfern der Emanzipation im 19. Jahrhundert spielen philosemitische Tendenzen eine höchst geringe Rolle. Ausgangspunkt aller emanzipatorischen Bemühungen war weniger Sympathie mit den Juden als Kritik an der gegenwärtigen jüdischen Existenz und die Überzeugung: so wie es ist, kann es nicht bleiben. Der Zustand der Juden und ihre Stellung im Staat wurden als unerträglich empfunden – unerträglich aber nicht nur und nicht einmal in erster Linie für die Juden, sondern für den Staat und die christliche Bevölkerung. Die Juden galten – von einzelnen Ausnahmen abgesehen – auch den Emanzipatoren stets als ein „Übel", als „eine höchst lästige Bürde unserer Staatsgesellschaft", der man sich entledigen müsse. Sie waren nicht nur durch Religion, Sprache, Kultur und Abstammung von der übrigen Bevölkerung deutlich unterschieden, sondern bildeten auch eine sozial weitgehend einheitliche Gruppe. Denn nicht die wenigen reichen, sondern die Masse der armen Juden waren das Problem. Jene Juden, denen bürgerliche Gewerbe untersagt waren, die vorwiegend vom sog. „Nothandel" (Hausier-, Leih- und Trödelhandel) lebten, deren Armut oft unbeschreiblich war. Sie waren „Schutzjuden"; ihre Schutzbriefe jedoch waren jederzeit kündbar, und oftmals bestand nicht einmal für das älteste Kind die sichere Hoffnung auf das Recht der Eheschließung und Niederlassung. Alle Juden, die reichen ebenso wie die armen, waren in Korporationen zusammengefaßt, im politisch-religiösen Verband der einzelnen Landjudenschaften. Sie unterstanden besonderen Rechten, mußten für die von ihnen geforderten Abgaben – in Preußen auch für Diebstahls- und Hehlersachen – solidarisch haften, hatten Anteil weder an den Rechten noch an den Pflichten der übrigen Bürger eines Staates. Sie waren, wie es in einem Ministerialgutachten hieß, „bloß im Staate geduldete Untertanen, die zwar dessen Schutz genießen, aber keine Mitglieder der bürgerlichen Gesellschaft sind".[5] Wer hier Abhilfe schaffen wollte, mußte auf neue Wege und Mittel sinnen. Das Aushilfsmittel früherer Jahrhunderte, die Vertreibung der Juden über

---

[5] Gutachten des badischen Hofrats Philipp Holzmann von 1801: Badisches Generallandesarchiv Karlsruhe 74/3691.

die Landesgrenze, war im Zeitalter der Aufklärung nicht anwendbar, es versprach auch keine dauerhafte Lösung. Ebenso wenig war von der Praxis einschränkender Verordnungen und drastischer Strafandrohungen zu erwarten. Entscheidend wurde eine neue Interpretation der jüdischen Existenz und ihrer Ursachen.

„Der Jude ist noch mehr Mensch als Jude"[6] – dieser Satz wurde zur Grundlage aller neuen Überlegungen. Man war nun auf einmal überzeugt, „daß die Juden von Natur gleiche Fähigkeiten erhalten haben, glücklichere, bessere Menschen, nützlichere Glieder der Gesellschaft zu werden",[7] und man hatte auch eine Erklärung dafür, warum diese Fähigkeiten bisher so wenig entwickelt waren. Die Juden waren das Produkt der bisherigen Judenpolitik: ihre Absonderung von der übrigen Bevölkerung, ihre ausschließliche Betätigung im Handel, ihre vielberufene Neigung zum Schacher und Wucher waren nicht natürlich, sondern historisch bedingt und daher auch revidierbar. „Ich kann es zugeben", schrieb Dohm, „daß die Juden sittlich verdorbener sein mögen als andere Nationen; daß sie sich einer verhältnismäßig größeren Zahl von Vergehungen schuldig machen als die Christen; daß ihr Charakter im Ganzen mehr zu Wucher und Hintergehung im Handel gestimmt, ihr Religionsvorurteil trennender und ungeselliger sei; aber ich muß hinzusetzen, daß diese einmal vorausgesetzte größere Verdorbenheit der Juden eine notwendige und natürliche Folge der drückenden Verfassung ist, in der sie sich seit so vielen Jahrhunderten befinden."[8] Wer die Juden ändern wollte, mußte die Bedingungen ändern, unter denen sie zu leben hatten. Man mußte sie von den Fesseln der Ausnahmegesetzgebung befreien, ihnen den Eintritt in die bürgerliche Gesellschaft ermöglichen, nur dann würde eine „bürgerliche Verbesserung" möglich sein, würde jene „Verschmelzung" der Juden mit den

---

[6] *C. W. Dohm*, Über die bürgerliche Verbesserung der Juden, Berlin 1781, S. 28.
[7] Ebd., S. 130.
[8] Ebd., S. 34.

Christen eintreten, die als das eigentliche Ziel aller Bemühungen betrachtet wurde.

Die „Judenfrage" war, darin waren sich alle fortschrittlich gesinnten Theoretiker und Praktiker einig, nur auf dem Wege der Emanzipation, der Befreiung von den traditionellen Rechtsbeschränkungen, zu lösen. Offen blieb jedoch zunächst, auf welche Weise diese Emanzipation geschehen sollte. Dohm plädierte grundsätzlich für „vollkommen gleiche Rechte mit allen übrigen Untertanen",[9] aber er glaubte zugleich, daß es sich bei der „bürgerlichen Verbesserung" nur um einen langwierigen Erziehungsvorgang handeln könne, den der Staat kontrollieren und durch einzelne Erziehungsgesetze – zur Überwindung religiöser Absonderungstendenzen und insbesondere zur Abkehr von der ausschließlichen Beschäftigung mit dem Handel – lenken müsse. Die „Umgießung eines ganzen Volkes"[10] erschien als eine Aufgabe, die der Staat – aber auch nur er allein – durch zugleich entschiedene und vorsichtige Reformmaßnahmen zu lösen imstande war. Auch hier erschien die „Judenfrage" eingebettet in die allgemeinen Tendenzen der Zeit. „Das große und edle Geschäft der Regierung ist", so hieß es bei Dohm, „die ausschließenden Grundsätze aller dieser verschiedenen Gesellschaften so zu mildern, daß sie der großen Verbindung, die sie alle umfaßt, nicht nachteilig werden, daß jede dieser Trennungen nur den Wetteifer und die Tätigkeit wecken, nicht Abneigung und Entfernung hervorbringen, und daß sie sich alle in der großen Harmonie des Staats auflösen. Sie erlaube jeder dieser besonderen Verbindungen ihren Stolz, auch sogar ihre nicht schädlichen Vorurteile; aber sie bemüht sich, jedem Gliede noch mehr Liebe einzuflößen, und sie hat ihre große Aufgabe erreicht, wenn der Edelmann, der Bauer, der Gelehrte, der Handwerker, der Christ und der Jude noch mehr als dieses, *Bürger* ist."[11]

Das war das Bild einer neuen, die Schranken von Ständen,

---

[9] Ebd., S. 110.
[10] So gelegentlich in den badischen Akten.
[11] *Dohm* (s. Anm. 6), S. 26.

Korporationen und Konfessionen überwindenden Gesellschaft, freilich unter der Führung und Autorität des Staates. „Der Staat als Hüter und Diener der bürgerlichen Gesellschaft"[12] – dieser Grundgedanke der Schöpfer des preußischen Allgemeinen Landrechts tritt auch in der Diskussion der Judenemanzipation immer wieder deutlich hervor.

Es gab freilich auch andere Stimmen, von denen nun auch im Hinblick auf die Juden die mächtig wirkende Kraft der Freiheit beschworen wurde. So schrieb zum Beispiel H. F. Diez 1873: „Jede Politur unter Menschen ist von Freiheit ausgegangen. Man schenke sie den Juden, und sie wird in ihnen bald dasjenige verjüngen, was der Druck von Jahrhunderten fast erstickt hatte. Der menschliche Geist in Gesellschaft bedarf zu seiner Pflege fast weiter nichts, als daß er nur nicht eingeschränkt werde. Um Menschen einander ähnlich zu machen, hat man nur nötig, ihnen Gelegenheit zu geben, ungestört aufeinander zu wirken, ohne Ungleichheit der allgemeinen Achtung einzuführen, welche Menschen von Menschen entfernt."[13] Dagegen aber standen andere Autoren, die die Rolle des Staates noch stärker als Dohm betonten und nur ein sehr vorsichtiges Vorgehen für tunlich hielten – „weil man so dem Gang der gemach wirkenden Natur folgt und eine Revolution vermeidet, deren Folgen sich nie vorher sicher berechnen lassen"[14]. F. v. Schuckmann hielt es daher für nötig, zunächst einmal praktische Erfahrungen zu sammeln, wofür ihn die von Dohm abgelehnte Gründung von jüdischen Kolonien besonders geeignet erschien. Gegen eine plötzliche und unvorbereitete Gleichstellung gab er zu bedenken: „Durch plötzliche Vermischung der Juden mit den übrigen Bürgern würde wahrscheinlich das Drückende ihrer Lage nicht aufgehoben werden; sie würden

---

[12] *R. Koselleck*, Staat und Gesellschaft in Preußen 1815–1848, in: *W. Conze* (Hrsg.), Staat und Gesellschaft im deutschen Vormärz, Stuttgart 1962, S. 81.
[13] *H. F. Diez*, Über Juden. An Herro Kriegsrath Dohm zu Berlin, in: Berichte der allgemeinen Buchhandlung der Gelehrten, Bd. 1, 1783, S. 326f.
[14] *F. v. Schuckmann*, Über Judenkolonien. An Hrn. Geheimen Rath Dohm, in: Berlinische Monatsschrift, Bd. 5, 1785, S. 54.

von diesen nach dem eingewurzelten Vorurteil doch nicht als Brüder, von einem großen Teil der Obrigkeiten mit diesen doch nicht gleich behandelt werden, und dawider könnten sie die strengsten und weisesten Verordnungen nicht schützen. Was vermögen diese gegen Vorurteil und ehe der Geist ihrer Ausführung in der Nation gereift ist? ... Solange also das Ganze der Nation die Juden noch für eine schlechtere Menschenart und sich durch ihre Gleichmachung beleidigt hält, solange das Vorurteil wider sie noch in den Herzen des größten Teils der christlichen Obrigkeit und der das Volk lenkenden Geistlichkeit herrscht, so lange ist es möglich, sie durch Gesetze allgemein vor Unterdrückung zu schützen, weil man den inneren Gehalt menschlicher Handlungen, Ton und Gebärden nicht vor Gericht führen kann, und da im gegenwärtigen Fall der größte Teil der jetzt aufgenommenen Juden unleugbar nicht die nötigen Bürgers-Fähigkeiten mitbrächte, so würde sogar solchen Bedrückungen selten ein Schein des Rechts fehlen, und es wäre zu befürchten, daß so ihre Sache noch weiter zurückgebracht würde, als sie jetzt steht."[15] Das waren, wie die Zukunft lehren sollte, gewiß keine unberechtigten Befürchtungen. Der Abbau bestehender Vorurteile war eines der zentralen Probleme jeder Emanzipationspolitik, und auch die Befürworter einer plötzlichen Gleichstellung waren in dieser Frage zwar optimistisch, aber nicht naiv. Selbst Dohm, der die Gleichstellung mit erzieherischen Maßnahmen – d. h. mit erneuten Beschränkungen und Sonderrechten – verbinden wollte, rechnete damit, daß der Prozeß des sozialen Ausgleichs zwischen Juden und Christen möglicherweise drei bis vier Generationen in Anspruch nehmen werde. Auch der allmähliche Abbau der Schranken vermochte dieses Problem jedoch nicht zu lösen – im Gegenteil: in den verbleibenden Rechtsungleichheiten vermochten die Vorurteile eine immer erneute Bestätigung zu finden. Der allmähliche, stufenweise Emanzipationsvorgang reproduzierte ständig die Schwierigkeiten, die zu überwinden seine Aufgabe sein sollte.

---

[15] Ebd., S. 55f.

In Deutschland setzten sich nicht die von Diez, sondern die von Dohm oder auch von Schuckmann vertretenen Auffassungen durch. Inzwischen wurde jedoch durch die Französische Revolution die ‚Judenfrage' praktisch wie theoretisch auf eine neue Ebene gehoben. Zwar hatte selbst die Nationalversammlung zuerst gezögert, sämtlichen französischen Juden die volle Gleichberechtigung zuzugestehen, aber schließlich hatte man sich den auf die Prinzipien der Revolution gestützten Argumenten für die Judenemanzipation doch nicht entziehen können. Das Gesetz vom 13. November 1791 brachte allen französischen Juden die sofortige und uneingeschränkte Gleichstellung. Von nun an gab es zwei Konzeptionen für die Judenemanzipation, für die Deutschland und Frankreich jeweils Pate standen: eine aufgeklärt-etatistische und eine liberal-revolutionäre. Während man sich in Frankreich mit einem einzigen Emanzipationsakt begnügt hatte und den sozialen Ausgleich dem freien Spiel der gesellschaftlichen Kräfte überließ, hielt man in Deutschland auch weiterhin daran fest, daß der Staat nicht nur ein Rechts-, sondern auch ein Erziehungsinstitut sei und seine Verantwortung gegenüber der Gesellschaft auch hinsichtlich der Juden wahrzunehmen habe. Das Vertrauen, das man in Frankreich der integrierenden Kraft der Gesellschaft entgegenbrachte, setzte man in Deutschland auf den Staat. Emanzipation sollte hier nicht ein einmaliger Akt, sondern ein langwieriger Prozeß sein. Die volle Gleichstellung sollte erst Abschluß und Krönung des gesellschaftlichen Integrationsprozesses sein. Die Judenemanzipation wurde so in deutschen Staaten weiterhin zu einer Sache der Bürokratie, jenes fortschrittlich gesinnten und durch die Aufklärung geprägten Teils der Beamtenschaft, der sich vielfach als Erzieher des Volkes zur bürgerlich-industriellen Gesellschaft verstand und dadurch den spezifischen Charakter der bürgerlichen Emanzipation in Deutschland bestimmte.

Zu konkreten Reformen kam es in Deutschland vor 1800 nicht mehr. Zwar hatten Josephs II. Bestimmungen im wesentlichen bis zur 48er Revolution Bestand, aber sie bewirkten nur wenig und vermochten keinerlei Modellfunktion auszuüben. Die in einzelnen Staaten eingesetzten Kommissionen arbeiteten nur zögernd und ohne rechten Erfolg. Wichtig waren sie oft nur insofern, als sie das Bewußtsein einer „Judenfrage" wachhielten und durch die von ihnen angeforderten Gutachten und Statistiken allmählich auch die mittleren und unteren Verwaltungsbeamten von der Notwendigkeit einer Lösung überzeugten. Lediglich in Berlin kam es zu einer bezeichnenden Zwischenlösung, gleichsam einer Abschlagszahlung an die jüdische Oberschicht im Hinblick auf die immer wieder verzögerte allgemeine Gesetzgebung. 1791 erhielt der Berliner Bankier Daniel Itzig für sich und sämtliche Nachkommen – das waren faktisch die einflußreichsten jüdischen Familien in Berlin – ein Naturalisationspatent, das ihnen die vollen Rechte preußischer Untertanen gewährte. Dadurch wurde die Sonderstellung der Berliner Juden noch einmal unterstrichen: Sie waren von bedeutendem wirtschaftlichen Einfluß, zählten in ihren Reihen eine nicht geringe Zahl angesehener Gelehrter, entwickelten schließlich sogar eine Salonkultur, für die es in Deutschland keinen Vergleich gab. Ihre soziale Stellung erlaubte es ihnen, nicht einfach auf Initiativen der Regierungen zu warten, sondern selber nachdrücklich einen Emanzipationsanspruch zu erheben. Das gab es zu dieser Zeit kaum irgendwo anders, denn die Hoffaktoren in Süddeutschland waren zwar reich, blieben jedoch vereinzelt und bildeten keine soziale Schicht. Im allgemeinen wurde in der ersten Phase der Judenemanzipation die Emanzipation gewährt und nicht erkämpft. Die Motoren der Entwicklung waren bis weit in den Vormärz hinein die Beamten und nicht die Juden.

Wirkliche Fortschritte wurden in Deutschland erst unter dem Einfluß Napoleons bzw. der durch ihn bewirkten Erschütterungen und Veränderungen erzielt. Zur vollen Emanzipation kam es in allen von Frankreich unmittelbar oder mittelbar beherrschten Gebieten: zuerst in den zu Frankreich geschlagenen linksrheinischen Departements, dann im Großherzogtum Berg und im Königreich Westfalen (Dekret vom 27. 1. 1808). Allerdings war in den linksrheinischen Gebieten auch jener Rückschlag zu verzeichnen, der zu einer dauernden Belastung der gesamten liberalen Emanzipationskonzeption wurde: Am 17. März 1808 erließ Napoleon ein Dekret, das den Juden der ostfranzösischen Departements unter dem Vorwurf des volksschädlichen Wuchers eine Reihe von schimpflichen Handelsbeschränkungen auferlegte. Das Dekret wurde als Erziehungsmaßnahme deklariert, und es war zunächst auf zehn Jahre begrenzt, die grundsätzliche Gleichstellung sollte nicht angetastet werden. Dennoch stellte es einen klaren Bruch mit der revolutionären Konzeption dar: auch in Frankreich versuchte damit der Staat regulierend und erziehend einzugreifen; die Aufhebung der Beschränkungen wurde von der vorgängigen „Besserung" der Juden abhängig gemacht, die Juden waren aufs neue durch einen Sonderstatus aus der Gesellschaft herausgehoben. In den deutschen Emanzipationsdebatten, insbesondere des Vormärz, wurde Napoleon deshalb häufig zum Kronzeugen gegen eine plötzliche Emanzipation erklärt: seine Maßnahme erschien als die faktische Widerlegung des liberalen Emanzipationskonzepts.

Für die Mehrzahl der deutschen Staaten ergab sich die Notwendigkeit einer Judengesetzgebung nicht aus einer bestimmten Theorie, sondern aus der Praxis, d. h. aus den allgemeinen Veränderungen ihres Staatsgebietes und seiner inneren Struktur. Die Vergrößerung der Staaten hatte durchweg auch zu einer Zunahme der jüdischen Bevölkerung geführt, zumal gerade in Süddeutschland die Juden sich in den kleinen und kleinsten ehemals reichsunmittelbaren Gebieten in großer Zahl niedergelassen hatten. So hatten etwa Bayern und Württemberg in ihren Stammlanden früher überhaupt keine Juden geduldet, während in den neuerworbenen Gebieten nicht wenige Juden ansässig waren (das gilt vor allem für Bayern, das seit 1815 etwa 50000 jüdische Untertanen hatte). Hinzu kam, daß in jedem früher selbständigen Gebiet ein anderes Judenrecht galt, so daß sich die Regierungen der neuen Staaten einem unerhörten Wirrwarr von Rechtsordnungen gegenüber sahen. Eine umfassende und einheitliche Regelung war daher schon im Interesse einer straffen Verwaltung und zugleich im Hinblick auf die anzustrebende Integration der einzelnen Landesteile unerläßlich. Sie erfolgte konsequenterweise in verschiedenen Staaten im Rahmen der gesamten Neuordnung, so zuerst in Baden im Rahmen der sog. Konstitutions-Edikte von 1807/08, die dann durch eine besondere Juden-Ordnung von 1809 ergänzt wurden. Hier wurden die Juden zu Staatsbürgern erklärt und in ihrer Rechtsstellung wesentlich verbessert, ohne daß freilich eine volle Gleichstellung erfolgt wäre. Auch Bayern schuf 1813 eine einheitliche Regelung für das Königreich, die den Juden ebenfalls neue Rechte gewährte, die Idee der Emanzipation aber doch weitgehend verleugnete. Nicht wenige Staaten verzichteten freilich auch wegen der unabsehbaren Schwierigkeiten einer Neuordnung vorläufig ganz auf eine Judengesetzgebung und begnügten sich mit administrativen Regelungen auf der alten Rechtsgrundlage. Zu einer fast uneingeschränkten Emanzipation kam es lediglich im Jahre 1810 in den Herzogtümern Anhalt-Bernburg und Anhalt-Köthen, deren Gesetzgebung ganz singulär dasteht. In Österreich geschah jahrzehntelang nichts, Württemberg, das schon sehr viel früher mit den Vorbereitungen begonnen hatte, kam erst 1828 zu einem allgemeinen Judengesetz, andere Staaten wie Sachsen oder Hannover gar erst 1838 bzw. 1842.

Einen Sonderfall stellt die preußische Gesetzgebung vom 11. März 1812 dar, da diese weder unter unmittelbarem französischem Einfluß erfolgte, noch aus der Notwendigkeit einer territorialen Neuordnung geboren wurde. Sie knüpfte an die Emanzipationsbestrebungen des ausgehenden 18. Jahrhunderts an und stand nun im Zusammenhang einer Gesamtreform des preußischen Staates. Im Rahmen der deutschen Emanzipationsversuche stellte sie den ersten wirklichen Höhepunkt dar; die im Edikt vorangehenden Entwürfe und Gutachten der einzelnen Ministerien und insbesondere der Kultur-Sektion unter Leitung Wilhelm von Humboldts zeigten ein bemerkenswertes Niveau der Argumentation, zumal einzelne Gutachten in ihren Forderungen weit über die tatsächlich erlassenen Bestimmungen hinausgingen. Durch die Städtereform hatten die Juden bereits Bürgerrechte in den preußischen Städten erlangt. Nunmehr galt es, eine dauerhafte Neuordnung zu begründen, die abgestimmt war auf die Ziele der Gesamtreform – „eine wirtschaftlich freie, aber politisch in den Staat eingebundene Gesellschaft".[16] So wurde die Judenemanzipation zum integrierenden Bestandteil eines großen, unvollendet gebliebenen Reformwerks, jener „Revolution von oben", die die Umwandlung der ständischen Ordnung in die moderne Gesellschaft unter Führung und Kontrolle des Staates zu vollziehen versuchte. Es lag dabei im Wesen jener Gesamtreform begründet, daß man sich trotz einiger entschiedener Ansätze schließlich doch nicht zu einer vollen Gleichstellung der Juden durchringen konnte, sondern auch diesem Edikt die Tendenz eines Erziehungsgesetzes gab. Dennoch erhielten die Juden sehr weitgehende Rechte, und in seinem materiellen Gehalt schien dieses Edikt gar nicht so weit von der französischen Gesetzgebung entfernt. Es bedurfte erst der reaktionären Verwaltungspraxis nach 1815, um ganz deutlich werden zu lassen, daß trotz aller Fortschritte auch dieses Gesetz die Grundgedanken der deutschen Emanzipationsdiskussion nicht überwunden hatte.

Daß die Frage der Judenemanzipation in Deutschland dann auch auf dem Wiener Kongreß behandelt wurde, muß zunächst überraschen, da dieses Problem unter den sonstigen Kongreßthemen recht isoliert steht. Konkreten Anlaß boten die Auseinandersetzungen der Städte Frankfurt, Hamburg, Bremen und Lübeck mit ihren Juden, denen die in der Franzosenzeit gewährten Rechte wieder entzogen werden sollten. Daß sich Metternich, Hardenberg und Humboldt energisch für eine emanzipatorische Gesamtlösung auf Bundesebene einsetzten, hatte jedoch andere Gründe: Sie waren der Überzeugung, daß nur eine gleichförmige Gesetzgebung in allen Staaten des Bundes wirklich Erfolg versprechen konnte. Selbst das vereinte Bemühen von Österreich und Preußen reichte jedoch nicht aus, um einen entsprechenden Beschluß herbeizuführen. Artikel 16

---

[16] Vgl. *Koselleck* (s. Anm. 12), S. 85.

der Bundesakte enthielt lediglich eine allgemeine Zusicherung der Beratung und Entscheidung dieser Frage durch die Bundesversammlung und eine Garantie des gegenwärtigen Rechtsstandes der Juden – wobei allerdings nur die „von" und nicht „in" den einzelnen Staaten gewährten Rechte garantiert wurden, was die französische Gesetzgebung praktisch von der Garantie ausnahm. Der Bundestag hat dann in den folgenden Jahren zwar einige halbherzige Anläufe unternommen, ist jedoch über vorbereitende Kommissionssitzungen nicht hinausgelangt. Der Artikel 16 wurde ebensowenig erfüllt wie das Verfassungsversprechen für die Bundesstaaten in Artikel 13. Die Judenemanzipation blieb auch weiterhin eine Angelegenheit der Einzelstaaten.

Die erste Phase der Judenemanzipation war 1815 abgeschlossen. Sie hatte, aufs Ganze gesehen, die Unterschiede in den Rechtsverhältnissen der Juden in Deutschland eher vermehrt als vermindert, und sie hatte nur in einzelnen Staaten und stets nur in einem eingeschränkten Sinne eine emanzipatorische Neuordnung gebracht. So viel aber war in diesen Jahren doch deutlich geworden: Auch die Staaten, die bisher gezögert hatten, konnten der Frage auf die Dauer nicht ausweichen; auch sie konnten der „Judenfrage" nicht mehr rein restriktiv begegnen, sondern nur durch eine positive Politik, d. h. durch eine Emanzipationsgesetzgebung. Die Entwicklung der Judenemanzipation stand erst an ihrem Anfang.

Zunächst freilich begann auch hinsichtlich der Judenemanzipation eine Zeit der Reaktion, die die gleichen Ursachen hatte wie die allgemeine Reaktionsbewegung, die durch wirtschaftliche, vor allem landwirtschaftliche Krisen ausgelöst, durch die Anfänge sozialen Wandels verschärft und durch die Furcht vor liberalen und demokratischen Bewegungen in ihrer Richtung bestimmt wurde. Die einzelnen Staaten begannen bereits gewährte Rechte auf dem Verwaltungswege zurückzunehmen oder einzuschränken, und von der in Aussicht gestellten Erweiterung dieser Rechte konnte vorläufig keine Rede sein. Zugleich begann, ausgehend von Artikel 16 der Bundesakte, eine neue öffentliche Diskussion über die Juden, und erstmalig wurde diese nun wesentlich durch emanzipationsfeindliche Stimmen beherrscht. Damit wurde die Kontinuität der durch die Maximen der Aufklärung bestimmten öffentlichen Meinung durchbrochen, wurde eine emanzipationskritische Öffentlichkeit hergestellt, die sich für die Zukunft als eine schwere Belastung der sozialen Integration der Juden erweisen sollte. Traditionelle Vorurteile gegen die Juden wurden neu belebt, neue kamen hinzu. Daß die Mehrheit des Volkes, insbesondere der Landbevölkerung, den Juden nicht günstig gesonnen war und die Emanzipation ablehnte, galt für die folgenden Jahrzehnte im allgemeinen als eine unbezweifelbare Tatsache selbst bei den Emanzipationsfürsprechern. „Man kann einem verjährten Vorurteile alle Wurzeln durchschneiden, ohne ihm die Nahrung gänzlich zu entziehen. Es saugt solche allenfalls aus der Luft", hatte Moses Mendelssohn einmal bemerkt und hatte hinzugefügt: „Mit einem Worte, Vernunft und Menschlichkeit erheben ihre Stimme umsonst; denn graugewordenes Vorurteil hat kein Gehör."[17] Gewiß fehlte es auch jetzt nicht an Gegenstimmen, aber die Kontinuität des Vorurteils war nicht mehr zu übersehen. Die „Judenfrage" blieb, das war das wichtigste Ergebnis dieser Diskussion, eine Angelegenheit starken öffentlichen Interesses, und dieses Interesse hatte notwendig eine isolierende und damit der allmählichen Eingliederung der Juden entgegenarbeitende Tendenz. Auch der Staat hatte künftig mit dem Urteil der öffentlichen Meinung zu rechnen, die „Erziehung" der Juden war keine bloße Verwaltungssache mehr.

Überschattet wurde diese Diskussion 1819 durch die „Hep-Hep-Bewegung", die sich – ausgehend von einigen Vorfällen in Würzburg – im Spätsommer des Jahres über zahlreiche deutsche Städte und Landschaften verbreitete. Sie brachte Judenverfolgungen, wie es sie seit Jahrhunderten nicht mehr gegeben hatte. Der materielle Schaden war, aufs Ganze gesehen, nicht einmal sehr groß, aber die allgemeine Wirkung dieser Revolte

---

[17] *M. Mendelssohn*, Vorrede zu: Manasseh Ben Israel, Rettung der Juden, Berlin 1782, S. XIXf.

der alten gegen die neue Zeit war doch ungeheuer, indem plötzlich deutlich wurde, daß auch im 19. Jahrhundert Handlungen möglich waren, die man einer längst vergangenen Zeit zugehörig erachtet hatte. Sie brachten eine neue, erschreckende Zukunftsperspektive, irritierten den Fortschrittsoptimismus des gebildeten Bürgertums, zeigten eine Kehrseite der sozialen Wandlungen, die man nicht vermutet hatte. Denn mit den sozialen Veränderungen und einem dadurch bedingten, durch aktuelle wirtschaftliche Nöte verschärften Krisenbewußtsein, hing diese Bewegung allerdings zusammen; sie war keine Antwort auf die rechtliche Besserstellung der Juden, sondern auf die sozialen Erschütterungen durch die Umwandlung der Gesellschaft. Für die Judenemanzipation bedeutete sie allerdings darüber hinaus insofern eine wesentliche Belastung, als die Erinnerung an sie über Jahrzehnte hin lebendig blieb, erneut aktualisiert durch die Verfolgungen im Frühjahr 1848, immer im Hintergrund jedoch auch bei allen „Exzessen", die in der Regel völlig bedeutungslos waren, aber von den Regierungen ebenso wie von den Juden sehr ernst genommen wurden. Über der Frage der Judenemanzipation schwebte von nun an, von manchen nicht ohne Absicht immer wieder beschworen, das Damoklesschwert des „Volkszorns".

Zwischen 1815 und 1848 verlagerte sich die Emanzipationsdiskussion vor allem in die konstitutionellen Staaten des deutschen Südens und Südwestens. In Österreich und Preußen dagegen verzichtete man bis zur Revolution bzw. bis zum Vorabend der Revolution auf grundlegende Änderungen. Die preußischen Provinziallandtage hatten sich 1824–1828 durchweg negativ zur Frage der Emanzipation geäußert, und auch die Verwaltung schlug einen reaktionären Kurs ein. Einzelne Rechtsgewährungen – z. B. zu akademischen Lehr- und Schulämtern – wurden widerrufen, Auslegungen von strittigen Rechtsbestimmungen erfolgten fast ausnahmslos zu Ungunsten der Juden. Das Charakteristikum der preußischen Judenpolitik dieser Jahrzehnte war die erneute Rechtsunsicherheit: erst durch eine Allerhöchste Ordre vom 30. August 1830 wurde endgültig entschieden, daß das Edikt in den nach 1812 neugewonnenen oder wiedererworbenen Landesteilen – d. h. im größten Teil der Monarchie – keine Gültigkeit besitze. Damit verzichtete man auf die 1812 hergestellte Rechtseinheit für das gesamte Staatsgebiet; man begnügte sich in der Regel mit den in den einzelnen Landesteilen vorgefundenen Rechtsbestimmungen und nahm lediglich für die Provinz Posen, in der zwei Drittel aller preußischen Juden lebten, 1833 eine Neuordnung vor, die den einzelnen Juden eine Individualemanzipation durch den Erwerb eines Naturalisationspatents ermöglichte. Bis 1847 gelang es nicht, eine gleichförmige Judengesetzgebung für den ganzen Staat einzuführen (und selbst dann wurde für Posen eine Sonderregelung beibehalten).

In den konstitutionellen Mittelstaaten ergriff man im einzelnen höchst unterschiedliche Maßnahmen, im Prinzip – d. h. im Festhalten an der aufgeklärt-etatistischen Konzeption einer allmählichen Emanzipation – war man sich jedoch einig. Ihren deutlichsten Ausdruck fand diese Konzeption in dem württembergischen Juden-Gesetz von 1828. In Stuttgart wurde auch in der Folgezeit von der Regierung immer wieder erklärt, es sei einfach nicht wahr, daß „es nichts brauche, als die ursprüngliche Bedrückung aufzuheben. Es sind Mißverhältnisse in Folge jener Bedrückung entstanden, die nun an und für sich selbst einen Gegenstand der Bekämpfung bilden und die vor allem beseitigt werden müssen".[18] Das hieß konkret: Man durfte sich nicht damit begnügen, den Juden den Zugang zu bürgerlichen Gewerben freizugeben, sondern man mußte gleichzeitig Maßnahmen zur Bekämpfung des Schachers, des Not- oder auch des Güterhandels ergreifen – kurz: Nicht ein Emanzipationsgesetz, sondern nur ein Erziehungsgesetz konnte Erfolge erhoffen lassen. Ähnlich argumentierte man in Bayern noch 1846: „Die Erteilung der Rechte allein gewährt durchaus nichts. Die Umbildung eines Volkes und seines Nationalgeistes, seiner Denk- und Handelsweise, ist vielleicht die schwerste Aufgabe in der Politik – und wir erwarten sie tatenlos von der bloßen Aufhebung einiger Schranken, vom Ausspruch eini-

---

[18] Min. d. Innern v. Schlayer: Württ. II. Kammer, 4. 5. 1836, S. 59.

ger Worte."[19] Immer wieder zeigte sich ein erstaunliches Vertrauen in die Möglichkeiten und Fähigkeiten des Staates auch im Zeitalter der bürgerlichen Bewegung, das teilweise sogar dahin führte, der Verwaltungspraxis den Vorzug vor jeder gesetzlichen Regelung zu geben. Die Regierung werde, so meinte man etwa in der I. Kammer von Hessen-Darmstadt 1823, den „stufenweisen Gang, der bei der Entwicklung menschlicher Fertigkeiten nie übersehen werden darf, sorgfältig verfolgen und auf einem, vielleicht etwas längeren, aber um so sichereren Weg, ihren Zweck erreichen. Verfehlen würde sie ihn aber, wenn sie, ohne allmähliche Verbreitung des Besseren, dem Ziel durch gesetzliche Vorschriften entgegeneilte". Und man fügte noch hinzu: „Stören wir daher die Staatsregierung nicht in ihrem besonderen Gange, und greifen wir nicht der Zeit und der Erfahrung vor."[20] Auf der Grundlage solcher Anschauungen, die auch in der II. Kammer zahlreiche Fürsprecher fanden, unterblieb im Großherzogtum Hessen-Darmstadt tatsächlich jeder Versuch einer umfassenden Gesetzgebung vor der 48er Revolution.

In den süddeutschen Landtagen standen, veranlaßt durch Regierungsvorlagen oder durch Petitionen, Fragen der Judenemanzipation fast den ganzen Vormärz hindurch zur Debatte. Dabei zeigte sich, daß auch die deutschen Liberalen sich nur zögernd bereit fanden, die Judenemanzipation als eine Prinzipienfrage zu behandeln. Auf dem berühmten liberalen badischen Reformlandtag von 1831 fanden sich in der II. Kammer lediglich zwei Abgeordnete, die für eine volle und sofortige Gleichstellung stimmten. Man fürchtete nicht allein die der Emanzipation abgeneigte Stimmung des Volkes, sondern man vermochte sich auch grundsätzlich nicht von der aufgeklärt-etatistischen Auffassung zu lösen, nach der die Juden erst einmal eine „Vorschule" zur Freiheit zu durchlaufen hatten. Dar-

---

[19] Ausschuß-Bericht des Frhrn. v. Gumppenberg: Bayer. II. Kammer, 1846, 7. Beilagen-Bd., S. 125.
[20] Ausschuß-Bericht v. Wreden: Hess.-Darmst. I. Kammer, 18. 11. 1823, Beilage LXIV, S. 9.

über hinaus hatte sich eine spezifisch aufklärerisch-liberale Abneigung gegen das Judentum entwickelt, die ihren Ausdruck unter anderem in der liberalen protestantischen Theologie fand, die ihre Kritik an der herrschenden Lehre als Kritik am Judentum und Christentum formulierte. Der Talmud und der traditionelle Rabbinismus waren gerade den Rationalisten und Liberalen ein Greuel; „Unwissenheit, Fanatismus und Abgeschmacktheit" schienen ihnen in besonderer Weise im Judentum konzentriert. Das Judentum hatte jahrhundertelang nicht nur außerhalb der Gesellschaft, sondern gleichsam außerhalb der Geschichte gestanden; es hatte sich – darin lag der eigentliche Anstoß für die Liberalen – beständig dem Fortschritt verschlossen: „Während alles von der Zeit bewegt wird und ihrer Entwicklung und Umgestaltung unterliegt, bietet der Jude allein derselben Trotz, steht gleichsam als ein versteinert lebendes Bild einer vergangenen Zeit unveränderlich unter uns und wird hierdurch, wie alles, was der Zeit entgegen ist, widerlich." [21] Hinzu kam jener liberale Doktrinarismus, der antipluralistisch akzentuiert war und eine gewisse Gleichförmigkeit der Gesinnungen und des Handelns für die neue Gesellschaft postulierte, wie es vor allem von Rotteck immer wieder betont wurde. Schon in der französischen Nationalversammlung war von Clermont-Tonnerre unmißverständlich gesagt worden, daß man zwar die Juden als Individuen emanzipieren wolle, nicht aber das Judentum. Gewiß, man verlangte weder in Frankreich noch in Deutschland, daß die Juden Christen würden, aber man erwartete doch, daß sie aufhören würden, Juden zu sein. Das Ziel war, wie man in Württemberg 1828 deutlich formulierte – hier freilich vor allem im Hinblick auf den jüdischen Handelsgeist –, „daß der Jude entjudet werde". [22] Man machte zwischen Integration und Assimilation der Juden im

---

[21] Motive zum württembergischen Gesetzentwurf „Über die öffentlichen Verhältnisse der Israeliten": Württ. II. Kammer, 1824, 4. außerordentl. Beilagenheft, S. 97.
[22] Kommissions-Bericht v. Schlitz: Württ. II. Kammer, 1828, 2. außerordentl. Beilagenheft, S. 12.

allgemeinen keinen Unterschied, bzw. man konnte sich die Integration offensichtlich nur als Assimilation vorstellen. Die erhoffte „Verschmelzung" von Juden und Christen sollte, den einzelnen Liberalen wohl kaum ganz deutlich bewußt, faktisch eine Lösung der ‚Judenfrage' durch Auflösung des Judentums bewirken. Damit aber kam in die liberalen Emanzipationsdebatten ein Element der Intoleranz, das den Fortgang der Emanzipation nicht unwesentlich erschwerte.

Die Auseinandersetzungen um eine religiöse Reform des Judentums, wie sie auch von der innerjüdischen Reformbewegung seit den Tagen David Friedländers angestrebt wurde, bewegten in erster Linie die zwanziger Jahre. Nach 1830 trat die liberale Forderung nach einer Reformation des Judentums in den Hintergrund, und auch die „christliche" Politik einzelner Staaten in den vierziger Jahren führte nicht mehr zu dieser Forderung zurück. Es begann eine neue Phase der Diskussion, in der die Gleichstellung der Juden nun nicht mehr allein als Mittel zum Zweck ihrer „bürgerlichen Verbesserung" oder „Civilisation" gefordert wurde. Die Judenemanzipation wurde von jetzt an zu einer Frage des Prinzips – wenn nicht in der Realität, so doch in den Forderungen. Der Liberalismus begann wenigstens in einzelnen Vertretern auf der Höhe seiner Prinzipien zu argumentieren. Man erklärte, daß nur die Freiheit zur Freiheit erziehen könne, daß nur die Aufhebung aller bestehenden Rechtsungleichheiten den großen Gedanken der Rechtsgleichheit im Volke befestigen könne, daß allein die volle Gleichstellung den Forderungen der Zeit und der Gerechtigkeit entspreche. Allen Erziehungsabsichten stellte man den Satz entgegen: „Nur aus der Bürger-Freiheit kann die Bürgertugend hervorgehen. Mache man die Juden frei, so werden sie bald alle die Eigenschaften erwerben, die nur in der Freiheit errungen und nur in dieser Freiheit erhalten werden können."[23] Die Mehrheit konnte sich jedoch noch immer nicht von den Statistiken, d. h. von dem Argument lösen, daß erst Fortschritte nachzuweisen seien, ehe man in der Gesetzgebung weitergehen dürfe, daß

---

[23] Abg. Schott: Württ. II. Kammer, 4. 5. 1836, S. 38.

jede Plötzlichkeit vermieden werden müsse. Dennoch brach sich mehr und mehr die Überzeugung Bahn, daß die volle Emanzipation letztlich unvermeidlich sei: „Der Versuch, sich gegen dieselbe im allgemeinen anzustemmen, würde höchstens diese Emanzipation hinausschieben, aber nicht für immer unterdrücken und vereiteln können."[24] In der bayerischen II. Kammer fiel 1846 die Bemerkung: „Ich stelle an jeden die Frage, ob er nicht glaubt, daß einmal eine Emanzipation eintritt, und ich höre: Ja, diese Zeit kommt gewiß."[25] Die Judenemanzipation war nicht nur eine Forderung der „Zeitungen", wie der bayerische Abgeordnete Sepp polemisch formulierte, sondern durchaus eine Forderung der „Zeit", d. h. der bürgerlich-liberalen Gesellschaft. Auch die emanzipationsfeindlichen Äußerungen dieser Jahre sind durch dieses Bewußtsein geprägt – es sind Proteste, die vielfach bereits mit schlechtem Gewissen und unter vielen Kautelen formuliert wurden, Argumente ohne Zukunft in einer Gesellschaft, die gewillt war, sich auf die Prinzipien von Recht und Freiheit, ohne Bevormundung durch den Staat, zu gründen.

Das Ziel der Emanzipationsbemühungen, wie auch immer diese akzentuiert sein mochten, war die soziale Integration der Juden, die ja nicht nur religiöse und ethnische, sondern auch soziale Gruppenmerkmale aufwiesen. Die „Judenfrage" erschien zu einem wesentlichen Teil als eine soziale Frage, da die übergroße Mehrheit der Juden am Ende des 18. Jahrhunderts den ländlichen und städtischen Unterschichten angehörte und durch einen dürftigen Kleinhandel – Hausier-, Not- und Trödelhandel – sein Leben fristete. Ein grundlegender Wandel ihrer Lebensverhältnisse konnte nur von einer Änderung ihrer Erwerbsverhältnisse erwartet werden. Diese Einsicht hatte bereits am Beginn der Emanzipationsdiskussion gestanden, und alle Regierungen wandten diesem Problem ihr Hauptaugenmerk zu, seit den zwanziger Jahren unterstützt von jüdischen Vereinen zur Förderung des Handwerks und des Ackerbaus un-

---

[24] Abg. Lotheißen: Hess.-Darmst. II. Kammer, 30. 5. 1836, S. 8.
[25] Abg. Sattler: Bayer. II. Kammer, 7. 5. 1846, S. 254.

ter den Juden. Überall wurde den Juden der Zugang zu den bürgerlichen Gewerben freigegeben – allerdings selten ohne Ausnahme und vielfach unter Bedingungen, die den praktischen Wert dieser Zugeständnisse erheblich einschränkten (z. B. mangelnde Freizügigkeit auf dem Lande, die die Ausübung erlernter Berufe vor allem in Süddeutschland oftmals unmöglich machte). Die Fortschritte in der Hinwendung zu bürgerlichen Gewerben wurde von den Regierungen genau verfolgt und als Bestätigung oder auch als Anlaß zu einer eventuellen Revision ihrer Judenpolitik betrachtet. Die statistischen Materialien schienen den Fortschritt objektiv meßbar zu machen und dadurch der Politik eine solide Basis zu sichern. Nur zu gern gab man sich in Regierungen und Ständeversammlungen immer wieder dem Glauben hin, daß Zahlen Argumente ersetzen könnten. In Wirklichkeit waren gerade die Angaben über die Berufe der Juden stets kritisch zu prüfen – die Verwaltungen legten unterschiedlich strenge Maßstäbe an, die Juden gaben oft mehrere Erwerbsarten an, übten erlernte Berufe nicht aus oder betrieben sie lediglich als Nebenerwerb. Allgemeine Entwicklungstendenzen freilich lassen sich trotz solcher Vorbehalte aus den Statistiken durchaus ablesen.

Für *Preußen* liegen sehr detaillierte Daten vor, die auf der Grundlage der Volkszählung von 1843 für den Vereinigten Landtag von 1847 zusammengestellt wurden.[26] Von den 206 050 preußischen Juden lebten danach 1843 127 414 in Landesteilen mit einer fortgeschrittenen Emanzipationsgesetzgebung (bzw. mit einem Naturalisationspatent in Posen), während 78 636 nur erheblich geminderte bürgerliche Rechte genossen. Von 62 185 erwerbstätigen Juden waren 43,1 % im Handel, 19,3 % in handwerklichen Berufen und 14,3 % als Tagelöhner und Gesinde tätig; hinzu kam eine Reihe von kleineren Gruppen: Gast- und Schankwirte (4,7 %), Wissenschaftler, Künstler und Pädagogen (2,7 %), Rentiers und Pensionsemp-

---

[26] Beilagen der Denkschrift zu dem Entwurfe einer Verordnung über die Verhältnisse der Juden (1847), Teil B: Deutsches Zentralarchiv Merseburg, Rep. 169 B 1 A, B 2.

fänger (2,7 %), Landwirte und Obstbauern (1 %), Gemeindebedienstete (1,3 %), sonstige selbständige Gewerbe (2,2 %), schließlich Almosenempfänger (3,8 %) und Personen ohne bestimmten Erwerb (4,9 %). Die große Gruppe der im Handel Tätigen läßt sich weiter aufschlüsseln in 1140 Großhändler und Bankiers, 6003 Kaufleute mit offenen Läden, 1358 Lieferanten und Kommissionäre und 13238 Klein-, Trödel- und Hausierhändler (wovon wiederum 4499 sich ausschließlich dem Trödel- und Hausierhandel widmen). Preußen hatte also am Vorabend der Revolution noch 7,3 % sog. Nothändler unter seiner jüdischen Bevölkerung, zu denen aber vermutlich der größte Teil jener 4,9 % ohne bestimmten Erwerb hinzuzurechnen wäre. Um die Sozialstruktur der preußischen Juden genauer zu erfassen, wäre es jedoch unumgänglich, gesonderte Berechnungen für die einzelnen Provinzen anzustellen (wofür das Material vorhanden ist). In *Bayern*, wo man 1848 57498 Juden zählte, liegen unter anderem auch Vergleichszahlen von 1822 vor.[27] Danach waren 1822 1,6 % der bayerischen Juden im Handwerk, 2,3 % in der Landwirtschaft und 95,1 % im Handel (incl. Hausierhandel) tätig; rund 30 % der jüdischen Bevölkerung widmeten sich dem Hausierhandel. 1848 hatten sich die Verhältnisse bereits wesentlich geändert: Landwirtschaft 8,1 %, Handwerk 24,2 %, Handel 49,6 %, sonstige Berufe 18,1 %; als Hausierhändler waren freilich noch immer etwa 30 % der jüdischen Gesamtbevölkerung tätig. Für *Baden* liegen Berufsstatistiken leider nur für 1833 und zum Vergleich für 1816 vor.[28] Während 1816 noch 89 % der badischen Juden vom Handel oder Nothandel lebten, widmeten sich 1833 von den 4068 jüdischen Gewerbetreibenden 32,5 % dem Handwerk, dem Ackerbau oder den Wissenschaften und Künsten, 40,5 % dem ordentlichen Handel und nur noch 27 % dem Nothandel. Für *Württemberg* schließlich sind Statistiken zu verschiede-

---

[27] Bayer. II. Kammer, 1850, 3. Beilagen-Bd., S. 5–7 (die Ministerialakten sind im Zweiten Weltkrieg vernichtet worden).
[28] Bad. II. Kammer, 27. 9. 1833, Bd. 14, S. 287 ff, und Generallandesarchiv Karlsruhe 236/953.

nen Stichdaten von 1812 bis 1852 erstellt worden.[29] Hier scheint die Entwicklung am günstigsten verlaufen zu sein: Während 1812 85,5 % der Juden als Schacherhändler bezeichnet wurden, waren es 1837 nur noch 38,9 % und schließlich 1852 17,7 %; der Anteil der bürgerlichen Berufe stieg bis 1852 auf 5,4 % in Wissenschaft und Kunst, 10,3 % in der Landwirtschaft und 64,3 % in Handwerk und Handel.

Die Statistiken der einzelnen Staaten lassen sich nur schwer miteinander vergleichen, da jeweils andere Berufe zu einer Gruppe zusammengefaßt sind. Dennoch läßt sich eine allgemeine Entwicklung des sozialen Ausgleichs deutlich erkennen, die unterstützt wurde durch ähnliche Tendenzen im Schul- und Bildungswesen. Württemberg hatte die eindeutigsten Erfolge aufzuweisen, und es hatte in der Tat auch die entschiedenste Politik hinsichtlich der erwünschten Änderung der jüdischen Berufsstruktur betrieben; es hatte aber auch unter allen hier genannten Staaten die kleinste Judenschaft und war schon deshalb in vieler Hinsicht von vornherein günstiger gestellt. Genauer zu untersuchen wäre auch, welche Bedeutung in diesem Zusammenhang der Tatsache zukommt, daß den Juden Norddeutschlands vielfach der Aufenthalt auf dem platten Lande verwehrt wurde, während umgekehrt die süddeutschen Juden in der übergroßen Mehrheit zur Landbevölkerung zählten und keinen Zugang zu den Städten hatten. Schließlich bleibt überhaupt die Frage offen, ob und in welchem Umfang sich die Wandlungen in der jüdischen Erwerbstätigkeit ohne entsprechende Erziehungsgesetzgebung vollzogen hätten. Es läßt sich darüber nachträglich keine sichere Aussage machen, aber die Vermutung ist nicht von der Hand zu weisen, daß die allgemeinen wirtschaftlichen und sozialen Entwicklungen dieser Jahrzehnte auch ohne alle staatliche ‚Erziehung‘ den gleichen Erfolg bewirkt hätten.

Zu nennenswerten Fortschritten in der Gesetzgebung kam es erst durch die Revolution. Eine Wende hatte sich bereits in der Mitte der vierziger Jahre abgezeichnet, als jene dynamische

---

[29] Hauptstaatsarchiv Stuttgart, Geh. Rat III, G 195.

Entwicklung von Wirtschaft und Verkehr einsetzte, die den sozialen Wandel in allen Bereichen der Gesellschaft außerordentlich beschleunigte. In mehreren Ständekammern waren noch vor der Revolution emanzipationsfreundliche Beschlüsse gefaßt worden; die entsprechenden Gesetzentwürfe wurden jedoch nicht mehr vorgelegt, und es blieb damit doch der Revolution vorbehalten, den Fortschritt zu erzwingen. Am Anfang der Revolution standen freilich zunächst nicht Emanzipationsakte, sondern Judenverfolgungen, die an Heftigkeit sogar die Ausschreitungen von 1819 weit übertrafen. In Baden, Hessen, Schlesien und in einzelnen Städten kam es zu Unruhen, deren Ursachen wirtschaftlicher und sozialer Natur – insbesondere Mißernten und Erschütterungen der ländlichen Sozialstruktur durch Reformmaßnahmen – waren. Nicht allein die Juden, sondern auch reiche Pfarrer und vor allem die grundherrlichen Schlösser und Rentämter waren die Opfer des Aufruhrs – überall drangen „die Schuldner zu ihren Creditoren", wie es treffend in einem badischen Untersuchungsbericht hieß.[30] Die revolutionäre Emanzipationsgesetzgebung konnte aber auch durch solche Ausschreitungen nicht mehr verhindert werden. In mehreren Staaten führte die Revolution zu Gesetzgebungsinitiativen, den allgemeinen Durchbruch brachten dann die im Dezember 1848 von der Frankfurter Nationalversammlung verabschiedeten „Grundrechte des deutschen Volkes", in deren Artikel V es u. a. hieß: „Durch das religiöse Bekenntnis wird der Genuß der bürgerlichen und staatsbürgerlichen Rechte weder bedingt noch beschränkt." Diese Bestimmungen wurden von den einzelnen Staaten teils im Rahmen der Grundrechte übernommen, teils auch in die neuen Verfassungen eingebaut – so 1849 in Österreich oder auch vorher schon in Preußen, das gerade 1847 noch ein wesentlich anders akzentuiertes Judengesetz verabschiedet hatte.

Damit schien nach über zwei Generationen das Ziel der Emanzipationsbewegung erreicht, die Gleichstellung der Juden endlich Wirklichkeit geworden zu sein. Die Illusion währte je-

---

[30] Generallandesarchiv Karlsruhe 318/2 (Zug. 1897 Nr. 10).

doch nur kurze Zeit. Schon allzu rasch zeigte sich, daß mit dem Scheitern der Revolution auch die Judenemanzipation von Rückschlägen nicht verschont blieb. In einer Reihe von Staaten wurden mit den „Grundrechten des deutschen Volkes" auch die eben gewährten Rechte der Juden für hinfällig erklärt. Selbst in Staaten, in denen man von einer ausdrücklichen Zurücknahme der Rechte absah, herrschte zumindest eine erneute Rechtsunsicherheit. In Baden hatte man sogar von Anfang an die Gleichstellung auf die politischen Rechte beschränkt und die in der Praxis wichtigeren ortsbürgerlichen Rechte – von denen Erwerbsmöglichkeiten, Niederlassung und Familiengründung abhängig waren – ausgenommen. Welche Schwierigkeiten noch immer zu überwinden waren, zeigte sich in den bayerischen Emanzipationsdebatten von 1849/50 über einen von der Regierung vorgelegten, eine sofortige volle Emanzipation bezweckenden Gesetzentwurf: während die II. Kammer nach langen Diskussionen den Entwurf nur mit einigen Einschränkungen annahm, lehnte die Kammer der Reichsräte – der Petitionen gegen eine Gleichstellung mit rund 80 000 Unterschriften zugegangen waren – schließlich den ganzen Entwurf rundweg ab. In fast allen Staaten begann man nach dem Scheitern der Revolution sogleich mit einschränkenden Verwaltungsmaßnahmen, und insbesondere die Zulassung zu Staatsämtern in Justiz, Verwaltung und Heer stand jahrelang praktisch nur auf dem Papier. Preußen, das die Gleichberechtigung der Konfessionen auch in die revidierte Verfassung von 1850 übernommen hatte, bildete in der Reaktionszeit diese Verwaltungspraxis nahezu zur Vollkommenheit aus.

Dennoch gab es schon bald keinen Zweifel mehr: allen reaktionären Bestrebungen zum Trotz war die Vollendung der Emanzipation in Deutschland greifbar nahegerückt. Die Entwicklung ließ sich verzögern, aber nicht mehr aufhalten. Die technisch-industriellen Fortschritte, die langanhaltende wirtschaftliche Hochkonjunktur und die nun praktisch zur Herrschaft gelangenden liberalen Ideen bewirkten eine grundlegende Umgestaltung der gesamten Sozialverfassung, die sich vor allem in Süddeutschland – Preußen war in dieser Hinsicht ja weit voraus – in der Einführung von Gewerbefreiheit und Freizügigkeit, auch in einer Neuordnung der Gemeindeverhältnisse niederschlug. Noch unter der Herrschaft der politischen Reaktion begann das Zeitalter des Liberalismus, des wirtschaftlichen und sozialen Optimismus und der kapitalistischen Expansion. Die Judenemanzipation wurde zum integrierenden Bestandteil der gesamten Neuordnung, ihre Vollendung erschien lediglich als eine notwendige Konsequenz aus der gesamten Gesetzgebungsarbeit der Zeit. Man konnte nun nicht mehr „im Prinzip" gegen die Judenemanzipation sein, wenn man sich nicht außerhalb der Normen und Konventionen der neuen Gesellschaft stellen wollte. „Seit zehn Jahren ist der Mut verschwunden, der Judenemanzipation im Prinzip entgegenzutreten", bemerkte 1860 sehr treffend der Führer der badischen Liberalen,[31] und tatsächlich erreichte z. B. Hermann Wagener, Herausgeber der konservativen „Kreuzzeitung", schon 1856 mit seinem Antrag, die Bestimmungen über die Rechtsgleichheit der Konfessionen in der preußischen Verfassung wieder zu streichen, nicht einmal mehr eine Debatte im preußischen Abgeordnetenhaus. Baden schloß die Emanzipationsgesetzgebung 1862 ab, Württemberg 1861/64, Bayern hob 1861 endlich den mittelalterlichen Matrikelzwang auf; in Norddeutschland – wo auch Preußen immer noch Sonderbestimmungen für Posen aufrechterhalten hatte – wurde eine einheitliche Regelung durch die Gesetzgebung des Norddeutschen Bundes vom 3. Juli 1869 geschaffen: „Alle noch bestehenden, aus der Verschiedenheit des religiösen Bekenntnisses hergeleiteten Beschränkungen der bürgerlichen und staatsbürgerlichen Rechte werden hierdurch aufgehoben. Insbesondere soll die Befähigung zur Teilnahme an der Gemeinde- und Landesvertretung und zur Bekleidung öffentlicher Ämter vom religiösen Bekenntnis unabhängig sein." Schon vorher war in Österreich mit der liberalen Verfassung vom 21. Dezember 1867 die –

---

[31] Brief A. Lameys an Großherzog Friedrich v. 3. 8. 1862; Generallandesarchiv Karlsruhe, Großherzogl. Familienarchiv 13, Korrespondenz mit Staatsmin. Lamey.

nach der Revolution nicht grundsätzlich aufgehobene, aber praktisch vielfach eingeschränkte – Gleichberechtigung der Juden erneut bestätigt worden. Mit der Übernahme des Bundesgesetzes von 1869 auf das ganze Reichsgebiet am 16. April 1871 war die Emanzipationsgesetzgebung für Deutschland endlich abgeschlossen.

So war eine Entwicklung zum Abschluß gebracht, die fast ein ganzes Jahrhundert früher eingeleitet worden war. Drei Generationen lang hatte man in zum Teil erbitterten Auseinandersetzungen, um die „Judenfrage" und ihre Lösung gerungen: die Emanzipationsforderung hatte dieser Debatte den Stempel aufgedrückt, aber es hatte auch zu keiner Zeit an Gegenstimmen gefehlt. Als während der Revolution und in den ihr folgenden zwei Jahrzehnten die Emanzipation verwirklicht wurde, hatte man endlich auf die alten Diskussionen verzichtet und die Judenemanzipation als das betrachtet, was sie war, nämlich Teil des Entstehungszusammenhangs einer bürgerlich-liberalen Gesellschaft. Der zur Herrschaft gelangte Liberalismus hatte die Statistiken beiseite geschoben und sich zur Durchführung eines Prinzips entschlossen – den sozialen Ausgleich, der immerhin inzwischen weit fortgeschritten war, dem freien gesellschaftlichen Kräftespiel überlassend. Und es hätte vermutlich wenig mehr als einer Generation bedurft, um der rechtlichen Gleichstellung nun auch den vollständigen Abbau aller noch vorhandenen offenen oder latenten Gruppenspannungen folgen zu lassen. 1849 hatte der bayerische Minister von der Pfordten bei der Vorlage des Emanzipationsgesetzes erklärt: „... ich bin der Ansicht, daß, wenn wir im Jahre 1849 dieses Gesetz sanktionieren, zwar vielleicht nicht das Jahr 1850, wohl aber das Jahr 1870 oder 1880 uns dafür danken wird." [32] Eine solche Konzeption setzte freilich immer voraus, daß eine ungestörte Entwicklung stattfinden werde – genau daran aber fehlte es nun in Deutschland. Statt einer Periode ruhiger innenpolitischer Entwicklung auf der Grundlage liberaler Prinzipien folgten drei Kriege, entstand ein übersteigerter, auch in-

---

[32] Bayer. II. Kammer, 10. 12. 1849, S. 51 f.

nenpolitisch akzentuierter Nationalismus, wurde schließlich ein deutsches Reich gegründet, das auf wesentlich anderen Fundamenten als der liberalen Gesellschaft ruhte. Schon nach wenigen Jahren erschütterte eine Wirtschaftskrise von bis dahin unbekannten Ausmaßen das neue Reich, und in ihrem Gefolge geriet der Liberalismus in eine tiefgreifende Krise, die zugleich zur ersten fundamentalen Krise der bürgerlichen Gesellschaft überhaupt wurde. Das Krisenbewußtsein aber artikulierte sich in einer antiliberalen Bewegung neuen Typs, im Antisemitismus. Die Zeit zwischen Emanzipation und Krise war zu kurz, um die „Judenfrage" und die Tatsache, daß es bis in die sechziger Jahre noch immer „Judengesetze" gegeben hatte, in Vergessenheit geraten zu lassen. 1861 bereits hatte der bayerische Reichsrat v. Harleß polemisch zwar, aber doch nicht ohne sachliche Berechtigung warnend erklärt: „Es ist eine nicht zu leugnende Tatsache, daß alle Phraseologie in den modernen Staatswörterbüchern und sonstigen Pamphleten in Entsetzen erregender Weise hie und da durchbrochen wird von dem Getöse wilder Judenverfolgungen. Und unter dem Firniß der sogenannten Civilisation liegt ein Abgrund von Barbarei verborgen, deren Eruptionen ich fürchte und die wir in unserer sogenannten gebildeten Ära nur gar zu leicht wieder erfahren werden."[33]

Man darf nun gewiß der historischen Entwicklung keine Zwangsläufigkeit unterschieben, als ob etwa die Entstehung des Antisemitismus eine notwendige Folge dieses Emanzipationsprozesses hätte sein müssen, aber eine kritische Reflexion der Emanzipationsgeschichte kann doch nicht absehen von der Tatsache, daß der moderne Antisemitismus von Deutschland seinen Ausgang nahm und hier seine spezifische Färbung erhielt. Daß die „Judenfrage" schon wenige Jahre nach ihrer scheinbaren Lösung neu, d. h. antisemitisch gestellt werden konnte, ist ein Faktum, das der Erklärung bedarf. In diesem Zusammenhang dürfte es nützlich sein, sich abschließend wenig-

---

[33] Bayer. I. Kammer, 7. 5. 1861, Bd. 1, S. 356.

stens einige spezifische Belastungen der Judenemanzipation in Deutschland kurz zu verdeutlichen. Es handelt sich dabei vor allem um drei Problemkomplexe:

1. die Konzeptionen einer allmählichen, stufenweisen Emanzipation,
2. das Nebeneinander verschiedener Lösungsversuche in den einzelnen deutschen Staaten,
3. den Versuch einer Emanzipation der Juden in einer nicht- oder nur teilemanzipierten Gesellschaft.

1. Zu den ganz wenigen und für Deutschland nicht repräsentativen Vertretern einer entschieden liberalen Emanzipationskonzeption gehörte Wilhelm von Humboldt, dessen Gutachten über den Entwurf des preußischen Emanzipations-Edikts, das er 1809 als Chef der Sektion Kultus im preußischen Ministerium des Innern erstattete, eines der bedeutendsten Dokumente emanzipatorischen Denkens überhaupt darstellt.[34] Ausgehend von der bestehenden „Absonderung" und dem Ziel einer „Verschmelzung" der Juden mit den übrigen Staatsbürgern, unterschied Humboldt deutlich „zwei Systeme" hinsichtlich der einzuschlagenden Politik: „das eine, das die Absonderung auf einmal, das andere, das sie allmählich aufheben will." „Gerecht, politisch und konsequent" erschien ihm jedoch allein die sofortige Gleichstellung. Die Emanzipation als Erziehungsvorgang verwarf er schon aus prinzipiellen Gründen, da „der Staat kein Erziehungs-, sondern ein Rechtsinstitut ist". Er machte aber zugleich auch konkrete Bedenken gegen eine nur allmähliche Gleichstellung geltend: „denn eine allmähliche Aufhebung bestätigt die Absonderung, die sie vernichten will, in allen nicht mit aufgehobenen Punkten, verdoppelt gerade durch die neue größere Freiheit die Aufmerksamkeit auf die noch bestehende Beschränkung und arbeitet

---

[34] Gutachten vom 17. 7. 1809, Text: *Ismar Freund,* Die Emanzipation der Juden in Preußen, Bd. 2, Berlin 1912, S. 269–282; auch in: *W. v. Humboldt,* Gesammelte Schriften, Bd. 10, Berlin 1903, S. 97–115.

dadurch sich selbst entgegen. Nur eine konsequente Haltung des Staates könne eine dauerhafte Überwindung der bestehenden Vorurteile bewirken, könne die nötigen psychologischen Voraussetzungen für eine soziale Integration schaffen: „Mag das Volk auch noch so viele gutgeartete Juden sehen; es wird nie leicht dadurch zu anderen Meinungen über die Juden als solche selbst kommen, sondern die Einzelnen immer nur als Ausnahmen betrachten. Auch soll der Staat nicht gerade die Juden zu achten lehren, aber die inhumane und vorurteilsvolle Denkungsart soll er aufheben, die einen Menschen nicht nach seinen eigentümlichen Eigenschaften, sondern nach seiner Abstammung und Religion beurteilt und ihn, gegen allen wahren Begriff von Menschenwürde, nicht wie ein Individuum, sondern wie zu einer Race gehörig und gewisse Eigenschaften gleichsam notwendig mit ihr teilend ansieht. Dies aber kann der Staat nur, indem er laut und deutlich erklärt, daß er keinen Unterschied zwischen Juden und Christen mehr anerkennt."

Gerade an dieser lauten und deutlichen Aussage aber ließen es die deutschen Staaten jahrzehntelang fehlen. Sie gaben den Juden Rechte, sie erlegten ihnen auch Pflichten auf, sie behandelten sie mancherorts sogar beinahe wie vollberechtigte Bürger – aber sie hielten stets an dem Unterschied zwischen Juden und Christen grundsätzlich fest, so gering dieser auch immer geworden sein mochte. Und bei jedem die Rechte der Juden erweiternden, die Emanzipation aber noch nicht abschließenden Gesetz wurde zwangsläufig darauf hingewiesen, daß die Juden für die noch ausstehenden Rechte eben noch nicht „reif" seien. Jeder Fortschritt bedeutete so eine erneute Fixierung des Trennenden und damit eine zumindest teilweise Aufhebung des eben erzielten Erfolges. Hinzu kamen andere Probleme: Die allmähliche Gleichstellung ließ zum Teil erhebliche Unterschiede hinsichtlich der rechtlichen und der sozialen Stellung der Juden entstehen, sie baute das schlechte Gewissen der christlichen Bevölkerung ab und forcierte ein Anspruchsdenken, das bestimmte Leistungen von den Juden erwartete. „Ein Volk, welches so viele Individuen zählt, die Fabriken, Banquier-Häuser und Landgüter, ja Rittergüter besitzen", meinte man in Bayern gegen die Emanzipation einwenden zu können, „ein Volk, welches verhältnismäßig so viele reiche Leute in seiner Mitte hat, kann unmöglich so unterdrückt sein, denn sonst hätten sie sich solche Reichtümer nicht erwerben können."[35]

Auf dem Wege der stufenweisen Gleichstellung konnten so selbst die an sich erwünschten Änderungen in der jüdischen Sozialstruktur zu einem Hemmnis des Fortschritts werden; denn plötzlich galten nicht mehr nur jüdische Armut und Unbildung, sondern auch jüdischer Reichtum und jüdische Intelligenz als Hindernis einer weiteren Rechtsgewährung. Der Versuch, die geschichtliche Entwicklung von Jahrhunderten zu revidieren, ein ganzes Volk umzuformen und in eine anders strukturierte Gesellschaft einzuordnen, bedurfte der Geduld. Die individuelle Angleichung konnte, das wußten auch die Befürworter einer liberalen Emanzipationskonzeption, mehrere Generationen benötigen. Die Politik der schrittweisen Emanzipation, die sich selbst als eine Politik der Umsicht und der Geduld verstand, ließ es jedoch gerade an dieser Geduld fehlen, da sie stets Erfolge sehen wollte, ehe sie neue Rechte zugestand. Man wußte theoretisch auch bei den deutschen Regierungen sehr gut, daß die eingeleiteten Entwicklungen Zeit brauchen würden, aber man ließ sich immer wieder dazu verleiten, schon nach allzu kurzer Zeit nach Ergebnissen zu fragen. Schon 14 Jahre nach dem ersten Emanzipationsgesetz behauptete man in Baden: man habe „ihnen alle Mittel dargeboten, sich wie andere Menschen zu bilden, und ihnen Lohn und Preis im voraus gegeben", mit „vollem Recht" dürfe man daher nun „nach dem Resultat fragen"[36].

Erst allmählich stellte sich heraus, daß ein Hauptproblem einer stufenweisen Emanzipation darin lag, daß sie nur sehr schwer zum Abschluß zu bringen war – der erhoffte „schickliche" Augenblick kam nie. Statt dessen wurde mit fortschreitender sozialer Umschichtung und wachsender wirtschaftli-

---

[35] Bayer. II. Kammer, 7. 5. 1846, Bd. 9, S. 150.
[36] Kommissionsbericht Dollmätsch: Bad. II. Kammer 1823, Bd. 11, S. X.

cher Bedeutung der Juden der Widerstand gegen den Abbau der „letzten Barrieren" in breiten Volksschichten eher größer. Ein Abschluß war daher nur im Rahmen eines gesellschaftspolitischen Gesamtkonzepts möglich, für das nicht mehr die „Reife" der Juden, sondern die „Reife" der Verhältnisse ausschlaggebend war. Und in der Tat stand am Ende der Emanzipationspolitik in allen deutschen Staaten schließlich doch jener Schritt, der in Frankreich an ihrem Beginn gestanden hatte. Die deutsche Emanzipationskonzeption hatte sich – mochten Regierungen und Parlamente auch noch so oft die Kontinuität ihrer Politik beteuern – letztlich nicht durchhalten lassen. Nicht die Erfolge einer bestimmten Judenpolitik, sondern die allgemeinen gesellschaftlichen und politischen Entwicklungen hatten den Abschluß der Emanzipationsgesetzgebung bewirkt. Der Politik der allmählichen Gleichstellung aber war es in erster Linie zu verdanken, daß es in Deutschland fast ein Jahrhundert lang eine „Judenfrage" gab, und zwar nicht nur in der Phantasie von Judenfeinden, sondern in der Wirklichkeit der Politik und Gesetzgebung der deutschen Staaten. Humboldt hatte auch mit jenem Satz, der den allgemeinen Teil seines Gutachtens abschloß, recht behalten: „Wie man gegen die plötzliche Gleichstellung zu furchtsam ist, so scheint man mir bei der allmählichen, welche die doppelte Gefahr des alten und des neuen Zustandes zugleich bestehen läßt, indem man sie sich beide zu vermindern einbildet, in der Tat zu kühn."[37]

2. Die Politik einer allmählichen oder stufenweisen Emanzipation wurde zusätzlich belastet durch das Fehlen einer einheitlichen Politik in den deutschen Staaten. Auch das hatte Humboldt bereits erkannt: daß ein einzelner Staat in dieser Frage, in der es um die Überwindung eingewurzelter Vorurteile ging, kaum etwas ausrichten konnte, solange das Vorurteil im benachbarten Staat noch geduldet und durch die Gesetzgebung in Schutz genommen wurde. Auf dem Wiener Kongreß war daher auch folgerichtig von Österreich und Preußen eine Gesamtlösung für das Gebiet des Deutschen Bundes angestrebt

---

[37] *Freund* (s. Anm. 34), Bd. 2, S. 275.

worden, jedoch ohne Erfolg. Sehr treffend hieß es in einer Denkschrift zu Artikel 16 der Bundesakte: „Wenn hier möglichste Übereinstimmung in Deutschland gewünscht wird, so hat diese gerade hier allerdings einen sehr wichtigen Grund. Denn es ist nicht möglich, in einem Bundesstaate auf eine Verbesserung des bürgerlichen Zustandes der Juden mit völligem Erfolge hinzuwirken, wenn nicht in andern Staaten, wenigstens nach allgemeinen Grundsätzen, gleichförmig verfahren wird. Der Kontrast ihrer Lage in den verschiedenen Staaten würde einen stets störenden Einfluß äußern. Vorurteile der Juden und Vorurteile gegen die Juden könnten nie gänzlich besiegt werden, wenn noch irgendwo das Gesetz sie in Schutz nähme."[38] Die Debatten in den vormärzlichen Kammern bestätigten diese Thesen ebenso wie die Maßnahmen der Regierungen und Verwaltungsbehörden: Nur zu gern und nur zu oft berief man sich auf die Verhältnisse in anderen Staaten, um daraus Schlüsse für die eigene Politik zu ziehen. In Baden verwies man auf das Elsaß, wo man sehen könne, daß auch eine vollständige Emanzipation die Juden nicht bessere; in Württemberg dagegen verwies man auf Baden, um zu demonstrieren, daß jegliche Rechtsgewährung nur Ungelegenheiten, aber keine Fortschritte bringe; und in nicht wenigen Staaten wurde immer wieder auf Preußen mit seiner relativ großzügigen Gesetzgebung von 1812 hingewiesen, um daran die Feststellung zu knüpfen, daß auch dadurch wenig gewonnen worden sei. Die jeweiligen Belastungen aller dieser Gesetzgebungen – die Tatsache etwa, daß das Edikt von 1812 nur in einem kleinen Teil der Monarchie eingeführt und auch dort bereits vielfältig durchlöchert war – wurde nicht gesehen, und noch weniger war man bereit zuzugeben, daß jede Gesetzgebung Zeit brauche, um sich auszuwirken. Man sah den eigenen Versuch schon in irgendeinem Nachbarstaat widerlegt, ehe man begonnen hatte, eigene Erfahrungen zu sammeln.

Es ist schwer, einigermaßen befriedigende Antworten auf die

---

[38] Denkschrift (ungezeichnet und undatiert) „Über die bürgerliche Verbesserung der Juden": Geh. Staatsarchiv München, Kasten grün 90/96.

Frage nach den Ursachen der Emanzipationsschwierigkeiten in den einzelnen Staaten zu finden. Man ist immer wieder versucht, ganz bestimmte Rechtsbestimmungen für ausschlaggebend zu halten, um gleich darauf festzustellen, daß gerade diese Bestimmungen in dem Nachbarland fehlen, ohne daß deshalb wesentlich andere Ergebnisse erzielt worden wären. Wörtlich übereinstimmende Gesetzestexte zeigten höchst unterschiedliche Folgen in den verschiedenen Staaten, da sie auf jeweils andere soziale und rechtliche Verhältnisse einwirkten. Während in Süddeutschland die „Judenfrage" im wesentlichen im Zusammenhang der Agrarentwicklung und der Änderung der ländlichen Sozialverfassung zu sehen ist, stellte sie in Preußen vor allem ein städtisches Problem dar. Die außerordentliche Bedeutung des Ortsbürgerrechtes in Süddeutschland hat in Preußen kaum ein Pendant, in Staaten mit einer mindest teilweisen Gewerbefreiheit und Freizügigkeit stellen sich die Probleme wiederum völlig anders als in solchen mit Zunftverfassung und geringer Mobilität. Jeder Emanzipationsvorgang war daher nach seinen besonderen Voraussetzungen konstruiert und mit je eigenen Systemfehlern versehen. Von Einheitlichkeit konnte selbst bei scheinbaren Übereinstimmungen kaum die Rede sein, und es ließen sich keine zwei deutschen Staaten nennen, in denen der Prozeß der Judenemanzipation auf genau die gleiche Weise abgelaufen wäre. Hier zeigte sich das Fehlen der nationalen Einheit in der Tat als ein Hindernis des Fortschritts. Wie die ganze bürgerliche Reform nicht eine Angelegenheit eines einzelnen kleinen Staates sein konnte, so auch nicht die Emanzipation der Juden. Die föderalistische Struktur Deutschlands schuf Spannungen und Reibungen, die den emanzipatorischen Absichten durchaus zuwiderliefen. Die Schwierigkeiten der Judenemanzipation spiegeln daher nicht zuletzt auch die Problematik der deutschen Bundesverfassung im Zeitalter der bürgerlichen Bewegung.

3. Als Marx 1844 seine „Einleitung" zur „Kritik der Hegelschen Rechtsphilosophie" veröffentlichte, warnte er vor der Illusion, daß die allgemeine, universelle Emanzipation aus der bloßen Addition partieller Emanzipationen entstehen werde.

„In Deutschland", so meinte er, „ist die Emanzipation von dem Mittelalter nur möglich als die Emanzipation zugleich von den teilweisen Überwindungen des Mittelalters. In Deutschland kann keine Art der Knechtschaft gebrochen werden, ohne jede Art der Knechtschaft zu brechen. Das gründliche Deutschland kann nicht revolutionieren, ohne von Grund aus zu revolutionieren."[39] Tatsächlich vollzog sich die Emanzipation der bürgerlichen Gesellschaft in Deutschland aber in einzelnen, nicht koordinierten Emanzipationsvorgängen. Die befreiende Revolution blieb ebenso aus wie eine Gesamtreform aus einem Guß, zu der man in Preußen immerhin einmal einen Anlauf unternommen hatte. Der Fortschritt geschah in den Teilbereichen der Gesellschaft, oft ohne Bezug zur politischen Entwicklung oder zu anderen Teilbereichen. Die Existenz einer Verfassung bedeutete, wie man in den süddeutschen Staaten beobachten konnte, durchaus keine Garantie für eine fortschrittliche Wirtschafts- und Sozialstruktur. Moderne Gemeindeordnung und längst veraltete Zunftverfassungen, staatsbürgerliche Rechte und „alte Abgaben" an Standes- und Grundherren, Klöster und Pfarreien standen oft seltsam unverbunden nebeneinander.

Auch die rechtliche Stellung der Juden befand sich stets in einem Spannungsverhältnis zu anderen, teils weiter entwickelten, teils noch mehr zurückgebliebenen Rechtsverhältnissen. Sie berührte nicht nur eingebildete, sondern gelegentlich auch ganz reale Interessen der christlichen Bürger (Anteil am Gemeindenutzen, Armenunterstützung usw.). Solange keine Gesamtreform, keine neue soziale Ordnung verwirklicht wurde, waren Reibungen zwischen den verschieden entwickelten gesellschaftlichen Teilbereichen gar nicht zu vermeiden, ja mußten sich einzelne Emanzipationen gegenseitig behindern. Als in Baden 1831 die fortschrittliche Gemeindeordnung verabschiedet wurde, glaubte man auch hier, den einen Emanzipationsvorgang vom anderen trennen zu können, indem man hin-

---

[39] *Karl Marx*, Die Frühschriften, hrsg. von S. Landshut, Stuttgart 1953, S. 223 f.

sichtlich der Juden einfach erklärte, es solle vorläufig bei ihren bisherigen Rechten bleiben. Das mochte formal korrekt erscheinen, bedeutete aber eine entscheidende Verschlechterung der Rechtsstellung der Juden und eine völlige Korrumpierung der auf Annäherung von Juden und Christen zielenden Emanzipationspolitik. Denn durch die neue Gemeindeordnung wurde der alte Unterschied zwischen Vollbürgern und Schutzbürgern aufgehoben, wurden 80 000 Schutzbürger zu Vollbürgern, und allein die Juden, die ebenfalls als Schutzbürger galten, blieben in dem bisherigen Stande. Das aber bedeutete, daß der Unterschied in den Gemeinden nun nicht mehr Bürger – Schutzbürger, sondern vollberechtigter Christ – minderberechtigter Jude war. So konnte ein Emanzipationsvorgang den anderen in seinem Kern treffen und verkümmern lassen. Beispiele dieser Art ließen sich häufen – während die preußische Gewerbeordnung von 1845 für zahlreiche preußische Juden erhebliche Fortschritte brachte, enthielten die zur gleichen Zeit erlassenen Gemeinde-Ordnungen der einzelnen Provinzen wiederum neue Rechtsbeschränkungen, indem den Juden die Übernahme von Gemeindeämtern untersagt wurde. Es fehlte nirgendwo an Widersprüchen in der Gesetzgebung und in der Verwaltungspraxis: die erwünschte erzieherische Wirkung konnte jedenfalls auf diese Weise kaum erzielt werden.

Nicht zu übersehen ist schließlich, daß sich auch die Opposition gegen die Judenemanzipation u. a. aus der Überzeugung speiste, daß andere Emanzipationsforderungen ebenso wichtig oder gar vordringlicher seien – und tatsächlich war ja die Judenemanzipation nur ein Emanzipationsvorgang unter vielen. Rotteck, der aus vielerlei Gründen gegen die Judenemanzipation sprach, hatte so unrecht nicht, wenn er behauptete, daß „die Emanzipation der Christen und die Emanzipation der Deutschen" wichtiger sei als die der Juden: „Die letztere mag stattfinden, wenn die erstere geschehen ist. Geschieht die erstere gar nicht, so ist auch die letztere nicht viel wert."[40] Und der Freiherr von Closen begründete seine Kritik an der bisherigen

---

[40] Bad. II. Kammer, 27. 9. 1833, Bd. 14, S. 366 f.

Judenpolitik der bayerischen Regierung, indem er einen eindrucksvollen Katalog anderer ebenfalls nicht in Angriff genommener Emanzipationen zusammenstellte: „Emanzipation der Kinder von Unwissenheit und Aberglauben durch bessere Bestellung der Volksschulen; Emanzipation der Jünglinge von einer sechsjährigen Conscriptionszeit, wodurch sie ihrem bürgerlichen Verhältnis entzogen werden; Emanzipation des hochachtbaren Offizierstandes von der politischen Minderjährigkeit, nachdem denselben verboten worden ist, von politischen Angelegenheiten öffentlich zu sprechen; Emanzipation des Grundeigentums von der Gebundenheit der Güter und von einer Menge drückender Lasten; Emanzipation der Früchte der Landeigentümer von der Tyrannei des Wildes; Emanzipation der Landeigentümer von der Creditlosigkeit durch Creditanstalten; sind solche vorhanden, dann wird der Einfluß der jüdischen Glaubensgenossen im Vieh- und Güterhandel nicht mehr zu fürchten sein; Emanzipation der Gewerbe von dem Concessionswesen; dagegen auch die Emanzipation der Gemeinden von willkürlichen Eingriffen der Curatelen; Emanzipation des Geistes, der Presse, von der schmählichen Censur; Emanzipation der Minister durch ein Gesetz über ihre Verantwortlichkeit; Emanzipation des Cabinetts vor äußerem Einfluß."[41] Die Frage der Judenemanzipation durfte – das war damit noch einmal deutlich unterstrichen worden – nicht isoliert, sondern mußte im Zusammenhang der gesamten politischen und sozialen Entwicklung betrachtet werden.

Das Grundproblem der deutschen Judenemanzipation stellte jene zwischen Fortschritt und Beharren schwankende Politik der deutschen Staaten dar, der es nicht gelang, eine Gesamtkonzeption für den Umbau der Gesellschaft zu entwicklen oder gar zu realisieren. Wo Gemeinde- und Gewerbeordnung, politische und wirtschaftliche Verfassung, industrielle und handelspolitische Entwicklung nur unzureichend oder gar nicht aufeinander abgestimmt waren, konnte man kaum erwarten, daß gerade die Judenemanzipation in reibungsloser

---

[41] Bayer. II. Kammer, 5. 11. 1831, 22. Bd., S. 98 f.

Übereinstimmung mit allen anderen partiellen Emanzipationsvorgängen erfolgen werde. Die Emanzipation und Integration einer ethnisch, religiös und sozial bestimmten Minderheit in einer nicht- oder nur teilemanzipierten Gesellschaft muß daher als ein beinahe unlösbares Problem erscheinen. Die Frage nach der Emanzipation der Juden in Deutschland aber erweitert sich damit notwendig zu einer Frage nach der Emanzipation der Deutschen, d. h. zu einer Frage nach der deutschen Geschichte im Zeitalter der bürgerlichen Revolution.

Stefan Rohrbacher

Sozialer Protest und antijüdische Ausschreitungen im 19. Jahrhundert

Antijüdische Ausschreitungen in der historischen Protestforschung

Wirtz klassifiziert nicht weniger als 25 % der von ihm für die Jahre 1815–1848 in Baden festgestellten Protestfälle als antijüdisch (Wirtz 1981, S. 232). Für andere Regionen sind deutlich niedrigere Zahlen anzunehmen; doch kam es in diesem Zeitraum mehrfach zu antijüdischen Unruhen, die weite Teile Deutschlands erfaßten, und lokale bzw. regionale Ausschreitungen in Hamburg, im Rheinland, in Hessen und Franken erreichten eine erhebliche Intensität.

Die historische Protestforschung hat diesem Sachverhalt vor allem aus drei Gründen bislang kaum besondere Beachtung geschenkt. Die Vernachlässigung der Geschichte der jüdischen Minderheit entspricht einem allgemein feststellbaren und erst in der letzten Zeit zunehmend erkannten Defizit der deutschen Geschichtsschreibung. Überdies sind die Autoren der Protestforschung oft von einem marxistischen Geschichtsbild geprägt, das weder der Geschichte der Juden noch der Judenfeindschaft einen eigenen systematischen Ort zubilligt, sondern in ihnen lediglich Funktionen gesamtgesellschaftlicher Entwicklungen sieht. Und schließlich lehnen sie sich teilweise an Konfliktmodelle an, die von angelsächsischen Autoren für das rurale England des 18. und frühen 19. Jahrhunderts entwickelt wurden und die das (für dieses Untersuchungsfeld tatsächlich bedeutungslose) Verhältnis zwischen Bevölkerungsmehrheit und jüdischer Minderheit außer acht lassen.

So betrachtet Wirtz das gehäufte Auftreten antijüdischer

Ausschreitungen in seinem Untersuchungsgebiet nicht als Ausdruck spezifischer Spannungen zwischen Christen und Juden, sondern als letztlich nur ökonomisch motiviert. Das „schnelle Emporkommen der Juden" sei mißtrauisch betrachtet worden, da *jeder* schnelle Aufstieg mit dem Geruch des Unrechten behaftet gewesen sei. Die Teilhabe am Ortsbürgerrecht und an den damit verbundenen Nutzungen (Allmende) sei den Juden mißgönnt worden, weil man den Zusammenbruch der ohnehin überlasteten gemeindlichen Sozialfürsorge habe fürchten müssen (S. 235).

Mit einem Modell, das auf der Annahme einer *Aggressionsverschiebung* basiert, versuchte bereits *Sterling* die besondere Stoßrichtung dieser Form sozialer Proteste zu erklären: Demnach galt die Aggression der bestehenden Ordnung und ihren Repräsentanten, die ihr jedoch aufgrund ihrer Machtressourcen entzogen waren; sie wandte sich daher gegen ein geeignet erscheinendes Ersatzobjekt (Sterling 1950).

Mit einem im Grundsatz ähnlichen Modell operiert *Herzig.* Die komplexen Ursachen der als bedrohlich erlebten gesellschaftlichen Veränderungen seien nicht wahrgenommen worden; man habe statt dessen versucht, die aus dem gesellschaftlichen Wandel herrührenden Probleme durch eine *Personalisierung,* durch die Fixierung auf eine Personengruppe, erklärbar zu machen (Herzig 1988, S. 60). Auch dieses Modell betrachtet die antijüdischen Ausschreitungen lediglich als Ausfluß gesamtgesellschaftlicher Probleme. Weder Sterling noch Herzig geben eine hinreichende Erklärung dafür, warum und auf welche Weise die *Juden* zur Projektionsfläche der *Aggressions-* bzw. *Wahrnehmungsverschiebung* werden.

Gewalt im Alltag – ritualisierte Gewalt

Im Alten Reich standen die Juden außerhalb der gesellschaftlichen Ordnung. Sie waren die unterdrückte Minderheit par excellence, und dieser letztlich religiös begründete Status kam in zahlreichen sinnfälligen Einzelheiten zum Ausdruck. In den

„Judenordnungen", die ihr Leben in den einzelnen Herrschafts-
gebieten reglementierten, war neben anderen Beschränkungen
häufig auch festgelegt, daß sie ihre Gottesdienste nur in Ge-
bäuden abhalten durften, die möglichst weit von der christlichen Kirche oder abseits von den Häusern der Christen gelegen
seien. Vielerorts durften sie nicht in Häusern wohnen, an denen vorbei christliche Prozessionen ihren Weg nahmen; und
während der hohen christlichen Feiertage sollten sie sich auf
den Straßen nicht sehen lassen und Türen und Fenster geschlossen halten.

In bestimmten Regionen war der Ritus der Karwoche mit
symbolischen Akten der Gewalt gegen Juden verbunden. Im
Rheinland wurde in den Städten und Dörfern der „Judas" verbrannt, eine bekleidete Strohpuppe, die oft als „Jude" identifiziert wurde. In der Gegend von Mannheim existierte ein ähnlicher Brauch noch um 1920: am Karsamstag wurde vor der
Kirche über einem brennenden Holzstoß Weihwasser ver-
sprengt; dann lief die christliche Dorfjugend mit den verkohl-
ten Holzscheiten durch den Ort, schlug an die Türen der von
Juden bewohnten Häuser und rief, der Jude sei verbrannt. In einigen Gegenden am Niederrhein war es in der ersten Hälfte des
19. Jahrhunderts üblich, nach der kirchlichen Feier am Oster-
sonntag die Häuser der Juden mit Steinen zu bewerfen. Ein
ähnlicher Brauch bestand auch im Oldenburgischen: Aus dem
Dekanat Cloppenburg wurde um 1800 berichtet, die Häuser
der Juden würden alljährlich während der Prozession am Grün-
donnerstag von den Teilnehmern mit Kieselsteinen beworfen,
und in jüngster Zeit sei dieses Ritual mehrfach in schwere Exzesse ausgeartet. Ritualisiert erscheinende Akte der Gewalt
richteten sich auch gegen kultische Handlungen der Juden, die
sich in der Öffentlichkeit vollzogen. Häufig wurde über die
Zerstörung von Laubhütten geklagt. Vielerorts waren jüdische
Leichenbegängnisse regelmäßig von Steinwürfen begleitet; als
1861 in einer rheinischen Kleinstadt ein besonders angesehener jüdischer Bürger zu Grabe getragen wurde, wußte man die
große Wertschätzung, der sich der Verstorbene bei Christen
wie Juden erfreut hatte, nicht treffender zu kennzeichnen als

durch die Tatsache, daß zum ersten Mal seit Menschengedenken eine jüdische Beerdigung am Ort nicht durch Exzesse gestört worden war.

Doch Gewalt gegen Juden war vielfach auch außerhalb ritua-
lisierter Verhaltensweisen gebräuchlich. Klagen wie jene aus
dem Fürstbistum Bamberg, „dass das gemeine Volk sie allenthalben auf den Gassen mit Werfen, Schlagen und Stossen in-
commodire", kennzeichnen die Situation in weiten Teilen
Deutschlands während des gesamten 18. Jahrhunderts. Ein
württembergischer Amtmann beklagte 1819, als die vorge-
setzte Behörde wegen des Ausbruchs der *Hep-Hep-Krawalle*
(s. u.) auf äußerste Wachsamkeit drang, daß wegen einiger
Steinwürfe gegen Türen und Fenster der Häuser der Juden so
viel Aufhebens gemacht werde; in seinem Amtsbezirk sei seit
Menschengedenken kein Jahr vergangen, in dem nicht derlei
vorgekommen sei.

Zwei aus Hamburg 1835 als bezeichnend für die dortigen
Verhältnisse geschilderte Fälle belegen lokale Extremvarian-
ten alltäglicher Gewalt gegen Juden: einem Knaben wurde,
nur weil er Jude war, von anderen Kindern ungelöschter Kalk
in die Augen geworfen, worauf er halb erblindete; ein verkrüppelter Jude wurde, nur um die übrigen Anwesenden zu amü-
sieren, aus großer Höhe von einem Balkon geworfen. In beiden Fällen blieben die Schuldigen straflos. Man schien damals
in der Hansestadt, wie Gabriel Riesser meinte, die körperliche
Mißhandlung von Juden für ein unschuldiges Vergnügen, ja
geradezu für eine der vielen bürgerlichen Privilegien zu halten.

„Ritualmord"-Krawalle

Mehrfach erlebte das 19. Jahrhundert Manifestationen des seit
dem Mittelalter belegten Aberglaubens, daß die Juden zu rituellen oder magischen Zwecken das Blut von Christenkindern
benötigten und diese deshalb ermordeten. „Ritualmordopfer"
früherer Jahrhunderte wurden mancherorts noch als Volkshei-

lige, teilweise auch als kirchlich anerkannte Märtyrer verehrt. Vor allem in Gegenden, die im Einflußbereich solcher lokaler und regionaler Kulte lagen, wurden vermißte oder ermordet aufgefundene Kinder immer wieder zu „Ritualmordopfern" erklärt.

Am Niederrhein kam es 1819 im Zusammenhang mit einem „Ritualmord" zu antijüdischen Ausschreitungen, die zugleich unter dem Vorzeichen der wenige Monate zurückliegenden *Hep-Hep-Krawalle* (s. u.) standen (Rohrbacher 1987). Sehr viel schwerwiegender waren die antijüdischen Unruhen, die 1834 in derselben Gegend wochenlang anhielten und zu bürgerkriegsähnlichen Verhältnissen führten. In dem Dorf, von dem das Ritualmordgerücht seinen Ausgang nahm, wurden die Häuser der Juden zerstört, im Nachbarort wurde die Synagoge zertrümmert (vgl. *Materialien* II); ein verkrüppelter Mensch wurde in öffentlichem Aufzug als „gehängter Jude" durch die Dörfer geführt. In mehreren Orten beteiligten sich die Bürgerwachen an den Unruhen und wandten sich gegen die herbeigerufenen Husaren (Strauss 1970).

Zweifellos war nicht nur naiver Aberglauben im Spiel. Als die Intensität der Unruhen nachzulassen begann, wurden sie durch das gezielt gestreute Gerücht eines weiteren „Ritualmordes" erneut angefacht. In Neuss meinte man, die Ausschreitungen seien hier von „sonst wohlgesinnten Bürgern aus Nahrungsneid gegen die Juden" insgeheim gefördert worden. Zugleich trugen die allabendlichen Umzüge durch die Stadt den Charakter einer Rebellion der Unterschicht, die sich zu diesem Zweck einen „General und Führer" gewählt hatte.

Am Ende des 19. Jahrhunderts wurde diese Gegend erneut Schauplatz schwerer antijüdischer Unruhen im Zusammenhang mit einem „Ritualmord". In mehreren Dörfern kam es im Sommer 1892 wochenlang allabendlich zu Ausschreitungen; zahlreiche Häuser und Scheunen von Juden gingen in Flammen auf, in Grevenbroich wurde versucht, die Synagoge in die Luft zu sprengen, ein Jude, der als Zeuge gegen einen der Haupträdelsführer ausgesagt hatte, wurde erstochen (Suchy 1984).

Die Agitation der antisemitischen Deutsch-Sozialen Partei, die bis dahin im Rheinland nur wenig Erfolg gehabt hatte und nun durch die Propagierung des regional traditionellen Aberglaubens im Vorfeld der Reichstagswahlen Profil und Einfluß zu gewinnen suchte, vermochte die Unruhen anzuheizen; doch schon die Konzentration der Ausschreitungen auf ein Gebiet, das vom Schauplatz des „Ritualmordes" (Xanten) recht entfernt war, aber bereits früher „Ritualmord"-Krawalle erlebt hatte, weist auf die Begrenztheit des Einflusses hin.

Auch die antijüdischen Unruhen, die sich im Jahre 1900 im Gefolge eines ,Ritualmordes' über weite Teile Westpreußens und Pommerns verbreiteten und mehrere Todesopfer forderten, zeigen das Zusammenwirken des überkommenen Aberglaubens und der von außen in die Region hereingetragenen Agitation antisemitischer Gruppierungen, die sich auf diese Weise dort etablieren konnten.

Die Hep-Hep-Krawalle von 1819

Im August 1819 brachen in Würzburg antijüdische Unruhen aus, die mehrere Tote forderten und durch das Militär mühsam erstickt wurden. Die Würzburger Juden mußten nach Mergentheim fliehen oder tagelang auf den Feldern vor der Stadt kampieren. Die Unruhen breiteten sich rasch über weite Teile Frankens, Badens und Hessens bis nach Norddeutschland und Dänemark aus; besonders schwere Exzesse ereigneten sich außer in Würzburg auch in Frankfurt, Danzig, Hamburg und Kopenhagen (Sterling 1950).

Häufig ist der Ausbruch dieser Hep-Hep-Krawalle (so genannt nach einem verbreiteten Hetzruf gegen die Juden) mit der Hungersnot von 1816/17 oder der zunehmenden politischen Repression, wie sie in der Demagogenverfolgung zum Ausdruck kam, in Zusammenhang gebracht worden. Dabei ist stets die Annahme einer *Aggressionsverschiebung* impliziert. Die Erklärung der Hep-Hep-Krawalle als *Hungerunruhen* läßt allerdings außer Betracht, daß die Not im Sommer 1819 bereits überwunden war und gerade in der Würzburger Gegend eine ungewöhnlich gute Ernte eingefahren wurde. Gegen die Annahme dislozierter *politischer Unruhen* spricht die Tatsache, daß nach neueren Feststellungen die politisch aktiven Teile der Bevölkerung, insbesondere die Studenten, an den Unruhen keinen wesentlichen Anteil hatten (Katz 1983).

Ein weiterer Erklärungsversuch sieht einen Zusammenhang zwischen dem Ausbruch der Hep-Hep-Krawalle und der insbesondere nach der Aufhebung der Kontinentalsperre fühlbar gewordenen ökonomischen Strukturkrise. Anders als Modelle, die auf der Annahme einer Aggressionsverschiebung beruhen, geht diese Theorie von einer *objektiven* oder *subjektiven Konfliktsituation* zwischen Angreifern und Angegriffenen aus. Eine solche Konfliktsituation der *relativen Deprivation*, in der z. B. durch eine Veränderung der ökonomischen Rahmenbedingungen in ihrem Status bedrohte Gruppen (christliche Kaufleute und Handwerker) einer tatsächlich oder vermeintlich prosperierenden Konkurrenzgruppe (Juden) gegenüberstehen, ist zwar grundsätzlich für die erste Jahrhunderthälfte als gegeben anzunehmen, aber sie ist an den Schauplätzen und zum Zeitpunkt der Unruhen zu wenig spezifisch ausgeprägt, als daß sie Ausbruch und Intensität der Hep-Hep-Krawalle hinlänglich erklären könnte.

Im Gegensatz zu Sterling und anderen, die den Ausbruch der Hep-Hep-Krawalle primär als Folge gesamtgesellschaftlicher Entwicklungen erklären, sieht *Katz* in ihnen eine genuine Manifestation des zeitgenössischen Konflikts zwischen Christen und Juden, der mit anderen Problemen der deutschen Gesellschaft keinerlei bedeutsamen kausalen Zusammenhang aufweise (Katz 1983). Er verweist darauf, daß der Ausbruch der Hep-Hep-Krawalle zeitlich mit den Debatten um die *Emanzipation der Juden* zusammenfiel. Die Beratungen des ersten bayerischen Landtages im Frühjahr und Sommer 1819 waren von der Öffentlichkeit mit lebhaftem Interesse verfolgt worden, und in Würzburg war um diesen Gegenstand zwischen prominenten Bürgern eine heftige Kontroverse entbrannt, die im örtlichen Intelligenzblatt ausgefochten wurde. Tatsächlich brachen die Unruhen am Abend des 2. August aus, als der liberale Würzburger Abgeordnete Behr von den Beratungen des Landtags zurückkehrte.

Nicht nur der Zeitpunkt, auch der Ort des ersten Ausbruchs der Unruhen weist auf diesen Zusammenhang. Die allgemeinpolitische Debatte um die Emanzipation fand in Würzburg ihre Entsprechung in einem konkreten örtlichen Konflikt. Juden durften sich in der Stadt erst seit der Säkularisation des Hochstifts im Jahre 1803 unter bayerischer Herrschaft niederlassen, waren aber einschneidenden Beschränkungen unterworfen. So sollten ihre Läden nicht wie die der übrigen Kaufleute von den Straßen aus sichtbar und zugänglich sein, sondern nur in Gassen und Winkeln versteckt geduldet werden.

War die traditionelle, stabile *Statusdifferenz* zwischen christlichen Stadtbürgern und Juden aus den umliegenden Orten bereits mit deren Aufnahme in die Stadt in Frage gestellt und damit ein *latenter* Konflikt entstanden, so wurde dieser Konflikt durch die zunehmende von den Behörden offenbar tolerierte Mißachtung solcher Beschränkungen, die nach wie vor die grundsätzliche Statusdifferenz festschrieben, *aktualisiert.* Der Ausbruch der Hep-Hep-Krawalle in Würzburg steht also im zweifachen Kontext lokaler und überörtlicher Konflikte, die auf ein gemeinsames *Konfliktthema* zurückgeführt wurden und zeitgleich eine Verschärfung erfuhren.

Das Echo, das der Ausbruch der Unruhen an anderen Orten fand, zeigt das Ineinanderfließen dieses Konfliktthemas mit den unterschiedlichen Motiven der traditionellen Judenfeindschaft (vgl. *Materialien* I).

Konflikte um das Ortsbürgerrecht

Ähnlich wie die Hep-Hep-Krawalle waren die regional häufigen Konflikte um die Teilhabe der Juden am Ortsbürgerrecht und den damit verbundenen Nutzungen eine Folge der örtlichen Auswirkungen der Emanzipation und standen in keinem wesentlichen Zusammenhang mit anderen gesellschaftlichen

Problemen. Tendenziell waren sie dort am heftigsten, wo diesen Nutzungen etwa aufgrund der Größe des Gemeindewaldes, der Zahl der Juden oder der Armut der christlichen Nutzungsberechtigten besondere Bedeutung zukam; und in Württemberg, wo die Allmende keine praktische Bedeutung besaß, kam es auch zu keinen schwerwiegenden Konflikten um das Ortsbürgerrecht. Doch läßt sich aus dieser Feststellung keine allgemeine, feste Korrelation nur mit der jeweiligen konkret-ökonomischen Bedeutung der umstrittenen Nutzungen ableiten. Vielmehr ist davon auszugehen, daß auch in diesem Zusammenhang die Frage der *Statusdifferenz* zwischen Christen und Juden grundsätzlich eine Rolle spielte.

Besonders umstritten war die Teilhabe der Juden am Ortsbürgerrecht stets in Baden und Kurhessen. So führten in Kirchhain bei Marburg mehrere Generationen christlicher Bürger und jüdischer Einwohner diesen Kampf von 1828 bis 1919, als schließlich der erste Kirchhainer Jude als nutzungsberechtigter Ortsbürger registriert wurde.

In verschiedenen hessischen Kleinstädten kam es bereits im Vormärz zu Ausschreitungen, die darauf abzielten, die jüdischen Ortsbürger zum Verzicht auf ihre Nutzungen zu bewegen. In Windecken bei Hanau weigerte sich der Stadtrat 1834, ihnen das Bürgerlosholz zuzuteilen, und auf eine entsprechende Weisung der Regierung wurde durch den Bürgermeister offen der Gehorsam aufgekündigt; kein Holzfäller fand sich bereit, den Juden Holz zu schlagen, und als sie am Fälltermin dennoch im Gemeindewald erschienen, wurden sie von der Bürgerschaft unter Anführung des Stadtrats in einem parodistischen Aufzug begleitet, wobei die Schulkinder in Zweierreihen mitliefen; in der Nacht schlug dann eine große Menschenmenge in der Judengasse Türen und Fenster ein.

Während der Märzrevolution 1848 waren Ausschreitungen, die auf den Ausschluß der jüdischen Ortsbürger von den Bürgernutzungen abzielten, vor allem in Baden und Franken häufig. In mehreren Gemeinden erreichte man, daß die Juden ihren Verzicht schriftlich erklärten; oft gelang es ihnen später nicht oder nur nach langem Kampf, diese erpreßten Erklärungen annullieren zu lassen (Riff 1976, S. 30). Auch hier scheint es sich um organisierte Aktionen der christlichen Bürgerschaft unter Führung ihrer Honoratioren gehandelt zu haben. Der Ausbruch dieser zielgerichteten Unruhen zu einem Zeitpunkt des Verfalls der staatlichen Macht zeigt besonders deutlich den Zusammenhang zwischen *Konfliktverhalten und Veränderung der Machtbalance*. Ein letztes Mal tritt dieser Typus von Ausschreitungen nach der Jahrhundertmitte 1866 in drei Landstädten Unterfrankens auf (Harris 1987).

In einem ähnlichen Kontext sind die Unruhen der Jahre 1830 und 1835 in Hamburg zu sehen. Durch die antijüdischen Ausschreitungen wurde der Senat jeweils dazu gebracht, beabsichtigte Reformen der rückständigen Judengesetze der Hansestadt zurückzustellen. Allerdings tragen die Hamburger Unruhen sehr viel weniger deutlich das Gepräge zielgerichteten Konfliktverhaltens; sie sind zugleich in hohem Maß durch anders gelagerte soziale Konflikte mitbestimmt, die *Protestträger* und die *Protestobjekte* sind wesentlich diffuser (Zimmermann 1983).

Revolution und antijüdische Unruhen

Diffuse *Protestobjekte* und *Protestziele* sind oft dort zu beobachten, wo aufgrund einer drastisch veränderten *Machtbalance* der *Manifestierung* unterschiedlicher *latenter Konflikte* besonders geringe Hemmnisse entgegenstehen. Man wird solche Protestfälle jedoch nicht nur aus der Summierung verschiedener *Konfliktgründe* erklären können, sondern auch Erklärungsstränge verfolgen müssen, die den Formen des Handelns der *Protestträger* eine eigene Plausibilität unterstellen (vgl. Wirtz 1891, S. 179 ff zur „Begriffsverwirrung").

Sowohl im Zusammenhang mit den revolutionären Ereignissen des Jahres 1830 als auch während der Märzrevolution 1848 kam es vor allem in ländlichen Gegenden in Frankfurt, Baden, Hessen und in Teilen Westfalens verbreitet zu antijüdischen Ausschreitungen, die nur teilweise, wie im Fall der Auseinandersetzungen um den Anteil der Juden am „Bürgernutzen", auf konkrete Konflikte zurückgeführt werden können.

In Franken, im Odenwald und im Kraichgau zogen 1848 bewaffnete Bauern in von Juden bewohnte Orte, um dort zu plündern; gleichzeitig wurden vielerorts die herrschaftlichen Rentämter erstürmt, die Akten vernichtet, die Gebäude teilweise angezündet. Man hat in diesen Aktionen den Versuch der abgabepflichtigen und bei den Juden verschuldeten Bauern sehen wollen, sich aller finanzieller Lasten zu entledigen. Was den antijüdischen Aspekt betrifft, so wird diese Theorie für einzelne Orte durch die Quellen gestützt; insgesamt aber sind wir über die Rolle der gerade im Odenwald zumeist finanzschwachen Juden als Gläubiger der Bauern kaum unterrichtet, und es ist zunächst naheliegender, daß Bargeld und Waren auf dem Land vor allem bei Juden vermutet und diese deshalb das bevorzugte Ziel der Plünderer wurden.

In ganz anderen Zusammenhängen als die Bauernzüge, die oft als äußere Bedrohung des gesamten Gemeinwesens empfunden wurden, stehen die Aktionen von Ortseinwohnern gegen ihre jüdischen Nachbarn. Hier treten zwei deutlich verschiedene Typen antijüdischer Ausschreitungen hervor: zum einen *manifestes Konfliktverhalten*, durch Auseinandersetzungen um den „Bürgernutzen" oder den Widerstand gegen eine weitergehende Emanzipation der Juden (wie sie gerade in Baden im März 1848 zur parlamentarischen Beratung anstand) motivierte zielgerichtete Aktionen, deren Verlauf häufig die Verwicklung der Bürgerschaft, ihrer Honoratioren und sogar der lokalen Behörden erkennen läßt (vgl. *Materialien* III); und zum andern ungezielt scheinende *„Pöbelexzesse"*, deren Träger den unteren Schichten angehören oder nicht identifiziert werden können, deren Motivation sich häufig nicht erschließt und die die Juden oft nur am Rande betreffen.

Die Seite der Angegriffenen

Christliche Zeitgenossen sahen sich durch den Verlauf der Ausschreitungen in ihrem Stereotyp des feigen Juden bestätigt. Allerdings war angesichts der Übermacht der Angreifer eine Gegenwehr kaum möglich; so sie versucht wurde, scheint es oft zu besonders schweren Exzessen gekommen zu sein. In Hamburg traten jedoch 1835 junge Juden aus dem Kreis um Gabriel Riesser in dem Bewußtsein, damit für ihre politischen Rechte zu streiten, den Angreifern organisiert entgegen. Eine andere Konsequenz zog aus den Vorkommnissen während der Märzrevolution 1848 die „Auf-nach-Amerika"-Bewegung, der sich ebenfalls vorwiegend Intellektuelle anschlossen.

Resümee

Antijüdische Ausschreitungen treten in der ersten Hälfte des 19. Jahrhunderts vermehrt im Zusammenhang mit den vielfältigen sozialen Protesten auf, die den Übergang zur industriell-kapitalistischen Gesellschaft begleiten. Sie sind jedoch, obwohl in ihrer zeitlichen und räumlichen Streuung tendenziell dem Gesamtphänomen sozialer Protest entsprechend und zum Teil mit anderen Protestformen einhergehend, vor allem im Kontext des Widerstandes gegen die Emanzipation der Juden zu sehen und mit anderen gesellschaftlichen Konflikten nur bedingt verbunden. Eine Sonderstellung (im Hinblick auf Soziale Proteste) haben jene antijüdischen Unruhen, die primär durch christlichen Aberglauben begründet sind („Ritualmord"-Krawalle): Unabhängig von dem Auftreten anderer Protestformen und ohne erkennbaren Zusammenhang mit gesellschaftlichen Konflikten wie den Auseinandersetzungen um die Emanzipation erreichen sie teilweise erhebliche Intensität und leben am Ende des Jahrhunderts unter dem Vorzeichen der antisemitischen Agitation erneut auf.

Zitierte und weiterführende Literatur

W. Giesselmann, Protest als Gegenstand sozialgeschichtlicher Forschung, in: W. Schieder / V. Sellin (Hrsg.), Sozialgeschichte in Deutschland, Bd. 3, Göttingen 1987, S. 50–77.

H. Greive, Geschichte des modernen Antisemitismus in Deutschland, Darmstadt 1983.

J. F. Harris, Bavarians and Jews in Conflict in 1866. Neighbours and Enemies, in: Leo Baeck Institute Year Book 32 (1987), S. 103–117.

A. Herzig, Unterschichtenprotest in Deutschland 1790–1870, Göttingen 1988.

H.-G. Husum, Protest und Repression im Vormärz. Norddeutschland zwischen Restauration und Revolution, Göttingen 1983.

J. Katz, Misreadings of Anti-Semitism, in: Commentary 76 (1983/84), H. 1, S. 39–44.

H. Reinalter (Hrsg.), Demokratische und soziale Protestbewegungen in Mitteleuropa 1815–1848/49, Frankfurt a. M. 1986.

M. A. Riff, The Anti-Jewish Aspect of the Revolutionary Unrest of 1848 in Baden and its Impact on Emancipation, in: Leo Baeck Institute Year Book 21 (1976) S. 27–40.

Stefan Rohrbacher, Die „Hep-Hep-Krawalle" und der „Ritualmord" des Jahres 1819 zu Dormagen, in: R. Erb / M. Schmidt (Hrsg.), Antisemitismus und jüdische Geschichte, Berlin 1987, S. 135 bis 147.

Ders, Gewalt im Biedermeier. Antijüdische Ausschreitungen in Vormärz und Revolution (1815–1848/49), Frankfurt a. Main, New York 1993.

E. Sterling, Anti-Jewish Riots in Germany in 1819. A Displacement of Social Protest, in: Historia Judaica 12 (1950), S. 105–142.

E. Sterling, Judenhaß. Die Anfänge des politischen Antisemitismus in Deutschland (1815–1850), Frankfurt a. M. 1969.

H. A. Strauss, Die preußische Bürokratie und die anti-jüdischen Unruhen im Jahre 1834, in: H. A. Strauss / K. R. Grossmann (Hrsg.), Gegenwart im Rückblick. Festgabe für die Jüdische Gemeinde zu Berlin, Heidelberg 1970, S. 27–55.

Barbara Suchy, Antisemitismus in den Jahren vor dem Ersten Weltkrieg, in: J. Bohnke-Kollwitz u. a. (Hrsg.), Köln und das rheinische Judentum, Köln 1984, S. 252–285.

H. Volkmann / J. Bergmann (Hrsg.), Sozialer Protest. Studien zu traditioneller Resistenz und kollektiver Gewalt in Deutschland vom Vormärz bis zur Reichsgründung, Opladen 1984.

Rainer Wirtz, „Widersetzlichkeiten, Excesse, Crawalle, Tumulte und

Skandale". Soziale Bewegung und gewalthafter sozialer Protest in Baden 1815–1848, Frankfurt a. M., Berlin, Wien 1981.

M. Zimmermann, Antijüdischer Sozialprotest? Proteste von Unter- und Mittelschichten 1819–1835, in: A. Herzig u. a. (Hrsg.), Arbeiter in Hamburg. Unterschichten, Arbeiter und Arbeiterbewegung seit dem ausgehenden 18. Jahrhundert, Hamburg 1983, S. 89–94.

Materialien

I. Flugschrift, Bayreuth, August 1819

An die Judenschaft in Baireuth, Ihr von Gottes Gnaden in unser Stadt geduldetes Lumpenpak, euch machen wir kund und zu wissen, daß Ihr das nämliche Schicksal in einer kurzen Zeit zu erwarten habt, als wie euere Brüder in Würzburg. Fort müßt Ihr, und wenn die Stadt zu Grund geht; warum sollen wir eine solche Viperbrut in unserer Mitte gedulden, die nur von unsern Schweiß und Blut leben. Ein jeder Christ muß euch verachten, indem ihr vor 1.000 Jahren den Lehrer unserer Religion am Kreuz gemordet habt. Euer ganzes niedriges Betragen erweckt in uns schon den größten Haß […]. Als Mensch will ich Euch noch einen Rath geben, euch steht der Weg zu unserm guten König offen, fleht ihn an, daß er euch sicheres Geleit aus unserm Königreich giebt, damit ihr gemeinen Juden sammt euern Finanzrath von Eichtal nicht erschlagen werdet. Ihr guten Bürger vom Frankenland, ihr habt euere Pflicht erfüllt, ihr sollt nicht an uns feige Nachbarn sehen, euer Signal wird bald bey uns erwiedert, und so werden wir vereint unsere heilige Pflicht erfüllen, und mit euch und allen unseren Glaubens-Genossen die Feyer der Befreiung feyern. Im Namen des heiligen Bundes lebt durch Kraft und Macht und in dem Willen des Herrn. Geschehen Baireuth am 8. August 1819 im Jahre der Entstehung des Herrn.

Quelle: Staatsarchiv Bamberg.

Aron Elias Seligmann, bayerischer Hofbankier, war 1814 bei seinem Übertritt zum Christentum als Freiherr von Eichthal in den Adelsstand erhoben worden.

II. Spottlied, Rheinland 1834

Am 20. Julyus
störmd man ein Judenhauß
man schlug alleß in zwey
da muß es nicht bleiben bey
sie werten aufgehänckt
mit Verfniß getränckt.
Jetzt felt mir noch Ein
der Tembel stürtz ein
all mämer wurt zerschlagen
Buch Moses fortgetragen
um zu verbrennen daß
Ach schmulchen was ist daß.

Quelle: Hauptstaatsarchiv Düsseldorf.

Das insgesamt elfstrophige Lied schildert in dem zitierten Teil den Verlauf der Ausschreitungen im Juli 1834 in den Dörfern Neuenhoven und Bedburdyck.

Verfniß: Firnis. Tembel: Synagoge. all mämer: Almemor, der erhöhte Platz in der Synagoge für die Lesung aus der Tora.
Buch Moses: Torarolle.
schmulchen: ‚Samuel‘, hier als Spottname für einen Juden.

III. Revolution im Kraichgau, 1848

Auf dem Marktplatze [von Bruchsal] rottete sich ein vom Wein erhitzter Haufen mit Steinen und Prügeln bewaffnet zusammen, umgeben von solchen, die den Religionshaß von jeher gepredigt haben, die man fast täglich in der Kirche, die man mit allen Prozessionen laufen sieht [...]. Man zog vor einzelne Judenhäuser, zertruemmerte Thüren, Läden und Fenster, zerstörte Waaren und sonstige Mobilien, leerte Mehlsäcke aus, daß die Straße ganz von Mehl bedeckt war. Alles unter den Augen der Behörden, gleichsam unter obrigkeitlicher Bewilligung [...] Ebenso that- und Einsichtslos wie Sonntags in Bruchsal waren die Behörden in dem benachbarten Städtchen Heidelsheim. Obgleich es dem Amte nicht unbekannt ist, daß dort in früheren Jahren schon die gräßlichsten Judenverfolgungen stattgehabt, obgleich man allenthalben in Bruchsal wußte, daß auf Montag Abend Gewalttätigkeiten angekündigt waren, geschah kein erheblicher Schritt, um den Juden Schutz zu gewähren, keine Bürgerwachen wurden organisiert, kein militärischer Schutz verlangt. Die Zerstörungen in Heidelsheim sollen furchtbar sein. [...] Wir sahen gestern ganze Judenfamilien, welche sich von Heidelsheim flüchteten, deren Schilderungen herzzerreißend sind.

Quelle: Mannheimer Abendzeitung, 10. 3. 1848.

III

Der Antisemitismus im Kaiserreich

Werner Jochmann

Struktur und Funktion des deutschen Antisemitismus 1878–1914

Die unter den besonderen Bedingungen der Reichsgründungszeit aktualisierten gruppenspezifischen Strömungen der Judenfeindschaft vereinigten sich erst zur großen politischen Bewegung des Antisemitismus im Zusammenhang mit dem entscheidenden Kurswechsel in der Innenpolitik des Kaiserreichs. Als Bismarck sein Bündnis mit den Nationalliberalen aufkündigte, weil er mit ihnen die Schwenkung in der Innen- und Wirtschaftspolitik nicht durchführen zu können glaubte, bemühte er sich bei Parteien um Unterstützung, die in ihrer Opposition gegen den Liberalismus den Antisemitismus toleriert oder sogar als brauchbar zur Gewinnung einer Massenbasis gefördert hatten.

Sobald der Bevölkerung bewußt wurde, daß die amtliche Politik auf antiliberalen Kurs ging, paßte sie sich rasch den neuen Gegebenheiten an, wobei sich das gebildete Bürgertum teilweise durch besonderen opportunistischen Eifer hervortat. Diese Intellektuellen überboten sich in Beteuerungen, wie sehr sie den Umschwung herbeigesehnt, ihn sogar vorbereitet hätten. Die Zahl derer, die ihre konservative Grundhaltung entdeckten und sich plötzlich den ökonomisch Bedrängten verpflichtet fühlten, war sehr groß. Freilich vollzogen auch manche den Wandel aus Überzeugung, weil sie erfahren hatten, daß der Liberalismus keine Antwort auf die Frage wußte, wie sich das Individuum im modernen zentralisierten Staat den anonymen Mächten in Wirtschaft und Verwaltung gegenüber behaupten sollte.

Als Bismarck zu erkennen gab, daß er im Kampf gegen die Nationalliberalen und die Fortschrittspartei auch den Antisemitismus als massenwirksames Agitationsinstrument einzusetzen bereit war, gaben manche die bisher geübte Zurückhaltung und moralische wie intellektuelle Scheu auf. Wissenschaftler, Beamte, Theologen und angesehene Publizisten veröffentlichten Polemiken und tendenziöse Abhandlungen, in denen sie oft ihre Unkenntnis noch mehr unter Beweis stellten als ihre Voreingenommenheit. Zeitungen, Zeitschriften und Verlage witterten die Konjunktur und öffneten ihre Spalten oder Organe den neuen Demagogen und trugen dem Ungeist der Zeit in der einen oder anderen Form Rechnung.

Nicht minder entscheidend war, daß Ratgeber Bismarcks, regierende Fürsten, einflußreiche oder politisch aktive Kreise des Adels die Antisemiten materiell und durch Protektion förderten. Dabei ist überall das Bemühen erkennbar, der antisemitischen Agitation „eine breitere Grundlage" zu geben und insbesondere die „Parteien mit ins Interesse" zu ziehen.[1] Auf diese Weise sollte die Machtbasis der Nationalliberalen Partei zerschlagen und der Fortschrittspartei jeder Rückhalt in der Wählerschaft genommen werden. In einem stark autoritätsgläubigen Volk bedeutete es viel, wenn man sich auf hochgestellte Persönlichkeiten berufen konnte und von diesen sogar Gunstbeweise erhielt. Sie waren fast immer mit einem Lob der nationalen Zuverlässigkeit all derer verbunden, die von der Einsicht der Obrigkeit mehr erwarteten als vom Verantwortungsbewußtsein parlamentarischer Parteien und demokratischer Gremien. In dem Maß, in dem Bismarck, die Ministerialbürokratie und der Adel den liberalen Parteien Versagen angesichts der sozialen Frage vorwerfen konnten, war nicht nur der Machtanspruch der Regierung auf Kosten des Reichstags zu stärken, sondern den Liberalen auch eine indirekte Schuld für den Aufstieg der staatsfeindlichen Sozialdemokratie anzulasten.

Die Polarisierung der Gesellschaft wurde bewußt in Kauf genommen, um den Einfluß des Liberalismus einzudämmen und die Abwanderung der sozial deklassierten oder bedrohten Angehörigen des alten Mittelstandes zur Sozialdemokratie zu verhindern. Der Antisemitismus sollte also nicht zuletzt dazu

---

[1] Berichte aus dem Reich und dem Auslande. Antijüdische Agitation, in: Im neuen Reich X, 1 (1880), S. 797.

dienen, größere Bevölkerungsgruppen gegen den Sozialismus zu immunisieren. Er wurde in seinen mannigfachen Schattierungen zum entscheidenden Vehikel der Nationalisierung der Massen. Dadurch, daß ständig das Bild einer starken und homogenen jüdischen Minderheit beschworen wurde, ließ sich die Notwendigkeit, die eigene Gemeinschaft zu festigen, leichter begründen. Nach einer Periode vermeintlicher nationaler Erschlaffung entfesselten die Antisemiten „eine Bewegung" im Volk, „die in kräftiger Reaktion den nationalen Gedanken vielleicht zu scharf zuspitzte", die aber von vielen trotz starker Vorbehalte als „Mittel zur Verjüngung und Belebung der Volkskraft" akzeptiert wurde.[2]

An den Bestrebungen, eine Bewegung gegen Liberalismus und Sozialismus zu organisieren, sie zu prägen und damit das Wohlwollen Bismarcks zu erringen, haben sich vornehmlich in der Politik unerfahrene, ehrgeizige und vielfach sehr junge Männer beteiligt. Da die Hoffnung auf eine Neuorientierung in der Innen- und Wirtschaftspolitik aus unterschiedlichsten Motiven sehr stark war, erzielten sie rasch Erfolge, ja sie wurden gelegentlich im Überschwang sogar als „Führer der neuen Reformation in Deutschland" gefeiert[3], weil sie aussprachen, „was bereits lange in den Herzen von Millionen geschlummert" habe.[4] Es besteht kein Zweifel, Adolf Stoecker, Heinrich von Treitschke und die vielen großen und kleinen Demagogen haben die Konjunktur weidlich genutzt und artikuliert, was die Bevölkerung an Zweifeln, Ängsten und Nöten quälte. Aber Befähigungen zur Reform oder auch nur zu einer konstruktiven Politik in Teilbereichen besaßen sie nicht. Das hat dazu geführt, daß die Antisemiten von vielen Parlamentariern und Politikern niemals ernst genommen wurden. Angesichts der

[2] *Hans Leuß*, Die antisemitische Bewegung, in: Die Zukunft, Bd. 7, Nr. 33 (19. 5. 1894), S. 330.

[3] Dr. Müller, Direktor einer Lehranstalt bei Darmstadt, an den Journalisten Wilhelm Marr, 5. 12. 1879, Staatsarchiv Hamburg, Nachlaß Marr (im folgenden zitiert: StA Hbg., NL Marr), A 164.

[4] Pellens, Leipzig, an Wilhelm Marr, 19. 10. 1879, StA Hbg., NL Marr, A 173.

intellektuellen Dürftigkeit der meisten Reden und Schriften und des Fehlens klarer Programme und politischer Forderungen glaubte zunächst auch niemand an den Erfolg der Agitation. So ist der Volksverhetzung von keiner Seite entschlossen begegnet worden. Damit entstanden Schäden, die nicht mehr zu reparieren waren. Vor allem hat der Antisemitismus auf diese Weise zu der starken Deformation des deutschen Nationalismus beigetragen.

Ungehindert rollte seit 1878 eine antisemitische Agitationswelle nach der anderen über das Land hinweg. Zahllose Schriften, Broschüren, Traktate und Flugblätter wurden gedruckt und teilweise in hohen Auflagen verteilt. Zeitschriften und Zeitungen unterschiedlichsten Niveaus erschienen, wenn auch zumeist nur für kurze Zeit. Unbedeutende Provinzblätter, die nur mühsam ihren Leserstamm halten konnten und oft große Existenzsorgen hatten, erwiesen dem Ungeist der Zeit ihre Reverenz.

Erstes Ziel der antisemitischen Demagogie war es, eine politische Trendwende bei den Wahlen herbeizuführen. Insbesondere sollte das Wählerpotential der Fortschrittspartei dezimiert werden. Diese Intention sowie die Tatsache, daß die antisemitischen Journalisten und Redner wie Wilhelm Marr, Otto Glagau, Franz Perrot, Bernhard Förster und andere letztlich doch Kinder der liberalen Ära waren, führten dazu, daß sie sich vornehmlich an das städtische Bürgertum wandten und die Aktionen auch vielfach auf die Städte beschränkt blieben. Erst nach und nach stellte sich heraus, daß das Echo in der Provinz lebhafter war. Sehr schnell fanden sich daher Lehrer, Beamte, Pastoren, Handlungsreisende und ehemalige Offiziere dienstbeflissen bereit, im Kreis Gleichgesinnter und Untergebener oder auch unter ihren Anhängern Flugblätter zu verteilen, Schriften zu verschenken oder anzupreisen und damit sogar Menschen zu beeinflussen, die noch niemals Berührung mit Juden gehabt hatten, die unter keinerlei Beschwernissen litten, sondern nur, weil es in ihrer Umgebung so üblich war, die Juden ablehnten oder verketzerten.

Von vielen Seiten gingen Vorschläge zur Verbesserung und wirksamen Ausgestaltung der Agitation ein. Namhafte Gönner halfen bei der Erschließung von Geldquellen und bei der Anknüpfung wichtiger Verbindungen, der Absicherung bestimmter Aktionen und der Werbung mächtiger Sympathisanten. Sofern die antisemitischen Demagogen bei ihrem Vorgehen noch Bedenken hatten, wurden sie durch die Woge der Zustimmung und Sympathie aus allen Teilen des Landes vollkommen beseitigt. Prinz Carl zu Hohenlohe-Ingelfingen – um nur eine aus der großen Zahl ähnlicher Stimmen zu nennen – bat Marr in „aufrichtiger Bewunderung", in seinen Anstrengungen auf keinen Fall nachzulassen. „Also frisch in den Kampf", so ermunterte er ihn nach der Versicherung, sich beim Fürsten Pleß für materielle und ideelle Förderung eines von Marr geplanten Zeitschriftenprojekts verwenden zu wollen, „wenn auch nicht die preußische Armee, so ist doch ein recht ansehnliches Kontingent von Sympathie mit und hinter den Streitern".[5]

Sehr bald begannen Überlegungen, wie die einmal erworbenen Sympathien in politischen Willen umgesetzt und die Menschen, die indoktriniert waren, in den Dienst antiliberaler Politik gestellt werden könnten. Da es keine Organisation gab, in der sie Aufnahme finden konnten, mußte eine solche geschaffen und damit verhindert werden, daß entweder die Sozialdemokraten oder die Katholiken „die Agitation sehr geschickt benutzen und die Früchte in politischer Beziehung ernten" könnten.[6]

Der erste Impuls zur Parteibildung kam von einer Seite, von der er am wenigsten erwartet worden war. In Berlin rief Anfang 1878 Hofprediger Adolf Stoecker eine Christlich-soziale Arbeiterpartei mit dem erklärten Ziel ins Leben, Arbeiter und Handwerker mit der bestehenden Staatsordnung zu versöhnen und der Sozialdemokratie abspenstig zu machen. Trotz großen Propagandaaufwands gelang es ihm jedoch nicht, das Mißtrauen

---

[5] Prinz Carl zu Hohenlohe-Ingelfingen an Wilhelm Marr, 28. 7. 1879, StA Hbg., NL Marr, A 108.
[6] Prinz Carl zu Hohenlohe-Ingelfingen an Wilhelm Marr, 14. 9. 1878, StA Hbg., NL Marr, A 108.

der Arbeiter gegen Staat und Kirche zu überwinden. Er gewann kaum Arbeiter, dafür aber die von den Antisemiten aktivierten Angehörigen des ökonomisch bedrohten, kirchlich noch gebundenen Mittelstandes in Berlin sowie im mitteldeutschen Raum. Diese Menschen waren bewußtseinsmäßig schon so stark fixiert, daß sie Stoecker sehr nachhaltig drängten, in dem von ihnen gewünschten Sinn zur „Judenfrage" Stellung zu nehmen.[7] Er zögerte zunächst, weil er wußte, daß ein Christ das Evangelium der Liebe und nicht Haßparolen zu verkünden hatte, gab dann aber dem Druck seiner Anhängerschaft nach. Am 19. September 1879 hielt er seine erste antisemitische Rede und verstieß damit gegen die von seinem Amt geforderte Neutralität. Vom Fanatismus der Hörer und seiner eigenen Beredsamkeit mitgerissen, begann Stoecker seine Wirksamkeit; sie kann in den Folgen für die politische und geistig-kulturelle Entwicklung Deutschlands kaum überbewertet werden.

Stoecker hatte die Mentalität seiner Versammlungsbesucher richtig eingeschätzt. Er artikulierte die Befürchtungen und Hoffnungen dieser Menschen so präzis, daß er immer größeren Zulauf hatte. Binnen kurzem war er ein vielumworbener, gefeierter Volkstribun. Dank seiner Stellung und seines Geschicks erreichte er alle Kreise des Bürgertums, namentlich aber die Jugend. Niemand hat so nachhaltig wie er zur „Mobilisierung des Mittelstandes und des akademischen Nachwuchses" beigetragen. Er hat die Formel geliefert, nach der in den folgenden Jahrzehnten jene „Legierung von Antisemitismus und Nationalismus" entstand,[8] die sich als so fest erwies, daß sie bis in die Mitte des 20. Jahrhunderts hinein erhalten blieb.

Dauernde organisatorische Erfolge waren Stoecker allerdings versagt. Da er einen Parteiapparat nur in der Reichshauptstadt

---

[7] *Kurt Wawrzinek*, Die Entstehung der deutschen Antisemitenparteien (1873–1890), Berlin 1927, S. 23 ff.; *Friedrich Lorenzen*, Die Antisemiten, Berlin-Schöneberg 1912, S. 9.

[8] Friedrich Meinecke in der Besprechung des Buches von *Walter Frank*, Hofprediger Adolf Stoecker und die christlich-soziale Bewegung, in: Historische Zeitschrift, Bd. 140 (1929), S. 151 ff. (Wiederabdruck: Friedrich Meinecke, Werke, Bd. VII [1968]), S. 443 ff.)

aufbaute, stieß er überall auf den Widerstand der Sozialdemokraten und der Fortschrittspartei und kam damit über ein Anfangsstadium nicht hinaus. Die von ihm betriebene Agitation in den Ländern und Provinzen des Reiches versuchte er nie organisatorisch zu nutzen, obwohl ihn Freunde und Ratgeber diesbezüglich bedrängten. Dafür fehlten ihm Fähigkeiten und geeignete Mitarbeiter. Es besteht aber kein Zweifel, daß Stoecker bei seinen politischen Aktivitäten außerhalb Berlins größere Erfolge zu verzeichnen hatte als in der Hauptstadt selbst. Der zum Stoeckerkreis gehörende Reichstagsabgeordnete Hans Leuß hat durchaus nicht nur parteipolitische Zweckpropaganda betrieben, als er fünfzehn Jahre nach Stoeckers erster antisemitischer Rede erklärte, der Hofprediger würde längst „an der Spitze einer antisemitischen Fraktion von 50–80 Mann im Reichstag" stehen, wenn er nur „die Hälfte der Arbeit, die er an Berlin verschwendet hat, der Provinz gewidmet und hier nach der rednerischen Arbeit auch organisiert" hätte. [9]

So leicht und problemlos, wie Leuß es sich dachte, war nun allerdings die Organisation der Antisemiten nicht. Sie waren sich einig in der Feindschaft gegen die Juden, nicht aber über den Kreis der Bundesgenossen und Förderer. Auf ein gemeinsames politisches Programm vermochten sie sich infolge der gegensätzlichen Auffassungen in ökonomischen, sozialen, religiösen und ideologischen Fragen nicht festzulegen. Das wurde schon in der Anfangszeit der sogenannten Berliner Bewegung sichtbar. Kaum hatte Stoecker den ersten größeren Mitgliederzulauf in seiner Partei zu verzeichnen, da drängten sich diejenigen heran, die dem evangelischen Theologen auf keinen Fall das Feld überlassen wollten. Im Herbst 1879 gründete der Atheist Wilhelm Marr mit Unterstützung seiner kirchlich nicht gebundenen Anhänger die Antisemitenliga, in der antichristliche Tendenzen die Oberhand hatten, die Juden als fremde Rasse bekämpft und diffamiert wurden. Das Experiment mißlang vollständig. Es hat aber anderen, geschickteren Organisatoren als Modell gedient, obwohl auch die folgenden

---

[9] Leuß (s. Anm 2), S. 328.

Versuche zur Parteien- und Verbandsbildung in Berlin wie in der Provinz fehlschlugen.

Auf ganz andere Weise versuchten Bernhard Förster und Max Liebermann von Sonnenberg die Antisemiten zusammenzuführen. Ihrer Auffassung nach war eine gemeinsame Aktion das geeignete Mittel. So setzten sie im Sommer 1880 eine Petition an den Reichskanzler in Umlauf, in der unter anderem der Ausschluß der Juden aus staatlichen Stellungen und speziell aus dem Lehrberuf gefordert wurde. Diese Petition sollte in ganz Deutschland verbreitet werden und den „Charakter eines Plebiszits" erhalten. [10] Um dem einfachen Bürger Mut zur Unterschrift zu machen, wurde die Aufforderung zur Beteiligung an der Petition von prominenten Männern des öffentlichen Lebens unterstützt. Besonders bedeutsam war es in diesem Zusammenhang, daß Förster, dank der akademischen Wirksamkeit der Herren Treitschke, Wagner, Dühring und einiger anderer Hochschuldozenten, die Studenten aktivieren und für die Agitation zugunsten der Petition gewinnen konnte. Im Oktober 1880 richtete der Jurastudent Dulon ein Schreiben an die Studenten aller Hochschulen, in dem er sie zur Unterzeichnung der Petition aufforderte und sie darüber hinaus bat, sich aktiv an der Unterschriftensammlung zu beteiligen. Unverzüglich bildeten sich an vielen Universitäten Ausschüsse zur Vorbereitung dieses sogenannten Plebiszits. Aus ihnen formulierten sich schon zu Beginn des Jahres 1881 in Berlin, Halle und Breslau die ersten Vereine deutscher Studenten. Der Tatendrang der akademischen Jugend war so groß, der Liberalismus schon so weit diskreditiert, daß binnen Jahresfrist ein Teil der deutschen Studenten an fast allen Hochschulen in den Sog des Antisemitismus geraten war.

Die Bemühungen dagegen, die Handwerker in einem großen antijüdischen Interessenverband zusammenzuführen und so verstärkt politischen Einfluß auszuüben, bleiben zunächst in den Ansätzen stecken. Der Initiator, Reichsfreiherr von Fe-

---

[10] Text und Begleitbriefe von Bernhard Förster an Wilhelm Marr, 11. und 17. 7. 1880, StA Hbg., NL Marr, A 63.

chenbach-Laudenbach, konnte zwar ein „Aktions-Comitee" zur Vertretung der Interessen des deutschen Handwerks bilden, aber es gelang doch nur in einigen Ländern und Provinzen, Fuß zu fassen und ein politisches Bewußtsein, vornehmlich beim Nachwuchs, zu entwickeln. Der bayerische Aristokrat ließ dabei sehr bewußt an die Leidenschaften der Menschen appellieren, um zum Erfolg zu kommen. Ihm war sowenig wie Stoecker und den einflußreichen Förderern im Hintergrund bewußt, wie schwer Emotionen, einmal entfesselt, wieder unter Kontrolle gebracht werden können.

Bereits 1880 entdeckten kirchliche und konservative Kreise, daß ihre antisemitischen Zöglinge eigenwillig waren. Die Geister, die sie gerufen hatten und die so bereitwillig gekommen waren, gehorchten ihren Winken nicht mehr. In Berlin ließ sich der kaum 27jährige Dr. Henrici in einer Rede in den Reichshallen im Dezember 1880, vom Beifall seiner Hörer mitgerissen, zu Haßausbrüchen gegen die Kirchen verleiten. Er wurde von dem Fanatismus, den er entfesselte, selbst fortgetragen. Seine Forderungen wurden immer maßloser; unter dem Einfluß seiner Hetzreden kam es nicht selten zu Tumulten, Widersetzlichkeiten gegen behördliche Anordnungen und Ausschreitungen. Bedenkenlos und überheblich ignorierte er die Mahnungen seiner etablierten Gönner und Verbündeten, nachdem er unter dem Eindruck seiner sogenannten Erfolge jedes Augenmaß verloren hatte. Ohne jeden Skrupel bezeichnete er sich selbst als „Brandstifter".[11] Dies war kein Einzelfall. Die Eskalation des Hasses und der Gewalt griff zudem von Berlin auf die Provinzen über, in denen Förster und andere große und kleine Demagogen nach eigenem Eingeständnis nichts unterließen, um zu „wühlen und [zu] hetzen" und die Bevölkerung ganz bewußt in Pogromstimmung zu versetzen.[12]

Unter Berufung auf die durch sie entfachte Erregung des Volkes wollten die Antisemiten die Regierungen in Reich und

---

[11] Ernst Henrici an Wilhelm Marr, 14. 3. 1881, StA Hbg., NL Marr, A 99.
[12] Bernhard Förster an Wilhelm Marr, 16. 12. 1879, StA Hbg., NL Marr, A 63.

Ländern, insbesondere aber die Parlamente und in ihnen namentlich das Zentrum und die Konservativen zu einem entschiedeneren Vorgehen gegen Nationalliberale, Fortschrittspartei und die ohnedies schon verfolgten Sozialdemokraten veranlassen. Gewaltanwendung, so wußten die Judenhasser, ließ sich jedoch nur fordern, wenn man den Gegnern unterstellte, sie seien zu Gewalttaten entschlossen. So wurden die Juden nicht mehr nur als die heimlichen Herren und Herrscher der Welt denunziert, sondern mehr und mehr als die Wegbereiter und Strategen des Umsturzes, die Aktivisten und Führer der Nihilisten. Indem man die Juden bezichtigte, den Staat zerstören zu wollen, und sie mit den Anschlägen und Attentaten der „Nihilisten" in Rußland in Verbindung brachte, ließ sich nicht nur der eigene Fanatismus rechtfertigen, sondern planmäßig die Angst als Mittel zur Militarisierung und Nationalisierung der deutschen Bevölkerung einsetzen. Die Sicherheit des einzelnen, der Schutz der Gemeinschaft seien nur gewährleistet, wenn das gesamte Volk von einem Willen beherrscht werde, einheitlich reagiere und Auseinandersetzungen über die Richtigkeit einer bestimmten Politik als gemeinschaftsgefährdend unterbunden würden.

Die Antisemiten gaben also vor, ihre Triebkraft sei „reiner Patriotismus", insbesondere „das einfache und schlichte Pflichtgefühl, für die geistigen Güter des eigenen Volkes sorgen zu müssen".[13] Im Klartext hieß dies, im nationalen Staat dürfe ein Meinungspluralismus nicht geduldet werden. Opposition wurde zum „Verbrechen" erklärt. Unmerklich und von den Zeitgenossen kaum beachtet, wurde so nach und nach die Politik sakralisiert, an die Stelle des religiösen trat ein weit effektiverer politischer Dogmatismus. Alles, was die Kritiker ehedem der Kirche angelastet hatten, das praktizierten nun die Apostel des bürgerlichen Nationalismus sehr viel entschiedener und hemmungsloser.

Damit hatten nun freilich die antisemitischen Führer und

---

[13] *Erich Lehnhardt*, Judenthum und Antisemitismus, in: Preußische Jahrbücher 55 (1885), S. 680.

Propagandisten zunächst den Bogen überspannt. Wohl mußten viele, die den Antisemitismus in den Dienst ihrer Interessen gestellt hatten, mit Rücksicht auf die Anhängerschaft Zugeständnisse machen. Auf die Dauer ließen sich die allenthalben hervortretenden Gegensätze jedoch nicht überbrücken, sondern mußten ausgetragen werden. Katholiken und Protestanten engagierten sich vehement, als die Antisemiten nicht allein das Judentum, sondern mehr und mehr auch das Christentum angriffen. Entsetzt registrierten sie, daß der Gedanke des christlichen Staates verblaßte und die nachrückende Generation sehr reale, diesseitige Interessen verfolgte. Die Anhänger der ständischen Ordnung empörten sich über die egalisierenden Tendenzen des neuen Nationalismus. Sie fühlten sich übervorteilt, weil die Schichten, die durch die Antisemiten politisiert worden waren, Mitspracherecht beanspruchten und von einer Rückkehr zur alten Sozialordnung absolut nichts wissen wollten. Einmal im Begriff, sich politisch und gesellschaftlich zu emanzipieren, dachten diese Gruppen nicht daran, die alten „Abhängigkeitsverhältnisse" als verbindlich anzuerkennen.

Besonders für die Konservativen, die das Reichstagswahlrecht als das größte Übel betrachteten, war es eine herbe Enttäuschung, als sie gewahr wurden, daß die von den Antisemiten aktivierten und an die Urne geführten Wähler sich ihrer zahlenmäßigen Macht erfreuten und nicht bereit waren, auf diesen Vorteil wieder zu verzichten. Sie ließen sich von den Konservativen nicht mehr zu Aktionen wider das „Übel der Wahlen" anstiften und schon erst recht nicht davon überzeugen, daß politischer Verstand „stets bei wenigen nur gewesen" sei und diese wenigen allein in den Reihen der Konservativen zu finden seien.[14]

Früher oder später resignierten fast alle Antisemiten der ersten Stunde, und deren Förderer, soweit sie sich an historischen Leitbildern orientiert hatten, fühlten sich brüskiert und

---

[14] Frh. v. Frankenberg an Wilhelm Marr, 28. 9. 1887, StA Hbg., NL Marr, A 65.

verhöhnt. Die Entwicklung war über die einen wie die anderen hinweggegangen. „Sie haben Sturm gesät", schrieb der reichsparteiliche Abgeordnete Freiherr von Frankenberg an Marr, dem er selbst die Mittel für die *Deutsche Wacht* beschafft hatte, „und sind unangenehm überrascht, daß die Saat stürmisch in die Halme schießt und den Sämann überwuchert!" Aber er hielt keinen Trost bereit. Er hatte zwar stets an den Methoden Marrs Anstoß genommen, den Zweck des Treibens jedoch unterstützt. Deshalb verlor er ebenso wie Marr das Gleichgewicht, als einige Gruppen der Antisemiten für eine Arbeitszeitbegrenzung eintraten und sozialpolitische Forderungen stellten, die er als revolutionär empfand. [15] Die antisemitische „Bewegung" war also von Anfang an uneinig. Die tiefen sozialen und ideologischen Gegensätze waren nicht zu überwinden, und so kam es nie zu der erstrebten Aktionsgemeinschaft aller „Gesinnungsgenossen".

Wegen der Zerrissenheit der antisemitischen Bewegung nahmen die etablierten Parteien und politisch Verantwortlichen sie nicht ernst; sie verurteilten sie mit jener Mischung von intellektueller Überheblichkeit und politischer Verständnislosigkeit, mit der sie letztlich doch nur ihre eigene Inaktivität verdeckten. So geschah nichts wirklich Entscheidendes, um wenigstens ein weiteres Vordringen des Antisemitismus zu verhindern. Zunächst schien die Kraft der ungebärdigen Protestbewegung versiegt. Nach den spektakulären Vorgängen in den Jahren 1878 bis 1882 wurde es wieder still, die Öffentlichkeit gewahrte die Präsenz der Antisemiten nur noch selten. Aber sie war in kleinen Zirkeln überall im Land nach wie vor aktiv. Ihre Organisationsstrategen brauchten nach den ersten Mißerfolgen bei der Parteien- und Verbandsbildung ein „Stadium ruhiger Fortentwicklung", in dem sie Voraussetzungen für Neuansätze schaffen konnten. [16] Theodor Fritsch gründete

---

[15] Frh. von Frankenberg an Wilhelm Marr, 1.11.1888, StA Hbg., NL Marr, A 65.
[16] *Lehnhardt*, (s. Anm. 13), S. 667.

1885 seine *Antisemitische Correspondenz* in der Absicht, alle „Gesinnungsgenossen" zusammenzuführen, zu indoktrinieren und für die Agitation zu „dressieren".[17]

Hatten sich die Antisemiten zunächst sehr stark um den Beistand einflußreicher Personen und Kreise bemüht und häufig das Wohlwollen der „Obrigkeit" zu gewinnen versucht, so leiteten sie nun die systematische Kleinarbeit zur Gewinnung jedes einzelnen Menschen in Stadt und Land ein. Zwei Gründe hatten den Ausschlag dafür gegeben. Die Förderung durch die Mächtigen war nicht nachdrücklich genug gewesen und oft an unerwünschte Bedingungen geknüpft worden. Vor allem aber hatte sich nach und nach die Erkenntnis Bahn gebrochen, daß es im modernen Staat auf die Macht der organisierten Interessen ankam, auf die Dauer also nur die Zahl der Anhänger Einfluß und Erfolg garantierte. Sehr bewußt wurde der Schwerpunkt der Agitation deshalb in die Regionen verlegt, in denen andere Parteien noch kaum präsent waren. Nicht mehr die Großstädte mit dem gebildeten, wohlhabenden Bürgertum und einer selbstbewußten Arbeiterbevölkerung waren die bevorzugten Arbeitsbereiche der Antisemiten, sondern „die Städtchen und Dörfer". Dort gingen sie „mit viel mehr Plan, Umsicht und Menschenkenntnis zu Werke" als alle anderen Parteien vorher.[18]

Mit Bedacht wurde die „Kleinarbeit" auf den überschaubaren Raum und kleinen Kreis konzentriert. Ihre organisatorischen und agitatorischen Aktivitäten vermochten die Antisemiten nur zu entfalten, weil sie sehr viele junge Menschen in ihren Dienst gestellt hatten. Diese waren voller Tatendrang und verfügten über mehr Zeit als ältere Politiker, die beruflich stark in Anspruch genommen waren. Diesen Nachwuchskräften war es erwünscht, zunächst im begrenzten Bereich Erfahrungen zu sammeln und das politische Tätigkeitsfeld in dem sozialen und

---

17 Flugblatt Nr. 1, Wie lösen wir die Judenfrage?, hrsg. im Auftrag des Antisemitischen Comités von Theodor Fritsch, Januar 1886; Theodor Fritsch an Wilhelm Marr, 1. 12. 1885, StA Hbg., NL Marr, A 67.
18 Theodor Fritsch an Wilhelm Marr, 12. 11. 1890, StA Hbg., NL Marr, A 67.

geistigen Milieu zu suchen, aus dem sie kamen oder in dem sie sich sicher fühlten. Die jungen Ingenieure, Handwerker, Kaufmannsgehilfen, evangelischen Jugendgruppenleiter und Volksschullehrer wirkten lieber unter ihresgleichen oder unter Menschen, die sie kannten. Kontakte zu anderen Berufsgruppen, deren Mentalität ihnen fremd war oder denen sie sich bildungsmäßig oder hinsichtlich der Berufserfahrung nicht gewachsen fühlten, mieden sie nach Möglichkeit.

Die Parteiantisemiten der ersten Stunde haben angesichts ihrer Mißerfolge bei der Organisation der Anhängerschaft stets mit Wohlgefallen auf die Rührigkeit der Jugendgruppen geschaut und darauf vertraut, daß deren Mitglieder einst ein stärkeres Zusammengehörigkeitsgefühl, besseres Organisationstalent und mehr politisches Machtbewußtsein entwickeln würden als sie selbst. Darin hatten sie sich nicht getäuscht. Nun, da diese Jugend die Ausbildung beendet hatte und ins Berufsleben eintrat, trug sie den Antisemitismus vor allem in die Berufs- und Standesverbände und machte ihn zum konstitutiven Element in zahlreichen politischen und kulturellen Vereinen.

Von besonderer Tragweite war es, daß die in den Vereinen Deutscher Studenten (VDSt) antisemitisch geprägten Jungakademiker nun in ihren verantwortlichen Stellungen erst recht aktiv wurden und ihre Gesinnungsgenossen überall begünstigten. Fortan wurde dem Antisemitismus des öfteren von Beamten, Richtern und Lehrern Vorschub geleistet. In vielen Fällen beteiligten sich Diener des Staates offen an der Agitation der Antisemiten oder waren in deren Organisationen führend tätig. Die Skala behördlicher Willküräkte jüdischen Staatsbürgern gegenüber reichte von der Nichtachtung über die bewußte Beleidigung bis zur versteckten oder offenen Benachteiligung. Damit begann die von Rudolf von Gneist immer wieder vergeblich gerügte „Umkehrung der Verfassung durch die Verwaltung", die in einigen Fällen bereits einem Widerruf der Emanzipation gleichkam.[19] Die jüdischen Opfer bürokratischer

---

[19] Bundesarchiv Koblenz, Nachlaß Gothein 13.

Willkür hatten manchmal nicht die Chance, ihr Recht zu bekommen, da Richter antisemitischen Unterstellungen zum Opfer fielen oder sie sogar als erwiesen akzeptierten. Die wiederholt geäußerte Vermutung, daß die preußischen Justizminister den antisemitischen Strömungen in der Bevölkerung von Fall zu Fall Rechnung trugen, ist angesichts der Zurückdrängung der Juden aus dem Justizdienst seit Beginn der neunziger Jahre, der Fehlurteile einzelner Gerichte und vieler Praktiken der Staatsanwaltschaften gegenüber Juden kaum von der Hand zu weisen.

Auf die Dauer am verheerendsten wirkte sich aus, daß der Antisemitismus an den Hochschulen des Landes eine feste Heimstatt fand. Gerade dort, wo dem eigenen Anspruch gemäß die Verantwortung für die geistigen und kulturellen Güter der Menschheit besonders ernst genommen werden sollte, wurden dem Ungeist der Zeit die größten Zugeständnisse gemacht. Jahr für Jahr verließen zahlreiche Menschen die Universitäten, die dort mit dem Antisemitismus in Berührung gekommen waren und nun in einflußreichen Positionen ihrer „Überzeugung gemäß" wirken konnten. Bei dem hohen Ansehen, das die Akademiker in jener Zeit in Deutschland besaßen, orientierten sich große Teile des nichtakademischen Bürgertums, namentlich in den Kleinstädten, politisch am Verhalten der Honoratioren, und das waren vornehmlich Amtsrichter, Gymnasiallehrer, Rechtsanwälte, Ärzte, Apotheker und Pastoren.

Auch ein größerer Teil der Volksschullehrer fiel in den achtziger und neunziger Jahren den antisemitischen Parolen zum Opfer, bis nach der Jahrhundertwende Linksliberale und Sozialdemokraten zur entscheidenden Gegenkraft wurden. Lehrer waren führend in den antisemitischen Parteien und Verbänden, vornehmlich auf regionaler und lokaler Ebene, tätig. Sie engagierten sich zudem publizistisch in der Regionalpresse, gaben den Ton in geselligen und heimatkundlichen Vereinen an, beeinflußten das Treiben von Jugendgruppen und Sportklubs. Es sind zahlreiche Fälle bedenkenloser Verhetzung unwissender, der antisemitischen Beeinflussung wehrlos ausgelieferter Kinder bekanntgeworden.

Mit dem Eintritt der durch den VDSt geprägten jungen Akademiker in das Berufsleben begann Ende der achtziger Jahre des 19. Jahrhunderts auch die schrittweise Politisierung und Indoktrinierung der Fachverbände der höheren Beamten, Juristen, Ärzte, Ingenieure und Theologen. Besonders schnell breitete sich der antisemitische Bazillus in den protestantischen Pfarrervereinen aus. Schon zu Beginn der neunziger Jahre mußten einzelne Kirchenbehörden ihre Pastoren eindringlich mahnen, sich nicht aktiv an der antisemitischen Agitation zu beteiligen, da diese weder „mit den Christenpflichten" noch mit den „Amtspflichten eines Geistlichen" vereinbar sei.[20] Doch die kirchlichen Amtsträger wichen vielfach selbst einer klaren Entscheidung aus. Auf der einen Seite verurteilten sie, daß „unter Anrufung des Christentums eine Art Kreuzzug gegen die Juden gepredigt" werde, auf der anderen Seite fanden sie es aber nur zu „erklärlich", daß angesichts der großen „Notstände des Volkslebens" und nicht näher bestimmter sogenannter „Versündigungen" der Juden eine antisemitische „Bewegung" entstanden sei. Auch sie maßen den Juden eine größere „Schuld" zu als den Christen, fanden mehr Worte der Entschuldigung als des Tadels für die Pastoren. Daß derartige Ermahnungen, auf deren Beachtung nicht sonderlich gedrungen wurde, wenig fruchteten, kann mithin kaum überraschen, zumal einem einfachen Landpfarrer schlecht verboten werden konnte, was einem Hofprediger gestattet war. Stoeckers Geist drang nicht zuletzt aufgrund seines sozialen Engagements, seiner Impulse für die Gemeindearbeit und seiner Aktivitäten im evangelischen Verbandswesen weit über den Bereich der altpreußischen Union hinaus. Er war im ausgehenden 19. Jahrhundert „der mächtigste kirchliche Führer für die Pastoren" aller Landeskirchen.

Während der Protestantismus den Antisemitismus immer mehr einsetzte, um im Zeitalter der Volkssouveränität den

---

[20] Amtsschreiben des Oberkonsistoriums des Großherzogtums Hessen vom 3. 11. 1890 betr. die antisemitische Agitation, in: Allgemeines Kirchenblatt für das evangelische Deutschland 40 (1891), S. 110f.

erforderlichen Rückhalt in der Gesellschaft zu finden, versuchte der Katholizismus, sich seiner wieder zu entledigen und sich auf die eigene Kraft zu besinnen. Es war allerdings keineswegs leicht, aus den politischen Verstrickungen herauszukommen, zumal die geistigen ja keineswegs gelöst waren. In den Provinzen, in denen der Bildungsstand der Gläubigen gering, das politische Bewußtsein unterentwickelt war und die Antisemiten konkrete Notstände oder Vorkommnisse zur Aufpeitschung der Leidenschaften benutzten, ließen sich auch Katholiken manipulieren und mitreißen. Besonders unversöhnlich bleiben sie den Juden gegenüber in Bayern und einigen rheinischen Gebieten, in denen sich katholische Tradition mit landschaftlicher Sonderart und ausgeprägtem Selbstvertrauen verband, oder in Regionen, in denen, wie etwa in Posen oder Oberschlesien, die sozialen Spannungen durch nationale Gegensätze verschärft wurden. In der Regel schwelten auch in der katholischen Bevölkerung starke antijüdische Ressentiments weiter. Und ganz ohne Zweifel trugen auch immer wieder Geistliche und einzelne Verbandsfunktionäre dieser Tatsache Rechnung, wenn es ihnen zweckmäßig erschien.

Inzwischen war aber den politischen Repräsentanten des katholischen Volksteils doch klargeworden, welche Gefahren ein Bündnis mit Kräften heraufbeschwor, die kaum zu beeinflussen und noch weniger zu kontrollieren waren. Weit mehr als den Protestanten war ihnen bewußt, daß die Antisemiten nicht nur gegen das Judentum, sondern gegen die Religion überhaupt Sturm liefen und viele von ihnen Wegbereiter biologisch-materialistischer Ideologien waren. Zudem vermochten sich die Katholiken auch nicht so vorbehaltlos mit dem nationalen Staat zu identifizieren wie die protestantische Mehrheit der Bürger. Sie wahrten dem evangelischen Hohenzollernreich gegenüber stets eine gewisse Distanz. Zwar befanden sie sich nach der Beendigung des Kulturkampfes nicht mehr in einer Verteidigungsposition, aber Wachsamkeit und Skepsis waren angesichts der antikatholischen Ressentiments in einflußreichen Hof- und Regierungskreisen und insbesondere in der preußischen Beamtenschaft durchaus geboten. Die politisch führenden Kreise des deutschen Katholizismus fragten sich mit Recht, wohin sie als die „zu ewiger Minderheit Verurteilten in Deutschland und Preußen kommen" würden, wenn sie ihre Hand dazu böten, „einer noch kleineren Minderheit ihre politische Gleichberechtigung zu nehmen". Ihnen war vollauf bewußt, daß die in der Verfassung verankerten Rechte der Juden nicht angetastet werden dürften, wenn Präzedenzfälle, die etwa ein Vorgehen gegen polnischsprachige Katholiken in den preußischen Ostprovinzen ermöglichten, verhindert werden sollten. Nachdrücklich mahnten sie die Gläubigen, allen Versuchen des Antisemitismus zu widerstehen eingedenk des Spruches: „Was du nicht willst, das man dir tu', das füg' auch keinem andern zu!"[21]

Der Antisemitismus wurde in der Wilhelminischen Ära vornehmlich eine Angelegenheit der protestantischen Mehrheit des deutschen Volkes. Der Zerfall der alten sozialen Ordnungen, der forcierte und oft recht gewaltsame Übergang von der altständischen Agrar- zur modernen Industriegesellschaft hatten schwere Störungen zur Folge. Nur reagierten die Menschen je nach dem Grad ihrer religiösen Verankerung sehr unterschiedlich darauf. Es zeigte sich, daß das soziale Verhalten der Menschen nicht allein von ökonomischen Faktoren bestimmt wird, sondern auch von religiösen Grundhaltungen und kirchlichen Bindungen.

Die neue – zweite – Welle des Antisemitismus im letzten Jahrzehnt vor der Jahrhundertwende wurde durch die Wandlungen in der Wirtschafts- und Innenpolitik nach dem Sturz Bismarcks, namentlich durch die Aufhebung des Sozialistengesetzes, ausgelöst. Solange die Arbeiterbewegung verboten und verfolgt war, fühlten sich die Führungsschichten und das Bürgertum leidlich sicher. In dem Augenblick aber, in dem die Entscheidung über die Aufhebung des Ausnahmegesetzes gefallen war, verbreitete sich Unruhe, ja sogar Angst in größeren

---

[21] Leipziger Zeitung, Nr. 38 (16. 2. 1892), Bundesarchiv Koblenz, ZSg 113, Nr. 15.

Kreisen des Bürgertums, und zwar primär in den protestantischen Landesteilen.

Überall begann eine rege organisatorische und agitatorische Betriebsamkeit mit dem Ziel, Schutzwälle zu errichten. In einigen bürgerlichen Kreisen war das Selbstbewußtsein so unterentwickelt, daß die Propagandakampagne hauptsächlich dem Zweck diente, sich selbst Mut zu machen. In der Regel sollte mit allen Aktivitäten Vorsorge getroffen werden, daß nicht weitere Arbeiter, vor allem aber keine Bauern, Handwerker, Angestellte und untere Beamte in das Lager der Sozialisten übergingen. Eine Abwanderung der interessenmäßig so unterschiedlich festgelegten und bewußtseinsmäßig ganz uneinheitlich geprägten Mittelstandsschichten und in deren Folge die Katastrophe der etablierten bürgerlichen Parteien und der Verfall der bestehenden politischen Ordnung sollten um jeden Preis verhindert werden.

Kleine nationalistische Gruppen wollten von den inneren Spannungen und „Sorgen" durch eine aktive, ja aggressive Außenpolitik ablenken,[22] durch eine dynamische Kolonialpolitik der Nation permanente Aufgaben stellen und damit zugleich auch deren Wohlstand vermehren. Gerade die Antisemiten gehörten zu den frühesten und entschiedensten Verfechtern deutscher Kolonial- und Machtpolitik. Ihrer Auffassung nach war das deutsche Volk aufgrund seiner rassischen und biologischen Kraft, seiner militärischen und politischen Leistungsfähigkeit zum Herrschen besonders qualifiziert.

Das „Klein-Deutschland" bismarckscher Prägung, wie es 1871 entstanden war, durfte daher allenfalls eine „vielleicht unumgängliche, vielleicht notwendige Etappe auf dem Marsche nach Groß-Deutschland" sein.[23] Nur durch eine kompromißlose nationale Machtpolitik glaubten die antisemitischen „Reformer" den „Mißmut und die Kleingläubigkeit" des Bür-

---

[22] Sorgen, in: Die Grenzboten 50 I (1891), S. 385 ff.
[23] Paul de Lagarde an Prinz Wilhelm (später Kaiser Wilhelm II.), 6. 4. 1886, in: Anna de Lagarde, Paul de Lagarde. Erinnerungen aus seinem Leben, Göttingen 1894, S. 105.

gertums überwinden, den „Zustand der Ebbe im geistigen und nationalen Leben" beenden, eine Hochstimmung erzeugen und diese für die Ausbildung eines Ausnahmerechts gegen die jüdische Minderheit im Innern nutzen zu können.[24]

In „einem frischen, fröhlichen Angriffskrieg gegen die zur Zeit noch sozial äußerste Linke" sollte die neue „Volksbewegung" nach dem Willen ihrer geistigen Führer erstarken und sich konsolidieren. Durch die Verbindung nationaler und sozialer Ziele hoffte man die Zauberformel gefunden zu haben, die den „Zusammenschluß aller staatserhaltenden Elemente" garantierte. Die Entlassung Bismarcks, die in „weiten Kreisen des deutschen Volkes" mit einem „Gefühl der Befreiung aufgenommen" worden war,[25] bewirkte eine Freisetzung lange gebändigter und aufgestauter Energien. Sie wurden vornehmlich von denen aufgefangen, die im Kampf gegen die Juden und Sozialisten ihr „hohes nationales Ziel gefunden zu haben" glaubten.[26]

Die Dynamik, die nun die deutsche Gesellschaft erfaßte, zeitigte jedoch andere Resultate, als sich die ewigen Rufer nach der Einheit der Nation gewünscht hatten. Nicht die mächtige, neue Reformpartei entstand, sondern zahlreiche Splitterparteien, Vereine und Verbände mit unterschiedlichsten politischen, wirtschaftlichen und kulturellen Programmen traten in Aktion. Viele von ihnen erlangten überhaupt nur regionale Bedeutung, politisches Gewicht hatten nur wenige. Die meisten dieser neuen antisemitischen Organisationen stritten widereinander, manche vereinigten sich, zerfielen, konstituierten sich wieder. Die Wirksamkeit dieser Zusammenschlüsse und sektiererischen Gruppen sollte auf keinen Fall überschätzt

---

[24] Die herrschende Unzufriedenheit und ihre Gründe, in: Die Grenzboten 52 II (1893), S. 529.

[25] *Walter Bußmann*, Wandel und Kontinuität der Bismarck-Wertung, in: Hans Hallmann (Hrsg.), Revision des Bismarckbildes. Die Diskussion der deutschen Fachhistoriker 1945–1955 (Wege der Forschung 285), Darmstadt 1972, S. 489.

[26] *Walter Pohlmann*, Das Judentum und sein Recht, Neuwied, Leipzig 1893, S. 10.

werden. Im Zusammenhang mit der judenfeindlichen Indoktrination des Volkes haben sie aber vorübergehend und partiell Bedeutung erlangt. An einer Fülle von Beispielen läßt sich zeigen, wie der Antisemitismus auf diesem Weg in den neunziger Jahren bis in die letzten Bürgervereine vordrang, in Heimatvereinen und Kulturbünden Einzug hielt. Es darf nicht übersehen werden, daß der Antisemitismus trotz aller Widersprüche und Unzulänglichkeiten die einzige, wenn auch noch so bescheidene „Theorie" war, die dem Liberalismus als der Ideologie des kapitalistischen Systems und insbesondere dem Sozialismus entgegengestellt werden konnte und das Bürgertum auf eine „gemeinsame Formel zu bringen geeignet" war. [27]

Von großer Tragweite war in den neunziger Jahren des vorigen Jahrhunderts, daß der Antisemitismus primär in die Verbände eindrang, der Begründung ihrer Interessen dienstbar gemacht und in manchen zur beherrschenden Ideologie wurde. Daß Freiherr von Fechenbach-Laudenbach, Theodor Fritsch und dessen ergebene Gefolgschaft vornehmlich die Handwerker anzusprechen versuchten, hatte gute Gründe. Diese zahlenmäßig starke Schicht suchte einen politischen Rückhalt. Sie sah ihre Interessen bei den etablierten Parteien nicht oder nur unvollkommen gewahrt. Zu den Sozialdemokraten aber fühlten sich die Handwerker erst recht nicht hingezogen, da ihnen diese den sozialen Abstieg und die Proletarisierung in Aussicht stellten. So ließen sie sich nur zu bereitwillig von denen organisieren, die ihrem Selbstvertrauen schmeichelten und ihnen versicherten, sie seien einer der wichtigsten schaffenden Stände und bildeten das Fundament, auf dem der Staat ruhe. Ihr Stand sei zwar durch die Einführung der Gewerbefreiheit von vielen Hemmnissen befreit, zugleich aber auch jedes Schutzes beraubt worden. Der Staat müsse ihn im Interesse der Selbsterhaltung wieder gewähren. Diese Argumentation drang nach und nach in die letzten protestantischen und allgemeinen Handwerkervereine und Innungen vor. In die katholischen

---

[27] *Theodor W. Adorno*, Zur Bekämpfung des Antisemitismus heute, in: Das Argument, Nr. 29 (1964), S. 89.

Standesvertretungen fand sie dagegen kaum Eingang, da diese den Selbstschutz organisierten.

Da sich die Handwerker organisierten, bevor die bürgerlichen Parteien einen nennenswerten Mitgliederstamm und damit einen festen Rückhalt im Lande besaßen, wurden sie beim Werben um die Gunst der Wähler von den antisemitisch organisierten Handwerkerverbänden oft unter Druck gesetzt und zu weitergehenden Zugeständnissen gezwungen. Lehnten die Parteien ab, erlitten sie bei den Wahlen häufig spürbare Einbußen. Davon betroffen waren an erster Stelle die Konservativen, in einigen Gebieten auch die Nationalliberalen, die gleichwohl im allgemeinen ihren Grundsätzen treu blieben und nur in Sachsen den Antisemiten entgegenkamen.

Nachdem sich einmal erwiesen hatte, wie mühelos sich mittelständisches Interesse unter Zuhilfenahme des Antisemitismus ideologisch überhöhen und vertreten ließ, wurde dieser zur beherrschenden Ideologie der meisten Mittelstandsorganisationen. Junge Kaufmannsgehilfen gründeten 1893 den Deutschnationalen Handlungsgehilfenverband (DHV). Diese Organisation wurde, wie es verbandsoffiziell hieß, „aus dem Antisemitismus heraus geboren" und stellte sich ganz in seinen Dienst. „Von dieser Flutwelle kommen wir nicht los", erklärte der Vorstand anläßlich des ersten Verbandstages, „und tun gut, uns von ihr forttragen zu lassen". Die Verbandsfunktionäre waren fest davon überzeugt, daß sie ohne politische und ideologische Festlegung zum Mißerfolg verurteilt seien.[28] So haben sie sich, jung und besessen von dem Glauben, der einzig richtigen „Weltanschauung" zu dienen, weit über das normale Maß hinaus engagiert. Gestützt auf die Vorarbeit der evangelischen Jugend- und Jungmännervereine, konnte sich der DHV rasch ausbreiten und bald eine aktive Rolle in der antisemitischen Bewegung in Deutschland spielen. Ob der DHV in den beiden Jahrzehnten vor dem Ersten Weltkrieg tatsächlich „die stärkste Säule aller judengegnerischen Bewegungen" wurde, wie Mitglieder und Freunde meinten, mag dahingestellt

---

[28] Johannes Irwahn, in: Deutsche Handels-Wacht 3, Nr. 3 (1. 2. 1896).

bleiben. Unbestreitbar ist auf jeden Fall, daß die aktivsten Mitglieder der antisemitischen Parteien aus dem DHV kamen, sie von ihm materiell unterstützt wurden und er nach und nach zur großen „Rekrutenschule für den politischen Antisemitismus" wurde. [29]

Nicht ganz so aktiv und betont einseitig hat sich der zweite von der antisemitischen Woge emporgetragene Interessenverband betätigt. Die Großgrundbesitzer hatten den Bund der Landwirte (BdL) – ebenfalls 1893 – ins Leben gerufen, nicht weil sie ein Vordringen der Sozialdemokraten in die agrarischen Regionen des Reiches fürchteten, sondern weil es ihnen in einer konkreten Situation nötig erschien, ihre Interessen massiv zur Geltung zu bringen. Es ging ihnen primär darum, den Einfluß der Landwirtschaft im System des Hochkapitalismus wieder zu stärken und unter Ausnutzung gesellschaftlicher Machtpositionen nachdrücklicher in die politischen Entscheidungsprozesse einzugreifen.

Der Bund der Landwirte trat – das konnte bei dem ausgeprägten Standesbewußtsein seiner Repräsentanten nicht verwundern – mit dem Anspruch auf, „das erste und bedeutendste Gewerbe" Deutschlands zu vertreten, von dessen Wohl und Wehe der Bestand des Reiches und der Einzelstaaten entscheidend abhänge. Da die maßgeblichen Kreise des Bundes sehr wohl wußten, daß die ostelbischen Großgrundbesitzer andere Interessen verfolgten als etwa die schleswig-holsteinischen und hessischen Bauern, unterblieb eine präzise Festlegung der Forderungen und Ziele. Die Führungsgremien und mächtigen Gönner des Bundes waren sich völlig im klaren, daß sie Anhänger unter den kleinen Bauern und den von der Landwirtschaft abhängigen Handwerkern brauchten, um ihre Ansprüche wirksam zu vertreten. Als nahezu einziges Mittel, sie zu gewinnen und bei der Stange zu halten, bot sich der Antisemitismus an. Im Ressentiment gegen Andersgläubige und Fremde fanden

---

[29] *Max Maurenbrecher*, Zwischen zwei Feuern, in: Deutsche Zeitung 27, Nr. 537 (30. 11. 1922); Mitteilungen aus dem Verein zur Abwehr des Antisemitismus XXIII, Nr. 4 (12. 2. 1913).

sich die Großgrundbesitzer mit dem Dienstpersonal und Gesinde, die großen Pächter, mittleren Bauern und ländlichen Handwerker, die ihr kärgliches Dasein durch die Bewirtschaftung eines Stückchens Land ein wenig verbesserten, trotz vieler Gegensätze und Feindschaften immer zusammen.

Da der BdL finanzstarke Mitglieder und Förderer hatte, konnte er sich rascher ausdehnen als andere Organisationen, zumal er in den agrarischen Provinzen Preußens keinerlei ernsthafte Konkurrenz hatte. Daß die antisemitische Agitation des Bundes von Anfang an so effektiv war, beruhte ganz wesentlich darauf, daß Aktivisten und Gründungsmitglieder der Vereine deutscher Studenten wie Diederich Hahn, die Publizisten Bley und Schmidt-Gibichenfels sowie zahlreiche große und kleine regionale Funktionäre in seinen Dienst traten. Die Landbündler verpflichteten zeitweilig auch antisemitische Parlamentarier und Parteiführer, sofern diese nicht gegen die Grundsätze der preußisch-konservativen Verbandspolitik verstießen. Bei der Vorarbeit, die Böckel bei den Bauern in Hessen, Dr. König bei denen in Westfalen, Fritsch und seine Anhänger in Sachsen, Liebermann von Sonnenberg und andere in den nord- und ostdeutschen Agrargebieten Preußens geleistet hatten, fiel es dem BdL nicht schwer, binnen weniger Jahre dort Fuß zu fassen und ein immer engeres und festeres Organisationsnetz über das Land zu spannen. Mit Hilfe des Genossenschaftswesens konnte der Bund auch massive wirtschaftliche und politische Pressionen ausüben.

Die von vielen gehegte Hoffnung, daß die Mehrheit des Bildungsbürgertums, vom Treiben der „Radauantisemiten" in den Verbänden angewidert, auf den Weg der politischen Mäßigung zurückkehren würde, erwies sich als irrig. Wer dem Antisemitismus einmal erlegen war, der löste sich selten ganz von ihm. Er nahm Anstoß an der politischen Praxis und den groben Agitationsmethoden, aber nur, um es auf „höherer Ebene" besser zu machen als die anderen. So breitete sich der Antisemitismus seit dem letzten Jahrzehnt des 19. Jahrhunderts zunehmend im anspruchsvollen Schrifttum aus, wurde in literarischen und kulturellen Vereinigungen und Zirkeln heimisch, drang in die Spalten seriöser Zeitungen und Zeitschriften vor.

Aus der großen Zahl dieser im letzten Jahrzehnt des vorigen Jahrhunderts entstandenen Organisationen sollen nur einige exemplarisch vorgestellt werden. Vor allen anderen muß auf den Alldeutschen Verband hingewiesen werden, der einer bewußt expansionistischen Machtpolitik durch die Erzeugung eines nationalistischen Radikalismus im deutschen Volk zum Durchbruch verhelfen wollte. Der Verband war zunächst nicht ausgeprägt antisemitisch, wurde es aber mit notwendiger Konsequenz, da er die totale Integration des einzelnen in die Gemeinschaft und die Unterordnung unter einen vermeintlichen nationalen Gesamtwillen postulierte, die kein Angehöriger einer Minderheit ohne Preisgabe seiner Identität akzeptieren konnte.

Mit dem unklaren Ziel der „Pflege deutscher Art" und vornehmlich der Förderung der nordisch-germanischen Rasse formierten sich 1894, ein Jahr nach der Gründung des Alldeutschen Verbandes, zwei Vereinigungen, in denen sich „die Kernschar aller wirklichen Deutschen" zusammenschließen sollte: der Deutschbund und die Gobineau-Gesellschaft. Beide Organisationen wollten herausfinden, wie volksbewußte Deutsche zu handeln hätten und rassische Erkenntnisse in politische Aktivitäten umgesetzt werden könnten. Die Gesellschaften waren mitgliederschwach, in dieser Hinsicht nahezu unbedeutend. Aber die Intellektuellen und Publizisten, die sich in diesen Vereinen betätigten, haben eine so rege schriftstellerische Tätigkeit entfaltet, daß sie die antisemitischen Verbände und Parteien zu einem guten Teil mit dem dort benötigten „geistigen Rüstzeug" versorgten. Der Vorsitzende des Deutschbundes, Friedrich Lange, wirkte zunächst als Redakteur der *Täglichen Rundschau* stark auf die Meinungsbildung des nationalen deutschen Bürgertums ein. Ludwig Schemann, der Mentor der Gobineau-Gesellschaft, hat als Übersetzer und Interpret das Werk des Franzosen für den politischen Gebrauch in Deutschland hergerichtet. Er sorgte dafür, daß Auszüge aus Gobineaus Rassenwerk in den Jahrbüchern der deutschnationalen Handlungsgehilfen und anderer „deutschbewußter" Verbände erschienen und Teildrucke für die politische Schulung zur Verfügung standen. Es gelang ihm sogar dank der Unterstützung durch mehrere Kultusministerien, die Lehrer- und Schülerbibliotheken der Gymnasien einiger Länder damit zu versorgen.

Die deutsche Wissenschaft und die Schichten des Volkes, die sich selbst bis in die Gegenwart hinein die Verantwortung für die Wahrung des abendländischen Kulturerbes zuschreiben, haben stets nur betont, was sie leisteten, nicht was sie unterließen. Indem sie die „Schuld" an dem Aufkommen und der Ausbreitung des Antisemitismus vornehmlich den „ungebildeten Kleinbürgern" zuschrieben, verdrängten sie die Erkenntnis, daß dieser nicht erst von Hitler „in die deutsche Kultur injiziert worden" ist, sondern schon lange vorher in die Bildungsschicht vorgedrungen war, „bis dorthinein, wo sie am allerkultiviertesten sich vorkam",[30] und daß sie diesen Prozeß selbst erleichtert oder ermöglicht hatte. Die rasche Industrialisierung weckte Zweifel an der Verbindlichkeit der kulturellen Überlieferung, die noch vermehrt wurden, angesichts der Tatsache, daß das wirtschaftlich führende Bürgertum zu Wohlstand gelangte und dabei die Kulturgüter gering achtete. Es überrascht nicht, daß unter diesen Umständen auch in Wissenschaft und Kultur der Erfolg höher geschätzt wurde als überkommene Grundsätze. Über den Erfolg aber entschied ein Publikum, das bejubelte, was es verstand, empfand und wünschte.

Nicht mehr das umfassend gebildete Individuum, sondern der tüchtige und zweckmäßig angepaßte Staatsbürger, nicht mehr die kulturelle Veredelung der Menschheit, sondern Reichtum und Macht der Nation galten als erstrebenswert. Die Vorstellung von einer den Völkern innewohnenden Triebkraft und einer in der Geschichte wirksamen Gesetzmäßigkeit beherrschte mehr und mehr das Denken der Gebildeten, ja wurde nahezu zum Dogma. Wer sich dieser „Weltanschauung" ver-

---

[30] *Adorno* (s. Anm. 27), S. 104.

schrieb oder sie auch nur partiell akzeptierte, der mußte konsequenterweise an eine Höherentwicklung der Völker, an die politische und kulturelle Sendung der Nationen glauben. Für ihn
ließ sich Geschichte nahezu unbegrenzt „machen", der Erfolg
vorausberechnen und garantieren. Das Bildungsbürgertum und
namentlich die akademische Jugend, die dieser Auffassung hul-
digten, haben damit erst die eigentliche Kulturkrise herbeigeführt und so der Ausbreitung der Inhumanität, des nationalen
und rassischen Hochmutes, des Sozialdarwinismus und – mit
allen verbunden – des Antisemitismus Vorschub geleistet.

Besonders folgenschwer waren die Veränderungen, die in diesem Zusammenhang im Bereich des Bildungswesens ausgelöst
wurden. Während der ersten Hälfte des Jahrhunderts hatte es
im deutschen Schulwesen nach der treffenden Analyse Willy
Hellpachs noch immer die „doppelte Buchführung" nach dem
Grundsatz gegeben: „praktisches Christentum für die Massen,
klassizistische Humanität für die Bildungsschicht". Ziel der
Erziehung war, dem „demokratisierenden, nivellierenden, ato-
misierenden Geist" des Jahrhunderts entgegenzuwirken und
die Jugend von der Notwendigkeit zu überzeugen, daß das
deutsche Volk „zu einer Art Gesinnungseinheit" zusammen-
wachsen müsse.[31]

Die Unsicherheit, die gleichwohl amtlicherseits in der gesamten Bildungspolitik und namentlich hinsichtlich des Erzie-
hungszieles herrschte, zeigt der Erfolg von Julius Langbehns
Schrift „Rembrandt als Erzieher". Dieses 1890 erschienene
Buch, das sogar von wohlwollenden Zeitgenossen als weit-
schweifig und unsystematisch bezeichnet wurde, erlebte innerhalb von zwei Jahren 33 Auflagen und beschäftigte zeitweise die gesamte an Bildungsfragen interessierte Öffentlichkeit. Der Verfasser mußte mithin trotz aller offensichtlichen

---

[31] *Hildegard Milberg*, Schulpolitik in der pluralistischen Gesellschaft.
Die politischen und sozialen Aspekte der Schulreform in Hamburg 1890–
1935, Hamburg 1979, S. 51; *Clara Menck*, Die falsch gestellte Weltenuhr.
Der „Rembrandtdeutsche" Julius Langbehn, in: Karl Schwedhelm (Hrsg.),
Propheten des Nationalismus, München 1969, S. 89.

Schwächen seines Buches das Bildungsbürgertum intellektuell oder emotional berührt haben. Langbehn artikulierte mit seinen Ausfällen gegen die moderne Entwicklung in Politik, Wirtschaft und Wissenschaft treffsicher das Unbehagen von Millionen, die in einer Zeit des Wandels geistigen Halt suchten. Er empfahl die Rückbesinnung auf Rembrandt und verwarf damit die Entwicklung, die sich seitdem und besonders nach der Französischen Revolution vollzogen hatte. Er polemisierte gegen das Ideengut der Nachaufklärungszeit, gegen den Geist der Moderne und des Judentums, die seiner Auffassung nach identisch waren. Langbehn war überzeugt, daß sich die Zukunft nur durch einen Bruch mit den geistigen Bewegungen des 19. Jahrhunderts gewinnen lasse. Demgemäß riet er, den Blick vom Universum abzuwenden und nicht mehr die „Menschenrechte vom Himmel zu holen", sondern darauf bedacht zu sein, die „Volksrechte aus der Erde zu graben".[32]

Wenn Langbehn gehofft hatte, das deutsche Volk werde sich am Vorbild Rembrandts aufrichten, durch eine Wiederentdeckung alter, verschütteter Traditionen den Wertepluralismus im geistigen und kulturellen Bereich überwinden, so hatte er sich bitter getäuscht. Binnen kurzer Zeit wurden den Deutschen neben Rembrandt auch Dürer, Schopenhauer, Nietzsche, Wagner, Hebbel und andere Künstler, Dichter oder Philosophen als „Nationalerzieher" angepriesen. Bei dem Versuch, Überlieferungen zu beleben, die Vergangenheit für tagespolitische Zwecke verfügbar zu machen, gingen die Meinungen noch weiter auseinander als bei der Diskussion um politische und ökonomische Ordnungsvorstellungen. Es gab keinen Konsens darüber, welche Tradition belebt, an welchem Strang der Vergangenheit angeknüpft werden sollte.

Ein Teil des Volkes empfahl nachdrücklicher denn je, das christlich-abendländische Erbe zu bewahren, ja das deutsche

---

[32] *Julius Langbehn*, Rembrandt als Erzieher. Von einem Deutschen, Leipzig 471906, S. 170; *Walter Mohrmann*, Antisemitismus. Ideologie und Geschichte im Kaiserreich und in der Weimarer Republik, Berlin (Ost) 1972, S. 57.

Volk verbindlich darauf festzulegen. Inzwischen war aber die Minderheit stärker und einflußreicher geworden, die die christliche Tradition verwarf, weil ihrer Auffassung nach das Christentum germanischer Art Gewalt angetan, den angeblich echten heldischen Sinn der Deutschen gebrochen habe. Die atheistischen Gruppen wünschten eine neue „deutsche Weltanschauung" auf vorchristlichen, germanisch-heidnischen Überlieferungen zu fundieren. Dabei herrschte wiederum keinerlei Einigkeit über das, was die Germanen den modernen Deutschen als Erbe hinterlassen hätten. Während einige an eine „deutsche Wiedergeburt" aus dem Geist des Irrationalismus dachten, verschrieben sich andere krassestem rationalistisch-biologischem Materialismus.

Es ist nicht erforderlich, das Ausmaß geistiger Verwirrungen eingehend zu beschreiben oder in das Labyrinth der Widersprüche einzudringen. Folgenschwer war allein, daß sich antichristliche Rassenideologien wie antisemitische Sozialdarwinisten auf der einen Seite und die verschiedenen Gruppen der konservativen und christlichen Judenfeinde auf der anderen trotz aller erbitterten Fehden und persönlichen Gehässigkeiten letztlich doch immer wieder kompromißbereit zeigten, wenn politische Aktionen gegen die Juden durchgeführt wurden. Hinsichtlich des Antisemitismus blieben sie „Gesinnungsgenossen", die Negation war stärker als jede Erkenntnis und Vorausschau.

Diese Kompromißbereitschaft hatte ihre tiefe Ursache in der Angst vor der Sozialdemokratie und den linksliberalen Kräften, deren Ziel eine einschneidende Veränderung der politischen und gesellschaftlichen Ordnung war. Was die Antisemiten aller Couleur so empörte, daß sie für Gegensätze im eigenen Lager nahezu blind wurden, war die Zurückhaltung der Regierungen und Behörden gegenüber der von den „Umsturzkräften" angeblich permanent „drohenden Gefahr". Das unaufhaltsame Anwachsen des sozialdemokratischen Mitglieder- und Wählerpotentials bei weitgehender Stagnation der bürgerlichen Organisationen trug zu den Angstgefühlen ebenso bei wie die Wirkung der eigenen Propaganda, in der ständig die „rote Gefahr" beschworen wurde. Um ein härteres Vorgehen gegen Sozialdemokraten, Juden und liberale Regimekritiker zu erreichen, sollten die Regierungen durch eine starke und von allen sozialen Schichten getragene „Bewegung" dauernd bedrängt werden,[33] und dazu brauchte man auch die kleinste Gruppe.

Die Zugeständnisse an den antisemitischen Ungeist seitens der Regierungen, Behörden und öffentlichen Institutionen zeigen deutlicher als manches andere, wie weit die Autorität des Staates bereits in Frage gestellt, vom Wohlverhalten der antisemitisch orientierten „nationalen Kreise" abhängig war. Sie haben dadurch, daß sie die Politik auf ihren Kurs zwingen wollten, die Gegenkräfte gestärkt und so erheblich zur Polarisierung der Gesellschaft beigetragen. Die Gefahren der von den Antisemiten sehr bewußt betriebenen „Mobilisierung der Nation"[34] sind erkannt und richtig eingeschätzt worden, aber man war ihnen gegenüber hilflos. Wer vorgab, die Interessen der Nation und die bestehende Ordnung zu verteidigen, der erzielte hinsichtlich der Wahl der Mittel weitgehende Freiheiten, der durfte sogar noch auf Nachsicht hoffen, wenn er gegen bestehende Gesetze verstieß. Einigen Antisemiten der ersten Stunde war noch bewußt gewesen, daß sie durch ihre Angriffe auf Regierung und Parlament das soziale Gefüge der Gesellschaft erschütterten und damit einer Umwälzung Vorschub leisteten. Die Verbands- und Parteiantisemiten der neunziger Jahre kannten solche Bedenken nicht mehr oder schoben sie leichtfertig beiseite. Ohne alle Hemmungen verleumdeten sie Parlamente und Politiker, versuchten sie Behörden und Gerichte zu erpressen. Die Warnungen vor einem Bündnis der Antisemiten mit den Anarchisten waren – wenn auch oft wenig überzeugend belegt – durchaus berechtigt, sie blieben aber weithin unbeachtet.

Einig waren sich die Antisemiten aller Richtungen auch in dem Bestreben, Veränderungen im Parteiengefüge herbeizufüh-

---

[33] Der Wegfall des Sozialistengesetzes, in: Die Grenzboten 49 III (1890), S. 339.
[34] E. von Werth an Wilhelm Marr, 21. 11. 1889, StA Hbg., NL Marr, A 282.

ren und dadurch die parlamentarischen Machtverhältnisse zu wandeln. Das sollte durch die Bildung neuer Parteien ebenso geschehen wie durch Versuche, auf Führungsgremien und Parlamentsfraktionen der etablierten Parteien Druck auszuüben, die Wähler durch ständige Aktionen in Erregung zu versetzen und gegen die Leitungen zu engagieren. Die exponierten und doktrinären Antisemiten schlossen sich in eigenen Parteien zusammen. Diese beteiligten sich an den Wahlen und ihre Abgeordneten zogen in die Parlamente ein mit der erklärten Absicht, den Parlamentarismus selbst in Frage zu stellen. Dieses Vorgehen beeindruckte zu Beginn der Wilhelminischen Ära vornehmlich bestimmte Kreise der Jugend, die von Erörterungen wenig, von Aktionen nahezu alles erwarteten. Diese Menschen waren der allgemein herrschenden Meinung gemäß davon überzeugt, daß mit ihnen eine neue Epoche beginne und alles anders werden müsse.

Ohne hinreichende Kenntnisse oder praktische Erfahrungen überhäuften die Parteiantisemiten die Politiker der bestehenden Parteien mit Vorwürfen, schalten sie tatenlos und unfähig. Darüber hinaus ließ sich mühelos ein Versagen vor den politischen Zukunftsaufgaben der Nation aufgrund allgemeiner „Mattherzigkeit" konstatieren.[35] Dem „Fanatismus der Sozialdemokratie" insbesondere könne nur mit einem gleichen Fanatismus begegnet werden. Bedenken hinsichtlich der Wahl der Mittel seien Zeichen der Schwäche und Dekadenz, die angesichts der „Übelstände" in Wirtschaft und Gesellschaft nicht länger hingenommen werden dürften.[36]

Mit derartigen Forderungen und einem so forschen, herausfordernden Ton waren zweifellos mit Schwierigkeiten ringende Wähler anzusprechen und zu gewinnen. Angehörige von Berufsgruppen, die ihre Interessen in den etablierten Parteien nicht hinreichend vertreten sahen, blieben aber im Lager der Antisemiten zumeist nur begrenzte Zeit, weil sie bald gewahrten, daß deren Führer und Abgeordnete zwar oft einen sehr ent-

---

[35] Leuß (s. Anm. 2), S. 332.
[36] Die deutschsoziale Bewegung, in: Die Grenzboten 52 III (1893), S. 285.

wickelten Machtwillen, sonst aber weder charakterliche noch fachliche Qualitäten besaßen und in der praktischen Politik völlig versagten. Je nach der augenblicklichen Interessenlage der Anhänger und Wähler verfolgte ein Teil der antisemitischen Parteiprominenz in Anlehnung an den Bund der Landwirte und die konservative Partei vornehmlich deren Ziele, machte ein anderer Flügel dagegen Front gegen die Konservativen und warf ihnen vor, durch ihren rigorosen Egoismus die schwierige Lage des Mittelstandes mitverschuldet zu haben und letztlich an dessen Belangen desinteressiert zu sein. So stritten die einen mit den Argumenten der Rechten gegen Juden, Fortschritt und Sozialdemokratie, die anderen mit radikalen linken Forderungen vornehmlich gegen die „cohnservative" Reaktion und somit gleicherweise gegen „Juden und Junker"[37] Herrmann Ahlwardt, zweifellos einer der hemmungslosesten antisemitischen Demagogen, brüskierte mit seinem im Dezember 1894 verkündeten Programm bedenkenlos das gesamte Besitzbürgertum. Die von ihm vertretenen Gruppen wollten „Eigentumsrechte an Grund und Boden" grundsätzlich nur noch „bis zur Größe eines landesüblichen Bauernhofes" anerkennen, Besitztitel in der Industrie „nur innerhalb der Grenzen des üblichen Handwerksbetriebes" gelten lassen. Was über diese mittlere Betriebsgröße hinausging, wurde in Artikel 6 seines Programms zu „Gewalteigentum" erklärt und sollte in „Gemeinbesitz" überführt werden.[38]

Angesichts des Unvermögens der Parteiantisemiten, ihre Anhänger zu organisieren und mit deren Hilfe Einfluß zu erlangen, ja überhaupt politisch zu wirken, kann es nicht überraschen, daß sich die etablierten Parteien durch geschicktes Eingehen auf die Mentalität der politisierten antisemitischen

---

[37] *Hellmut von Gerlach*, Von rechts nach links, Zürich 1937, S. 112; Offene Frage Otto Böckels an Liebermann von Sonnenberg, veröffentlicht in: Reichsherold 2, Nr. 124 (7. 8. 1888); *Paul W. Massing*, Vorgeschichte des politischen Antisemitismus, Frankfurt a. M. 1959, S. 85.
[38] *Hermann Ahlwardt*, Mein Programm, in: Der Bundschuh. Ein Wochenblatt für das deutsche Volk 2, Nr. 2 (9. 1. 1895), Bundesarchiv Koblenz, ZSg 113, Nr. 13.

Wählerschichten, teilweise auch durch Übernahme einiger ihrer Forderungen, bemühten, sie für sich zu gewinnen. Sehr weit kam die konservative Partei den Antisemiten entgegen, zumal die Führungsgremien über den Einbruch der Antisemiten in die eigenen Parteiverbände schockiert waren. Sie hofften, nach und nach die „verführten" und angesichts der politischen und parlamentarischen Mißerfolge der Antisemiten enttäuschten Wähler wieder zurückzugewinnen. So fehlte es nicht an guten Ratschlägen und Plänen, die alle darauf hinausliefen, halben Herzens die antisemitische „Bewegung" als „jugendliche Abart des Konservatismus" anzuerkennen und sich mit den sogenannten gemäßigten Gruppen zu arrangieren, um der alternden, orientierungslos gewordenen Partei „neues Blut und neue Kraft" zuzuführen.[39] Einen Augenblick schien es, als ob die konservative Partei bei diesen Anbiederungsversuchen von den Umworbenen das Gesetz des Handelns aufgedrängt bekäme. Hammerstein und Stoecker erlangten einen so bestimmenden Einfluß in der Partei, daß sie im Dezember 1892 in der Tivoli-Versammlung die Aufnahme antisemitischer Forderungen in das Parteiprogramm durchsetzen konnten.

Die Tatsache jedoch, daß der konservative Parteitag im Tivoli teilweise den Charakter einer lärmenden antisemitischen Volksversammlung angenommen hatte und dort sogar einem Radikalen wie Ahlwardt Beifall gezollt worden war, rief die Gegenkräfte auf den Plan. Die Mehrheit der konservativen Abgeordneten und namentlich die einflußreichen Gönner der Partei widerstrebten dem „Radikalismus", weil er letztlich nicht im Interesse der „staatserhaltenden" Bestrebungen der Partei liege,[40] die Geltung Deutschlands in der Welt beeinträchtige und den Handlungsspielraum der Regierung und Verwaltung einschränke.

---

[39] Die deutsch-soziale Bewegung und die konservative Partei, in: Die Grenzboten 50 III (1891), S. 339.
[40] *Conrad Valentin*, Die conservative Partei unter Kaiser Wilhelm II., Berlin 1890, S. 88 f; Die Stellung der konservativen Partei zum Antisemitismus, in: Die Grenzboten 52 I (1893), S. 51.

Stoecker wurde heftig kritisiert, sein Einfluß mehr und mehr beschnitten. Mit Recht wurde ihm vorgeworfen, daß er mehr Agitator als Parteiführer sei, in seinem parlamentarischen und politischen Wirken „nicht Maß zu halten" verstehe und damit der Revolution Vorschub leiste. Die Tolerierung antisemitischer Praktiken durch einen konservativen Parteitag müsse zwangsläufig dazu führen, daß das Volk in der Vorstellung bestärkt werde, daß bestimmte innenpolitische Zustände „nur durch die allerradikalsten, ja durch revolutionäre Mittel beseitigt werden" könnten.[41] Dieser Eindruck dürfe aber auf keinen Fall entstehen. Folgerichtig wurde eine Revision des Tivoli-Programms und ein Abrücken von den radikalen Parolen und Praktiken gefordert. „Nicht im Bunde mit antisemitischen Übertreibungen", so glaubten die altkonservativen preußischen Aristokraten, „sondern im Gegensatz zu ihnen" könne die konservative Partei allein gedeihen.

Es spricht für die Konservativen, daß einzelne unter ihnen erkannten, daß die Mehrheit der Antisemiten ihr Ziel auf verfassungsmäßigem Weg nicht erreichen konnte, die Verfolgung dieser Ambitionen vielmehr „einen Umsturz bedingen" würde, „womöglich noch tiefgreifender als derjenige, welchen der Sozialismus plant"[42] Es zeugt jedoch gegen sie, daß sie aus dieser Einsicht kaum nennenswerte Konsequenzen zogen. Sie trennten sich zwar 1895 und 1896 von einem großen Teil ihres christlich-sozialen Anhangs und endlich auch von Stoecker selbst, aber erst als diese sich gewisse sozialpolitische Forderungen zu eigen machten und für Sozialreformen auf dem Land plädierten. Damit wurde das unmittelbare Interesse der Großgrundbesitzer in der Partei berührt, und dem wurden letztlich doch immer wieder politische Erwägungen untergeordnet. Die Konservativen konnten sich von ihren christlich-sozialen Anhängern nun auch ohne Risiko trennen, weil der Bund der

---

[41] Konservatives und Antisemitisches. Zuschrift eines altpreußischen Konservativen, in: Norddeutsche Allgemeine Zeitung 32 (1893), Nr. 347 (27. 7. 1893).

[42] Norddeutsche Allgemeine Zeitung 31 (1892), Nr. 180 (16. 4. 1892).

Landwirte durch sein weitverzweigtes Organisationsnetz der Partei eine breitere und festere Basis im Land geschaffen hatte und der Verlust der christlich-sozialen Mittelstandsschichten ohne Schwierigkeit verwunden werden konnte.

Eine entschiedene Abgrenzung gegen den Antisemitismus war dagegen bei der engen Verflechtung von „Großgrundbesitzerinteresse und Konservatismus" nicht möglich. Ohne die Unterstützung des Bundes der Landwirte wäre die Partei praktisch ohne Anhang und Wähler geblieben, da alle Versuche, die politische Arbeit auf eine breitere Basis zu stellen, an der programmatischen Beschränkung gescheitert waren. So blieben auch in Zukunft mehr oder weniger große Zugeständnisse an den teilweise sehr brutalen Rassen-Antisemitismus im Bund der Landwirte an der Tagesordnung. Nach und nach gewöhnten sich die Konservativen an die hemmungslose Agitation der Landbündler und ließen sie sich gefallen. Sie haben damit auf lange Sicht erheblich zur Aushöhlung ihrer eigenen Position beigetragen. Je mehr in den Wahlkämpfen die „Rücksicht auf die oberen Zehntausend" aufgegeben wurde, desto mehr schwand die Autorität der alten Führungsschichten in Staat und Gesellschaft, desto fragwürdiger wurde ihr Herrschaftsanspruch.[43] Ohne ein Programm, das den Veränderungen in Wirtschaft und Gesellschaft und den Interessen aller Volksschichten Rechnung trug, blieb die konservative Partei immer auf die Hilfe der Verbände und speziell des BdL angewiesen, die dann den politischen und ideologischen Kurs bestimmten.

Relativ unangefochten allen Versuchungen des Antisemitismus gegenüber ist die Nationalliberale Partei geblieben. Sie verschrieb sich zwar nach der Reichsgründung mehr und mehr dem Nationalismus und akzeptierte angesichts des raschen Vordringens der Sozialdemokratie den preußisch-deutschen Obrigkeitsstaat vorbehaltloser, als dies im Hinblick auf das Ziel einer freiheitlich-demokratischen Ausgestaltung des Reiches vertretbar war. So groß aber das Sicherheitsbedürfnis der

---

[43] Die Antisemiten im Reichstag, Berlin 1903, S. 20f; Antisemiten-Kalender 1896, S. 47.

Nationalliberalen war, Eingriffen in die Verfassungsrechte haben sie niemals zugestimmt. Sie blieben ihren politischen Grundsätzen insoweit treu. Die Tatsache, daß sie mit den Juden gemeinsam um die Emanzipation des Bürgertums gestritten hatten, verpflichtete sie doch so weit, daß viele prominente Parlamentarier immer wieder zugunsten der Juden in die Bresche sprangen oder sich an die Spitze von Organisationen stellten, die die Rechte der Juden verteidigten oder die Abwehr des Antisemitismus zum Ziele hatten. In regionale Parteivereine drangen zwar vorübergehend Antisemiten ein, aber sie erlangten dort keinen Einfluß und blieben deshalb nicht lange.

Die Partei hat diese Grundsatztreue und konsequente Politik mit permanenten Anhänger- und Wählerverlusten bezahlen müssen. In manchen Regionen gingen sogar Mehrheiten der mittelständischen Wähler ins antisemitische Lager über. Besonders verheerend wirkte sich aus, daß aufgrund des Anhängerschwundes große, renommierte nationalliberale Zeitungen in die Hände exponierter Feinde des Liberalismus gelangten. Einige Landesorganisationen, die infolge der rapiden Wählerverluste um ihren Bestand fürchteten, haben sich partiell dem antisemitischen Trend angepaßt. Besonders weit gingen in dieser Hinsicht die sächsischen Nationalliberalen, die zu Beginn der neunziger Jahre, durch ihre Niederlage in zahlreichen Wahlkreisen schockiert, eine Zeitlang Orientierung und Selbstvertrauen verloren. In der Regel wußten die führenden Parteikreise aber sehr wohl, daß die Antisemiten den Liberalismus mit unversöhnlichem Haß verfolgten und keine Gelegenheit zu seiner Diskriminierung vorübergehen ließen. Dementsprechend kam jedes Entgegenkommen einer Selbstaufgabe gleich. Zu einer Politik, die den Interessen des Mittelstandes stärker Rechnung getragen und so den Zulauf zu den Antisemiten unterbunden hätte, konnte sich die Partei jedoch aufgrund der starken Verflechtung mit den Unternehmen und dem akademischen Bildungsbürgertum auch nicht entschließen. So verteidigte sie ihr Programm, verlor aber zunehmend an politischem Einfluß und stellte damit kein wirksames Gegengewicht gegen den Ungeist des Antisemitismus mehr dar.

Obwohl einzelne Zentrumspolitiker in der Entstehungsphase der Partei den Antisemitismus „für sich auszubeuten" versucht hatten, distanzierte sie sich offiziell stets von ihm. Das war zweifellos das Verdienst ihres klugen und vorausschauenden Vorsitzenden. Windthorst widersetzte sich von Anfang an dem Drängen prominenter Zentrumspolitiker, die Triebkraft antisemitischer Argumente für die Partei planmäßig zu nutzen. Er lehnte es ab, die Partei durch Indienststellung von Haßgefühlen voranzubringen. In den katholischen Ländern und Provinzen dagegen, in denen der Kulturkampf den Katholizismus nicht entscheidend geprägt hatte, wucherten die antisemitischen Ressentiments sehr viel ungebrochener weiter. Sie verbanden sich dort nicht selten mit antipreußischen und antizentralistischen Strömungen. So wurde die Reichsleitung als verpreußt und verjudet zu gleicher Zeit denunziert. Unter diesen Bedingungen ließen sich regionale Zentrumsverbände zu Wahlabkommen mit dem Bund der Landwirte bewegen. Religiöse Aversionen und alte Vorurteile brachen bei derartigen Gelegenheiten wieder durch. Das Gefühl der Fremdheit und Distanz zu den Juden bestand weiter, in Grenzen gehalten vornehmlich durch das politische Kalkül. Das erklärt, warum das Zentrum niemals positiv zugunsten der Juden intervenierte und nur selten gegen die Diskriminierung der jüdischen Minderheit auftrat. Einige dem Zentrum nahestehende Zeitungen haben sich sogar weiterhin an den antisemitischen Verleumdungen beteiligt, soziale und politische Ressentiments erzeugt und damit die Politik der Partei kompromittiert.

Entschiedene Position gegen den Antisemitismus haben die Linksliberalen bezogen und sich in dieser Haltung auch nicht beirren lassen. Sie engagierten sich zugunsten der Juden gegen Verwaltungswillkür und namentlich gegen die jeder parlamentarischen Kontrolle entzogenen Militärbehörden. Große Erfolge in der Abwehr des Antisemitismus blieben ihnen aber versagt. Sie schätzten als Intellektuelle die Triebkräfte der antisemitischen Protestbewegung nicht richtig ein. Sie wollten Emotionen mit Hilfe des Verstandes, Doktrinen mit Argumenten, Fanatismus mit Überzeugungskraft überwinden. Dadurch, daß die Freisinnigen den Antisemitismus als Symptom geistiger Rückständigkeit apostrophierten, konnten sie ihm auf keinen Fall beikommen. Sie erreichten mit ihrer Aufklärungsarbeit die sich zwischen Kapitalismus und Sozialismus hoffnungslos eingeklemmt fühlenden, ratlosen und verängstigten antisemitischen Wähler überhaupt nicht, noch weniger konnten sie sich ihnen verständlich machen.

Die Sozialdemokraten, die sich im Besitz der alleingültigen Erkenntnis wußten, schauten mit Verachtung auf die theoretischen Stümpereien der Antisemiten herab. Ihnen bot der Antisemitismus nichts, was überhaupt diskutierenswert gewesen wäre. In der Gewißheit, die überlegene Theorie zu besitzen, und vertrauend auf die Stärke und Aktivität der eigenen Organisation, haben auch sie den Antisemitismus als politische Kraft total verkannt und unterschätzt. Da die Sozialdemokraten nach der Aufhebung des Sozialistengesetzes bei der Werbung um Handwerker, Angestellte und die ländliche Bevölkerung ständig auf die Konkurrenz der Antisemiten gestoßen waren und dabei auch Mißerfolge hatten hinnehmen müssen, befleißigten sie sich aus taktischen Gründen einer gewissen Zurückhaltung. Sie erkannten an, daß die Antisemiten „solche Bevölkerungsschichten in selbständige Bewegung" gesetzt hatten, „die sich bisher teilnahmslos bescheiden" damit zufriedengegeben hätten, „für andere Interessen und Parteien Spalier zu bilden, wenn diese sich zum Einzug in das Parlament anschickten".[44] Sie waren darauf bedacht, diese Menschen nicht vor den Kopf zu stoßen, rechneten sie doch fest mit ihrem Zuzug. Wenn die von den Antisemiten Verführten, so argumentierten die Sozialisten, erst die Hohlheit der Aussagen und Versprechungen ihrer bisherigen Führer entdeckten, würden sie sich alle der SPD zuwenden. Die Sozialdemokraten glaubten, daß die Antisemiten mit ihrer Agitation letztlich doch die Geschäfte der SPD besorgten, indem sie die „politisch rückständi-

---

[44] Der wildgewordene Kleinbürger und Bauer und die Wahlen, in: Die Neue Zeit XI, Bd. II (1893), S. 390.

gen" Schichten für den Marxismus reif machten und sich zudem noch „als treffliche Minierer für die Zersprengung der alten Parteien" erwiesen.[45] So haben sie die Antisemiten mehr geschont, als dies angesichts der ständigen Herausforderungen angebracht war.

Unterschwellig gab es auch in den sozialdemokratischen Organisationen gelegentlich antisemitische Strömungen. Es waren Rückstände der Handwerkerideologie, die von zünftlerisch geprägten Gewerkschaftsmitgliedern in die SPD eingeschleppt worden waren, oder Vorbehalte gegen die in der theoretischen Diskussion sehr stark hervortretenden Intellektuellen in der Partei, unter denen es viele Juden gab. Generell ist aber die klassenbewußte Arbeiterschaft vom Antisemitismus unberührt geblieben. Die von den Sozialdemokraten organisierte Arbeiterschaft war die einzige Kraft, die die antisemitischen Demagogen fürchteten. Wo die Arbeiterbewegung stark war, vermochten sich die Antisemiten nicht zu entwickeln. Wie an den Dämmen des Zentrums, so brach sich die antisemitische Flut auch an denen der Sozialdemokratie.

Den Besitzstand, den die antisemitischen Parteien und Verbände bis zum Ausgang des 19. Jahrhunderts erreicht hatten, bewahrten sie, von geringfügigen Veränderungen abgesehen, bis in den Ersten Weltkrieg hinein. Das galt sowohl hinsichtlich der territorialen Verbreitung als auch hinsichtlich der sozialen Struktur der Mitglieder und Wähler. Die Antisemiten hatten ihren Rückhalt in protestantischen Gebieten, hauptsächlich in Hessen, Sachsen, Franken, in Teilen Westfalens und bestimmten Zonen Norddeutschlands sowie in den ostelbischen Provinzen Preußens; ihr Anhang rekrutierte sich vornehmlich aus den Reihen der Bauern und der ländlichen Bevölkerung, aus dem gewerblichen Mittelstand, den Gruppen der kleinen Angestellten und der unteren Beamten sowie einem guten Teil der Akademikerschaft und der technischen Intelli-

---

[45] Ebd., S. 390f; Die deutschsoziale Bewegung, in: Die Grenzboten 52 III (1893), S. 387f; *Philipp Scheidemann*, Wandlungen des Antisemitismus, in: Die Neue Zeit XXIV, Bd. II (1906), S. 632.

genz. Die Erwartung, daß die antisemitischen Parteivereine Kernzellen einer großen Mittelstandspartei würden, in der sich endlich alle zusammenschlössen, „die sich weder vom Großkapital verschlingen noch von der Sozialdemokratie aus ihrem bescheidenen Besitz verdrängen lassen" wollten, trog allerdings. [46] Dafür gingen die Interessen der Anhänger doch viel zu weit auseinander. Was die Antisemiten einte, war auch jetzt allein die Negation: jede Art des Großbetriebes; der anonymen Apparate in Wirtschaft und Verwaltung; der rationalen und sachlichen Politik der etablierten Parteien und Standesverbände.

Der Antisemitismus war die Protestbewegung aller derer, die durch die Modernisierung des staatlichen und gesellschaftlichen Lebens beunruhigt waren, die in der modernen Gesellschaft in beruflichen, sozialen und geistigen Bereichen soviel Individualität und Tradition wie möglich bewahren wollten. Mit ihr sympathisierten alle, die sich, wie schon ein zeitgenössischer Beobachter, Sidney Whitman, urteilte, gegen einen Prozeß auflehnten, der „gar nicht in den Juden, sondern in der modernen Entwicklung" seine Ursache hatte. [47] Sie hießen jeden, der ihnen nicht paßte, einen Juden und denunzierten alles, was ihren Vorstellungen widersprach, als jüdisch. Auf dieser Basis ließ sich keine konkrete Politik treiben, und deshalb haben in diesem Bereich die Antisemiten vollkommen versagt. Auch das Scheitern des Parteiantisemitismus ist zu einem Teil daraus zu erklären. Doch darf trotz dieses Mißerfolges auf keinen Fall übersehen werden, daß der Antisemitismus als Gesinnung oder als „ein Stück Weltanschauung" sehr weit über den Kreis der Partei- und Verbandsantisemiten hinausging und das Bewußtsein großer Volksschichten mehr oder weniger stark prägte. Ob hochgebildet oder ganz ungebildet, die so indoktrinierten Menschen verschlossen sich, wenn es um die Juden

---

[46] Der Antisemitsmus, wie er ist. 1. Die soziale Seite, in: Die Grenzboten 53 II (1894), S. 11.
[47] *Hermann Bahr*, Der Antisemitismus. Ein internationales Interview, Berlin 1894, S. 199.

ging, allen Argumenten. Was auch immer geschah, „die Juden" waren verantwortlich. Mit deren konkretem Verhalten hatte das überhaupt nichts oder wenig zu tun.

Während die Parteiantisemiten darüber lamentierten, daß sie trotz aller Anstrengungen immer einflußloser würden, ihre Eingaben an Regierungen und Parlamente kaum Beachtung fänden, war der Antisemitismus tief in den Nationalismus und Imperialismus eingedrungen und unlösbar mit ihm verschmolzen. Erst beim Blick auf die Ideologien und geistigen Strömungen der Zeit läßt sich erfassen, wie tiefgreifend sich das Bewußtsein des Bürgertums seit der Reichsgründung verändert und welche entscheidende Rolle in diesem Prozeß der sogenannte „wissenschaftliche Antisemitismus", gestützt auf die politischen Interpretationen der „Rassenforschung und der germanischen Vorgeschichte" sowie anderer wissenschaftlicher Disziplinen, gespielt hatte.[48] Der Antisemitismus war damit „gesellschaftsfähig", zugleich aber auch schillernder und gefährlicher geworden.[49] Auf jeden Fall blieb sein weiteres Schicksal an das des Nationalismus gebunden.

Literaturhinweise

Für eine eingehende Beschäftigung mit den angesprochenen Fragen verweise ich auf die diesem Beitrag zugrundeliegende ungekürzte Abhandlung „Struktur und Funktion des deutschen Antisemitismus" in dem von *Werner E. Mosse* und *Arnold Paucker* herausgegebenen Sammelband „Juden im Wilhelminischen Deutschland 1890–1914". Schriftenreihe wissenschaftlicher Abhandlungen des Leo-Baeck-Instituts 33, Tübingen 1976, S. 389–477. Dort werden nicht nur die ungedruckten und gedruckten Quellen, sondern auch die erreichbaren Literaturbestände nachgewiesen. In einem Teilbereich habe ich den hier dargestellten Entwicklungsprozeß vertieft und wei-

---

[48] Völkische Erneuerung, in: Deutsch-Soziale Blätter 27 Nr. 86 (26. 10. 1912).
[49] Deutschtum und Judentum. Mitteilungen XXII, Nr. 20 (25. 9. 1912).

tergeführt in dem Beitrag „Stoecker als nationalkonservativer Politiker und antisemitischer Agitator" in: *Günter Brakelmann, Martin Greschat, Werner Jochmann*, Protestantismus und Politik, Werk und Wirkung Adolf Stoeckers, Hamburg 1982, S. 123–198.

Als neuere Darstellung mit Besprechung einschlägiger Literatur ist nützlich: *Hans-Günter Zmarzlik*, Antisemitismus im Deutschen Kaiserreich 1871–1918, in: Bernd Martin und Ernst Schulin (Hrsg.), Die Juden als Minderheit in der Geschichte, München 1982 (dtv 1745), S. 249–270, 350 f.

Christhard Hoffmann

Geschichte und Ideologie: Der Berliner Antisemitismusstreit 1879/81[1]

Entstehung und Kontext der Debatte

Die moderne Form der Judenfeindschaft, die sich Antisemitismus nannte, manifestierte sich im Spätsommer 1879 in Berlin. Ende August war der neue Terminus im Umkreis des Journalisten Wilhelm Marr geprägt worden und rasch in Umlauf gekommen.[2] Er diente zur Selbstbezeichnung einer politisch-sozialen Bewegung, die in der vermeintlichen Macht des Judentums die Hauptursache für alle möglichen sozialen und kulturellen Mißstände erkannte und entsprechend die Bekämpfung des Judentums zum wichtigsten politischen Ziel erhob. Der Neologismus „Antisemitismus" signalisierte eine deutliche Distanz zu den traditionellen religiösen Formen der Judenfeindschaft und verschleierte durch die pseudowissenschaftliche Sachlichkeit, die der Begriff vermittelte, das wahre Objekt der Aggression. Im Zeitalter des Liberalismus, in dem Religionsstreitigkeiten und konfessionelle Polemiken als hoffnungslos mittelalterlich galten, gerierte sich die neue Judenfeindschaft als „objektive" Geschichts- und Gesellschaftsanalyse, wobei die modernen Rassentheorien häufig die ideologische Basis bildeten. Der Antisemitismus verstand sich

---

[1] Dieser Aufsatz faßt meinen Artikel „Der Berliner Antisemitismusstreit 1879/81" (in: GWU 46 [1995], S. 167–178) und meinen auf dem Münchener Historikertag im September 1996 gehaltenen Vortrag „Die ‚Lehren aus der Geschichte': Historische Argumente in den Debatten zum Antisemitismus im Kaiserreich" in überarbeiteter Form zusammen.
[2] Zur Geschichte des Begriffes vgl. *Thomas Nipperdey / Reinhard Rürup*, Art. „Antisemitismus", in: Geschichtliche Grundbegriffe. Historisches Lexikon zur politisch-sozialen Sprache, Bd. 1, Stuttgart 1972, S. 129–153.

als umfassende Weltanschauung und bot ein alternatives Deutungsmuster der modernen Geschichtsentwicklung, das sich vom vorherrschenden liberalen Emanzipations- und Fortschrittsmodell, aber auch von der sozialistischen Revolutionstheorie wesentlich unterschied. Es war eine Reaktion auf den siegreichen Liberalismus, der die Judenemanzipation durchgesetzt hatte, und eingebettet in einen größeren Zusammenhang von Anti-Haltungen: Er war antiliberal, antisozialistisch, antikapitalistisch, antiemanzipatorisch und antimodern, ohne jedoch – zumindest in seinen Ursprüngen – konservativ und klerikal zu sein.[3]

Die diffuse Protestbewegung des Spätsommers 1879 speiste sich aus verschiedenen Quellen. In den Jahren der wirtschaftlichen Depression, die durch den „Gründerkrach" von 1873 eingeleitet worden war und die sich 1879/80 auf ihren Tiefpunkt zubewegte, wurde der Antisemitismus zu einem Hauptventil der Äußerung sozialer und politischer Unzufriedenheit. Der durch den Journalisten Otto Glagau geprägte Slogan „Die soziale Frage ist wesentlich Judenfrage" fiel bei den vom Wirtschaftsliberalismus benachteiligten Gruppen, den Handwerkern, kleineren Unternehmern, Gewerbetreibenden und Bauern, auf fruchtbaren Boden. Gleichzeitig hatte sich als Folge des Kulturkampfes die Polemik der katholischen Publizistik gegen das moderne, vermeintlich die liberale Presse beherrschende und alle christlichen Werte „zersetzende" Judentum verschärft. In dieser Situation war es Adolf Stoecker, der das Prestige eines protestantischen Hofpredigers dazu benutzte, die antijüdischen Stimmungen politisch zu instrumentalisieren, und ihnen eine breitere organisatorische Basis zu verschaffen. 1878 hatte er die „christlich-soziale Arbeiterpartei" gegründet, um die der Kirche entfremdeten Arbeiter zum

---

[3] Vgl. *Reinhard Rürup*, Emanzipation und Antisemitismus. Studien zur „Judenfrage" der bürgerlichen Gesellschaft, Göttingen 1975, S. 91 f.; *Shulamit Volkov*, Antisemitismus als kultureller Code, In: dies., Jüdisches Leben und Antisemitismus im 19. und 20. Jahrhundert, München 1990, S. 13–36.

Christentum zurückzuführen. Die Erfolglosigkeit seiner Agitation endete erst, als er am 19. September 1879 zum ersten Male die „Judenfrage" aufgriff und damit vor allem die kleinbürgerlichen, sich benachteiligt fühlenden Gruppen unter seinen Zuhörern ansprach. Stoeckers Versammlungen erregten in Berlin gewaltiges Aufsehen. Sie zogen bis zu 3000 Zuhörer an und stellten als konservative bzw. nicht-revolutionäre Massenversammlungen ein Novum dar.[4] Im Herbst kam es durch Marr zur Gründung eines antisemitischen Vereins, der „Antisemiten-Liga". Bei den Wahlen zum preußischen Abgeordnetenhaus am 7. Oktober wurde in Breslau und Berlin die Parole „Wählt keinen Juden" propagiert, und die liberalen Parteien erlitten starke Verluste. Nach der Wahlagitation gab es dann aber Anzeichen für eine Entspannung der Lage. Am 27. Oktober 1879 berichtete der Korrespondent der „Allgemeinen Zeitung des Judenthums" aus Berlin: „Allmälig scheinen wir über den Höhepunkt in den hiesigen Hetzereien gegen die Juden hinweggekommen zu sein. Die öffentlichen Vorträge dieses Genres haben aufgehört, und die Schmierereien in Blättern und Broschüren fangen an, durch ihr Einerlei und ihre Gemeinheiten zu langweilen. [...] Wir können also hoffen, daß die ganze schmutzige Fluth sich bald wieder verlaufen haben wird."[5] Diese Hoffnung war trügerisch. Zwei Wochen später veröffentlichte der Berliner Geschichtsprofessor, Publizist und nationalliberale Politiker Heinrich von Treitschke in den „Preußischen Jahrbüchern" eine Situationsanalyse, in der er die antisemitische Bewegung im Kern rechtfertigte und die „Judenfrage" zu einem wichtigen nationalen Problem der Deutschen erklärte. Mit seinem Artikel löste Treitschke eine intensive Debatte un-

---

[4] Zu Stoecker vgl. *Günter Brakelmann / Martin Greschat / Werner Jochmann*, Protestantismus und Politik. Werk und Wirkung Adolf Stoeckers, Hamburg 1982, bes. S. 123–198; *Martin Greschat*, Protestantischer Antisemitismus in Wilhelminischer Zeit. Das Beispiel des Hofpredigers Adolf Stoecker, in: Günter Brakelmann / Martin Rosowski (Hrsg.), Antisemitismus. Von religiöser Judenfeindschaft zur Rassenideologie, Göttingen 1989, S. 27–51.
[5] Allgemeine Zeitung des Judenthums 43, (1879), S. 723.

ter Intellektuellen und Akademikern aus, die sich ein gutes Jahr hinzog und die man später den „Berliner Antisemitismusstreit" nannte.[6] Die Heftigkeit der Reaktion erklärt sich in erster Linie aus Treitschkes führender Position im öffentlichen und akademischen Leben des jungen Kaiserreiches. Anders als Glagau, Marr oder Stoecker gehörte Treitschke zum intellektuellen und liberalen Establishment, das bis dahin die öffentliche Meinung und die politische Kultur Deutschlands geprägt hatte. Der Streit um den Antisemitismus und die „Judenfrage" markierte so auch den Bruch des bisherigen liberalen Konsenses, der sich politisch durch die Spaltung der Liberalen in Nationalliberale und die Fortschrittspartei bereits angedeutet hatte. Die Polemik um Treitschke hat – übertroffen später nur von der Dreyfus-Affäre in Frankreich – zu einer Polarisierung des intellektuellen Lebens, vor allem in der Professorenschaft, geführt. Fast niemand blieb unbeteiligt. Man fühlte sich zu einem Bekenntnis und zur Stellungnahme herausgefordert, unterschrieb Erklärungen und Resolutionen oder nahm davon Abstand und teilte zumindest in privaten Briefen an die Kollegen seine Ansichten zur „Judenfrage" mit. Darüber zerbrachen in Einzelfällen sogar Freundschaften und kollegiale Beziehungen.

Daß die Auseinandersetzung um Treitschke die deutsche Akademikerschaft so stark polarisieren sollte, war am Anfang des Streits durchaus nicht zu erwarten gewesen. Es waren fast

---

[6] Die wichtigsten Texte dieser Debatte bei *Walter Boehlich* (Hrsg.), Der Berliner Antisemitismusstreit, Frankfurt a. M. 1965. Vgl. außerdem *Erich Voegelin*, Rasse und Staat, Tübingen 1933, S. 191 ff; *Michael A. Meyer*, Great Debate on Antisemitism. Jewish Reaction to New Hostility in Germany 1879–1881, in: Yearbook of the Leo Baeck Institute 11 (1966), S. 137–170; *Hans Liebeschütz*, Das Judentum im deutschen Geschichtsbild von Hegel bis Max Weber, Tübingen 1967, S. 153–182; *Detlev Claussen*, Vom Judenhaß zum Antisemitismus. Materialien einer verleugneten Geschichte, Darmstadt – Neuwied 1987, S. 110–136; *Christhard Hoffmann*, Juden und Judentum im Werk deutscher Althistoriker des 19. und 20. Jahrhunderts, Leiden 1988, S. 96–103, 123–128; *Jan Philipp Reemtsma*, Die Falle des Antirassismus, in: Uli Bielefeld (Hrsg.), Das Eigene und das Fremde. Neuer Rassismus in der Alten Welt?, Hamburg 1991, S. 269–282.

ausschließlich jüdische Gelehrte, wie z. B. der von Treitschke direkt angegriffene Historiker Heinrich Graetz, der Mediävist Harry Bresslau, der Völkerpsychologe Moritz Lazarus, der Philosoph Hermann Cohen, der Abgeordnete Ludwig Bamberger oder Rabbiner wie Manuel Joel, die öffentlich gegen Treitschke polemisierten. Bis zum Spätsommer 1880 erschienen mindestens 25 selbständige Flugschriften, die sich mit Treitschkes Position in der „Judenfrage" auseinandersetzten, davon waren nur vier von Nichtjuden verfaßt. Die beiden Antisemiten Wilhelm Endner und H. Naudh unterstützten und radikalisierten Treitschkes Stellungnahme, und nur zwei Christen, der dem Judentum entstammende protestantische Pfarrer Paulus Cassel und der Gymnasialprofessor Karl Fischer, kritisierten die antijüdischen Ausfälle des Berliner Professors. Bei den noch zahlreicheren Zeitungsartikeln zu dem Streit um Treitschke sah das Verhältnis nicht grundlegend anders aus. Es hatte also den Anschein, daß Treitschke allein bei den Juden auf Widerstand und Kritik stieß. Erst als im Spätherbst 1880 Treitschke mit Theodor Mommsen ein Kontrahent erwuchs, der ihm an Prestige und Einfluß nicht nachstand, änderte sich das Bild, und es kam zur Polarisierung und Spaltung der öffentlichen Meinung. Mommsens öffentliches Auftreten gegen seinen Berliner Kollegen und langjährigen Freund war nicht zuletzt durch die antisemitische Agitation provoziert worden, die sich mit Berufung auf Treitschke unter den Studenten der Berliner Universität ausgebreitet hatte.[7] Eine von den Antisemiten Förster und Zöllner initiierte Petition an den Reichskanzler, in der u. a. ein Einwanderungsverbot für Juden aus dem Osten, der Ausschluß der Juden von Staatsämtern und die Wiedereinführung der Judenstatistik gefordert wurden, zirkulierte auch unter den Studenten, denen eine allgemeine politische Betätigung

---

[7] Vgl. dazu *Norbert Kampe,* Jews and Antisemites at Universities in Imperial Germany (II). The Friedrich-Wilhelms-Universität of Berlin: A Case Study of the Student's „Jewish Question", in: Yearbook Leo Baeck Institute 32 (1987), S. 43–101, bes. S. 46 ff.; *ders.* Studenten und „Judenfrage" im Deutschen Kaiserreich. Die Entstehung einer akademischen Trägerschicht des Antisemitismus, Göttingen 1988, S. 23 ff.

verboten war, zur Unterschrift, und offensichtlich hatte Treitschke die Studenten zu diesem Schritt ermuntert. In dieser Situation begann sich der politische Widerstand der liberalen Kräfte gegen Treitschke zu formieren. Im November 1880 erschien eine öffentliche Erklärung, in der 75 Personen des öffentlichen und wissenschaftlichen Lebens, unter ihnen Treitschkes Professorenkollegen Mommsen, Droysen, Virchow, Gneist, Scherer und Wattenbach, gegen den Antisemitismus und für Toleranz und Gleichberechtigung der Juden eintraten.[8] Nachdem sich die Polemik dann durch Mommsens Bekennerbrief an die Nationalzeitung,[9] Treitschkes Erwiderung[10] und die zweitägige Debatte im Preußischen Landtag zur „Judenfrage" verschärft hatte, sprach Mommsen seine Kritik an Treitschkes Haltung in seiner Flugschrift „Auch ein Wort über unser Judenthum" vor der Öffentlichkeit deutlich aus.[11] Darüber zerbrach die Freundschaft zwischen den beiden Historikern, da Treitschke uneinsichtig auf seinem Standpunkt beharrte.[12] Mommsens Eingreifen beendete im wesentlichen den „Berliner Antisemitismusstreit". Auch der politische Aufschwung der antisemitischen Bewegung schien im Spätsom-

---

[8] Der Text bei *Boehlich* (s. Anm. 6), S. 202–204.
[9] Ebd., S. 208 f.
[10] Ebd., S. 209 f.
[11] Ebd., S. 210–225.
[12] Man hat Treitschkes Unnachgiebigkeit in dieser Debatte, sein Nichteingehen auf die Argumente der Gegenseite, seine unflätige Polemik z. B. gegen Graetz auf persönliche Charaktereigenschaften zurückgeführt, vgl. z. B. *Boehlich* (s. Anm. 6), S. 247: „Treitschke gehört zu den Überzeugungstätern, die um jeden Preis Recht behalten wollen und um keinen Preis etwas zurücknehmen mögen, so sehr die Zeugnisse auch gegen sie sprechen." Das ist nicht falsch. Hinzu kommt jedoch, daß auch Teile der Öffentlichkeit (wie vor allem die Studenten und manche Kollegen) ihn zum Vorkämpfer für die ‚gerechte Sache' der angeblich von Liberalen und Juden unterdrückten Meinungsfreiheit stilisierten und als solchen begeistert unterstützten. Die in Treitschkes Nachlaß (Staatsbibliothek Preußischer Kulturbesitz Berlin) erhaltenen Briefe der Jahre 1879–1881 an ihn zeigen, welch hohe Erwartungen gerade viele Akademiker auf ihn in diesem Streit setzten. Jede Rücksichtnahme auf akademische Debattiergepflogenheiten wären in dieser polemisch aufgeheizten Situation schon als Rückzug oder gar Niederlage empfunden worden.

mer 1881 vorerst gestoppt. Zwar hatten 250 000 Menschen die „Antisemitenpetition" an den Reichskanzler unterzeichnet, aber da die Eingabe folgenlos blieb und die Regierung nicht an eine Rücknahme der jüdischen Gleichberechtigung dachte, war die Motivation gebrochen. Der Kaiser ordnete im August angesichts gewalttätiger antisemitischer Ausschreitungen in Pommern und Westpreußen an, daß die Behörden den antisemitischen Agitatoren energischer entgegentreten sollten.[13] Bei den Reichstagswahlen im Oktober 1881 verloren die konservativen und antisemitischen Kräfte an Bedeutung, während die Liberalen Gewinne verbuchten und acht jüdische Abgeordnete gewählt wurden. Der Aufwärtstrend des Antisemitismus war zunächst einmal beendet.

Die Bedeutung des Berliner Antisemitismusstreits für die Geschichte der Judenfeindschaft in Deutschland liegt jedoch weniger in den unmittelbaren als vielmehr in den langfristigen Auswirkungen. Mochten Treitschkes Thesen zunächst innerhalb der liberal geprägten Bildungselite auch überwiegend auf Ablehnung gestoßen sein – ihrer allgemeinen Wirksamkeit tat dies kaum einen Abbruch. Durch die große Aufmerksamkeit, die der Professorenstreit in der Öffentlichkeit gefunden hatte, war Treitschkes Position weithin bekannt geworden, und in der in der durch die Reichsgründung von oben und die Wirtschaftsdepression ausgelösten Orientierungs- und Legitimationskrise des Liberalismus fand seine ideologische Verknüpfung von Antisemitismus und Nationalismus positive Resonanz – zuerst unter seinen Studenten, später in großen Teilen des Bildungsbürgertums. Gerade die Tatsache, daß Treitschke kein Konservativer oder Klerikaler war, sondern daß er als ehemals Liberaler das dominierende emanzipatorische Selbstverständnis sozusagen von innen in Frage stellte, machte seine Lehre so

---

[13] Vgl. dazu *Christhard Hoffmann*, Politische Kultur und Gewalt gegen Minderheiten. Die antisemitischen Ausschreitungen in Pommern und Westpreußen, in: Jahrbuch für Antisemitismusforschung 3 (1994), S. 93–120.

attraktiv. Mehr als jeder andere hat Treitschke denn auch dazu beigetragen, die antisemitische Ideologie in Deutschland gesellschaftsfähig zu machen und mit seiner „wissenschaftlichen" Reputation zu rechtfertigen. Die Debatte spiegelt diesen Prozeß der Inversion der Werte und des Umdeutens von Begriffen im Detail wider und erlaubt so einen Einblick in die Entstehung einer modernen Weltanschauung, in der sich Antiliberalismus, Antimodernismus, Antisemitismus und Nationalismus zu einem wirkungsvollen Gemisch verbanden.

Treitschkes Rechtfertigung des Antisemitismus

Heinrich von Treitschke,[14] der 1874 den vormals von Ranke besetzten Lehrstuhl für Geschichte an der Berliner Universität übernommen hatte, verstand sich ursprünglich als Liberaler und hatte in seiner umfangreichen politischen Publizistik die Ideen des Liberalismus verbreitet. Dabei war er auch für die Emanzipation der Juden eingetreten. Die erfolgreiche Reichsgründung hatte ihn vom Gegner zum Anhänger Bismarcks werden lassen. Den jungen deutschen Nationalstaat sah er durch inneren Partikularismus und das feindliche Ausland gefährdet. Die Sorge um die ungefestigte deutsche Einheit war auch das Hauptmotiv dafür, daß Treitschke in einer politischen Bestandsaufnahme zum Jahresende 1879 zur antisemitischen Bewegung Stellung nahm.[15] Ich fasse Inhalt, Struktur und Tendenz seiner Thesen in drei Punkten zusammen und analysiere ihre Bedeutung im zeitgenössischen Kontext.

---

[14] Zu Treitschke vgl. *George Iggers*, Heinrich von Treitschke, in: Hans-Ulrich Wehler (Hrsg.), Deutsche Historiker, Bd. 2, Göttingen 1971, S. 66–80; zu seinem Judenbild: *Arthur Rosenberg*, Treitschke und die Juden, in: Die Gesellschaft 7 (1930), S. 78–83; Liebeschütz (s. Anm. 6), S. 157 ff.

[15] Die Texte in *Boehlich* (s. Anm. 6), S. 5–12; 31–45; 77–90.

a) Der Angriff auf das emanzipatorische Geschichtsbild des Liberalismus

Daß es vor allem Historiker waren, die im Berliner Antisemitismusstreit das Wort führten, war kein Zufall. Im Zeitalter des Historismus in der „die Geschichte" zur letzten Legitimationsinstanz geworden war, dominierten historische Argumente in politischen Auseinandersetzungen. Politische Orientierungen waren mit festen Geschichtsbildern verbunden. Es ist daher bezeichnend, daß die Debatte über die Stellung der Juden in der deutschen Gesellschaft und über die Berechtigung der antisemitischen Bewegung auch ein Streit um die richtige Interpretation der Vergangenheit war. Dabei bildete die lange Verfolgungs- und Leidensgeschichte der Juden bei fast allen Beteiligten den zentralen Bezugspunkt. Dies war naheliegend, hing doch die Frage der Legitimation des modernen Antisemitismus wesentlich davon ab, wie man die historische Judenfeindschaft bewertete. Die Widerlegung oder wenigstens Neutralisierung jenes wirkungsmächtigen liberalen Geschichtsbildes, das den Judenhaß als „mittelalterliche Barbarei" abwertete, gehörte zu den wichtigsten Voraussetzungen für die Akzeptanz der antisemitischen Bewegung in der modernen Welt. Es ist meine These, daß der sich aus dieser Konstellation ergebende Begründungszwang wesentlich zur Profilierung und „Modernisierung" der judenfeindlichen Ideologie in Deutschland beigetragen hat. Die Debatte über die Relevanz der jüdischen Verfolgungsgeschichte erlaubt so einen genauen Einblick in die ideologischen Transformationen der Zeit.

Die Verfolgungs- und Leidensgeschichte der Juden wurde im christlichen Kulturbereich lange Zeit als nicht weiter erklärungsbedürftig angesehen, galt sie doch als sichtbarer Beweis für die Strafe Gottes an seinem ungehorsamen Volk und damit als Zeugnis für die Wahrheit des Christentums. [16] Diese „Erklä-

---

[16] Zum Ursprung dieses Deutungsmusters vgl. *Heinz Schreckenberg,* Die

rung" wirkte als self-fulfilling prophecy und konnte immer wieder zu neuen Judenverfolgungen führen, um die christliche Lehre zu bestätigen. Mit der Aufklärung endete die Vorherrschaft dieses Deutungsmusters.

Die Judenfeindschaft galt nun nicht mehr als etwas Gott- oder Naturgegebenes, sondern als ein in bestimmten historischen Situationen entstandenes und durch konkrete Interessen verbreitetes „Vorurteil", genau gesagt: als Ausgeburt des religiösen „Fanatismus" und der „Barbarei" des Mittelalters. Die Überwindung des christlichen Antijudaismus und die Integration der Juden als gleichberechtigte Menschen und Bürger gehörten daher zum Selbstverständnis der aufgeklärten Moderne. Die Entstehung der antisemitischen Bewegung Ende der siebziger Jahre des 19. Jahrhunderts konnte aus dieser Perspektive nur als Rückschritt, als, wie es schlagwortartig immer wieder hieß, „Wiederkehr mittelalterlicher Barbarei" verstanden werden. Gustav Freytag vertrat die klassische liberale Position, wenn er Anfang der neunziger Jahre schrieb:

„Was jetzt mit aufgebauschtem Namen die ‚antisemitische Bewegung' genannt wird, ist in Wahrheit noch das alte Leiden, die Judenhetze, wie sie seit dem großen Mainzer Morde immer wieder aufgeregt wurde, nur in ihren Aeußerungen durch die Zeitbildung anders geformt." [17]

Um das Neue als bloße Wiederbelebung des Alten, längst überwunden Geglaubten hinzustellen, akzentuierten die liberalen Kritiker besonders solche Charakterzüge der antisemitischen Agitation, die dem vormodernen, religiösen Judenhaß ähnlich sahen: Die Tatsache, daß es ein konservativer Hofprediger – polemisch gesprochen: ein „Pfaffe" – war, der in der Berliner Bewegung den Ton angab, war ein gefundenes Fressen für alle liberalen Gegner des Antisemitismus. Als es dann im

---

christliche Adversus-Judaeos-Texte und ihr literarisches und historisches Umfeld (1.–11. Jh), Frankfurt a. M., Bern 1982.
[17] *Gustav Freytag*, Ueber den Antisemitismus. Eine Pfingstbetrachtung, Berlin 1893, S. 5.

Frühjahr 1881 nach antisemitischen Hetzreden Henricis in Neustettin zur Brandstiftung der Synagoge und einige Monate später in vielen Orten Hinterpommerns und Westpreußens zu gewaltsamen Ausschreitungen gegen Juden kam, schien endgültig der Beweis für die „Mittelalterlichkeit" der neuen politischen Richtung erbracht. Ein liberales Blatt dichtete voller Spott:

> „Uns wird so mittelalterlich,
> So raubmordlustentfalterlich,
> So judenblutdursterlich,
> So ganz Henrici-Stoeckerlich,
> So Synagog' ansteckerlich,
> So albern und so lächerlich."[18]

In der liberalen Argumentation fungierte die Judenverfolgung des Mittelalters als negativer Bezugspunkt, in Abstand zu dem sich der zivilisatorische Fortschritt messen ließ. Man glaubte daher, durch Erinnerung an die mittelalterlichen Pogrome und Judenvertreibungen eine Wiederholung der „Barbarei" in der Gegenwart verhindern zu können. Dieser pädagogische Optimismus, die Überzeugung, aus der Geschichte lernen zu können, war beim Aufkommen des modernen Antisemitismus noch ganz ungebrochen. Eine liberale Zeitung in Hamburg z. B. empfahl im November 1879 den Parteigängern der neuen Bewegung, insbesondere jenen protestantischen Predigern, die statt Nächstenliebe „fanatischen Haß gegen Mitmenschen" schürten, einmal ein Buch über die Judenhetze im Mittelalter zu studieren. Darin könne man erkennen, wohin es führe, wenn die „urtheilslose Menge [...] unter christlichen Vorwande" aufgehetzt werde:

„Manche unserer modernen Judenhetzer mögen bedauern, daß diese schönen Tage vorüber sind, da man sich der ‚semitischen Eindringliche' einfach durch Todtschlagen entledigte; andere werden vielleicht, wenn sie in diesen Spiegel der Vergangenheit blicken, vor einem Treiben der Gegenwart zurückschaudern, welches an dem

---

[18] Die Reform Nr. 192, vom 14. 8. 1881.

Maßstab unserer fortgeschrittenen Zeit gemessen sich moralisch kaum über die Schandthaten im Mittelalter erhebt."[19]

Der strategische Gebrauch von Geschichte als Argument zur Delegitimierung der neubelebten Judenfeindschaft ist hier ganz offensichtlich. Indem die antisemitische Bewegung als „mittelalterlich", als „Wiederbelebung eines alten Wahnes" klassifiziert wird, wird sie im Namen „der Geschichte", des Fortschritts und der Moral abgewertet, wird ihr jegliche Existenzberechtigung in der modernen zivilisierten Welt abgesprochen.

Die Befürworter bzw. intellektuellen Sympathisanten des Antisemitismus wie Treitschke konnten dieses Argument nicht leicht entkräften, gehörte doch die Ablehnung „fanatischer" Religionskämpfe, konfessioneller Streitigkeiten und „intoleranter" Verfolgung Andersdenkender weit über den Kreis liberaler Parteigänger hinaus – gerade im konfessionell gespaltenen Deutschland – zum allgemeinen Konsens. Treitschke versuchte daher, das liberale Geschichtsbild als „Ideologie" und „Phrase" zu entlarven und damit seine Wirksamkeit zu erschüttern. Im einzelnen lassen sich drei verschiedene Argumentationsstrategien zur Delegitimierung des liberalen Geschichtsbildes ausmachen:

(1) Die Zurückweisung des Vorwurfs der „mittelalterlichen Barbarei" als bloße Verteidigungsideologie der Juden

Treitschke polemisierte ganz generell gegen das emanzipatorische Selbstverständnis der Moderne und attackierte die „weichliche Philanthropie unseres Zeitalters", die durch falsche Rücksichtnahme auf die Empfindlichkeiten der Juden die Meinungsfreiheit unterdrücke.[20] Dabei griff Treitschke – rhetorisch sehr wirkungsvoll – die moralisch besetzten Termini

---

[19] Die Reform Nr. 282, vom 27. 11. 1879.
[20] Treitschke in: Boehlich (s. Anm. 6), S. 8.

aus der Geschichte der Judenverfolgung auf, wendete sie aber gegen die Juden an und kehrte damit das Täter-Opfer-Verhältnis um. Nicht die Mehrheit diskriminiere die Minderheit, sondern im Gegenteil: es herrsche der „Terrorismus einer rührigen Minderzahl", [21] man erlebe „Ausschreitungen jüdischen Hochmuths", [22] aus dem judenfeindlichen Schlachtruf der Restaurationszeit – „Hep-Hep" – sei inzwischen ein „umgekehrtes Hep-Hep-Geschrei" geworden, das jeden, der die Juden auch nur maßvoll kritisiere, als Barbaren und Religionsverfolger brandmarke. [23] Entsprechend forderte Treitschke, daß die Juden, „die soviel von Toleranz reden", selber „wirklich tolerant werden" sollten. [24] Waren die Juden aufgrund ihrer langen Leidensgeschichte immer wieder als „unglückliches Volk" oder auch als das „Volk des Unglücks" apostrophiert worden, so kehrte Treitschke auch hier die Relation einfach um. Seine Formel „Die Juden sind *unser* Unglück" [25] brachte den Kern seiner Argumentation – nämlich daß die Juden aus Verfolgten zu Verfolgern, aus Opfern zu Tätern geworden seien – plastisch zum Ausdruck und war vermutlich nicht zuletzt deshalb so effektiv.

In der Sicht Treitschkes diente die Erinnerung an die jüdische Leidensgeschichte, wie sie im Werk des jüdischen Historikers Heinrich Graetz besonders klar hervortrat, rein ideologischen Zwecken: Sie sollte die Juden gegen berechtigte Kritik immunisieren und sozusagen moralisch unangreifbar machen. Dabei, so Treitschke, sei doch die „alte Unbill" durch die rechtliche Gleichstellung der Juden „längst gesühnt". [26] Anders als die radikalen Antisemiten leugnete Treitschke weder die Faktizität der christlichen Judenverfolgung, noch relativierte er das Unrechtmäßige dieser Taten, er bestritt aber, daß daraus in der Gegenwart noch eine besondere Rücksichtnahme für die

---

[21] Ebd., S. 82.
[22] Ebd., S. 85.
[23] Ebd., S. 8.
[24] Ebd., S. 14.
[25] Ebd., S. 13.
[26] Ebd., S. 14.

Juden abgeleitet werden könne. Er forderte also gleichsam einen ‚Schlußstrich‘ unter jene selbstkritische Betrachtungsweise, die die spezifischen Charakterzüge und die angebliche Gemeinschädlichkeit der Juden als Folge der langjährigen christlichen Unterdrückung entschuldigt hätte.[27] Treitschke ging sogar noch einen Schritt weiter, indem er die Geschichte der Judenverfolgung als Argument benutze, um den Juden ein gegen das Christentum gerichtetes Ressentiment und folglich mangelnde Integrationsbereitschaft zu unterstellen:

„Wir Deutschen haben mit jenem polnischen Judenstamme zu thun, dem die Narben vielhundertjähriger christlicher Tyrannei sehr tief eingeprägt sind, er steht erfahrungsgemäß dem europäischen und namentlich germanischen Wesen ungleich fremder gegenüber [als die spanischen Juden].[28]

Treitschkes Behauptung eines Zusammenhangs zwischen Intensität der Verfolgungserfahrung und Integrationsbereitschaft und seine diesbezügliche Unterscheidung zwischen aschkenasischen und sephardischen Juden erwies sich in der heftigen Diskussion, die sich darüber mit den jüdischen Historikern Bresslau und Graetz entwickelte, als schlecht begründet und sachlich unhaltbar. Auch die moralische Logik dieser Unterstellung war nicht leicht nachzuvollziehen. Denn wenn – so fragte der Breslauer Rabbiner Joel in seinem offenen Brief an Treitschke – „‚vielhundertjährige christliche Tyrannei‘ etwas an den Juden verschuldet, wie stimmt das mit Ihrem Gerechtigkeitssinn, daß die Nachkommen der Mißhandelten die Sünden ihrer Peiniger büßen müssen?"[29] Trotz dieser Einwände

---

[27] So noch z. B. *Freytag* (s. Anm. 17), S. 9 f.: „Alle Fehler und Schwächen, welche man jetzt als spezifisch jüdische Eigenschaften dem Volksthum der Juden zuschreiben möchte, werden durch den tausendjährigen Zwang, in dem der germanisch-christliche Staat des Mittelalters die Juden festhielt, so erklärlich, so selbstverständlich, daß es ein unnöthiges Bemühen ist, dieselben Eigenschaften als altjüdische auszurufen, die dem Volke seit der Urzeit anhaften."
[28] *Boehlich* (s. Anm. 6), S. 8.
[29] Ebd., S. 21.

nahm Treitschke nichts zurück. Wichtiger noch als historische Präzision war ihm die polemische Durchschlagskraft dieser Insinuation. Sie lieferte nicht nur eine Art historische Erklärung für die Tatsache, daß es in Deutschland, nicht aber in Frankreich oder England, eine neue „Judenfrage" gab, sondern – was noch wichtiger war – sie stellte die Juden als Verursacher des neubelebten Konflikts dar, ohne sie doch im eigentlichen Sinne verantwortlich zu machen. Daß die Juden nach „vielhundertjähriger christlicher Tyrannei" ressentimentsgeladen waren und auf Rache sannen, erschien psychologisch so plausibel, daß man es gar nicht erst zu belegen brauchte. Ihr Verhalten schien „objektiv" durch die Geschichte festgelegt, der Konflikt entsprechend geradezu als unausweichlich. Die Geschichte der Verfolgung und der bloße Verdacht, daß die Juden Revanche üben könnten, diente so zur Rechtfertigung neuer Ausgrenzung.

(2) Die Widerlegung der Gleichsetzung von Judenfeindschaft und Religionshaß durch Verweis auf den vorchristlichen Antisemitismus der Antike bzw. den „ewigen" Judenhaß

Von der Aufklärung inspirierte Autoren wie Dohm hatten versucht, den Judenhaß zu historisieren, d. h., ihn auf konkrete Entstehungsbedingungen und Interessen zurückzuführen und so in seiner Bedeutung zu relativieren. Wenn die diskriminierende Behandlung der jüdischen Minderheit nicht naturgegeben war, sondern als Folge des christlichen „Vorurteils" erklärt wurde, dann konnte sie mit zunehmender „Aufklärung" auch überwunden werden. Gegen diese Sicht argumentierten die Parteigänger des Antisemitismus besonders heftig, indem sie die vermeintliche Tatsache eines „ewigen Antisemitismus" ins Feld führten. Für Marr z. B. lehrte die Geschichte, „dass die Juden von Anfang an, wo sie in der Geschichte auftreten, bei allen Völkern ohne Ausnahme verhasst waren".[30] Der antisemi-

---

[30] *Wilhelm Marr*, Der Sieg des Judenthums über das Germanenthum. Vom nicht confessionellen Standpunkt aus betrachtet, Bern [6]1879, S. 5.

tische Agitator Nordmann datierte den Beginn der Judenhetze auf das zweite vorchristliche Jahrtausend, „nämlich als Osarsiph (Moses) seine Horde arbeitsscheuer und schmutziger Diebe aus Aegypten flüchtete und sie das ‚auserwählte Volk Gottes' nannte …"[31] Auch Treitschke verwandte den vermeintlich universal verbreiteten Antisemitismus der Antike als Argument. Er berief sich auf Tacitus und andere antike Schriftsteller, um zu zeigen, daß der abendländische Judenhaß viel älter sei als der christliche Antijudaismus, daß er sozusagen essentiell zum okzidentalen Selbstverständnis gehöre und nicht einfach als religiöses Vorurteil abgetan werden könne.[32] Durch diesen Rückgriff auf das klassische Altertum versuchte Treitschke, der neuen säkularen Judenfeindschaft eine historische Legitimation und, besonders im humanistisch gebildeten Bürgertum, eine besondere Respektabilität zu verschaffen. Andere Autoren und Historiker haben in der Nachfolge Treitschkes dieses Argument später weiter ausgeführt und die Bedeutung der antiken Judenfeindschaft meist weit übertrieben dargestellt. Der „Antisemitismus des Altertums" wurde im Kaiserreich plötzlich zu einem Thema, das in zahlreichen wissenschaftlichen und populären Abhandlungen Verbreitung fand.[33] Dabei wurden häufig die Themen und Wertungsmuster der Gegenwart zuerst in die alte Geschichte zurückprojiziert, um dieser dann als zuverlässige Belege für eine „ewige Judenfrage" wieder entnommen zu werden. Als Beispiel sei nur auf die zeitgenössischen Interpretationen zur Judenhetze im römischen Alexandria verwiesen.[34] Obwohl es dafür keinerlei Hinweise in den Quellen gab, gingen die meisten Autoren (unter

---

[31] *H. Naudh*, Professoren über Israel. Von Treitschke und Breslau (1890), in: Boehlich (s. Anm. 6), S. 183.

[32] Treitschke in: Boehlich (s. Anm. 6), S. 14, 39.

[33] Vgl. *Hoffmann*, (s. Anm. 6), S. 222–228.

[34] Vgl. dazu *Werner Bergmann / Christhard Hoffmann*, Kalkül oder „Massenwahn"? Eine soziologische Interpretation der antijüdischen Unruhen in Alexandria 38 n. Chr., in: Rainer Erb / Michael Schmidt (Hrsg.), Antisemitismus und jüdische Geschichte, Studien zu Ehren von Herbert A. Strauss, Berlin 1987, S. 15–46, bes. S. 17 ff.

ihnen viele professionelle Altertumswissenschaftler) wie selbstverständlich davon aus, daß die Juden Alexandrias durch ihre „starke Beteiligung an chicanösen und blutsaugerischen, aber desto rentableren Finanzgeschäften"[35] allgemein verhaßt waren. In ebenso anachronistischer Weise wurde der antike Judenhaß auf „nationale", „völkische" oder „rassische" Spannungen zurückgeführt. Er war, wie es ein Autor in direkter Übernahme der Treitschkeschen Wendung formulierte, „eine brutale und gehässige, aber natürliche Reaction des hellenistischen Volksgefühls gegen ein fremdes Element, das in seinem Leben einen allzu breiten Raum eingenommen hatte".[36] Diese Beispiele zeigen, daß das Bild der antiken Judenfeindschaft in der Öffentlichkeit weitgehend den argumentativen Bedürfnissen der Gegenwart entsprechend konstruiert wurde und wissenschaftlich nicht haltbar war. Schon Graetz hatte Treitschkes Verallgemeinerungen deutlich zurückgewiesen, wenn er schrieb: „[A]us übelwollenden Sätzen bei römischen Schriftstellern, ethnographische Folgerungen ziehen, ist jedenfalls unhistorisch."[37] Die persuasive Funktion des historischen Arguments vom antiken bzw. ewigen Antisemitismus in der öffentlichen Debatte zur „Judenfrage" ist klar ersichtlich: Wenn die Juden überall dort, wo sie in der Weltgeschichte auftraten, zum Gegenstand von Verachtung, Haß und Verfolgung geworden sind, dann muß die Ursache dafür bei ihnen selbst liegen. Treitschkes Frage, „warum haben so viele edle, hochbegabte Nationen die gemeinen, ja – ich scheu das Wort nicht – die diabolischen Kräfte, die in den Tiefen ihrer Seele schlummerten, grade an dem jüdischen Volke, und nur an ihm ausgelassen?"[38] führte unweigerlich zu einer zeitlosen Wesensbestimmung des Judentums, die als Erklärung herhalten konnte. Treitschke selbst sah im „tragischen Schicksal einer Nation ohne Staat"

---

[35] *Felix Staehelin*, Der Antisemitismus des Altertums in seiner Entstehung und Entwicklung, Winterthur 1905, S. 37.

[36] *August Bludau*, Juden und Judenverfolgungen im alten Alexandria, Münster 1906, S. 79.

[37] *Graetz* in: Boehlich (s. Anm. 6), S. 49.

[38] *Treitschke* in: Boehlich (s. Anm. 6), S. 39.

die tiefste Ursache des Judenhasses, während andere Autoren die Leerstelle mit unveränderlichen negativen jüdischen Charaktermerkmalen füllten. Der Judenhaß war dann, um nur ein Beispiel zu zitieren, „weiter nichts als die unausbleibliche Folgeerscheinung jener aus religiösem Fanatismus in engster Verquickung mit Hochmut und schroffstem Nationalgefühl erwachsenen Eigenart des jüdischen Volkes".[39] Der Mythos vom ewigen Antisemitismus setzte so die Konstruktion eines „ewigen Juden" voraus, und diese Wesensbestimmung konnte wiederum zur Rechtfertigung neuer Ausgrenzung dienen. Wieder war es Graetz, der in seiner Replik auf Treitschke diesen affirmativen und ideologischen Gebrauch von Geschichte klar erkannt und kritisiert hat:

> „Für eine von Chauvinismus und Verbitterung getrübte Logik ist die Wahrheit unzugänglich. Diese Logik urteilt: Weil die Juden seit fünfzehnhundert Jahren ungerecht, grausam ‚diabolisch' verfolgt wurden – darum müssen sie noch weiter verfolgt werden."[40]

(3) Die Relativierung der jüdischen Verfolgungsgeschichte durch Rehabilitierung und Aufwertung des „Mittelalters" im Rahmen einer neuen Nationalgeschichtsschreibung

Eine solche Apologie des Mittelalters findet sich z. B. bei dem antisemitischen Agitator Ernst Henrici, der in seiner Rede „Was ist der Kern der Judenfrage" im Januar 1880 folgendes ausführte:

> „Religionshetze, mittelalterliche Finsternis ist eine andere beliebte Phrase der Juden und Judengenossen. Hat es denn je ein finsteres Mittelalter gegeben? Meine Herren, das Mittelalter ist die Glanzzeit unseres Volkes, eine Zeit der gewaltigsten politischen Macht, die Literatur blühte [...], ja die Kunst schuf die letzte originelle Form, die Gothik, seitdem ist Alles Nachahmung. Und dann am Ausgange des Mittelalters die Blüthe der Städte und des Handwerks! Da schwang

---

[39] *Hugo Willrich,* Die Entstehung des Antisemitismus, in: Deutschlands Erneuerung 5 (1921), S. (12).
[40] *Graetz,* in: Boehlich (s. Anm. 6), S. 47.

ein Hans Sachs den Schusterhammer und war dabei ein Dichter, auf den die Nation stolz sein kann. Was ist aus dem Handwerker heutzutage geworden? Ein Judenknecht! *Jetzt* leben wir in einer finsteren Zeit (…)"[41]

Was bei Henrici als rein rhetorischer Schachzug, als bloße Antithese zu dem liberalen Kampfbegriff vom „finstern Mittelalter" erscheint, führte bei Treitschke zu einer Aufwertung des christlichen Mittelalters um der deutschen Nationalgeschichte willen. Anders als die klerikalen und konservativen Sympathisanten der antisemitischen Bewegung, wie z. B. Stoecker, war der Nationalliberale Treitschke kein Anhänger der Idee eines christlichen Staates. Es war das Bemühen um nationale Identitätsstiftung im neugegründeten Kaiserreich, das den Historiker zu einer Rehabilitierung der christlichen Tradition führte.

„[…] Ganz unzweifelhaft sind wir Deutschen ein christliches Volk. Um diese Weltreligion unter den Heiden zu verbreiten vergossen unsere Ahnen ihr Blut in Strömen; um sie auszugestalten und fortzubilden litten und stritten sie als Bekenner und Helden. Mit jedem Schritte, den ich in der Erkenntniß der vaterländischen Geschichte vorwärts thue, wird mir klarer, wie fest das Christenthum mit allen Fasern des deutschen Volkes verwachsen ist […] Das Judenthum dagegen ist die Nationalreligion eines uns ursprünglich fremden Stammes […]"[42]

Die ethno-nationale Perspektive Treitschkes brachte zwangsläufig eine Ausgrenzung der Juden und ihrer Geschichtserinnerung mit sich. Solange die Historiographie durch das Konzept der „Emanzipation" bestimmt wurde, konnte – jedenfalls theoretisch – auch jüdische Vergangenheitserfahrung in das allgemeine Geschichtsbild integriert werden – als gemeinsame Geschichte der Befreiung aus klerikaler und obrigkeitsstaatlicher Abhängigkeit. Die spezifische Leidensgeschichte der Juden

---

[41] *Ernst Henrici*, Was ist der Kern der Juden-Frage? Vortrag, gehalten am 13. Januar 1880, Berlin 1881, S. 11.
[42] *Treitschke*, in: Boehlich (s. Anm. 6), S. 88.

wurde dann als Teil einer allgemein-menschlichen Unterdrük-kungserfahrung interpretiert und konnte so ihren Platz auch im kollektiven Gedächtnis der Mehrheitsgesellschaft finden. Wo die Geschichte jedoch zur Festlegung ethno-nationaler Identitäten benutzt wurde, wie bei Treitschke oder wie – in umgekehrter Wertung – bei seinem jüdischen Kontrahenten Heinrich Graetz, mußte notgedrungen das Trennende der Erfahrung in den Vordergrund rücken. Treitschkes Definition der Deutschen als „christliches Volk" ließ keinen Raum für eine jüdische Subkultur innerhalb der deutschen Nation. Die Minderheit habe sich, so Treitschke, der Mehrheit unterzuordnen und anzupassen: „wir wollen nicht, daß auf die Jahrtausende germanischer Gesittung ein Zeitalter deutsch-jüdischer Mischkultur folge."[43]

Die rein germanisch-christliche Ursprungsgeschichte, die Treitschke dem noch nicht einmal zehn Jahre alten deutschen Nationalstaat zuschrieb, grenzte alle anderen Einflüsse als undeutsch aus. Das bedeutete, daß die jüdische Geschichtserfahrung keinen Platz im nationalen deutschen Gedächtnis mehr finden konnte, sondern als bloß partikulare Erinnerung einer fremden ethnischen Gruppe erschien. Wie wir gesehen haben, ging Treitschke nicht so weit, daß er die christliche Judenverfolgung direkt gerechtfertigt hätte. Sie blieb für ihn offenbares Unrecht. Aber sein Verständnis des Mittelalters als identitätsprägender Ursprung deutscher Nationalgeschichte trug ebenso wie seine Umdeutung der christlich-jüdischen Differenz in einem fortdauernden ethnischen Konflikt dazu bei, daß die Kontinuitäten zwischen Vergangenheit und Gegenwart deutlicher und damit die alten Gegensätze, wenngleich mit neuer Begründung, wieder aufgerissen wurden.

Die Berufung auf die Geschichte als zentrale Legitimationsinstanz war bei Befürwortern und Gegnern des Antisemitismus gleichermaßen zentral. Das Beispiel der jüdischen Verfolgungsgeschichte zeigt jedoch, daß die Schlußfolgerungen, die man aus der Geschichte zog, oft genug diametral entgegenge

---

[43] Ebd., S. 10.

setzt waren. Galt die lange Unterdrückung der Juden bei Aufklärern und Liberalen als entscheidendes Argument für die rechtliche Gleichstellung und für eine besondere Rücksichtnahme gegenüber den Juden, so sahen die Antisemiten in ihr nur eine Bestätigung und Rechtfertigung ihrer antijüdischen Ausgrenzungspolitik. Hatte die emanzipatorische Geschichtsschreibung des Liberalismus das Bewußtsein für die Kontinuitäten der Geschichte, für die unmittelbare Nähe von Vorurteil und Barbarei wachgehalten, so zerstörte die antisemitische Geschichtsklitterung diese Zusammenhänge, indem sie aus beliebig zusammengestellten Einzelhistorien das Konstrukt einer zeitlosen „ewigen" Judenfeindschaft formte. Hatte die Erkenntnis der Aufklärung, daß die jüdische Außenseiterstellung nicht eine naturgegebene, sondern eine historische sei, ihren Veränderungsoptimismus begründet, so berief sich die antisemitische Renaturalisierung des Juden, d. h. die Konstruktion eines unveränderbaren jüdischen „Wesens", auch auf die Geschichte und ihre angeblichen „Lehren". Zweifellos standen diese beiden entgegengesetzten historischen Interpretationen nicht auf derselben Stufe: Mißt man das antisemitische Geschichtsbild an den methodischen Maßstäben professioneller Geschichtsschreibung, wird man es nur als „unhistorisch", „einseitig" und oft genug als „völlig unhaltbar" bezeichnen können. Dies tat seiner öffentlichen Wirksamkeit jedoch keinen Abbruch, zumal ein führender Historiker wie Treitschke an seiner Formung und Verbreitung wesentlichen Anteil hatte.

b) Die „Zivilisierung" der Judenfeindschaft

Treitschkes Attacke auf das emanzipatorische Geschichtsbild des Liberalismus bedeutete keineswegs, daß er die vormodernen Formen der Judenfeindschaft hätte wiederbeleben wollen. Auch für ihn gab es kein Zurück zu den „mittelalterlichen" Vorurteilen, Vertreibungen und Pogromen. Unter den Bedingungen eines entwickelten Zivilisationsbewußtseins und der rigiden polizeilichen Ordnungsvorstellungen im Kaiserreich konnte sich der Antisemitismus nur dadurch rechtfertigen, daß er sich vom traditionellen Judenhaß deutlich distanzierte und sich in modernen und zivilen Formen – als scheinbar „objektive" Gesellschaftsanalyse und „rationale" Antwort auf die „Judenfrage" – präsentierte. Wilhelm Marr z. B. goß seine Attacke auf die vermeintliche Judenherrschaft in Deutschland in die Form einer „sachlichen" Kulturgeschichte unter dem Titel „Der Sieg des Judenthums über das Germanenthum", und er wurde nicht müde zu betonen: „mich beseelt nicht der entfernteste ‚Judenhass' und eben so wenig ein confessioneller Hass gegen die Juden. Nicht einmal ein ‚Nationalhass' oder ‚Racenhass'. Kein Volk kann für seine Spezialitäten".[44] Die formale Distanzierung von den als „unzivilisiert" und aggressiv geltenden Formen der vormodernen Judenfeindschaft wurde so zu einem Wesensmerkmal antisemitischer Selbstdarstellung – eine Linie, die sich bis zu den Nationalsozialisten verfolgen läßt.[45] Die Ablehnung eines „emotionalen" Judenhasses wurde durch die Auffassung ergänzt, daß der Konflikt mit den Juden „objektiv", d. h. ethnisch oder rassisch begründet sei. Wieder einmal war es Treitschke, der dieses Selbstverständnis, die eigentümliche Ambivalenz von Distanzierung und Rechtfertigung, am klarsten zum Ausdruck brachte.

Treitschke hatte während des Spätsommers 1879 sechs Wochen in Italien verbracht und den Höhepunkt der Berliner antisemitischen Agitation im September nicht selbst erlebt. Dieser Umstand gab ihm die Möglichkeit, sich in seinem Artikel ganz als von außen kommender, nach Objektivität strebender und neutraler Beobachter zu stilisieren. Er nahm nicht offen Partei, sondern präsentierte seine Wertungen als Beobachtungen und gab ihnen dadurch eine viel größere persuasive Wirkung.

---

[44] (Anm. 30) *Marr, S. 38.*
[45] Bei Hitler wurde dann aber die mangelnde Effektivität des emotionalen Judenhasses zum wichtigsten Kriterium der Ablehnung, vgl. *Adolf Hitler,* Sämtliche Aufzeichnungen 1905–1924, hrsg. von E. Jäckel und A. Kuhn, Stuttgart 1980, S. 88 ff; siehe auch *Ulrich Herbert,* Best, Biographische Studien über Radikalismus, Weltanschauung und Vernunft 1903–1989, Bonn 1996, S. 205.

Treitschke behauptete nicht einfach „Die Juden sind unser Unglück", sondern er formulierte: „Bis in die Kreise der höchsten Bildung hinauf, unter Männern, die jeden Gedanken kirchlicher Unduldsamkeit oder nationalen Hochmuts mit Abscheu von sich weisen würden, ertönt es heute wie aus einem Munde: die Juden sind unser Unglück!"[46] Zur Rolle des objektiven Zeitdiagnostikers gehörte auch, daß Treitschke da, wo er wertete, durchaus differenzierte. Es ist jedoch bezeichnend, wie er dies tat. So nahm er – aus der Perspektive des Bildungsbürgers – zwar an der „Pöbelroheit", dem „Schmutz" und der „Brutalität" der antisemitischen Bewegung Anstoß, er billigte ihr insgesamt jedoch eine tiefe innere Berechtigung zu: der „Instinkt der Massen" habe eine schwere Gefahr, einen bedrohlichen Schaden des neuen deutschen Lebens richtig erkannt. Der Antisemitismus sei zwar eine „brutale und gehässige, aber *natürliche* Reaction des germanischen Volksgefühls gegen ein fremdes Element".[47]

Umgekehrt erwähnte Treitschke zwar den positiven Beitrag einzelner Juden zur deutschen Kultur, sprach dann jedoch ganz allgemein von der Schuld *des* „Semitenthums" am sog. Gründerkrach, von „*dem* Juden, der seine Nachbarn wuchernd auskauft", von dem „unbilligen Uebergewicht *des* Judenthums in der Tagespresse", d. h., in seinen Prämissen kannte er Ausnahmen, in seinen Schlüssen verallgemeinerte er.[48] Es gibt weitere Beispiele für solche widersprechenden Signale, die Treitschkes Artikel aussandte, für die Double-bind-Technik seiner Rhetorik: Treitschke präsentierte sich als Schlichter, der in der strittigen „Judenfrage" ein „versöhnendes Wort" sprechen wolle, aber gleichzeitig malte er das antisemitische Zerrbild von der jüdischen Übermacht, von der Schädlichkeit, Gefährlichkeit und Fremdheit der Juden kräftig aus. Sätze wie: „Über unsere Ostgrenze [.] dringt Jahr für Jahr aus der unerschöpflichen polnischen Wiege eine Schar strebsamer hosenverkaufender Jüng-

---

[46] Treitschke, in: Boehlich (s. Anm. 6), S. 11.
[47] Ebd.
[48] *Boehlich* (s. Anm. 6), Nachwort S. 238.

linge herein, deren Kinder und Kindeskinder dereinst Deutschlands Börsen und Zeitungen beherrschen sollen"[49] waren wenig geeignet, die Aggressionen einzudämmen oder eine „Versöhnung" herbeizuführen. Ein weiterer Punkt: Zwar lehnte Treitschke eine Einschränkung oder Abschaffung der jüdischen Gleichberechtigung, wie das von radikalen Antisemiten gefordert wurde, entschieden ab, er bezeichnete die Emanzipationsgesetze jedoch als ein „Geschenk" an die Juden, für das man Dankbarkeit erwarten könne,[50] und er lieferte eher Argumente für die Notwendigkeit zu Maßnahmen, die den rechtlichen Status der Juden wieder verschlechterten.

Mit seinem Artikel brachte Treitschke das rhetorische Kunststück fertig, den Antisemitismus zu rechtfertigen und dabei gleichzeitig den Eindruck zu erwecken, er sei gar kein Antisemit. Wie immer eine solche Haltung auch tatsächlich Treitschkes Selbstverständnis entsprochen haben mochte,[51] diese Doppelung von Distanz und Identifikation war es gerade, die den Antisemitismus im akademisch gebildeten Bürgertum akzeptabel machte. Boehlich hat diese Entwicklung prägnant zusammengefaßt: „Beide, Stöcker und Treitschke, haben einen Antisemitismus großgemacht, der jederzeit unter dem Deckmantel des Scheins behaupten konnte – und behauptet hat –, gar nicht antisemitisch zu sein. Sie lieferten das Alibi gleich mit."[52] Dieses Konzept war für die Geschichte des Antisemitismus in Deutschland folgenreich. Es bildete sich eine Art gutbürgerliche Judenfeindschaft, die sich vom „Radauantisemitismus" der Straße distanzierte, scheinbar unvoreingenommen zwischen „guten" und „schlechten" Juden zu unterscheiden wußte und sich durch solche Zivilisiertheiten moralisch anäs-

---

[49] *Boehlich* (s. Anm. 6), S. 7.
[50] Ebd., S. 79f.
[51] Im Unterschied zu Stoecker hat Treitschke sich niemals der antisemitischen Bewegung zugehörig gefühlt. Unabhängig von seinen persönlichen Intentionen und möglicherweise anders gerichteten Motiven haben Treitschkes Schriften jedoch eindeutig in antisemitischem Sinne gewirkt.
[52] *Boehlich* (s. Anm. 6), S. 238.

thesierte. Dieser kulturelle Antisemitismus verfolgte keine unmittelbaren politischen Ziele, er löste sich zunehmend von realen Konflikten zwischen Juden und Nichtjuden ab und entwickelte sich zu einem universalen Erklärungsmodell, zu einer Weltanschauung, in der „das Judentum" als Antithese zum eigenen Selbstverständnis, als Chiffre und Metapher für alles Übel figurierte.[53] Antisemitismus wurde zum kulturellen Code, zum ideologischen Schibboleth für das antiliberale, „nationale" Lager.[54] Gerade diese Abstraktion, gerade die weitgehende Loslösung des Feindbildes vom realen Objekt und die scheinbare Folgenlosigkeit des antijüdischen Diskurses haben die weite Verbreitung und eine besondere Radikalität des antisemitischen Denkens in Deutschland gefördert.

c) Nationale Einheit durch Ausgrenzung

Das Konzept des modernen Nationalstaats hatte darin gelegen, die vormodernen traditionellen Bindungen – seien sie dynastisch-ständischer, regionaler oder religiöser Art – zu überwinden und ein einheitliches Staatsvolk zu schaffen. Der Preis für die nationale Integration lag für die einzelnen Gruppen in der Assimilation, in der Aufgabe der partikularen Sonderexistenz. So wurde auch von den Juden als Vorbedingung der Emanzipation erwartet, daß sie ihre ethnisch-religiöse Gruppenidentität aufgaben und das Judentum lediglich als Konfession verstanden. Dabei hegten die liberalen Befürworter der jüdischen Gleichberechtigung die Erwartung, daß sich im Fortschreiten des Emanzipations- und Akkulturationsprozesses die jüdische Identität am Ende vollständig auflösen würde.[55] Ein pluralisti-

---

[53] Ausführlicher hierzu: *Christhard Hoffmann*, Das Judentum als Antithese. Zur Tradition eines kulturellen Wertungsmusters, in: Werner Bergmann / Rainer Erb (Hrsg.), Antisemitismus in der politischen Kultur nach 1945, Opladen 1990, S. 18–37.

[54] Vgl. *Volkov*, (s. Anm. 3), S. 35 f.

[55] Vgl. *Peter Pulzer*, Jews and the German State. The Political History of a Minority. 1848–1933, Oxford 1992, S. 15 ff.

sches Konzept, das den Juden als Minderheit die Gleichberechtigung gewährt hätte, gab es damals in Deutschland nicht.
Treitschke hielt in seinen Artikeln offiziell an diesem nationalen Integrationsmodell des Liberalismus fest. Nicht die erneute Segregation, wie das die radikalen Antisemiten forderten, sondern die „innere Verschmelzung und Versöhnung"
zwischen Deutschen und Juden sollten am Ende stehen. Die
Praxis seiner antijüdischen Polemik stand zu diesen Lippenbe-
kenntnissen allerdings in schroffem Gegensatz. Seine Forderung, die Juden „sollen Deutsche werden, sich schlicht und
recht als Deutsche fühlen", grenzte die Juden erst einmal als
undeutsch aus, ebenso wie die sprachliche Kategorisierung in
„wir" und „ihr". Treitschke definierte dabei „Deutschsein"
normativ. Es ist nicht eine klar umrissene politische (Staats-
bürgerschaft), sondern eine moralische, kulturelle und historische Kategorie und als solche beliebig mit Inhalt zu füllen. So
werden z. B. „Ehrbarkeit", „Bescheidenheit" oder „Arbeitsam-
keit" zu Eigenschaften, die den „Deutschen" definieren. Die
Argumentation des Völkerpsychologen Moritz Lazarus,[56] der
an vielen Beispielen aus der Geschichte nachwies, daß nicht allein die vermeintlich objektiven Faktoren, wie Sprache, Religion, gemeinsame Abstammung, Kultur und Geschichte, sondern das subjektive Bewußtsein der Zusammengehörigkeit
eine Nation bzw. ein Volk konstituieren, die Juden also ebenso
deutsch seien wie die Protestanten oder Katholiken, blieb ohne
Wirkung.[57] Treitschke hatte die ideologischen Möglichkeiten
einer Verbindung von Nationalismus und Antisemitismus erkannt.[58] Man kann in seinen Schriften zur „Judenfrage" den
Umschlag von einem integrativen zu einem ausgrenzenden
Konzept des deutschen Nationalismus ablesen.[59] „Selbstdefi-

---

[56] *Moritz Lazarus*, Was heißt national? Ein Vortrag, Berlin 1880; vgl. dazu
Meyer (s. Anm. 6), S. 146–148.
[57] Vgl. Treitschkes ablehnende Reaktion: *Boehlich* (s. Anm. 6), S. 85–88.
[58] Vgl. *Volkov* (s. Anm. 3), S. 33.
[59] Vgl. *Rürup* (s. Anm. 3), S. 88 f.; *Heinrich August Winkler*, Vom linken
zum rechten Nationalismus, in: ders., Liberalismus und Antiliberalismus, Göttingen 1979. S. 36–51; *Helmut Walser Smith*, German National-

nition durch Feindmarkierung"[60] wurde wiederum – wie bereits in den Napoleonischen Kriegen – zu einem Charakteristikum nationaler deutscher Identitätssuche. Die antithetische Abgrenzung gegenüber allen möglichen „Reichsfeinden" im Innern (Katholiken, Sozialisten, Juden, nationale Minderheiten) war Ausdruck dieses neuen Selbstverständnisses und sollte zur Stabilisierung des von sozialen, konfessionellen und ethnischen Konflikten bedrohten Kaiserreiches dienen.[61] Ludwig Bamberger hat in seiner Antwort auf Treitschke diese neue Qualität des Nationalismus bereits klar erkannt.[62]

„Gerade der Cultus der Nationalität [...] artet leicht dahin aus, den Haß gegen andere Nationen zum Kennzeichen echter Gesinnung zu machen. Von diesem Haß gegen das Fremdartige jenseits der Grenze bis zum Haß gegen das, was sich etwa noch als fremdartig in der eigenen Heimat ausfindig machen läßt, ist nur ein Schritt. Je mehr Haß, desto mehr Tugend! Wo der Nationalhaß nach außen seine Schranke findet, wird der Feldzug nach innen eröffnet. Je enger der Zirkel der Bekenner gezogen werden kann, desto reiner lodert die Flamme auf dem Altar."

Die Wirkung von Treitschkes Artikeln war denn auch Segregation, nicht Integration der Juden. Als erste gesellschaftliche Organisation schlossen die direkt von Treitschke beeinflußten neugegründeten Studentenverbindungen, die „Vereine Deutscher Studenten", jüdische Kommilitonen als Mitglieder aus.[63]

---

ism and Religious Conflict: Ideology, Politics. 1870–1914, Princeton 1995.

[60] *Hagen Schulze*, Gibt es überhaupt eine deutsche Geschichte? Berlin 1989, S. 28.

[61] Zur Technik der „negativen Integration" siehe *Hans-Ulrich Wehler*, Das Deutsche Kaiserreich. 1871–1918, Göttingen 71994.

[62] *Bamberger*, in: Boehlich (s. Anm. 6), S. 157.

[63] Vgl. *Kampe*, Studenten und „Judenfrage" (s. Anm. 7), S. 33 ff.

Mommsens Kritik an Treitschke

Treitschkes Rechtfertigung der antisemitischen Bewegung blieb im liberalen Lager nicht unwidersprochen. Unter den vielen Stimmen der Kritik war diejenige Theodor Mommsens am einflußreichsten und soll deshalb stellvertretend hier näher betrachtet werden.[64] Dabei muß man betonen, daß die Differenz zwischen Treitschke und Mommsen nicht primär in der inhaltlichen Beurteilung der „Judenfrage" lag. Auch Mommsen vertrat kein pluralistisches Nationalstaatskonzept. Wie Treitschke war er der Auffassung, daß die Juden durch Ablegen ihrer „Sonderexistenz", d. h. auch durch die Taufe, zur Integration in die deutsche Nation beitragen sollten. Mommsen war keineswegs Philosemit. Er sah die traditionellen Formen jüdischer Religiosität als überlebt an und konnte sich über die „israelitischen Schrullen" bei Kollegen oder Freunden durchaus lustig machen. Der Kern der Mommsenschen Kritik zielte jedoch auf die besondere Verantwortung des Publizisten und Hochschullehrers, die Treitschke in seinen Artikeln und in seinem Verhalten gegenüber den Studenten einfach ignoriert habe. Treitschke habe seine Schriftstellerautorität und seine wissenschaftliche Reputation dazu mißbraucht, dem antisemitischen „Wahn" eine Rechtfertigung zu geben, er habe den „Kappzaun der Scham" von dieser Bewegung genommen und diese damit auch für weite Teile des Bürgertums „anständig" und „salonfähig" gemacht. Die antisemitische Bewegung sei aber eine „Mißgeburt des nationalen Gefühls", die durch gehässige Akzentuierung von – durchaus vorhandenen – jüdischen „Sondereigenschaften" die Ausbildung eines einigen

---

[64] Zu Mommsens Judenbild und zu der Auseinandersetzung mit Treitschke vgl. *Liebeschütz* (s. Anm. 6), S. 192–201; *Lothar Wickert*, Theodor Mommsen und Jacob Bernays. Ein Beitrag zur Geschichte des deutsche Judentums, in: Historische Zeitschrift 205 (1967), S. 265–294; *Stanley Zucker*, Theodor Mommsen and Antisemitism, in: Yearbook Leo Baeck Institute 17 (1972), S. 237–241; *Hoffmann* (s. Anm. 6), S. 87–132; *Alexander Demandt*, Mommsen in Berlin, in: Berlinische Lebensbilder, Bd. 3: Wissenschaftspolitik in Berlin, Berlin 1967, S 149–173.

deutschen Nationalstaats hintertreibe. Treitschkes Forderung, die Juden sollten „Deutsche" werden, mache die Juden zu „Mitbürgern zweiter Klasse" und bedeute letztlich ein Predigen des Bürgerkriegs. Dagegen setzte Mommsen die rechtsstaatlichen Fakten und rief dazu auf, gegenüber der „jüdischen Eigenartigkeit" größere Milde und Toleranz walten zu lassen. [65]

In seiner Kritik an Treitschke stellte Mommsen die Frage nach der Verantwortung der akademischen Elite für die politische Kultur in den Mittelpunkt. Mommsen verlangte von dem Intellektuellen, daß er die öffentlichen und politischen Wirkungen seiner Schriften kritisch in Rechnung stellen sollte. Er selbst hat nach diesem Maßstab gehandelt. Als ihn 1882 ein ehemals jüdischer Student, der in Reaktion auf Mommsens Schrift von 1880 zum Christentum übergetreten war, bat, Mommsen möge der von ihm verfaßten Broschüre, die einen Aufruf an die Juden zum Übertritt enthielt, durch seine Widmung Autorität verleihen, lehnte Mommsen entschieden ab. Dabei hatte sich seine Auffassung nicht geändert. Nach wie vor glaubte er, daß das Christentum sich „mit den jetzt die Welt beherrschenden Nationalitäten so verschmolzen hat, daß außerhalb desselben eine volle nationale Entwicklung der Regel nach unmöglich ist" – eine öffentliche Propaganda für die Konversion hielt er aber in der polemischen Situation der Gegenwart für inopportun: „das Publikum im ganzen wird immer in der dummen Verwunderung stecken bleiben, wie Sie und ich dazu kommen, Stöckers Geschäfte zu besorgen", schrieb er an den Studenten. [66] Mommsen hielt die geistige Elite eines Staates in besonderer Weise dafür verantwortlich, zerstörerische Prozesse durch ihr Prestige einzudämmen. Man könne zwar nicht verhindern, daß es Antisemitismus und Vorurteile gebe, aber „führende Männer" einer Nation müßten die praktische Durchführung solcher Programme „in ihrer Widersinnigkeit und Schändlichkeit" erkennen und danach handeln. So bestand auch Mommsens Konzept zur Abwehr des Antisemitis-

[65] *Mommsen*, in: Boehlich (s. Anm. 6), S. 210–225.
[66] *Zucker* (s. Anm. 64), S. 239f.; vgl. *Hoffmann* (s. Anm. 6), S. 121–123.

mus vor allem darin, durch die Autorität bedeutender Persönlichkeiten die „niederen Instinkte" des Rassenhasses gleichsam in Schach zu halten, einzudämmen und so den „Ausbruch" der Gewalt zu verhindern. Gerade in diesem Punkt lag die Verfehlung Treitschkes. Er hat – in den Augen Mommsens – seine wissenschaftliche und publizistische Autorität dazu mißbraucht, die „Instinkte des Pöbels" anzustacheln und zu legitimieren, anstatt sie zu dämpfen und unwirksam zu machen. Für ihn war Treitschke deshalb der „Vater des modernen Antisemitismus"[67].

Mommsen hat sich mit seiner Kritik an Treitschke innerhalb des deutschen Bildungsbürgertums viele Feinde gemacht, und es gab Versuche, seine moralische Integrität anzuzweifeln und so seine Argumente zu entwerten. Bald kolportierte man selbst in gelehrten Kreisen das Gerücht, Mommsens Eintreten „für die Juden" sei lediglich ein Dank für Geldspenden von jüdischer Seite zum Wiederaufbau seiner beim Brand im August 1880 vernichteten Bibliothek, er sei also quasi gekauft.[68] Der Berliner Volksmund machte ihn gleich selbst zu einem Juden, indem er ihn „Mommsohn" nannte.[69] Später sprach man von „Judengenossen" oder „Judenschutztruppe", um das Engagement von Nichtjuden gegen den Antisemitismus zu denunzieren.[70]

Mommsens Kritik hat letztlich nicht verhindern können, daß ein nationaler und kultureller Antisemitismus Treitschkescher Prägung im deutschen Bürgertum weite Verbreitung fand. Mommsens Scheitern im Kampf gegen den Antisemitismus ist symptomatisch für das Dilemma des Liberalismus in der „Judenfrage". Die Schwäche der liberalen Position in dieser

---

[67] Mommsen in einem Brief an Sybel vom 7. Mai 1895, in: Lothar Wikkert, Theodor Mommsen. Eine Biographie, Bd. 4, Frankfurt a. M. 1980, S. 239 f.

[68] Vgl. *Hoffmann* (s. Anm. 6), S. 124, Anm. 111.

[69] Ebd., S. 128.

[70] Vgl. *Barbara Suchy*, The Verein zur Abwehr des Antisemitismus (I). From its Beginnings to the First World War, in: Yearbook Leo Baeck Institute 28 (1983), S. 205–239, bes. 222 ff.

Auseinandersetzung hing zum einen mit den inneren Widersprüchen des Emanzipations- und Assimilationskonzepts zusammen: Indem Liberale wie Mommsen einen kulturellen Pluralismus als Grundlage der deutschen Gesellschaft ablehnten, indem sie von den Juden eine Änderung ihres „Andersseins" verlangten, entwerteten sie letztlich ihre rechtsstaatliche Auffassung, nach der die Juden „Deutsche" und gleichberechtigte Staatsbürger seien.[71] Zum anderen lag die Schwäche der liberalen Position darin, daß sich die wirtschaftlichen und sozialen Ursachen der neuen Judenfeindschaft nicht mit den moralistisch aufgeladenen Antithesen der Vergangenheit, wie „Barbarei vs. Fortschritt" aufheben ließen. Der Liberalismus verfügte über keine Theorie seiner eigenen Krise, entsprechend hatte er keine Erklärung für die Dynamik der antisemitischen Bewegung. Der Versuch, die neue Judenfeindschaft mit den alten Kampfbegriffen zu bannen, mußte angesichts einer sich rasch verändernden und modernisierenden antisemitischen Ideologie langfristig scheitern. Es ist denn auch kein Zufall, daß ein führender Liberaler wie Mommsen am Ende (1893) resigniert und beinahe fatalistisch feststellte, daß man gegen den Antisemitismus ja doch nichts tun könne: „Der Antisemitismus ist [...] wie eine schauerliche Epidemie, wie die Cholera – man kann ihn weder erklären noch heilen. Man muß geduldig warten, bis sich das Gift von selber austobt und seine Kraft verliert."[72]

Schluß

Der moderne Antisemitismus war nicht einfach ein Relikt aus dem „Zeitalter des Vorurteils", wie es seine liberalen Gegner glauben machen wollten. Er gewann erst in der Auseinander-

---

[71] Vgl. *Ismar Schorsch*, Jewish Reactions to German Anti-Semitism 1870–1914, New York, London 1972, S. 99; *Uriel Tal*, Christians and Jews in Germany. Religion, Politics and Ideology in the Second Reich, 1870–1914, Ithaka, London 1975, S. 49ff.

[72] *Hermann Bahr*, Der Antisemitismus. Ein internationales Interview (Berlin 1894), hrsg. von Hermann Greive, Königstein 1979, S. 27.

setzung mit der dominierenden liberalen Geschichts- und Weltanschauung sein ideologisches Profil und übernahm von dieser seine modernen Ausdrucksformen. Hierzu zählten das Selbstverständnis als soziale Bewegung, die Berufung auf „Volkswillen" und „Meinungsfreiheit", die Rhetorik von Unterdrückung und Emanzipation, die die Befreiung „vom Judentum" als Lösung sozialer Mißstände propagierte, schließlich die Legitimation durch „wissenschaftliche" Theorien und „historische" Argumente. Durch diese formale Übernahme moderner Elemente verschaffte der Antisemitismus seinen Anhängern ein Selbstverständnis, das es ihnen erlaubte, dem Anschein nach „sozial", „zivilisiert", „demokratisch", „rational" etc. und doch gleichzeitig judenfeindlich zu sein. Es war gerade diese zivilisatorische „Mäßigung", die den Antisemitismus in Deutschland weithin akzeptabel gemacht hat. Ihre Wirkungen waren, langfristig gesehen, widersprüchlich.

Einerseits kam es in der Tat zu einer „Pazifizierung" der antisemitischen Bewegung in Deutschland. Gewaltsame Übergriffe gegen Juden kamen nach den pommerschen Unruhen von 1881 im Kaiserreich kaum noch vor bzw. wurden von den Ordnungskräften im Keim erstickt. Die Ablehnung von „radauantisemitischen", pogromartigen Formen der Judenfeindschaft durch die bürgerliche Mittelschicht läßt sich noch in den negativen Bevölkerungsreaktionen auf die von den Nationalsozialisten inszenierte „Reichskristallnacht" im November 1938 erkennen. Auf der anderen Seite dürfte gerade die scheinbare „Bändigung" des Judenhasses eine besondere Radikalität des antisemitischen Denkens in Deutschland befördert haben, dessen destruktives Potential sich erst in der krisenhaft veränderten politischen Situation nach 1918 schrittweise offenbaren sollte.[73] Man muß diese durch den Modernisierungs- und Zivilisationsprozeß hervorgerufenen Paradoxien und Widersprüche

---

[73] Zur unterschiedlichen Funktion des Antisemitismus im Kaiserreich und in der Weimarer Republik vgl. *Shulamit Volkov*, Das geschriebene und das gesprochene Wort. Über Kontinuität und Diskontinuität im deutschen Antisemitismus, in: dies. (s. Anm. 3), S. 54–75.

verstehen, wenn man die Bedeutung des Antisemitismus in der deutschen Geschichte richtig beurteilen will. Daniel Goldhagen z. B. reduziert diese Komplexitäten zu falschen Eindeutigkeiten, wenn er behauptet, daß bereits der deutsche Antisemitismus des 19. Jahrhunderts „pregnant with murder" gewesen sei.[74] Die durch Fakten nicht zu stützende These einer Kontinuität der Gewalt verdunkelt gerade die Widersprüchlichkeit der Entwicklung und kann daher letztlich nicht erklären, warum in einem hochzivilisierten Land wie Deutschland die Rückkehr der Barbarei möglich wurde.

---

[74] *Daniel Jonah Goldhagen,* Hitler's Willing Executioners. Ordinary Germans and the Holocaust, New York 1996, S. 75.

John C. G. Röhl

Kaiser Wilhelm II.

und der deutsche Antisemitismus

> *„Press, Jews & Mosquitoes [...] are a*
> *nuisance that humanity must get rid of in*
> *some way or another. I believe the*
> *best would be gas!"*
>
> Kaiser Wilhelm II., 15. August 1927

Im Jahre 1894 – Kaiser Wilhelm II. regierte erst seit sechs Jahren, ein verbitterter Bismarck war vier Jahre zuvor entlassen worden, und Hitler war noch zu jung, um in die Schule zu gehen – erschien in den Straßen von Berlin für dreißig Pfennig ein obszönes Flugblatt, das aus heutiger Sicht die Frage der Kontinuität in der modernen deutschen Geschichte in erschreckendster Weise aufwirft.[1] Unter dem Titel „Im 20. Jahrhundert" stellte es in Karikaturbildern die deutsche Hauptstadt im Jahre 1950 dar. Zwei Möglichkeiten werden vorausgesagt: *Entweder* haben die Deutschen die jüdische Gefahr besiegt, *oder* die Juden haben Berlin erobert.

Im letzteren Fall regiert Rothschild in Deutschland, die Antisemiten – Böckel, Förster, Dühring, von Schönerer, Stoecker et cetera – befinden sich im Gefängnis und Ahlwardt wird geköpft. Das deutsche Volk ist Sklave in einer „Deutschen-Arbeiter-Kolonie", die zugunsten jüdischer Geschäftemacher arbeitet. Gegenüber der Kolonie sehen wir hinter der Erinnerungsstatue des liberalen Parlamentariers Heinrich Rickert die

---

[1] Politischer Bilderbogen Nr. 14. Im 20. Jahrhundert. Verfasser dieser scheußlichen Karikaturen war Max Bewer, ein katholischer Bismarckverehrer aus der Gegend um Düsseldorf, der von 1891 bis zu seinem Tod 1921 in Laubegast bei Dresden wirkte. Sein Leben wird treffend geschildert von *Barbara Suchy*, Antisemitismus in den Jahren vor dem Ersten Weltkrieg, in: Jutta Bohnke-Kollwitz (Hrsg.), Köln und das Rheinische Judentum, Köln 1985, S. 252–283.

florierende Börse, das jüdische Nationaltheater und das jüdische Nationalmuseum, während die christlichen Kirchen geschlossen sind. Deutsche werden aus ihrem eigenen Land verbannt, ihre „frischen" Kleinkinder zusammen mit Gänsen an jüdische Küchen verkauft. Überall werden jüdische Tempel in Form von Kiosken gebaut, um ihre Weltherrschaft und damit auch ihre Gewalt über die „deutsche Sklavennation" zu bekunden.

Eine gänzlich andere Welt eröffnet sich uns im oberen Teil des Bildes. 1950 haben Kaiser Wilhelm III. und seine Kaiserin gerade den Thron bestiegen. Deutsche Handwerker und Bauern marschieren glückselig durch die Straßen und rufen „Heil" und „Gott mit uns". Deutsche Athleten nehmen an den deutschen Spielen teil, das Volk drängt sich in das Deutsche Volkshaus, um die Werke Beethovens, Mozarts, Goethes und Schillers zu feiern, deutsche Kinder lauschen deutschen Märchen, und die Kirche steht wieder im Mittelpunkt der Gesellschaft. Die diskriminierenden Kirchengesetze gegen die Juden sind erneut eingeführt worden, die Synagoge ist geschlossen, und der Rabbiner hat Selbstmord begangen. Der letzte Jude wird aus dem Land verbannt – „Juden raus" steht auf dem Plakat eines Polizisten. Viele sind im Zuchthaus; alle sind gezwungen, ihre „gestohlenen" Güter an die Kirche zur Verteilung an die armen Deutschen zurückzugeben, bevor sie mit einem Strick um den Hals abgeführt werden. Und auf der Hauptstraße, mit Begleitmusik von Trompeten und Klarinetten und vor schadenfrohen Schaulustigen, werden Juden öffentlich gehängt.

Im Begleittext prophezeit der Autor, daß Deutschland auf alle Fälle einen ernsten „Kampf gegen Juda" führen werde, dem „ein grausamer Zug von Humor" nicht ganz fehlen werde. Aber es wäre im Interesse der Juden selber, wenn die „Lösung" bald erfolgte, und zwar von oben durch königliche Hand, da sonst das deutsche Volk von einer „Ekstase" ergriffen werden könnte, unter der die Juden ein noch schrecklicheres Schicksal erleiden würden. Das Blatt appelliert an Kaiser Wilhelm II., diesen „schwersten aller Kämpfe" auf sich zu nehmen. Aber es wird gewarnt, daß, wenn die jüdische Frage unter Wilhelm II., nicht gelöst würde, dies dann unter Wilhelm III. – also um 1950 – erfolgen müsse.

Als ein schauderhaftes Menetekel des Holocaust ist dieses Dreigroschenpamphlet von 1894 atemberaubend. Durch die Zusammenführung des extremen Antisemitismus mit der Hohenzollern-Monarchie, und speziell mit Wilhelm II., wirft das Blatt jedoch ganz allgemein die Frage der Kontinuität in der deutschen Geschichte auf. Was hatte den Verfasser dieses Flugblatts anzunehmen veranlaßt, daß Kaiser Wilhelm II. die „jüdische Frage" „lösen" könne, und was hatte den Trotz und die Enttäuschung in ihm erzeugt, die unter der Oberfläche der Karikatur zu erkennen ist? Wie war Wilhelms Verhältnis zum Antisemitismus, der vor, während und nach seiner Regierungszeit so um sich gegriffen hat? Könnte es sein, daß in dieser Hinsicht (wie in mancher anderen) der letzte Kaiser ein Vorbote Hitlers war, sozusagen das Bindeglied zwischen dem „Eisernen Kanzler" und dem „Führer"? Wenn Kaiser Wilhelm II. sich als Antisemit erweisen sollte, so hätte dies die Wirkung, den extremen Gossen-Antisemitismus hoffähig zu machen; die spezifisch deutschen Wurzeln des Hitlerschen Antisemitismus würden klarer ins Blickfeld rücken und die Idee von der Kontinuität in der deutschen Geschichte würde dadurch nachhaltig gestärkt.

Das Bild Kaiser Wilhelms II. als Antisemit ist neu, historisch höchst umstritten, politisch inopportun und emotional beunruhigend. In den 1960er Jahren, als Fritz Fischer den hohen Grad an Kontinuität zwischen den Kriegszielen des kaiserlichen Deutschland im Ersten Weltkrieg und denen Hitlers im Zweiten Weltkrieg nachweisen konnte, bemühten sich einige Historiker, die Kontinuitätskette wieder zu brechen, indem sie darauf bestanden, daß der Antisemitismus Hitlers einmalig und sein Drittes Reich daher „qualitativ" anders war als alle früheren Epochen der deutschen Geschichte: Auf diese perverse Weise wurde der Holocaust zum Alibi der deutschen Nation. Vor nicht allzu langer Zeit meinten einige wenige Historiker, der Nazi-Holocaust habe keine historische Vorgeschichte und sei allenfalls mit dem Pol-Pot-Regime in

Kambodscha vergleichbar. Ernst Nolte verursachte beinahe Straßenkrawalle mit seiner These, daß der Holocaust-Antisemitismus keine Wurzeln in der deutschen Geschichte habe, sondern lediglich eine Reaktion auf die „ursprünglichere" „asiatische" Barbarei Stalins sei. Aber selbst hochangesehene deutsche Historiker scheinen das Ausmaß des Antisemitismus Kaiser Wilhelms II. schwer einschätzen zu können. Sie weisen darauf hin, daß Wilhelm mit Männern wie Albert Ballin und Walther Rathenau – den sogenannten „Kaiserjuden" – befreundet war und zahlreiche jüdische Wissenschaftler zum Professor ernannt hat, und folgern daraus, daß er deshalb kein Antisemit gewesen sein kann. Sie übersehen dabei, daß der Kaiser mehrmals erklärt hat, er sehe Ballin nicht als Juden an,[2] daß er Rathenau als „gemeinen, hinterlistigen, niederträchtigen Verräter" beschimpfte, der zu dem „inneren Ring" der zweihundert Juden gehört habe, die die Welt regierten, und der mit Recht ermordet worden sei,[3] und daß er den ehemaligen preußischen Kultusminister Schmitt-Ott als „König der Hettiter" bezeichnete, weil dieser angeblich zugunsten einzelner jüdischer Förderer von Kunst und Wissenschaft eingetreten war.[4]

So herrschte denn bisher überwiegend Konsens unter den Historikern in dieser nicht ganz unwichtigen Frage, daß Kaiser Wilhelm II. kein Antisemit gewesen sei. Nur drei oder vier Historiker bzw. Germanisten – Dr. Hartmut Zelinsky, Lamar Cecil und Willibald Gutsche – haben Gegenteiliges entdeckt und veröffentlicht.[5] Das jetzt zur Verfügung stehende Beweismate-

[2] *Friedrich Schmitt-Ott,* Erlebtes und Erstrebtes, 1860–1950. Wiesbaden 1952, S. 195; *Wolfgang Pfeiffer-Belli* (Hrsg.), Harry Graf Kessler, Tagebücher 1918–1937, Frankfurt a. M. 1961, S. 386.
[3] Kaiser Wilhelm II. an George Sylvester Viereck, 18. Februar 1926, Houghton Library, Harvard, Nachlaß Viereck, Brief Nr. 36; *Lamar Cecil,* Wilhelm II. und die Juden, in: Werner Mosse (Hrsg.), Juden im Wilhelminischen Deutschland 1890–1914, Tübingen 1976, S. 344; Kessler, Tagebücher, S. 386.
[4] *Schmitt-Ott* (s. Anm. 2), S. 195.
[5] *Hartmut Zelinsky,* Kaiser Wilhelm II., Die Werk-Idee Richard Wagners und der „Weltkampf", in: John C. G. Röhl (Hrsg.), Der Ort Kaiser Wilhelms II. in der deutschen Geschichte, München 1991, S. 297–356; *Cecil*

rial jedoch ist qualitativ wie quantitativ überwältigend. Es zeigt unzweideutig: Der Antisemitismus nahm in der Weltanschauung des letzten deutschen Kaisers eine sehr bedeutende Stellung ein: Daher ist eine grundlegende Neueinschätzung seines Ortes in der Geschichte erforderlich.

Bevor ich das Quellenmaterial ausbreite, ist es vielleicht notwendig, ein Interpretationsgerüst aufzustellen, wonach die Unterschiede zwischen den verschiedenen Graden und Arten des Antisemitismus in Deutschland, wie er in den 75 Jahren zwischen der Reichsgründung und 1945 praktiziert oder gefordert wurde, ersichtlich werden. So gab es den *Salon-Antisemitismus*, bestehend aus persönlichen Vorurteilen und kollektiver, wenn auch informeller Diskriminierung, also jene Art von Antisemitismus, mit der sich die kleine jüdische Minderheit – ein Prozent der Reichsbevölkerung – in der Kaiserzeit abfinden mußte. Zum anderen wurden Juden von einigen öffentlichen Ämtern ausgeschlossen sowie ihrer Bürgerrechte beraubt. Derartige Gesetze wurden vor 1933 nicht eingeführt, obwohl man sie schon lange vorher forderte, wie wir noch sehen werden. Drittens gab es den *Pogrom-Antisemitismus* wie im Zarenreich und in der Sowjetunion; eine vergleichbare Massenbrutalität gegen die Juden gab es in Deutschland zwischen Bismarcks Reichsgründung und Hitlers Machtergreifung nicht. Zudem wurde der *Antisemitismus per Ausweisung* praktiziert, wodurch alle Juden des Landes verwiesen werden; dies wurde, wie wir wissen, nach 1933 zur schrecklichen Realität, aber solche Forderungen waren in Deutschland schon fünfzig Jahre vorher zu hören. Schließlich begegnen wir dem *Antisemitismus der Vernichtung*, dem Antisemitismus des Holocaust. Wenn wir nach dem Antisemitismus Kaiser Wilhelms II. fragen, müssen wir uns diese fünf verschiedenen Arten vor Augen halten. Die traurige Wahrheit ist allerdings, daß er im Laufe seines langen Lebens irgendwann alle fünf Arten vertreten hat.

Es gab jedoch eine Zeit im Leben Wilhelms II., in der er kein

---

(s. Anm. 3); *Willibald Gutsche*, Ein Kaiser im Exil. Der letzte deutsche Kaiser Wilhelm II. in Holland, Marburg 1991.

Antisemit war. Im Gymnasium in Kassel, mit fünfzehn Jahren, war sein bester Freund „ein junger Jude namens Sommer", wie er stolz seiner Mutter berichtete. [6] Wilhelm bestand darauf, daß Siegfried Sommer seine Mütze neben die seine hing und daß sie ihr Butterbrot teilten. Es kam vor, daß der Prinz seinen Arm um die Taille seines Freundes legte, „wie man es bei einem hübschen Mädchen tut"; ein andermal fragte Wilhelm Sommer sogar, ob er ihn in den Tempel begleiten dürfe. Sommer war Klassenbester und stieg später, allerdings mit Wilhelms Hilfe, zum Landesrichter auf. [...]

Wilhelm wurde in Bonn im Jahre 1877 ein begeistertes Mitglied der adligen Studentenverbindung Corps Borussia; auch aus dieser Zeit sind keine antisemitischen Bemerkungen bekannt. [7] Was freilich aus dieser Zeit bekannt ist, ist Wilhelms Wunsch aus seinen Leutnantstagen, das ganze „verfluchte englische Blut" aus seinen Adern zu bannen! [8] Der bittere Konflikt mit seinen Eltern – insbesondere mit seiner englischen Mutter –, auf den sich diese Äußerung bezieht, prägt maßgeblich die geistige und psychologische Entwicklung des späteren Kaisers und bildet den Kern seines vehementen Antisemitismus, den er in den 1880er Jahren verinnerlichte – auf dem Höhepunkt der ersten Antisemitismus-Welle, welche die deutsche Gesellschaft seit der Reichsgründung überflutete.

Knapp drei Jahre nach der Reichsgründung und der Emanzipation der 600 000 Juden, die im neuen Reich lebten, erschüt-

---

[6] Zu der Freundschaft zwischen Prinz Wilhelm und Siegfried Sommer siehe *John C. G. Röhl*, Wilhelm II. Die Jugend des Kaisers 1859–1888, München 1993, S. 232–239.

[7] Noch nach seinem Wiedereintritt in das Erste Garderegiment zu Fuß im September 1879 schloß Wilhelm Freundschaft mit Walter Moßner, einem getauften jüdischen Gardeoffizier, den er später in den Adelsstand erhob und zu seinem Flügeladjutanten ernannte. *Bogdan Graf von Hutten-Czapski*, Sechzig Jahre Politik und Gesellschaft, 2 Bde, Berlin 1936, I, S. 107 ff; *Heinrich Prinz von Schönburg-Waldenburg*, Erinnerungen aus kaiserlicher Zeit, Leipzig 1929, S. 100; *Lamar Cecil*, Wilhelm II. Prince and Emperor, 1859–1900, Chapel Hill, London 1989, S. 61 f.

[8] *Hermann von Petersdorff u. a.* (Hrsg.), Bismarck: Die gesammelten Werke, 15 Bde., Berlin 1923–33, XV, S. 553.

terten der große Börsenkrach von 1873 und der Anfang der „Großen Depression" das Vertrauen von Millionen in die Werte des Kapitalismus, der freien Marktwirtschaft und des fortschrittlichen Linksliberalismus, mit denen die jüdische Minderheit wegen ihrer einmaligen Berufsstruktur identifiziert wurde. Wie die Karikatur zeigt, die ich zu Beginn meines Kapitels vorgestellt habe, fühlten sich im neuen Deutschland der aufblühenden Städte, der rapiden Industrialisierung, der Massenzeitungen und der Massenpolitik die Angehörigen all jener Schichten bedroht, die in traditionellen Berufen – gleich, ob hoch oder niedrig – arbeiteten. Sie sehnten sich nach der Sicherheit des alten monarchischen christlichen Staates zurück. Die Hohenzollernsche Militärmonarchie wurde als Hort und Bollwerk gegen die immer schneller anwachsende moderne Welt gesehen, die vor allem die Juden symbolisierten.[9] Manichäische christliche Bilder und Gedanken lebten selbst dort fort, wo das Christentum formell abgelehnt wurde.

Flugblattschreibern und Agitatoren fiel es nicht schwer, die Juden zu dämonisieren, sie gar als Teufel hinzustellen.[10] Um 1890 war das neugemünzte Wort „Arier" in antisemitischen Kreisen allgemein als Synonym für Nichtjude im Umlauf; andere Wörter für die gleichen Begriffe waren „christlich" oder „christlich-deutsch". In einer Karikatur von 1901 ist der jüdische Satan zu sehen, wie er den toleranten Arier erschlägt und das Christentum und die Monarchie zerstört, um den europäischen Kontinent zu erobern.[11]

Wurden die Juden in Deutschland mit der modernen Welt und der freisinnigen Fortschrittspartei gleichgesetzt, so spielten das kommerzielle, industrialisierte, parlamentarische England – und ebenfalls das republikanische Frankreich und die Vereinigten Staaten – diese Rolle im Ausland. Was die traditio-

---

[9] Siehe *Max Bewers* Politischer Bilderbogen Nr. 28 vom Jahre 1891.

[10] Politischer Bilderbogen Nr. 20, Der Teufel in Deutschland.

[11] Politischer Bilderbogen Nr. 33, Der Weltboxer. Bereits im Jahr 1892 hatte Hermann Ahlwardt sein Hetzbuch Der Verzweiflungskampf der arischen Völker mit dem Judentum veröffentlicht.

nellen christlich-deutschen (oder arischen) Werte anbetraf, so setzten die deutschen Antisemiten die jüdische Gefahr mit der englischen gleich. Das „Krämervolk" – auch England wurde oft als Satan dargestellt – war „der Vampir des Festlandes", welcher die europäischen Nationen gegeneinander aufhetzte, um von der Zwietracht zu profitieren. [12] Wie wir sehen werden, faßte Wilhelm II. gegen Ende seines Lebens diese doppelte Gefahr zusammen in dem einen Wort „Juda-England".

Die traurige Wahrheit über diese erste Welle des modernen deutschen Judenhasses ist, daß sie nicht von Radau-Agitatoren wie Ahlwardt, Glagau, Böckel, Förster, Henrici und ihresgleichen angeführt wurde, sondern von Universitätsprofessoren wie Treitschke und Hofpredigern wie Stoecker. Unbezweifelbar war der Antisemitismus dieser gelehrten Agitatoren selbst in diesem frühen Stadium eindeutig rassistisch. Adolf Stoekker, der 1879 seine „Christlich-Soziale Arbeiterpartei" gründete, erklärte im preußischen Abgeordnetenhaus, daß die Juden „Blutegel" und „Parasiten" seien, „ein fremder Tropfen in unserem Blut". Der Kampf gegen sie sei ein Kampf „von Rasse gegen Rasse". Der „Krieg" gegen die Juden, so rief Stoecker 1882 aus, sei ein Existenzkampf des deutschen Volkes. „Wir bieten den Juden den Kampf an bis zum völligen Siege (Bravo!) und wollen nicht eher ruhen, als bis sie hier in Berlin von dem hohen Postament, auf das sie sich gestellt haben, heruntergestürzt sind in den Staub, wohin sie gehören." Berlin müsse eine Hohenzollernstadt bleiben und keine Judenstadt werden, erklärte er. [13] Der (nichtjüdische) linksliberale Parlamentarier

---

[12] Siehe *Ernst Graf zu Reventlow*, Der Vampir des Festlandes, Berlin 1915.

[13] Zu der ersten Judenrede Stoeckers vom 19. September 1879, Unsere Forderung an das Moderne Judentum vgl. *Kurt Wawrzinek*, Die Entstehung der deutschen Antisemitenparteien 1873–1890, Berlin 1927, S. 26–28. Seine Rede vom 22. November 1880 ist abgedruckt in: Die Judenfrage im preußischen Abgeordnetenhaus. Wörtlicher Abdruck der stenographischen Berichte v. 20. und 22. November 1880, Breslau 1880, S. 115. Die Rede: Die Bedeutung der christlichen Weltanschauung für die brennenden Fragen der Gegenwart, vom 21. Juli 1881 befindet sich in: *Adolf Stoecker*, Christlich-Soziale Reden und Aufsätze, Berlin 1885, S. 381. Die

Eugen Richter wies scharfsichtig im November 1880 auf das „besonders Perfide" an dieser antijüdischen Bewegung hin, da durch sie „der Racenhaß genährt wird, also etwas, was der einzelne nicht ändern kann und was nur damit beendigt werden kann, daß er entweder todtgeschlagen oder über die Grenze geschafft wird"[14].

Die Bedeutung der Stoecker-Bewegung für die politische und kulturelle Entwicklung Deutschlands kann kaum überschätzt werden.[15] Im Jahre 1881 unterschrieben eine Viertelmillion Menschen eine Bittschrift, die das Verbot jüdischer Immigration nach Deutschland, die Ausschließung der Juden von öffentlichen Ämtern, ihre Entfernung von allen Lehrposten und die Verminderung ihrer Zahl an den Universitäten forderte.[16] Die vielen Tausenden von Studenten, die dieses Gesuch unterschrieben, waren prädestiniert für gesellschaftliche Führungspositionen, die ihnen großen Einfluß auf die Staatsbürokratie, die Armee, das diplomatische Corps und die medizinischen, juristischen sowie lehrenden Berufe verschafften.[17] Am meisten aber alarmierte die Tatsache, wie viel Unterstützung die Bewe-

---

Rede von 1882 über: Das Judentum im öffentlichen Leben – eine Gefahr für das Deutsche Reich ist gedruckt ebd., S. 210 ff. Vgl. ferner Stoeckers Rede vom 2. Juli 1883 über: Die Berliner Juden und das öffentliche Leben, ebd., S. 228. Grundlegend zu Stoeckers Weltanschauung und historischer Bedeutung: *Werner Jochmann*, Stoecker als nationalkonservativer Politiker und antisemitischer Agitator, in: Günter Brakelmann / Martin Greschat / Werner Jochmann, Protestantismus und Politik, Werk und Wirkung Adolf Stoeckers, Hamburg 1982, S. 148–61.

[14] Die Judenfrage im preußischen Abgeordnetenhaus, S. 106.

[15] *Werner Jochmann*, Gesellschaftskrise und Judenfeindschaft in Deutschland 1870–1945, Hamburg 1988, S. 47 (siehe in diesem Band, S. 177–218).

[16] *Jochmann* (s. Anm. 13), S. 152 f. Siehe ferner *Peter G. J. Pulzer*, Die Entstehung des politischen Antisemitismus in Deutschland und Österreich 1867 bis 1914, Gütersloh 1966, S. 85; *Walter Frank*, Hofprediger Adolf Stoecker und die christlichsoziale Bewegung, Hamburg 1935, S. 93.

[17] *Norbert Kampe*, Studenten und „Judenfrage" im Deutschen Kaiserreich. Die Entstehung einer akademischen Trägerschicht des Antisemitismus, Göttingen 1988. Siehe jetzt auch *Peter G. J. Pulzer*, Jews and the German State. The Political History of a Minority, Oxford 1992.

gung im preußischen Offizierskorps und am kaiserlichen Hof erhielt.

Den einzigen Trost in diesem Trauerspiel bot der außerordentliche Mut, den Wilhelms Eltern bewiesen. Wilhelms Mutter, die älteste Tochter der Queen Victoria, betrachtete „Treitschke u. seine Anhänger [...] als Geistes Kranke gefährlichster Art".[18] Sie schlug vor, daß Stoecker, Kögel, Puttkamer und andere Antisemiten eine Irrenanstalt in Berlin gründen sollten, wo sie selbst die ersten Insassen sein könnten.[19] Sie schämte sich, daß Männer wie Treitschke und Stoecker „*so hässlich* sich gebärden gegen Andersgläubige einer anderen Race die doch nun einmal integrierter Theil (u. nicht der schlechteste) unserer Nation geworden sind!"[20] Anfang 1880 erschien Wilhelms Vater, der deutsche Kronprinz, in der Uniform eines preußischen Feldmarschalls beim Gottesdienst in der Berliner Synagoge als gezielte Demonstration gegen Treitschkes skandalöse antijüdische Attacken. Öffentlich verurteilte er die antisemitische Bewegung als „eine Schmach für unsere Zeit", womit er viele terrorisierte jüdische Familien, die den Auszug aus Berlin vorbereiteten, beruhigte. „Wir schämen uns der Judenhetze, die in Berlin alle Gränzen des Anstands überschreitet, aber wie's scheint unter den Fittigen des Hofpfaffenthums sicher ‚gewährleistet' ist", schrieb er. Am Vorabend der ersten Debatte über die „Judenfrage" im preußischen Parlament besuchten der Kronprinz und seine Frau demonstrativ ein Konzert in der Wiesbadener Synagoge, „um nach Möglichkeit zu zeigen, wie wir gesonnen sind".[21] Man

---

[18] Kronprinzessin Victoria an Kronprinz Friedrich Wilhelm, 9. Januar 1880, zitiert in: Röhl (s. Anm. 6), S. 414.

[19] Dieselbe an denselben, 4. Januar 1880, zitiert ebd.

[20] Kronprinzessin Victoria an Kronprinz Friedrich Wilhelm, 23. April 1880, zitiert ebd.

[21] Kronprinz Friedrich Wilhelm an Baron Ernst von Stockmar, 18. November 1880, ebd. S. 415. Das demonstrative Auftreten ihrer Tochter und ihres Schwiegersohns gegen die antisemitische Bewegung in Berlin wurde von Queen Victoria wärmstens unterstützt. Siehe Queen Victoria an Kronprinzessin Victoria, 22. Januar 1881, in: *Roger Fulford* (Hrsg.), Be-

kann nicht umhin, an das mutige Verhalten der dänischen Königsfamilie gegen die deutsche antijüdische Politik im Zweiten Weltkrieg zu denken. In den reaktionären und chauvinistischen Kreisen Deutschlands in den 1880er Jahren verstärkten derartige Gesten jedoch nur die stetig wachsende Überzeugung, der Kronprinz und seine liberale englische Frau seien eine fremdartige, undeutsche Macht; der Kronprinz dürfe den Thron keinesfalls besteigen.

Von 1879 an, als Wilhelm seinem Potsdamer Garde-Regiment wieder beitrat, beobachteten seine Eltern mit wachsender Besorgnis, wie ihr Sohn „ganz u. gar ver-Potsdammt" wurde. Sie befürchteten, daß „das Oberflächige, Banale, *Kleinliche* der I. Garde-Regt.-Urtheile u. Ansichten ein reines Gift für seinen Verstand" sein würden. „Ich habe Angst, daß er ganz u. gar der Potsdamer Lieutnant wird – mit der bösen Beimischung des Chauvinisten der alles Fremde verachtet u. verkennt und den Mund immer sehr voll nimmt!", schrieb die Kronprinzessin.[22] Mitte 1880 klagte sie: „Willie ist *chauvinistisch* und *ultra*-preußisch in einem Grade und mit einer Gewalt, die für mich oft sehr schmerzlich ist."[23]

1883 stellt Kronprinz Rudolf von Österreich mit Entsetzen fest, daß Wilhelm ein „hartgesottener Junker und Reaktionär" geworden sei, der das Parlament nie anders als „die Saubude" bezeichne und die Oppositionsmitglieder „Hundekerle, die man mit der Peitsche traktieren" müsse, nenne. Rudolf war empört, als er von Wilhelms Vorhaben erfuhr, den liberalen Abgeordneten Eugen Richter durch sechs Unteroffiziere durchprügeln zu lassen.[24] In seinen Briefen aus dieser Zeit bezeich-

loved Mama. Private Correspondence of Queen Victoria and the German Crown Princess 1878–1885, London 1981, S. 95.

[22] Kronprinzessin Victoria an Kronprinz Friedrich Wilhelm, 16. März und 17. Dezember 1879, zitiert in Röhl (s. Anm. 6), S. 419.

[23] Kronprinzessin Victoria an Queen Victoria, 5. August 1880, in: Fulford (s. Anm. 21), S. 85.

[24] *Brigitte Hamann,* Das Leben des Kronprinzen Rudolf von Österreich-Ungarn nach neuen Quellen, unveröffentlichte Dissertation der Universität Wien, 1977, S. 619f.

nete Wilhelm die Freisinnigen als die „Blödsinnigen", ihren Parteiführer Forchenbeck nannte er „Ferkelbock".[25] Er erklärte, daß er als Kaiser den jüdischen Einfluß in der deutschen Presse eliminieren würde.[26] Als Husarenoberst führte Wilhelm einen Kreuzzug gegen den vornehmen Unionsclub mit dem ausdrücklichen Ziel, „ein alt-preußisches echt christlich-deutsches Offizierscorps heranzubilden". Sein wahrer Einwand gegen den Club war, wie sein Freund und Mentor Waldersee in seinem Tagebuch notierte, „daß Leute im Club aufgenommen seien, auch Juden, mit denen ein Officier nicht verkehren könne".[27]

Im Jahre 1885 wurde Stoecker in einem von einem jüdischen Zeitungsredakteur angestrebten Beleidigungsprozeß verurteilt. Der Skandal belastete das Ansehen des Hofes, und Kaiser Wilhelm I. entschied, daß Stoecker seine Stellung als Hofprediger aufgeben müsse. Darauf schrieb Prinz Wilhelm am 5. August 1885 an den alten Kaiser, seinen Großvater: „Du wirst [...] gelesen und gehört haben von der ganz unverantwortlichen und verwerflichen Weise, in welcher das gesammte Judenthum des Reiches, durch seine verdammte Presse unterstützt, sich auf den armen Stöcker gestürzt und ihn mit Beleidigungen, Verleumdungen und Schmähungen überhäuft und ihm schließlich den großen Monsterprozeß an den Hals gehängt hat [...] Jetzt [...] [nach dem] Ausspruch des leider zu verjudeten Gerichtes [ist ein] wahrhafter Sturm der Entrüstung und Wuth in allen Schichten des Volkes entfesselt. [...] Man glaubt es nicht, daß in unsrer Zeit solch ein Haufen Gemeinheit, Lüge und Bosheit sich zusammenfinden kann. Von allen Seiten brieflich aus

[25] Wilhelm Prinz von Preußen an Kardinal Prinz Gustav zu Hohenlohe-Schillingsfürst, 18. April 1884, zitiert in Röhl (s. Anm. 6), S. 422.
[26] *Frank* (s. Anm. 16), S. 167f.
[27] General Alfred Graf von Waldersee, Tagebucheintragungen vom 27. Dezember 1885, Geheimes Staatsarchiv (GStA) Berlin, früher Merseburg. Nachlaß Waldersee. Die 1922–23 von *Heinrich Otto Meisner* unter dem Titel: Denkwürdigkeiten des General-Feldmarschalls Alfred Grafen von Waldersee veröffentlichte dreibändige Ausgabe der Tagebücher Waldersees ist wissenschaftlich unbrauchbar.

der Ferne und Nähe tönt es mir entgegen: ‚Ist der Kaiser davon orientirt? Weiß er wie es steht? Wie die Juden – hinter ihnen Socialisten und Fortschritt – alles dransetzen um Stöcker zu stürzen?' Ja man sagt die Juden hätten es versucht sich im Kreise der Hofpersonen Freunde zu erwerben um dadurch bei Dir auch gegen Stöcker zu agiren! [...] Stöcker ist [...] die mächtigste Stütze, ist der tapferste, rücksichtsloseste Kämpfer für Deine Monarchie und Deinen Thron im Volk! [...] O lieber Großpapa, es ist empörend wenn man beobachtet wie in unserem christlichen, deutschen, gut preußischen Lande das Judenthum in der schamlosesten, frechsten Weise sich erkühnt, alles verdrehend und corrumpirend sich an solche Männer heran zu wagen und sie zu stürzen sucht."[28]

Unschwer erkennt man in diesem antisemitischen Brief den Einfluß des Grafen Waldersee, der für Wilhelm ein Ersatzvater war. Lesen wir die Tagebücher dieses kriegsbesessenen, pietistischen Generals, so stellen wir fest, daß darin die Grenzen der Psychopathologie überschritten sind. Waldersee glaubte an eine Weltverschwörung des gesamten internationalen Judentums, in Verbindung mit allen demokratischen Kräften im Inland und der Mehrzahl der Mächte im Ausland, mit dem Ziel, die heroisch-aristokratische Krieger-Monarchie Preußen zu zerstören. „Wir haben gar zu viele Feinde", klagte er 1885, „die Franzosen, die Slawen, *vor allem Katholiken,* und dann all das kleine Gesindel von Depossedirten mit Anhang."[29] „Es regt sich überall in den Massen, alles treibt auf Auflehnung gegen die Autorität, auf Negation aller Religion und auf Erzeugung von Haß und Neid gegen die Besitzenden. Wir stehen wahrscheinlich vor großen Katastrophen."[30] Umgeben sei das Reich von Ländern, in welchen sich der Parlamentarismus entweder

[28] Wilhelm Prinz von Preußen an Kaiser Wilhelm I., 5. August 1885, GStA Berlin, Brand.-Preuß. Hausarchiv, Rep. 53T Preußen: An Kaiser Wilhelm I. Vgl. *Frank* (s. Anm. 16), S. 145f., 310.

[29] Waldersee, Tagebucheintragungen vom 15. Oktober 1885, GStA Berlin, Nachlaß Waldersee. Vgl. *Meisner* (s. Anm. 27), I S. 263.

[30] Waldersee, Tagebucheintragung vom 27. März 1885, GStA Berlin, Nachlaß Waldersee. Vgl. *Meisner* (s. Anm. 27), S. 286.

schon etabliert hatte, so wie in England, Frankreich und Italien, oder wo die Verhältnisse so morsch waren, daß sie dem Druck von unten nicht viel länger widerstehen würden, so in Rußland, Österreich-Ungarn und der Türkei. Nur das Reich in der Mitte hätte die Kraft und den Willen, die alte Ordnung aufrechtzuerhalten. Noch stehe das Reich fest da, erklärte Waldersee 1886, und bilde den „Halt für ganz Europa; werden wir schwach, so stürzt die ganze alte Welt zusammen". Er war überzeugt, daß Deutschland einen Kampf gegen die apokalyptischen Kräfte der modernen Welt führen müsse, einen Krieg gegen die Zukunft. Der Kampf zu Hause und im Ausland sei der gleiche, zwei Kampffronten in ein und demselben Krieg. Denn wenn der fortschrittliche Liberalismus sich im Reich durchsetzen sollte, was wäre dann der Sinn fremder Eroberung? Der Feind hätte gewonnen.

Die größte Gefahr komme daher von den freisinnigen und parlamentarischen Idealen der Fortschrittspartei, mit der sich sowohl der Kronprinz als auch die jüdische Gemeinschaft identifiziert hätten. Der Sieg solcher Ideale wäre das Ende für die christlich-deutsche Monarchie, für die privilegierte Stellung des Adels und für die Unabhängigkeit der preußischen Armee von der zivilen Staatsgewalt. Waldersee machte vor nichts halt, um solch eine Kapitulation zu verhindern. Er drängte darauf, daß man das allgemeine Wahlrecht abschaffen und daß Deutschland Frankreich, Rußland oder selbst das verbündete Österreich-Ungarn mit einem blitzartigen Schlag vernichten sollte. Er plante, die „englische" Kronprinzessin von ihrem schwachen Mann zu trennen und sie des Landes zu verweisen! Er plante sogar einen militärischen Staatsstreich, um Kaiser Friedrich III. durch dessen Sohn Wilhelm zu ersetzen.

Die gefährlichsten Feinde überhaupt waren jedoch nach Waldersees Überzeugung die Juden. In seiner Korrespondenz mit dem jungen Thronfolger verzeichnete er als des Prinzen Feinde „alle Fortschrittsleute mit Anhang, die ganze Judenschaft, ein großer Theil des Auslandes, also in ihrer Gesammtheit immerhin beachtenswerthe Gegner [...] Bei dem kolossalen Einfluß den die Judenschaft durch ihre Reichthümer besitzt, durch den sie sich auch ohne große Zahlen in einflußreichen Stellen stehende Christen dienstbar gemacht haben, ist sie bei Weitem der gefährlichste Gegner."[31]

Nur wenige Tage nach Empfang dieser Zeilen im November 1887 provozierte Wilhelm einen internationalen Aufschrei, indem er eine Versammlung zur Unterstützung von Stoeckers „Christlich-Sozialer" Inneren Mission im Hause Waldersee eröffnete. Antisemiten jubelten vor Freude, fast jeder andere war außer sich vor Empörung. Herbert von Bismarck konnte seinen Ohren nicht trauen, als Wilhelm mit glänzenden Augen Stoecker ihm gegenüber einen „zweiten Luther" nannte. Herbert wurde von einflußreichen Hofbeamten bestürmt, er möge seinen Vater bitten, Prinz Wilhelm vom Stoeckerschen Weg abzubringen.[32] Wilhelm und Waldersee bezichtigten natürlich die Juden und die Leute, die unter ihrem käuflichen Einfluß standen. Waldersee notierte, „daß der ganze Zeitungslärm von den Juden herkommt". „Ihre Angriffe sind viel weniger gegen Stoecker als gegen den Prinzen [Wilhelm] gerichtet", meinte er.[33] „Es stehen zu viele Leute unter dem Einfluß der Juden", schrieb er, als die Proteste zunahmen. Die Juden fürchteten den Prinzen Wilhelm, „vor dem sich übrigens alle unsere Feinde wie Franzosen, Russen, Fortschrittler und Sozial Demokraten fürchten".[34]

Als sein Vater 1888 im Sterben lag, war Wilhelm nahe daran zu glauben, daß ein von seiner Mutter angezetteltes anglo-jüdisches Komplott existiere, um Deutschland zu übernehmen. In den Briefen an seinen intimen Freund Philipp Eulenburg beschrieb er die seinem Vater beistehenden Ärzte als „Judenlümmel", „Hunde", „Schurken" und „Satansknochen", die mit „Rassenhaß" und „Anti-Deutschtum bis zum Rande des Gra-

[31] Alfred Graf von Waldersee an Wilhelm Prinz von Preußen, 21. November 1887, zitiert in: *Röhl* (s. Anm. 6), S. 717.
[32] Herbert Graf von Bismarck an Otto Fürst von Bismarck, 19. September 1895. Bundesarchiv Koblenz, Nachlaß Bismarck.
[33] Waldersee, Tagebucheintragung vom 23. Dezember 1887, GStA Berlin, Nachlaß Waldersee.
[34] Waldersee, Tagebucheintragung vom 15. Dezember 1885, ebd.

bes" erfüllt seien.[35] Er könne niemals vergessen, erklärte er, daß „unser Familienschild [...] befleckt und das Reich an den Rand des Verderbens gebracht ist durch eine englische Prinzessin, die meine Mutter ist".[36] Mit der Zeit glaubte Wilhelm nicht nur, daß jüdische und englische Ärzte seinen Vater getötet hätten, sondern auch, daß ein englischer Arzt für die Verkrüppelung seines Armes verantwortlich sei.[37]

Im Juni 1888, als Wilhelm den Thron bestieg, waren die Antisemiten von Paris bis Wien begeistert. „Alles, was wahrhaft christlich-deutsch ist, hängt mit ganzer Seele an Kaiser Wilhelm II. und jubelt den Wegen zu, die er einschlägt." Wilhelm sei „die Hoffnung, die Zukunft, die Leuchte des deutschen Volkes", rief der österreichische Antisemit Schönerer aus. Die Deutschen hätten nur eine Hoffnung auf Rettung von dem jüdischen Joch, erklärte er, und diese Hoffnung sei Kaiser Wilhelm.[38] Die Karikatur von 1894 war Teil dieser Begeisterung, obwohl darin auch Anzeichen von Enttäuschung und Trotz beigemischt waren. Denn Wilhelm hatte nach der Entlassung Bismarcks den gemäßigt liberalen General von Caprivi ins Kanzleramt berufen. Um der fortschrittlichen Politik Caprivis entgegenzuwirken, nahm die Deutsch-Konservative Partei im Jahre 1892 den Antisemitismus in ihr offizielles Programm auf. Wilhelms antisemitische Überzeugungen hatten sich jedoch nicht geändert, sie waren nur zwischenzeitlich untergetaucht, um wieder an die Oberfläche zu gelangen, als seine Regierung sich langsam, aber sicher dem Abgrund näherte.

Spätestens Mitte der 1890er Jahre hatte Wilhelm II. den Ras-

[35] Wilhelm Prinz von Preußen an Philipp Graf zu Eulenburg, 19. Februar 1888, in: *John C. G. Röhl* (Hrsg.), Philipp Eulenburgs Politische Korrespondenz, 3 Bde., Boppard am Rhein 1976–83, I, Nr. 153.
[36] Wilhelm Prinz von Preußen an Philipp Graf zu Eulenburg, 12. April 1888, ebd., Nr. 169.
[37] Siehe Kaiserin Friedrich an Queen Victoria, 27. April 1889, zitiert in: Röhl (s. Anm. 6), S. 827.
[38] Georg Ritter von Schönerer, Unverfälschte Deutsche Worte, 1. Oktober 1888, zitiert in: Brigitte Hamann, Rudolf Kronprinz und Rebell, Wien, München 1978, S. 362. Vgl. Die Reaktionen Édouard Drumonts und Karl Luegers auf die Thronbesteigung Wilhelms II., ebd., S. 397 ff, 408 f.

sismus als konstitutives Element seiner Weltanschauung übernommen. Er ließ keine Gelegenheit aus, die Notwendigkeit einer reinen germanischen Rasse zu proklamieren. Sein ganzes Dichten und Trachten und seine ganzen Gedanken in der Politik seien „darauf gerichtet, die germanischen Stämme auf der Welt – speziell in Europa, fester zusammmen zu schließen und zu führen um uns so sicherer gegen slavisch-czechische Invasion zu decken, welche uns Alle im höchsten Grade bedroht", hieß es bereits 1895; deswegen könne er sich „unter keinen Umständen gefallen lassen, daß in der germanischen Nordsee Slaven und Briten sich die Herrschaft theilen".[39] Regelmäßig sprach er von den Franzosen als „Galliern und Romanen", von den Engländern als „Angelsachsen" und von den Russen als „Slawen". Wiederholt warnte er vor der „panslawischen Gefahr".[40] Als er sich bewußt wurde, daß in dem kommenden „Endkampf der Slaven und Germanen" die „Angelsachsen auf Seiten der Slaven und Gallier" stehen würden, reagierte der Kaiser mit Empörung. Wie konnten sich die „germanischen" Engländer in diesen „Existenzkampf" zwischen den „Germanen" und den „von Romanen (Galliern) unterstützten Slaven" gegen ihre „Stammesgenossen" stellen, fragte er verwundert.[41]

Von nun an bis zum Ende seines Lebens war Wilhelm übrigens auch besessen von der Angst vor der „Gelben Gefahr" wie er sie nannte. Seine Zeichnung „Völker Europas, wahrt Eure heiligsten Güter" zeigt die Nationen Europas als prähistorische Kriegergöttinnen, wie diese vom Erzengel Michael gegen „die Gelbe Gefahr" im Osten angeführt werden.[42] 1900

[39] Kaiser Wilhelm II. an den schwedisch-norwegischen Kronprinzen Gustaf, 25. Juli 1895, zitiert nach *Birgit Marschall*, Reisen und Regieren. Die Nordlandfahrten Kaiser Wilhelms II., Heidelberg 1991, S. 228–231. Vgl. die leicht vom Original abweichende Abschrift in: *Karl Alexander von Müller* (Hrsg.), Fürst Chlodwig zu Hohenlohe-Schillingsfürst, Denkwürdigkeiten der Reichskanzlerzeit, München 1931, S. 102–105.
[40] Kaiser Wilhelm II an Erzherzog Franz Ferdinand, 12. Februar 1909, in: Cecil (s. Anm. 3), S. 332.
[41] *John C. G. Röhl*, Kaiser, Hof und Staat. Wilhelm II. und die deutsche Politik, München 1995, S. 189.
[42] Siehe dazu *Heinz Gollwitzer*, Die Gelbe Gefahr. Geschichte eines

befahl er seinen Truppen, sich bei der Niederschlagung des Boxer-Aufstandes in China wie die Hunnen zu benehmen, indem
sie kein Mitleid zeigen und keine Gefangenen nehmen sollten.[43] Beim Ausbruch des Russisch-Japanischen Krieges
meinte Kaiser Wilhelm, daß die Japaner bald durch die Straßen
von Moskau und Posen marschieren würden.[44] 1907 sagte er
voraus, daß in dem kommenden Krieg zwischen Japan und
Amerika die Engländer zwangsläufig mit den Vereinigten Staaten und nicht mit dem mit England verbündeten Japan zusammengehen müßten, „denn es wird eine Rassenfrage, keine politische, nur *Gelb* gegen *Weiß*". Zum ersten Mal hätten die
englischen Zeitungen den Ausdruck „Gelbe Gefahr" von seinem Bilde gebraucht, „das wahr werden wird". Dem Zaren Nikolaus teilte er als geheime Nachricht mit, ein deutscher Herr
habe „10000 Japaner in den Pflanzungen in Südmexiko gezählt, alle in Militärjacken mit Messingknöpfen". Diese geheime japanische Armee habe den Auftrag, den Panamakanal
zu besetzen. Die Japaner hätten es „auf ganz Asien abgesehen"
und bereiteten „sorgfältig ihre Streiche gegen die *weiße Rasse
im allgemeinen* vor! Denk an mein Bild, es wird wahr."[45]
Großzügig bot er den Amerikanern im Falle eines Krieges gegen Japan seine preußische Armee zum Schutze der kalifornischen Küste an![46]
 Bei einer solchen Weltsicht scheint es nachgerade fast unver

Schlagwortes. Studien zum imperialistischen Denken, Göttingen 1962,
S. 206 ff. Dazu jetzt *Ute Mehnert*, Deutschland, Amerika und die „Gelbe
Gefahr". Zur Karriere eines Schlagwortes in der großen Politik 1905–
1917, Stuttgart 1995. Vgl. das Kapitel über die „Gelbe Gefahr" in *Arthur
N. Davis*, The Kaiser I Knew. My fourteen years with the Kaiser, London
1918, S. 107 ff.
[43] Die Rede wird ausführlich zitiert in Röhl (s. Anm. 41), S. 21 f.
[44] *Bernhard Fürst von Bülow*, Denkwürdigkeiten, 4 Bde., Berlin 1930–
1931, II, S. 63 f.
[45] Kaiser Wilhelm II. an Zar Nikolaus II., 28. Dezember 1907, in: *Walter
Goetz* (Hrsg.), Briefe Wilhelms II. an den Zaren 1894–1914, Berlin 1920,
S. 234–237, 393 f.
[46] *Ragnhild Fiebig-von Hase*, Die Rolle Kaiser Wilhelms II. in den
deutsch-amerikanischen Beziehungen, in: Röhl (s. Anm. 5), S. 251.

meidlich, daß auch Wilhelms tiefverwurzelter Antisemitismus der 1880er Jahre um die Jahrhundertwende wieder auftauchte, wenn auch zunächst noch von einigen Unsicherheiten begleitet: Im Hinblick auf die Dreyfus-Affäre in Frankreich stellte er sogar mit Entsetzen fest, daß die „Hydra des rohesten, scheußlichsten Antisemitismus" überall „ihr greuliches Haupt" erhebe. [47] Von Zeit zu Zeit setzte er sich mit intelligenten, erfolgreichen jüdischen Bankiers, Unternehmern und Wissenschaftlern – den sogenannten „Kaiserjuden" wie Ballin, Rathenau, Warburg, Simon und Carl Fürstenberg – zusammen, deren Geistesleben und Weltoffenheit er durchaus zu schätzen wußte. [48] Rückblickend schrieb er später voll Bitterkeit von diesen Begegnungen: „Ich habe Juden zu Tisch gehabt, Judenprofessoren unterstützt und ihnen geholfen, die Antwort war: Hohn, Spott, Weltkrieg, Verrat, Versailles und Revolution!" [49]

Die Ambivalenz seiner Haltung in dieser Zwischenzeit wird am besten klar an der kuriosen Episode seines Treffens mit Theodor Herzl, 1898, während seiner Reise in den Nahen Osten. Kurz zuvor schrieb er in einem merkwürdigen Brief an seinen Onkel, Großherzog Friedrich I. von Baden, daß er immer schon an den „Grundgedanken" eines jüdischen Staates in Palästina interessiert gewesen sei. Jetzt sei er überzeugt, erklärte der Kaiser, „daß die Besiedlung des heiligen Landes durch das kapitalkräftige und fleißige Volk Israel diesem bald zu ungeahnter Blüthe und Segen gereichen wird". Auf diese Weise „würde die Energie, Schaffenskraft und Leistungsfähigkeit vom Stamm Sem auf würdigere Ziele als auf Aussaugen

---

[47] Kaiser Wilhelm II. an Friedrich I. Großherzog von Baden, 29. September 1898; *Hermann und Bessi Ellern*, Herzl, Hechler, the Grand Duke of Baden and the German Emperor 1889–1904, Tel Aviv 1961, S. 48 ff.
[48] Siehe *Werner E. Mosse*, Wilhelm II. and the Kaiserjuden. A Problematical Encounter, in: Jehuda Reinharz / Walter Schatzberg (Hrsg.), The Jewish Response to German Culture, Hanover, London 1985, S. 164–194.
[49] Kaiser Wilhelm II. an Alwina Gräfin von der Goltz, 7. August 1940, gedruckt in: *Willibald Gutsche*, Illusionen des Exkaisers. Dokumente aus dem letzten Lebensjahr Kaiser Wilhelms II. 1940/41, in: Zeitschrift für Geschichtswissenschaft 39/10 (1991), S. 1029 ff.

der Christen abgelenkt, und mancher die Opposition schüren-
der, der Soz[ial] Dem[okratie] anhängender Semit wird nach
Osten abziehen, wo sich lohnendere Arbeit zeigt. [...] Nun
weiß ich wohl, daß neunzehntel aller Deutschen mit Entsetzen
mich meiden werden, wenn sie in späterer Zeit erfahren sollten, daß ich mit den Zionisten sympathisiere oder gar, even[tu-
el]l wie ich es auch – wenn von ihnen angerufen – thun würde,
sie unter meinen Schutz stellen würde! Allein da möchte ich
doch bemerken: daß die Juden den Heiland umgebracht, das
weiß der liebe Gott noch besser als wir, und er hat sie demgemäß bestraft. Aber weder die Antisemiten noch andere, noch
ich sind von Ihm beauftragt und bevollmächtigt, diese Leute
nun auch auf unsere Manier zu kujonieren in majorem Dei
Gloriam!" Man sollte sich der christlichen Mahnung erinnern,
seine Feinde zu lieben, rief der Kaiser aus. Und außerdem sei
„vom weltlichen realpolitischen Standpunkt aus nicht außer
acht zu lassen, daß bei der gewaltigen Macht, die das Internationale jüdische Kapital nun einmal in aller seiner Gefährlichkeit repräsentiert, es doch für Deutschland eine ungeheure Er-
rungenschaft wäre, wenn die Welt der Hebräer mit Dank zu
ihm aufblickt?!"[50] Der unerwartete Einwand des Sultans
setzte den Plänen Wilhelms für ein deutsches Protektorat über
einen Judenstaat in Palästina ein schnelles Ende; der Kaiser
ging den Weg von Jerusalem nach Damaskus und erhob sich
dort statt dessen zum Beschützer von 300 Millionen Musli-
men.[51]

Bei seiner Rückkehr aus Palästina schilderte er, wie er, auf

---

[50] Kaiser Wilhelm II. an Friedrich I. Großherzog von Baden, 29. September 1898, in: Ellern (s. Anm. 47), S. 48 ff. Siehe *Alexander Bein*, Erinnerungen und Dokumente über Herzls Begegnung mit Wilhelm II., in: Zeitschrift für die Geschichte der Juden (1964), S. 44 ff; *Walther Peter Fuchs*
(Hrsg.), Großherzog Friedrich I. von Baden und die Reichspolitik 1871–
1907, 4 Bde., Stuttgart 1968–1980, IV, S. 68–132; *Röhl* (s. Anm. 35), III,
S. 1920–1927. Siehe ferner *Egmont Zechlin*, Die deutsche Politik und die
Juden im Ersten Weltkrieg, Göttingen 1969, S. 285 ff.
[51] Kaiser Wilhelm II., Rede in Damaskus vom 8. November 1898, gedruckt in: *Johannes Penzler* (Hrsg.), Die Reden Kaiser Wilhelms II. in den
Jahren 1896–1900, Leipzig 1904, S. 126 f.

dem Ölberg stehend, den Ort vor sich liegen sah, „wo der gewaltigste Kampf, der je auf der Erde ausgefochten worden ist, der Kampf um die Erlösung der Menschheit, von dem einen ausgefochten wurde", und wie diese Tatsache ihn, Wilhelm, dazu bewogen hätte, von neuem den Fahneneid zu schwören, nichts unversucht zu lassen, „mein Volk in sich zu reinigen" und das, was es trennen könnte, zu „beseitigen". Seine gottgegebene Aufgabe sei es, sicherzustellen, daß die deutsche Reichseiche weiterhin gedeihen könne. „Die Reise an die gelobten Stätten und die geheiligten Orte wird mir behilflich sein, um diesen Baum zu beschützen" und „auf die Tiere zu sehen, die seine Wurzeln benagen wollen, und sie auszurotten", sprach er. [52] Diese Metapher wird, wie wir sehen werden, später wieder auftauchen.

In Schloß Liebenberg brachte Eulenburg 1901 Kaiser Wilhelm mit dem Rassentheoretiker Housten Stewart Chamberlain zusammen, der dazu bestimmt war, einen nachhaltigeren Einfluß auf ihn auszuüben als Theodor Herzl. [53] In Chamberlain fand Wilhelm einen Philosophen, der seine innersten Gedanken auszudrücken vermochte. „Denn Ihr Buch dem deutschen Volk und Sie persönlich mir sandte Gott, das ist bei mir ein unumstößlich fester Glaube", betonte er. Der Kaiser erkannte in Chamberlain seinen „Streitkumpan und Bundesgenossen im Kampf für Germanen gegen Rom, Jerusalem usw.", denn das „Urarisch-Germanische, was in mir mächtig geschichtet schlief, [arbeitet] sich allmählich in schwerem Kampf hervor". [54] Weihnachten 1902 schrieb Wilhelm an Chamberlain: „Sie haben eine Seele gerettet, das herrlichste,

---

[52] Kaiser Wilhelm II., Rede vom 3. Februar 1899, gedruckt ebd., S. 144 ff. Siehe *Gisela Brude-Firnau*, Preußische Predigt. Die Reden Wilhelms II., in: Gerald Chapple und Hans H. Schulte (Hrsg.), The Turn of the Century. German Literature and Art, 1890–1915, Bonn 1981, S. 149–170.

[53] Siehe *Geoffrey G. Field*, Evangelist of Race. The Germanic Vision of Houston Stewart Chamberlain, New York 1981.

[54] Kaiser Wilhelm II. an Houston Stewart Chamberlain, 31. Dezember 1901, in: *H. St. Chamberlain*, Briefe 1882–1924 und Briefwechsel mit Kaiser Wilhelm II., 2 Bde., München 1928, II, S. 142 f.

was ein Mensch vollbringen kann, mögen Sie unser deutsches Volk, unser Germanentum retten, dem zum Helfer und getreuen Eckhart Gott Sie gesandt hat!"[55] In seinen Briefen an Wilhelm forderte Chamberlain damals schon die Schaffung eines „rassenbewußten [...] einheitlich organisierten und zielbewußten Deutschland", mit dem man „die Welt beherrschen" könne.[56]

Unter Chamberlains Einfluß – und unter dem Eindruck der ansteigenden Welle von Demokratie und Sozialismus im Inneren sowie der zunehmend exponierten Stellung Deutschlands nach außen hin – machten sich Wilhelms antisemitische Überzeugungen immer mehr bemerkbar. Susan Townley hielt eine Unterhaltung mit ihm fest, worin er die Juden als den „Fluch" seines Landes verabscheute. „Sie halten mein Volk in Armut und in ihrer Gewalt", klagte er. „In jedem kleinen Dorf in Deutschland sitzt ein dreckiger Jude, der wie eine Spinne die Leute in das Netz der Wucherei zieht. Er verleiht Geld an die kleinen Bauern und verlangt als Bürgschaft ihr Land. Somit gewinnt er allmählich über alles Kontrolle. Die Juden sind die Parasiten meines Reichs. Die Jüdische Frage ist eins meiner größten Probleme, und doch kann nichts unternommen werden, um sie zu lösen."[57] Bei seinem Besuch in England im Jahre 1907 agitierte er gegen die Juden und klagte dem Außenminister Sir Edward Grey bitterlich sein Leid: „Es gibt viel zu viele Juden in meinem Land. Sie müßten ausgemerzt werden." Gleichzeitig prahlte er, unsicher zwischen Pogrom-Antisemitismus und Vernichtungs-Antisemitismus lavierend, daß es in Deutschland eine „Juden-Hetze" geben würde, wenn er sein Volk nicht im Schach hielte.[58] Auch im privaten Bereich verhehlte Wilhelm seine starken Vorurteile nicht. Seinem ameri-

---

[55] Kaiser Wilhelm II. an Houston Stewart Chamberlain, 21. Dezember 1902, ebd. S. 166 f.
[56] Houston Stewart Chamberlain an Kaiser Wilhelm II., 20. Februar 1902, ebd., S. 161.
[57] *Lady Susan Townley*, Indiscretions, New York 1922, S. 45.
[58] *M. V. Brett* (Hrsg.), Journals and Letters of Reginald Viscount Esher, 2 Bde., London 1934, II, S. 255.

kanischen Zahnarzt erzählte er, daß er, wenn er durch den Tiergarten spaziere, „all die fetten Jüdinnen im Park grüßen müsse"[59].

Dem Präsidenten der Columbia-Universität erklärte Wilhelm, die Gefahr einer Revolution in Europa komme von den Juden. „Wenn Sie einen russischen Juden nehmen und ihn in Berlin die Theorie der Anarchie studieren lassen, und schicken ihn dann nach Paris, um das Laster in der Praxis kennenzulernen, dann erhalten Sie einen Teig, aus dem keine Nation mehr ein verdauliches Brot backen kann. Im letzen Jahr waren es neunzehntausend solche Personen, die von Deutschland nach Paris gegangen sind", glaubte der Kaiser.[60] Die „Führer der Revolution" in Rußland 1905 seien natürlich Juden. In einem Brief an den Zaren behauptete Wilhelm, die Juden arbeiteten Hand in Hand mit ihren „Stammesgenossen in Frankreich, die die ganze französische Presse unter ihrem unheilvollen Einfluß haben"[61].

Wilhelms Antisemitismus erreichte einen neuen Höhepunkt im Jahre 1908 nach den zwei größten innenpolitischen Krisen seiner Regierung, nämlich dem Prozeß gegen seinen besten Freund Philipp Eulenburg wegen angeblicher homosexueller Umtriebe und der *Daily-Telegraph*-Affäre. Sein intimer Freundeskreis sei plötzlich zerstört durch „jüdische Frechheit, Verleumdung und Lügen", schimpfte er.[62] Der Publizist Maximilian Harden, Eulenburgs Peiniger, war in den Worten des Kaisers „ein ekliger, schmutziger Judenteufel", „ein Giftmolch aus dem Pfuhl der Hölle, [ein] Schandfleck in unserem Volk"[63].

[59] *Davis* (s. Anm. 42), S. 174.
[60] *N. M. Butler*, Across the Busy Years, 2 Bde., New York, London 1940, II, S. 63.
[61] Kaiser Wilhelm II. an Zar Nikolaus II., 29. Januar 1906, in: Goetz, Briefe Wilhelms II. an den Zaren, S. 220 ff. und 386 ff.
[62] Kaiser Wilhelm II. an Houston Stewart Chamberlain, 23. Dezember 1907, in: Chamberlain (s. Anm. 54), II, S. 226 f.
[63] Kaiser Wilhelm II. an George Sylvester Viereck, 29. Januar 1926; Notiz Bülows vom 29. Dezember 1908, zitiert in: Cecil (s. Anm. 3), S. 336 und 344.

Die Journalisten, die ihn in der Presse angriffen, seien ein „Schweinepack" und „Saubengels", klagte der Kaiser während der *Daily-Telegraph*-Krise, die natürlich ganz allein das Werk der „verlogenen Presse des europ[äischen] Panjudenthums" sei.[64] Anfang 1909 warnte er vor dem Schicksal, das die Juden erwarte, wenn Deutschland endlich aus seinem langen Schlaf erwachte. An seinen Freund Max Egon Fürst zu Fürstenberg schrieb er: „Die Goldene Internationale hat unser Vaterland in ihrem Griff und spielt durch die von ihr geleitete Presse Fangball mit unseren heiligsten Gütern! Man wird allmählich zum überzeugten Antisemiten. Wenn das Deutsche Volk je aus seinem Dämmerzustand der von dieser Judenpresse erzeugten Hypnose erwachen sollte und sehen wird, dann kann es was nettes geben!"[65]

Es bestand jedoch immer noch ein wesentlicher Unterschied zwischen Wilhelms Überzeugungen und der praktischen Politik, die er für durchführbar hielt. Nicht lange vor dem Ersten Weltkrieg mußte er sich gegen radikale Forderungen nach Einschränkung der Bürgerrechte der deutschen Juden wehren, die von dem durch seinen eigenen Sohn energisch unterstützten Alldeutschen Verband an ihn herangetragen wurden. Der junge Kronprinz sandte seinem Vater die vom alldeutschen Führer Heinrich Claß verfaßte antisemitische Broschüre *Wenn ich der Kaiser wär'*, die den Ausschluß der Juden vom öffentlichen Dienst, aus der Armee und aus Lehrerpositionen sowie den Entzug ihres Wahlrechts verlangte. Wilhelms Antwort an den Kronprinzen wurde vom Chef des Zivilkabinetts, Rudolf von Valentini, aufgesetzt, der darauf hinwies, daß, wenn man die Juden aus Deutschland ausweise, die deutsche Wirtschaft um 100 Jahre zurückgeworfen würde. Überdies würde Deutschland mit einem solchen Schritt aus der Reihe der zivilisierten Nationen der Welt ausscheiden. Er räumte jedoch ein,

---

[64] Notiz Bülows vom 14. Dezember 1908; Kaiser Wilhelm II. an Erzherzog Franz Ferdinand, 16. Dezember 1908, zitiert ebd., S. 337.
[65] Kaiser Wilhelm II. an Max Egon Fürst zu Fürstenberg, 11. Januar 1909, Fürstlich Fürstenbergsches Archiv Donaueschingen.

daß der jüdische Einfluß auf die deutsche Kultur zu dominierend geworden sei und man diesen Einfluß zurückschrauben müsse.[66]

Es überrascht nicht, daß Wilhelms Brutalität im allgemeinen und sein Antisemitismus im besonderen, wie der von Chamberlain und vielen anderen, bei Ausbruch des Krieges erschreckend zunahm. Chamberlain, Wagners Schwiegersohn, rühmte den deutschen Kaiser jetzt als einen „arischen Soldatenkönig" und als Siegfried, der den „Kampf gegen das zerfressende Gift des Judentums" führe.[67] In seinen Augen war der Erste Weltkrieg ein „Kampf auf Leben und Tod [...] zwischen zwei Menschheitsidealen: dem deutschen und dem undeutschen". Deutschland müsse daher folgerichtig, „während hundert Jahre und mehr" die „bewußte Pflege des Deutschen und die entschlossene Ausrottung des Undeutschen" betreiben. Denn die „reine germanische Kraft" würde untergehen, wenn der „ekle Wurm" weiterhin an ihr nage.[68] In diesem „Kampf" gehe es um die „Errettung" Deutschlands „aus den Klauen des Undeutschen und Widerdeutschen". In fast wörtlicher Anlehnung an Wagners Schmähschrift *Das Judentum in der Musik* schrieb Chamberlain: „Diesem Teufelsgezücht gegenüber steht Deutschland als Gottes Streiter: Siegfried gegen den Wurm."[69]

Im Kriegsjahr 1917 identifizierte Chamberlain unzweideutig

---

[66] Siehe *Hartmut Pogge von Strandmann,* Staatsstreichpläne, Alldeutsche und Bethmann Hollweg, in: Hartmut Pogge von Strandmann und Imanuel Geiß, Die Erforderlichkeit des Unmöglichen, Frankfurt a. M. 1965.

[67] *Houston Stewart Chamberlain,* Kaiser Wilhelm II., in: Deutsches Wesen, München 1916.

[68] *Houston Stewart Chamberlain,* Deutscher Friede, in: Kriegsaufsätze, München 1915, S. 87–90.

[69] *Housten Stewart Chamberlain,* Die Zuversicht, München 1915, S. 11 f. Vgl. *Richard Wagner,* Das Judentum in der Musik (1850). In ihren Tagebüchern hält Cosima Wagner fest, daß Wagner von den Juden als von „Ratten", „Mäusen", „Fliegen", „Trichinen", „Warzen" und „Gewürm" sprach, in: Cosima Wagner, Tagebücher, 2 Bde., München 1976–1977, I, S. 135; II, S. 293, 410, 460–599, 888. Siehe dazu die bedeutende Studie von *Hartmut Zelinsky,* Kaiser Wilhelm II., die Werk-Idee Richard Wagners und der Weltkampf, in: Röhl (s. Anm. 5), S. 297–356.

die Juden – und mit ihnen jetzt auch die Vereinigten Staaten von Amerika – als Deutschlands hauptsächliche Feinde. In seinen Briefen an Kaiser Wilhelm argumentierte er, daß England und Deutschland durch „die Bande des Blutes" dazu bestimmt gewesen seien, Freunde und Verbündete zu sein; hätten sie die „gemeinsame hohe Mission des Germanentums" verfolgt, hätten sie mühelos die Welt beherrschen können. Aber es sollte nicht sein, denn „England ist ganz und gar in die Hände der Juden und Amerikaner geraten. Deswegen versteht keiner diesen Krieg, wenn er nicht die deutliche Vorstellung besitzt, daß es im tiefsten Grund der Krieg des Judentums und des ihm nahe verwandten Amerikanertums um die Beherrschung der Welt ist – der Krieg gegen Christentum, gegen Geistesbildung, gegen sittliche Kraft, gegen unkäufliche Kunst, gegen jegliche ideale Lebensauffassung, zugunsten einer Welt, die nur noch Finanz, Fabrik und Handel sein soll – kurz, einer schrankenlosen Plutokratie." „Der Jude und der Yankee sind die treibenden Mächte" hinter dem Krieg, erklärte er. „Es ist der Krieg der modernen mechanischen ‚Zivilisation' gegen die uralte heilige ewig in Neugeburt befindliche ‚Kultur' auserlesener Menschenrassen." [70]

Wilhelm teilte diese Gefühle bedenkenlos. Im Januar 1917 schrieb er an Chamberlain, er habe „so oft schon während dieses Krieges Jedem, der es hören wollte", erklärt: „Der Krieg ist der Kampf zwischen 2 Weltanschauungen: der germanischen-deutschen für Sitte, Recht, Treue u. Glauben, wahre Humanität, Wahrheit und echte Freiheit, gegen die Angel-Sächsische, Mammonsdienst, Geldmacht, Genuß, Landgier, Lüge, Verrath, Trug, und nicht zuletzt Meuchelmord!" Eigenhändig fuhr der Kaiser fort: „Diese beiden Weltanschauungen können sich nicht ‚versöhnen' oder ‚vertragen', eine muß *siegen*, die andere muß *untergehen!*" Die „dem Satan verfallenen" Staatsmänner der Entente hätten „keine Ahnung davon gehabt, was für einen mächtigen Dienst sie dem deutschen Volk und mir" mit ihren Noten und Reden geleistet hätten. Denn durch sie sei es „dem

---

[70] Houston Stewart Chamberlain an Kaiser Wilhelm II., 20. Januar 1917, in: Chamberlain (s. Anm. 54), II, S. 251–253.

deutschen Michel mit einem Mal klar" geworden, „daß der Kampf für ihn zum *Kreuzzug* geworden" sei, „ein Kreuzzug gegen *das Böse* – Satan – in der Welt, von uns geführt als *Werkzeuge* des Herrn, die wir nach nichts mehr zu fragen haben, nach keiner Bedingung und keinem anderen Kriegsziel, als das Eine zu erreichen, wir *Gottesstreiter* schlagen bis das Mammonsdienende Räuberpack zusammenbricht und die *Feinde des Reiches Gottes* im Staube liegen!, dessen Kommen in die Welt durch die Angel-Sächsische Weltanschauung aber geradezu unmöglich gemacht werden würde, durch unseren Sieg aber gefördert wird! Gott will diesen Kampf, wir sind seine Werkzeuge. Er wird ihn leiten, um den Ausgang brauchen wir nicht zu sorgen, wir werden leiden, fechten und siegen unter Seinem Zeichen! Dann kommt *der* Friede, der *Deutsche*, der *Gottes*-Friede, in dem die ganze befreite Welt aufathmen wird; befreit von Angelsächsischem satanischem Mammonsdienst und Verrohung! [...] Darum Vorwärts mit Gott! Und wenn die Welt voll Teufel wär!" [71]

Nach seiner Flucht nach Holland am 9. November 1918 dürstete der Kaiser – vielleicht noch angestachelt durch Behauptungen, daß er Jude sei [72] – nach Rache. [73] Die Revolution von 1918 sei ein „Verrath des von dem Judengesindel getäuschten belogenen Deutschen Volkes gegen Herrscherhaus u. Heer!", rief er aus und warnte: „Es wird schwer gestraft!" [74] Er forderte,

---

[71] Kaiser Wilhelm II. an Houston Stewart Chamberlain, 15. Januar 1917, eigenhändiges Original im Nachlaß Chamberlain, Richard Wagner Museum Bayreuth. Die in Chamberlain, Briefe II, S. 250, gedruckte Version dieses Kaiserbriefes ist stark gekürzt.

[72] Siehe Semi-Imperator 1888–1918. Eine genealogisch-rassengeschichtliche Aufklärung zur Warnung für die Zukunft, München 1919. Dieses Buch, veröffentlicht in der Form eines Gothaischen Genealogischen Taschenbuchs, trug das Hakenkreuz-Symbol.

[73] „Ich arbeite, rüste mich, sinne auf Rache!" heißt es in einem eigenhändigen Brief des Kaisers vom Sommer 1920. Kaiser Wilhelm II. an General August von Mackensen, 12. August 1920, Bundesarchiv-Militärarchiv Freiburg, Nachlaß Mackensen, N39/39.

[74] Kaiser Wilhelm II. an General August von Mackensen, 12. August 1920, Bundesarchiv-Militärarchiv Freiburg, Nachlaß Mackensen N39/39.

daß die Armee ihn als „Diktator" oder „Führer" zurückhole[75] und daß in Erwartung seiner eigenen Rückkehr Mackensen sich zum Diktator erklären, Ludendorff die militärische Macht und Helfferich die zivile Gewalt übernehmen müsse.[76] Als Hitlers und Ludendorffs Putschversuch am fünften Gedenktag seiner Flucht fehlschlug, erklärte Wilhelm, daß ihr Versagen ein Beweis dafür sei, daß nur er in der Lage sei, die innenpolitische Ordnung wiederherzustellen.[77] Bei seiner Restauration werde es aber ein Blutbad geben, mahnte er. „Blut muß fließen, viel Blut, bei den Offizieren und den Beamten, vor allem beim Adel, bei allen, die mich verlassen haben."[78]

In der Isolation seines Exils entwickelte Wilhelm haarsträubende Verschwörungstheorien, nach denen die Jesuiten, die Freimaurer und die Juden zusammen die Übernahme der Welt planten.[79] Nach einem Besuch beim Kaiser erschrak der ehemalige Kultusminister Schmitt-Ott über die tiefe Abscheu Wilhelms vor den Juden und insbesondere vor der jüdischen

---

[75] Ende 1923 schrieb der Kaiser: „Das Volk ersehnt den Führer; also rede man vom Monarchen zu ihm; u. mache ihm klar, daß es seinen verrathenen Herrn zurückzukehren erflehen soll! Er kommt!" Kaiser Wilhelm II. an General August von Mackensen, 19. Dezember 1923. Bundesarchiv-Militärarchiv Freiburg, Nachlaß Mackensen N39/39. Ein Jahr später schrieb er an Tirpitz: „Nur eine *Einzel*persönlichkeit kann noch retten durch die *Dictatur*. Ohne das *Heer* ist alles verloren! Es muss wiedererstehen. Das kann es nur durch seinen Ob. Kriegsherrn, den Kaiser [...] Deutschland ist frei! Es rufe, er kommt!" Kaiser Wilhelm II. an Großadmiral Alfred von Tirpitz, 1. Januar 1925. Eine Kopie dieser eigenhändig geschriebenen Postkarte wurde mir 1987 von dem inzwischen verstorbenen Historiker Helmut Krausnick übergeben. Siehe ferner folgende Briefe: Kaiser Wilhelm II. an General Hans von Plessen, 29. August 1920 und 31. Juli 1921, Bundesarchiv-Militärarchiv Freiburg, Nachlaß Plessen, MSg 1/3117. Allgemein dazu *Gutsche* (s. Anm. 5).
[76] Notiz Mackensens vom 21. August 1920 zu einem von Plessen überbrachten Brief des Kaisers, Bundesarchiv-Militärarchiv Freiburg, Nachlaß Mackensen N39/39.
[77] *Sigurd von Ilsemann*, Der Kaiser in Holland, Tagebucheintragung vom 12. November 1923, I, S. 300 ff.
[78] *Ilsemann*, Tagebucheintragung vom 22. August 1934, zitiert ebd., S. 23.
[79] Ausführlich dazu jetzt *Gutsche* (s. Anm. 5).

Presse. Der Monarch sei der Überzeugung, daß der Weltkrieg durch die jüdischen Freimaurerlogen in Frankreich, England und Italien angezettelt worden sei. Zum Schluß überreichte Wilhelm dem Minister eine silberne Brosche in Form eines Hakenkreuzes mit den Worten: „Nun bist du in den Orden der anständigen Leute aufgenommen", und fügte hinzu, die Kaiserin habe ebenfalls eine solche Brosche getragen.[80]

In den 1920er Jahren forderte Wilhelm die Gründung einer „Christlichen Internationale", die den „Kampf" gegen die „Verjudung" Deutschlands aufnehmen solle; nach der „Reinigung" Deutschlands müsse der Kampf sodann gegen „das Judentum" in der ganzen Welt durchgeführt werden.[81] Er machte „Juda" für sämtliche Katastrophen der Weltgeschichte verantwortlich: für die Kreuzigung des Heilands, die Weltrevolution, die Ermordung von Fürsten und Staatsmännern und den Weltkrieg. „Juda" sei identisch nicht nur mit dem internationalen Finanzkapital und der „Goldenen Internationale", sondern auch mit „Bolschewismus"[82]. Der Kaiser verlangte eine Neufassung der Bibel, in der weite Teile des Alten Testaments eliminiert werden sollten, um nur die echt christlichen Elemente übrigzulassen, die seiner Meinung nach zoroastrisch und daher „arisch" und „nicht semitisch-jüdisch" seien. „Also los vom Judentum mit seinem Jawe!" schrieb er in einem seiner letzten Briefe an Chamberlain.[83] Und wie auch die Juden nicht „unsere religiösen Vorväter" seien, so sei Jesus natürlich auch „kein Jude", sondern ein Galiläer, ein Mann, so glaubte er, „von außergewöhnlicher Schönheit [...], von hohem schlanken Wuchs, Sein Antlitz von Hoheit übergossen, das Ehrfurcht und Liebe eingeflößt habe; sein Haar sei dunkelblond bis ins Kastanienbraun über-

---

[80] *Schmitt-Ott* (s. Anm. 2), S. 195.
[81] Kaiser Wilhelm II., Vatikan und Völkerbund, Juni 1926; *Gutsche* (s. Anm. 5), S. 78.
[82] Kaiser Wilhelm II. an George Sylvester Viereck, 18. Februar 1926, Houghton Library, Harvard, Nachlaß Viereck, Brief Nr. 36.
[83] Kaiser Wilhelm II. an Houston Stewart Chamberlain, 12. März 1923, in: *Chamberlain* (s. Anm. 54) II, S. 265–273.

gehend; Seine Arme und Hände edel und wunderschön geformt gewesen."[84]

Wilhelms früherer Rassismus geriet jetzt völlig aus den Fugen. In einem Artikel, den er 1928 für das amerikanische *Century Magazine* über „Das Geschlecht der Völker" schrieb, erklärte er die Franzosen zu einer feministischen Rasse mit angeborener Vorliebe für den Parlamentarismus, während die Deutschen rassisch gesehen maskulin seien und daher immer eines starken Führers bedürften. Als weibliche Nation sauge Frankreich „die Juden wie alle fremden Rassen [...] sofort auf"; „*Deutschland* dagegen resorbiert Juden sowohl wie andere fremde Rassen nie, sie bleiben als fremde Kasten isoliert."[85] Nach einem Vortrag des Anthropologen Frobenius „erfuhr" der Kaiser 1923 eine fast religiöse Offenbarung. Plötzlich wurde er sich bewußt, daß die Franzosen und Engländer gar keine Weißen, sondern Schwarze seien. Die zukünftige Mission des deutschen Volkes war ihm nun klar: „Wir werden die Führer des Orients gegen den Okzident sein! Mein Bild ‚Völker Europas' muß ich jetzt ändern. Wir gehören ja auf die andere Seite!" Die Deutschen wären nicht Teil des Westens, sondern „das Gesicht des Ostens gegen den Westen"; die Hauptsache sei, daß England, Frankreich und Amerika „untergehen".[86] Die „negroide Nation der Franzosen" sei Verräter ihres eigenen Kontinents, erklärte der Kaiser in Briefen an seinen amerikanischen Freund George Sylvester Viereck.[87] Er sei entsetzt darüber, schrieb er, daß die Engländer jetzt auch „begonnen hätten, dem französischen Beispiel zu folgen und den Niggerboys erlauben

---

[84] Kaiser Wilhelm II. an Houston Stewart Chamberlain, 3. Juni 1923, in: *Chamberlain* (s. Anm. 54) II, S. 273f.

[85] *Kaiser Wilhelm II.*, The Sex of Nations, The Century Magazine, 116 Nr. 2, Juni 1928, S. 129–139. Deutsche Übersetzung: Das Geschlecht der Völker, in der Berliner Zeitungs-Post, 13. August 1928.

[86] *Ilsemann*, Der Kaiser in Holland, Tagebucheintragung vom 7. Oktober 1923, I, S. 287. Siehe auch *Kaiser Wilhelm II.*, Das Geschlecht der Völker, S. 138f.

[87] Kaiser Wilhelm II. an George Sylvester Viereck, 20. Februar und 18. Juni 1925, in: *Cecil* (s. Anm. 3), S. 346.

würden, in den Pfadfinder-Gruppen Schulter an Schulter mit dem Sohn des Lords und des Squires zu marschieren"; für ihn bedeute dies „den Beginn des Verrats ihrer Rasse, was früher nur von den französischen Negroiden zu erwarten gewesen" sei. [88]

Es bestand für Wilhelm kein Zweifel, daß auch die Juden afrikanisch-negroiden Ursprungs seien, die sich allerdings momentan, so schrieb er 1925 in einem Aufsatz mit dem Titel „Der Jude heute", als Bolschewiken verkleidet hätten. Der Bolschewismus sei bloß „der ausgestreckte Arm" des internationalen Judentums, das darauf aus sei, jede Regierung der Welt zu zerstören. [89] Die „Moskau Juden" beherrschten die gelben und schwarzen Rassen und stellten somit eine ernste Gefahr für die weißen Rassen Europas und Amerikas dar. [90] Weit davon entfernt, durch die allmähliche Machtübernahme Stalins in Moskau beunruhigt zu sein, begrüßte Wilhelm dessen Aufstieg als Sieg über die „jüdisch-bolschewistischen Machthaber", die 1917 die Macht an sich gerissen hätten. Nach dem „vollständigen Sieg" Stalins könne die „nationale antijüdische Sowjet Republik der russischen Arbeiter" endlich Gestalt annehmen. [91]

In der Bitterkeit des Exils vollzog denn auch Kaiser Wilhelm II. den letzten schrecklichen Schritt zum Antisemitismus der Vernichtung. „Die hebräische Rasse", heißt es in einem Brief an einen amerikanischen Freund, „ist mein Erz-Feind im Inland wie auch im Ausland; sie sind was sie sind und immer waren: Lügenschmiede und Drahtzieher von Unruhen, Revolution und Umsturz, indem sie mit Hilfe ihres vergifteten, ätzenden, satirischen Geistes Niederträchtiges verbreiten. Wenn die Welt einmal erwacht, muß ihnen die verdiente Strafe

---

[88] Kaiser Wilhelm II. an George Sylvester Viereck, 20. Dezember 1923, in: *Cecil* (s. Anm. 3), S. 346.
[89] Kaiser Wilhelm II. an George Sylvester Viereck, 27. April 1925, in: *Cecil* (s. Anm. 3), S. 345. Siehe *Gutsche* (s. Anm. 5), S. 78.
[90] Kaiser Wilhelm II. an George Sylvester Viereck, 20. Februar und 18. Juni 1925, in: *Cecil* (s. Anm. 3), S. 346.
[91] Kaiser Wilhelm II. an George Sylvester Viereck, 26. Oktober 1926, in: *Cecil* (s. Anm. 3), S. 345.

zugemessen werden."[92] Am 2. Dezember 1919 schrieb er eigenhändig an Generalfeldmarschall von Mackensen, sich auf seine Abdankung beziehend: „Die tiefste und gemeinste Schande, die je ein Volk in der Geschichte fertiggebracht, die Deutschen haben sie verübt an sich selbst. Angehetzt und verführt durch den ihnen verhaßten Stamm Juda, der Gastrecht bei ihnen genoß. Das war sein Dank! Kein Deutscher vergesse das je, und ruhe nicht bis diese Schmarotzer vom Deutschen Boden vertilgt und ausgerottet sind! Dieser Giftpilz am Deutschen Eichbaum!"[93] Der Kaiser hielt ein „reguläres internationales Allerwelts-Pogrom à la Russe" für „das beste Heilmittel"[94]. „Die Presse, Juden und Mücken", schrieb er im Sommer 1927, seien „eine Pest, von der sich die Menschheit so oder so befreien muß". Eigenhändig fügte er hinzu: „Ich glaube, das Beste wäre Gas."[95]

Es ist kaum möglich, eine andere Schlußfolgerung zu ziehen als die, daß Kaiser Wilhelm II., der während dreißig wichtiger Jahre zwischen Bismarck und Hitler über Deutschland regierte, während seines politisch aktiven Lebens ein überzeugter Antisemit war und daß der Antisemitismus ein zentrales Element seiner Weltanschauung bildete. Die Tatsache, daß er am 9. November 1938 seine Entrüstung über das „Gangstertum" der Kristallnacht zum Ausdruck brachte,[96] kann die Fülle an Beweisen seiner tiefempfundenen antijüdischen Hal-

---

[92] Kaiser Wilhelm II. an Poultney Bigelow, 14. April 1927. Nachlaß Bigelow, New York Public Library.

[93] Kaiser Wilhelm II. an August von Mackensen, 2. Dezember 1919.

[94] Kaiser Wilhelm II. an Poultney Bigelow, 18 Oktober 1927, Nachlaß Bigelow, New York Public Library.

[95] Kaiser Wilhelm II. an Poultney Bigelow, 15. August 1927, Nachlaß Bigelow, New York Public Library. Wenige Wochen zuvor hatte Wilhelm II. seinen Hofmarschall Generalleutnant von Dommes aufgefordert, sich bei Fritz Haber zu erkundigen, ob inzwischen eine „Totalvergasung großer Städte" eine praktische Möglichkeit geworden sei. Wilhelm von Dommes an Fritz Haber, 14. Juni 1927; vgl. Gutsche (s. Anm. 5), S. 92.

[96] Ilsemann, Der Kaiser in Holland, Tagebucheintragung vom 14.–27. November 1938, II, S. 313–315. Vgl. Friedrich Wilhelm Prinz von Preußen, Das Haus Hohenzollern 1918–1945, München 1985, S. 185 f.

tung nicht aufwiegen. Wilhelm II. war ein Rassist, ein ideologischer Autokrat und Reaktionär, der Todfeind von Liberalismus, Demokratie, Katholizismus, Sozialismus und aller ausländischen Mächte, die diese Kräfte unterstützten und auf diese Weise seine Macht im Innern und die Ausbreitung deutscher Macht in der Welt einschränkten. Nach seiner Abdankung im November 1918 hegte der letzte deutsche Kaiser bizarre Weltverschwörungstheorien und verlangte in logischer Fortentwicklung seines früheren Antisemitismus die Ausrottung der Juden.

Wilhelm starb im Juni 1941, drei Wochen vor Hitlers Angriff auf die Sowjetunion, den er sicherlich so warm begrüßt hätte wie die Siege des Führers in Polen, Skandinavien, Holland, Belgien und Frankreich. 1940 sah der Kaiser mit Begeisterung zu, wie Hitler die Ziele verwirklichte, nach denen er, Wilhelm, selbst getrachtet hatte. Dieser Krieg sei, schrieb er, „eine Folge von Wundern! Der altpreussische Geist von Frd. Rex, von Clausewitz, Blücher, York, Gneisenau etc. hat sich wieder gezeigt, wie in 1870–71. [...] Die brillanten führenden Generale in diesem Krieg kamen aus *Meiner* Schule, sie kämpften unter meinem Befehl im [Ersten] Weltkrieg als Leutnants, Hauptmänner und junge Majoren. Geschult von Schlieffen führten sie die Pläne durch, die er unter meiner Leitung ausgearbeitet hatte, genauso wie wir es 1914 taten."[97] In Briefen aus seinem letzten Lebensjahr sprach er häufig von „Juda-England". Er erklärte Deutschland zum Land der Monarchie und daher zum Land Jesu Christi; England zum Land des Liberalismus und daher zum Land Satans und des Antichrist. Der wahre Feind Deutschlands sei aber nicht das englische Volk, sondern die regierende Oberschicht: „völlig von *Juda durchseuchte* [...] Freimaurer". Deutschland müsse kämpfen, um das britische Volk „*vom Antichrist Juda*" zu befreien, schrieb Wilhelm 1940. Es müsse „Juda aus England vertreiben, wie er schon aus dem

---

[97] Kaiser Wilhelm II. an Poultney Bigelow, 14. September 1940, Nachlaß Bigelow, New York Public Library, zitiert in: *John C. G. Röhl*, Kaiser Wilhelm II., ,Eine Studie über Cäsarenwahnsinn', München 1989, S. 7.

Continent verjagt ist". Zweimal – 1914 und 1939 – habe das Judentum mit Englands Hilfe den Krieg gegen Deutschland vom Zaune gebrochen, um „auf Satans *Geheiß*" das „*Weltreich Juda*" aufzurichten, doch „da griff Gott ein und zerschlug den Plan!" Jetzt stehe der europäische Kontinent im Begriff, „unter Entledigung der Briten und Juden sich gegen britische Einflüsse zu konsolidieren und abzuschließen". Das Ergebnis werden die „United States of Europe!" sein, triumphierte er.[98] Seiner Schwester schrieb er jubilierend: „Die Hand Gottes schafft eine neue Welt und wirkt Wunder. […] Wir werden die Vereinigten Staaten von Europa unter deutscher Führung, ein vereinter europäischer Kontinent, den niemand je zu erhoffen wagte." Und mit unverhohlener Freude fügte er hinzu: „Die Juden verlieren ihre unheilvollen Positionen in allen Ländern, die sie seit Jahrhunderten zur Feindlichkeit getrieben haben."[99]

Selbst in Europas dunkelster Stunde zeigte Kaiser Wilhelm II. kein Mitleid, kein Zeichen menschlichen Anstandes. Anstatt die welthistorische moralische Verantwortung eines christlichen Monarchen, der er so gerne sein wollte, auf sich zu nehmen, übersah er Tod und Zerstörung und triumphierte. Er erblickte das furchtbarste Übel und erklärte es zum Werk Gottes.

---

[98] Kaiser Wilhelm II. an Alwina Gräfin von der Goltz, 28. Juli und 7. August 1940, gedruckt in: *Gutsche*, (s. Anm. 49), S. 1028–1032.

[99] Kaiser Wilhelm II. an Margarethe Landgräfin von Hessen, 3. November 1940, zitiert in: *Röhl* (s. Anm. 97), S. 7. Vgl. Kaiser Wilhelm II. an Alfred Niemann, 24. Dezember 1940, Geheimes Staatsarchiv Berlin, HA Rep. 192, Nr. 16, jetzt gedruckt in: *Gutsche* (s. Anm. 49), S. 1032–1034.

Helmut Berding

Der Aufstieg des Antisemitismus
im Ersten Weltkrieg

In den Krisenjahren des Ersten Weltkrieges und der Nachkriegszeit erreichte der Antisemitismus eine zuvor in diesem Ausmaß nicht gekannte öffentliche Wirksamkeit.[1] Die Entwicklung zeichnete sich schon in den ersten Kriegsmonaten ab. Als die militärischen Aktionen nicht zum erhofften schnellen Sieg führten, verflog die Begeisterung rasch. Bei Soldaten und Zivilisten kehrte Ernüchterung ein. Im Heer und in der übrigen Bevölkerung brach die tief verwurzelte antijüdische Animosität wieder offen hervor. Mit den Opfern und Entbehrungen, die der Krieg den Menschen auferlegte, nahm der Antisemitismus an Bedeutung zu. Hieran waren alldeutsche und völkische Kreise nicht unbeteiligt. Die antisemitische Bewegung verschaffte ihnen eine Massenbasis und erhöhte ihr politisches Gewicht. Teile der wilhelminischen Machteliten paßten sich der veränderten Stimmungslage an, kamen dem Antisemitismus weit entgegen und schlossen mit der extremen Rechten ein Bündnis. So bildete sich noch während des Krieges in der deutschen Politik eine „reaktionär-demagogisch-nationalistische Richtung" heraus.[2] Aus dieser alldeutsch-konservativen Allianz ging nach der militärischen Niederlage und dem politischen Zusammenbruch des Kaiserreichs die militante antidemokratische Bewegung hervor, die der Weimarer Republik den Kampf ansagte. Sie organisierte

---

[1] Vgl. Deutsches Judentum in Krieg und Revolution, hrsg. v. W. E. Mosse, Tübingen, 1971.

[2] So der sozialdemokratische Reichstagsabgeordnete Philipp Scheidemann im Oktober 1916. Vgl. *E. Zechlin*, Die deutsche Politik und die Juden im Ersten Weltkrieg, Göttingen 1969, S. 547f.

sich in politischen Parteien, paramilitärischen Kampfbünden, Geheimorden und Agitationsverbänden. Dem Antisemitismus räumten sie ideologisch und propagandistisch einen herausragenden Platz ein. Mord, Terror und Putschversuche zählten zu den bevorzugten Mitteln der politischen Auseinandersetzung.

Die deutsche Bevölkerung begrüßte den Ausbruch des Weltkrieges mit einer heute kaum noch vorstellbaren Begeisterung. Freudig erregte Menschen füllten die Straßen, Hunderttausende meldeten sich freiwillig zum Dienst mit der Waffe. Alle wollten in der Stunde der Not dem Vaterland beistehen, das, wie die getäuschte Öffentlichkeit glaubte, vom revanchelüsternen Frankreich, perfiden England und autokratisch-rückständigen Rußland eingekreist und von seinen Feinden zum Kampf um die Verteidigung seiner Existenz gezwungen worden sei. Eine ähnliche Kriegsbegeisterung herrschte in anderen Ländern, besonders in Frankreich. Auf beiden Seiten des Rheins ging vom Nationalismus eine so gewaltige integrative Kraft aus, daß sich ihr kaum jemand zu entziehen vermochte. Selbst die Sozialisten eilten bereitwillig zu den Waffen, obwohl sie kurze Zeit vorher noch gegen den drohenden Krieg demonstriert und die internationale Solidarität der Arbeiterklasse beschworen hatten.

Der patriotische Begeisterungstaumel riß auch die jüdische Bevölkerung mit sich fort. Über 10 000 deutsche Juden meldeten sich freiwillig zum Kriegsdienst. Einer von ihnen war der Göppinger Rabbiner Arnold Tänzer, der eindrucksvoll „jene einzigartige Empfindung hingebungsvoller Begeisterung" schilderte, die „in den ersten Augusttagen des Jahres 1914 jedes deutschfühlende Herz höher schlagen ließ! Noch heute zittert diese Empfindung in mir nach und haftet unverwischbar in meiner Erinnerung."[3] In einem Land wie Deutschland, wo Juden immer wieder unter den ihnen entgegengebrachten Ani-

---

[3] Memoiren von Arnold Tänzer (undatiert), in: *Monika Richarz* (Hrsg.), Jüdisches Leben in Deutschland, Bd. 2: Selbstzeugnisse zur Sozialgeschichte im Kaiserreich, Stuttgart 1979, S. 445–461, hier S. 445.

mosität en zu leiden hatten, begrüßten die jüdischen Bürger den Krieg doppelt: zum einen als deutsche Patrioten, zum anderen als wenig geachtete und oft zurückgesetzte Juden, die durch Pflichterfüllung, Vaterlandsliebe und Opferbereitschaft jeden Zweifel an ihrer nationalen Zuverlässigkeit zerstreuen wollten. In diesem Sinne riefen jüdische Organisationen wie der „Centralverein" und der „Verband der deutschen Juden" in einer gemeinsamen Erklärung ihre Mitglieder auf, „über das Maß der Pflicht hinaus" die Kräfte dem Vaterland zu widmen. Auch die „Zionistische Vereinigung für Deutschland", also eine nationaljüdische Organisation, legte ein Treuebekenntnis zur deutschen Nation ab und sprach die Erwartung aus, daß die zionistische Jugend „freudigen Herzens freiwillig zu den Fahnen" eile.[4] So zogen die deutschen Juden begeistert an die Front, kämpften, litten und starben für das Vaterland. Einer der ersten Gefallenen war der jüdische Reichstagsabgeordnete Ludwig Frank, der sich freiwillig gemeldet hatte. Insgesamt nahmen rund 100 000 Juden als Soldaten am Krieg teil. 78 000 leisteten ihren Militärdienst an der Front ab, 12 000 bezahlten ihren Einsatz mit dem Leben, 30 000 erhielten Tapferkeitsmedaillen, 19 000 wurden befördert, davon 2000 in den Offiziersrang erhoben.[5]

In den ersten Kriegsmonaten verfehlten Patriotismus und Opferbereitschaft ihre Wirkung nicht. Es hatte den Anschein, als ob sich die Hoffnungen erfüllten, der Antisemitismus also der Vergangenheit angehörte und die jüdische Minderheit künftig keinen administrativen Diskriminierungen mehr ausgesetzt sein würde. So erkannten selbst manche eingefleischten Antisemiten wie Chamberlain das eindrucksvolle Verhal-

---

[4] *Zechlin* (s. Anm. 2), S. 86–100; hier S. 87, 90; vgl. *S. Friedländer*, Die politischen Veränderungen der Kriegszeit und ihre Auswirkungen auf die Judenfrage, in: Mosse (s. Anm. 1), S. 27–65; *Werner Jochmann*, Die Ausbreitung des Antisemitismus, in: ebd., S. 409–510; *E. G. Reichmann*, Der Bewußtseinswandel der deutschen Juden, in: ebd., S. 511–612.
[5] Vgl. *J. Segall*, Die deutschen Juden als Soldaten im Kriege 1914–1918. Eine statistische Studie, Berlin 1921; *F. Oppenheimer*, Die Judenstatistik des preußischen Kriegsministeriums, München 1922.

ten der deutschen Juden an: „Sie tun ihre Pflicht als Deutsche vor dem Feinde oder daheim."[6] Die Reichsleitung, die Regierungen der Einzelstaaten und die Militärbehörden lockerten die Verwaltungspraxis auf. Bekannte jüdische Industrielle und Wissenschaftler wie Walther Rathenau, Franz Oppenheimer und Fritz Haber übernahmen führende Positionen in kriegswichtigen Ämtern. In der Ostjudenfrage, dem Palästinaproblem und dem Ringen der deutschen Politik um die Haltung der USA zu den kriegführenden Mächten begann eine enge Zusammenarbeit zwischen deutschen Behörden und jüdischen Organisationen.[7] Alle diese Anzeichen für eine nachhaltige Verbesserung der deutsch-jüdischen Beziehungen konnten indes nicht darüber hinwegtäuschen, daß die antijüdischen Animositäten fortbestanden. Als die Kriegsbegeisterung in Enttäuschung und Unzufriedenheit umschlug, flammte der Judenhaß in Militär, Gesellschaft und Politik wieder auf.

Erstens: Im militärischen Bereich machte sich der Antisemitismus schon im Jahre 1915 deutlich bemerkbar. Zum einen kamen bei den Offizieren die antijüdischen Vorurteile wieder zum Vorschein. Die Zensur zum Beispiel, die in den Händen der örtlichen Militärbefehlshaber lag, duldete und begünstigte sogar die Veröffentlichung antisemitischer Artikel in der rechtsgerichteten Presse. Gleichzeitig ging, vor allem in der preußischen Armee, die Beförderung jüdischer Unteroffiziere zu Offizieren merklich zurück. Das aristokratische Offizierskorps, in dem der Antisemitismus Tradition hatte, sah sich durch die Aufnahme von Juden zunehmend in seiner Exklusivität bedroht. Während die meisten Offiziere bisher den „plebejischen Antisemitismus der Demagogen abgelehnt hatten, gaben sie in dieser Situation ihre vornehme Zurückhaltung auf und traten mit notorischen Judenhassern aus rechtsradikalen Organisationen wie dem „Alldeutschen Verband", dem

---

[6] *H. S. Chamberlain*, Kriegsaufsätze, München 1915, S. 46.
[7] Vgl. *Ernest Hamburger*, Juden im öffentlichen Leben Deutschlands. Regierungsmitglieder, Beamte und Parlamentarier in der monarchischen Zeit 1848–1918, Tübingen 1968. *Zechlin* (s. Anm. 2).

„Reichshammerbund" und der „Deutschvölkischen Partei" in Verbindung. Der Antisemitismus faßte in der Militärverwaltung Fuß. Manche Offizierskasinos verwandelten sich in Zentren antisemitischer Agitation.[8] Zum anderen stellte sich, als der „Geist von 1914" verblaßte, auch bei den einfachen Soldaten die tief verwurzelte antijüdische Gesinnung wieder ein. Nach den bekannten Regeln vorurteilsvollen Denkens und vorurteilsgestörter Wahrnehmung empfanden viele Soldaten ihren jüdischen Kameraden gegenüber Abneigung und brachten sie zum Ausdruck. Schon im Oktober 1914 machte Julius Marx, ein jüdischer Kriegsteilnehmer, die bittere Erfahrung, „daß man mich als Juden scheel ansieht. Bei Kriegsbeginn schien jedes Vorurteil verschwunden, es gab nur noch Deutsche. Nun hört man wieder die alten verhaßten Redensarten." Am 24. September 1916 notierte Marx: „Der Durchschnittsdeutsche mag eben den Juden nicht. Ich möchte hier nichts sein als ein deutscher Soldat – aber man sorgt nachgerade dafür, daß ich's anders weiß."[9]

Die weitverbreitete antijüdische Haltung schlug sich in zahlreichen Beschwerden und zumeist anonymen Denunziationen nieder, die fortgesetzt beim preußischen Kriegsministerium einliefen. Seit Ende 1915 nahm die Eingabenflut lawinenartig zu. Ihre Urheber beklagten, daß eine unverhältnismäßig große Anzahl wehrpflichtiger Angehöriger des israelitischen Glaubens vom Heeresdienst befreit sei oder sich unter allen nur möglichen Vorwänden davor drücke. „Auch soll es nach diesen Mitteilungen eine grosse Zahl im Heeresdienst stehender Juden verstanden haben, eine Verwendung ausserhalb der vordersten Front, also in dem Etappen- und Heimatsgebiet und in Beamten- und Schreiberstellen zu finden."[10] Obwohl die

---

[8] Vgl. *Jochmann* (s. Anm. 4), S. 422.

[9] *Julius Marx*, Kriegstagebuch eines Juden, Frankfurt a. M. 1964, S. 129; vgl. *Reichmann* (s. Anm. 4).

[10] Erlaß des preußischen Kriegsministers Wild v. Hohenborn zwecks Nachweisung aller beim Heere befindlichen wehrpflichtigen Juden, 11. Oktober 1916. Abgedruckt in und zitiert nach *W. T. Angress*, Das

Beschwerden zweifellos die antisemitische Stimmung in der Truppe gut widerspiegelten, waren sie mit Sicherheit nicht das Ergebnis einer spontanen Aktion. Vielmehr instrumentalisierten antisemitische Gruppen die neu entflammten Vorurteile und steuerten sie in einer innerhalb und außerhalb des Heeres breit angelegten Kampagne.

Das Kriegsministerium, das den manipulativen Charakter der Eingaben offensichtlich durchschaute, maß ihnen lange Zeit keine besondere Bedeutung bei. Am 11. Oktober 1916 jedoch, wenige Wochen nach der Berufung von Generalfeldmarschall Paul v. Hindenburg und General Erich Ludendorff an die Spitze der Dritten Obersten Heeresleitung, nahm der preußische Kriegsminister die Klagen überraschend zum Anlaß, eine statistische Erhebung über die Dienstverhältnisse der deutschen Juden im Kriege anzuordnen. Angeblich sollte die sog. Judenzählung, wie die im Feldheer, in der Etappe und im Besatzungsheer durchgeführte Nachweisung bald genannt wurde, die Haltlosigkeit der Beschwerden belegen, also dem Antisemitismus entgegentreten. In Wirklichkeit gaben antisemitische Beweggründe den Ausschlag.[11] Hiervon ließ sich das preußische Kriegsministerium auch leiten, als es sich weigerte, entsprechend jüdischen Forderungen die Ergebnisse der Erhebungen zu veröffentlichen. Mit dem Oktober-Erlaß gewann der Antisemitismus zum erstenmal seit dem Ausbruch des Krieges Einfluß auf die offizielle Politik.

Die Judenzählung ist mit vollem Recht „die größte statistische Ungeheuerlichkeit" genannt worden, „deren sich eine Behörde je schuldig gemacht hat"[12]. Von ihr ging eine schlechthin verheerende Wirkung aus. Zum einen förderte der Erlaß, mit dem die oberste Militärbehörde das stereotype Vorurteil von der „jüdischen Drückebergerei" faktisch sanktio-

deutsche Militär und die Juden im Ersten Weltkrieg, in: Militärgeschichtliche Mitteilungen 19 (1976), S. 77–146, hier S. 97.

[11] Vgl. ebd.; *Zechlin* (s. Anm. 2), S. 529 ff; *Jochmann* (s. Anm. 4), S. 422 ff; *Hamburger* (s. Anm. 7), S. 117 f.

[12] *Oppenheimer* (s. Anm. 5), S. 14.

niert hatte, den Antisemitismus im Heer. Er untergrub die Autorität der jüdischen Vorgesetzten, leistete den alltäglichen Schikanen und Sticheleien vieler Soldaten gegen ihre jüdischen Kameraden Vorschub und trieb diese immer mehr in die Isolation. „Je länger der Krieg sich hinauszog, um so häufiger erreichte mich die Kunde", berichtete der jüdische Historiker Gustav Mayer, „daß in der scheinbaren Endlosigkeit des Stellungskrieges deutsche Feldgraue sich von den jüdischen Kameraden, die im Schützengraben neben ihnen lagen, feindlich absonderten. Und von der Front teilte sich diese neue antisemitische Woge alsbald der Heimat mit." [13] Im Sommer 1918 mußten jüdische Soldaten auf Flugblättern lesen: „Überall grinst ihr Gesicht, nur im Schützengraben nicht." [14] Zum anderen zogen die antisemitischen Organisationen aus der Judenzählung propagandistischen Nutzen. Sie konnten sich künftig auf das preußische Kriegsministerium berufen. Besonders zugute kam ihnen die Geheimhaltung der Ergebnisse, die zu den unsinnigsten Gerüchten Anlaß gab. Daran knüpfte die antisemitische Agitation an und erweckte den Anschein, als ob ihre Behauptungen auf statistisch bewiesenen Tatsachen beruhten.

Schließlich markierte der Erlaß vom 11. Oktober 1916 einen tiefen Einschnitt in den deutsch-jüdischen Beziehungen. Viele Juden empfanden die Entscheidung des Kriegsministeriums als den „untilgbar schmählichsten Schimpf, der unsere Gemeinschaft seit ihrer Einbürgerung schändete". [15] Ernüchterung, Enttäuschung und Erbitterung breiteten sich aus. Der Schriftsteller Jakob Wassermann verlieh der Verzweiflung darüber Ausdruck, daß offensichtlich der „Weg als Deutscher und Jude" in eine Sackgasse führt und keine noch so großen Opfer der Juden für ihr deutsches Vaterland die antisemitischen Vor-

---

[13] *Gustav Mayer*, Erinnerungen. Vom Journalisten zum Historiker der deutschen Arbeiterbewegung, Zürich 1949, S. 367.
[14] Mitteilungen aus dem Verein zur Abwehr des Antisemitismus 28. Nr. 10 und 11 (12. 6. 1918), S. 55.
[15] *R. Lewin*, Der Krieg als jüdisches Erlebnis, in: Monatsschrift für Geschichte und Wissenschaft des Judentums 63 (1919), 1–14, hier S. 9.

urteile aus der Welt zu schaffen vermögen. „Jedes Vorurteil, das man abgetan glaubt, bringt, wie ein Aas die Würmer, tausend neue zutage … Es ist vergeblich, in das tobsüchtige Geschrei Worte der Vernunft zu werfen. Sie sagen: was, er wagt es aufzumucken? Stopft ihm das Maul … Es ist vergeblich, für sie zu leben und für sie zu sterben. Sie sagen: er ist ein Jude."[16]

Zweitens: Im wirtschaftlich-sozialen Bereich führte der Krieg zu einer außerordentlichen Verschärfung der Gegensätze und Spannungen.[17] Während Arbeiter, Angestellte, Beamte, bestimmte Gruppen des Handwerks und Einzelhandels sowie kleinere und mittlere Bauern einen spürbaren Rückgang ihrer realen Einkommen hinnehmen mußten, verdienten Unternehmer insbesondere der Rüstungsindustrie, Großagrarier, ein Teil der Kaufleute und auch die Schleichhändler sehr gut. Die Einkommens- und Vermögensunterschiede vergrößerten sich. Aufreizende Konsumunterschiede machten den Verarmungsprozeß der überwiegenden Mehrheit und den Bereicherungsprozeß einer relativ kleinen Minderheit manifest. Auf der einen Seite litt die große Masse der Bevölkerung unter dem Mangel an Lebensmitteln, Kohlen und anderen Verbrauchsgütern. Im sog. „Kohlrübenwinter" 1916/17 forderten Hunger und Kälte besonders in den Städten hohe Opfer an Gesundheit und Leben. Auf der anderen Seite blieben reiche und gutverdienende Gesellschaftsgruppen von solchen Heimsuchungen verschont. Wer über genügend Geld verfügte, konnte sich Lebensmittel und selbst Luxusgüter in Hülle und Fülle leisten. Die ungerechte Verteilung der Kriegslasten sprach den Appellen an die nationale Solidarität hohn. Immer größerer Unmut breitete sich aus. „Mit Erbitterung", hieß es in einem Bericht der stellvertretenden Generalkommandos über die Stimmungslage in der Bevölkerung, „sieht der kleine Mann und der Mittelstand, daß die behördlichen Maßnahmen hinsichtlich der Erfassung

---

[16] *Jakob Wassermann*, Mein Weg als Deutscher und Jude, Berlin 1921, S. 122 f.
[17] *Jürgen Kocka*, Klassengesellschaft im Krieg. Deutsche Sozialgeschichte 1914–1918, Göttingen ²1978, Frankfurt a. M. 1988.

usw. versagen. Denn für teueres Geld ist noch immer alles in beliebiger Menge zu haben."[18] Insgesamt schufen unzureichende Ernährung, ungerechte Verteilung der Lasten und staatliche Zwangswirtschaft eine Atmosphäre der Unzufriedenheit und des Mißtrauens, in der nicht nur der Staat, die Herrschenden, die Reichen, also „die da oben", den Zorn und die Empörung der Bevölkerung auf sich zogen, sondern auch die jüdischen Mitbürger. Sie wurden als Nutznießer der Kriegswirtschaft angesehen und als Kriegsgewinnler an den Pranger gestellt. Hierfür gaben hauptsächlich zwei Gründe den Ausschlag.

Zum einen war das jahrhundertealte stereotype Vorurteil vom jüdischen Wucher immer noch lebendig und begründete in Stadt und Land einen autochthonen Antisemitismus. Der „einfache Mann" verband Spekulanten- und Schiebertum unwillkürlich mit Judentum.[19] Infolgedessen fiel, als im Laufe des Krieges mit den Versorgungsproblemen der Schleichhandel zunahm, der Verdacht wie von selbst auf „den" Juden. Diejenigen vor allem, die unter der Kriegswirtschaft besonders zu leiden hatten oder sich benachteiligt fühlten und die komplexen Ursachen ihrer Misere nicht durchschauten, reagierten unwillkürlich antisemitisch. Der schlecht verdienende Angestellte z. B., der auf dem schwarzen Markt die teuren Lebensmittel nicht bezahlen konnte, oder der Bauer, der seine Produkte zu festgesetzten Niedrigpreisen abliefern mußte, sahen im Juden den Schuldigen. Besorgt berichteten die stellvertretenden Generalkommandos, daß in der Stadt wie auf dem Lande eine immer stärker werdende antisemitische Bewegung nicht zu verkennen sei.

„In den Städten verdienen die Juden an allen Lebensmitteln und an allen Gegenständen des täglichen Bedarfs, auf dem Lande tritt dem Besitzer bei der Abnahme von Vieh, Stroh, Kartoffeln, Getreide usw.

---

[18] Aus den Zusammenstellungen der Monats-Berichte der stellvertretenden Generalkommandos. Bericht vom 3. Oktober 1918 aus Danzig. Zitiert nach *Kocka* (s. Anm. 17), S. 44.
[19] Vgl. *Zechlin* (s. Anm. 2), S. 521.

als Kommissär des Viehhandelsverbandes oder der zahlreichen Kriegsgesellschaften fast immer ein Jude entgegen, der mühelos und ohne Gefahr die sehr hohen Provisionen einsteckt."[20]

Zum anderen gab es die antisemitischen Organisationen, die, wie zum Beispiel der radikale völkische „Reichshammerbund", eine außerordentlich intensive Agitation entfalten. Sie gaben die Parolen aus und wirkten so an einer Verschärfung, Stereotypisierung und Ideologisierung der antijüdischen Vorurteile mit. Dies geschah nach bewährtem Muster. Dazu gehörte einmal die unzulässige Verallgemeinerung. Die Propagandakampagne setzte stets an einem einzelnen Fall an, in dem sich ein Jude bereichert hatte, griff ihn heraus, übertrieb ihn maßlos und stellte ihn als typisch hin. In Wirklichkeit profitierten Juden nicht häufiger und nicht seltener von der Kriegswirtschaft, als es dem jüdischen Anteil an bestimmten Wirtschaftszweigen entsprach. Die jüdische Minderheit war z. B. überproportional am Handel beteiligt, in der Schwerindustrie aber so gut wie gar nicht vertreten. Folglich setzten die Antisemiten Kriegsgewinn mit Handel und Judentum gleich. Von der Rüstungsindustrie sprachen sie nicht. „Es scheint ... national zu sein, wenn man an Kanonen und Panzerplatten verdient", bemerkte Ende 1917 der Leipziger Rabbiner Felix Goldstein, „wohingegen bei Eiern und Strümpfen der Landesverrat einsetzt."[21] Zum Muster antisemitischer Agitation gehörte zum anderen die Hypostasierung. Der jüdische Kriegsgewinnler sei, wie es hieß, nichts anderes als der in ein zeitgemäßes Gewand geschlüpfte ewige jüdische Wucherer, und der verkörpere mit seiner unersättlichen Geldgier in charakteristischer Weise das Wesen des Judentums. Antisemitische Zeitungen, Broschüren und Flugblätter hämmerten ihren Lesern dieses Klischee vom „jüdischen Kriegsgewinnler" ebenso unablässig ein wie das vom „jüdischen Drückeberger". Während, so lautete der Tenor

---

[20] Bericht vom 3. Februar 1917, zitiert nach *Kocka* (s. Anm. 17), S. 103.
[21] *F. G(oldstein)*, Alldeutsch oder international, in: Im deutschen Reich 23 (1917) S. 499–506, hier S. 503; vgl. *Jochmann* (s. Anm. 4), S. 418.

der Propaganda, der tapfere deutsche Soldat mit der Waffe in der Hand sein Vaterland an der Front verteidigt, bereichere sich der skrupellose Jude in der Heimat an der Not des deutschen Volkes.

Zur Unterstützung dieser massenwirksamen Agitation brachte der Antisemitismus die Legende von der jüdisch beherrschten Kriegswirtschaft in Umlauf. Diese verschwörungstheoretische Ideologisierung des Judenhasses bildete ein weiteres Merkmal der antisemitischen Agitation gegen Kriegsgewinnler. Alfred Roth tat sich hier besonders hervor. Der ehemals führende Funktionär des „Deutschnationalen Handlungsgehilfenverbandes" war seit Juni 1914 Bundeswart des „Reichshammerbundes" und spielte nach dem Krieg als Hauptgeschäftsführer des „Deutschvölkischen Schutz- und Trutzbundes" eine führende Rolle im organisierten Antisemitismus. Im Frühjahr 1916, als die Knappheit an Nahrungsmitteln und die Verschlechterung der Lebensverhältnisse den Boden bereitet hatten, verfaßte Alfred Roth gemeinsam mit dem antisemitischen Veteranen und „Ehren-Bundeswart" Theodor Fritsch eine Denkschrift, die er an den Kaiser, die Bundesfürsten und führende Persönlichkeiten des öffentlichen Lebens verschickte.[22] Roth wies auf die Rolle hin, die Walther Rathenau beim Aufbau der „Kriegsrohstoffabteilung" und der Hamburger Reeder Albert Ballin bei der Gründung der „Zentraleinkaufsgesellschaft" gespielt haben. Ihrem Einfluß sei es zuzuschreiben, daß Juden in den zentralen Organisationen der Kriegswirtschaft führende Positionen innehätten. In diesem vom jüdischen Geist gelenkten „System Ballin – Rathenau" griff „die jüdische Verfilzung des deutschen Wirtschaftslebens immer weiter um sich, das dadurch ganz in Judenhände gespielt und in seinen wichtigsten Teilen fast ausschließlich von Juden und Judengenossen beherrscht wurde". Den Ausführun-

---

[22] Vgl. *Zechlin* (s. Anm. 2), S. 521 f. Die Denkschrift ist abgedruckt bei *O. Armin* (Pseudonym für A. Roth), Die Juden in den Kriegsgesellschaften, München 1921, S. 15 ff.; vgl. *H. Falk,* Die Juden in den Kriegsgesellschaften, Berlin 1920.

gen Roths zufolge ging der jüdische Einfluß auf die deutsche Kriegswirtschaft ins Unermeßliche. „Die Juden sind damit in Wirklichkeit die Beherrscher des Wirtschaftslebens in Deutschland geworden."[23]

Die öffentliche Debatte über die Rolle der Juden in den Kriegsgesellschaften riß nicht wieder ab. In den politischen Parteien, selbst im „Zentrum", bei den Liberalen und den Sozialdemokraten, schenkten viele Politiker den Gerüchten Glauben, die im Lande über die jüdischen Kriegsgewinnler kursierten. Am 19. Oktober 1916, eine Woche nach dem Erlaß des preußischen Kriegsministers, hob der Reichstagsabgeordnete Matthias Erzberger diese Frage auf eine parlamentarische Ebene. Auf Antrag des Zentrumspolitikers forderte der Ausschuß, den der „Beirat des Reichstags für Volksernährung" eingesetzt hatte, die Regierung auf, dem Reichstag eine eingehende Übersicht über das gesamte Personal aller Kriegsgesellschaften zu unterbreiten, und zwar „getrennt nach Geschlecht, militärpflichtigem Alter, Bezügen, Konfession". Als jüdische Stellen gegen diese „ungeheure Verletzung der Ehre und der bürgerlichen Gleichstellung des deutschen Judentums" heftig protestierten, strich das Innenministerium „aus grundsätzlichen Erwägungen" das Kriterium der Konfession und führte im übrigen die Erhebung durch. Anders als die militärische Führung gab die Reichsleitung den Antisemiten also nicht nach. Auch trat sie im Unterschied zu den Militärs der Agitation öffentlich entgegen. Karl Helfferich, Staatssekretär des Inneren und stellvertretender Reichskanzler erklärte auf eine Anfrage des deutschvölkischen Abgeordneten Ferdinand Werner im Reichstag: „Eine Bevorzugung von Juden bei Kriegsgesellschaften findet nicht statt."[24] Dennoch breiteten sich im weiteren Verlauf des Krieges das stereotype Vorurteil vom „jüdischen Kriegsgewinnler" und die Legende von der wirtschaftlichen Ausbeutung des deutschen Volkes durch die Juden weiter aus.

---

[23] *Armin* (s. Anm. 22), S. 14 u. 52; vgl. *Zechlin* (s. Anm. 2), S. 522.
[24] Vgl. *Zechlin* (s. Anm. 2), S. 525ff. Dort Zitate mit Nachweisen und weiteren Belegen.

Drittens: Im politisch-ideologischen Bereich verursachten die Auseinandersetzungen über Kriegsziele und -führung sowie über politische und soziale Reformen eine Polarisierung. Das Land spaltete sich in zwei feindliche Lager. Auf der einen Seite traten die „Falken" für einen imperialistischen Siegfrieden, den unbegrenzten U-Boot-Krieg und eine Militärdiktatur ein, auf der anderen die „Tauben" für einen Frieden ohne Annexion und Reparation, mehr demokratische Rechte und soziale Reformen. Hinter den „Falken" stand das „Kartell der schaffenden Stände", dem die Spitzenverbände von Industrie und Landwirtschaft, die konservativen Parteien, Teile der Nationalliberalen und die Alldeutschen angehörten.[25] An Maßlosigkeit und Radikalität überboten die Alldeutschen ihre politischen Freunde bei weitem. Sie erhoben die höchsten Kriegszielforderungen, traten am entschiedensten für die Verschärfung der Kriegsführung ein, polemisierten am heftigsten gegen den angeblich zu „schlappen" und kompromißbereiten Reichskanzler Theobald v. Bethmann Hollweg, riefen am lautesten nach der Errichtung einer Militärdiktatur und setzen sich an die Spitze des innenpolitischen Kampfes gegen die Parteien der Friedensresolution, die seit Sommer 1917 im Reichstag über eine Mehrheit verfügten.

Die Führung des ADV lag in den Händen des langjährigen Verbandsvorsitzenden Claß. Ihm stand seit April 1914 der bayerische General im Ruhestand Konstantin Freiherr v. Gebsattel als Stellvertreter zur Seite. Als überzeugte Anhänger der völkischen Rassenideologie träumten beide Politiker von der Errichtung eines großgermanischen Reiches. Der Krieg, den sie lange herbeigesehnt hatten, schien das Ziel in erreichbare Nähe zu rücken. Gebsattel, der es gewohnt war, „alle ernsten politischen Fragen vom Rassenstandpunkt aus zu betrachten", sah den Krieg nicht in erster Linie als machtpolitischen Hegemonialkampf der großen europäischen Mächte, sondern als Auseinandersetzung der Rassen und Weltanschauungen, als schicksalhaftes Ringen zwischen dem Guten und dem Bösen,

---

[25] Vgl. *D. Stegmann*, Die Erben Bismarcks, Köln 1970, S. 449–519.

„zwischen Helden- und Händlergeist – zwischen Ariertum und Judentum – zwischen idealem deutschen Familiensinn und schnödem englisch-amerikanischen Mammonismus"[26]. Aus einer solchen ideologischen Perspektive erschien die Wirklichkeit in Form krasser, unversöhnlicher Gegensätze, und die Konfliktlinien verschoben sich. Der Gegner im inneren wurde mit dem Feind von außen gleichgesetzt. Wer nicht bedingungslos auf der Seite des alldeutsch geführten Kartells stand, zählte zu den staatsfeindlichen Kräften, die Verteidigungswillen und Einheit des deutschen Volkes schwächten, d. h. den auswärtigen Mächten in die Hände arbeiteten. Das Spektrum der innenpolitischen Feinde reichte von den Sozialdemokraten über die Liberalen und Katholiken bis hin zu den „Flaumachern" im Regierungslager. Hinzu kamen die Juden, die ganz unabhängig von ihrer politischen Einstellung der Rassenzugehörigkeit wegen als Feinde des deutschen Volkes galten.

Die radikalen Antisemiten Claß und Gebsattel, die den ADV leiteten, stellten ihre rassenideologischen Überzeugungen nie in Frage und verloren zu keinem Zeitpunkt das Ziel aus dem Auge, den Einfluß der Juden in Deutschland zu bekämpfen. Selbst bei Ausbruch des Krieges ließen sie sich von der patriotischen Opferbereitschaft der jüdischen Mitbürger und vom Geist des Burgfriedens nicht im geringsten beeindrucken. Gebsattel teilte Claß in vertraulichen Briefen unverhohlen mit, daß der Krieg genutzt werden müsse, um das 1912 vom alldeutschen Verbandsvorsitzenden im Kaiser-Buch verkündete Programm durchzusetzen: „Auf alle Fälle muß erreicht werden: Lösung der 1. Juden- und 2. Wahlrechtsfrage im Sinne Frymanns." „Die Ziele des Krieges müssen zweierlei sein: 1. Sicherung unserer Weltstellung, unseres Platzes an der Sonne und unserer Bewegungsfreiheit. 2. Entfernung des ... Giftes aus unserem Volkskörper."[27] Aus taktischen Gründen setzte die

---

[26] Vgl. *Uwe Lohalm*, Völkischer Radikalismus. Die Geschichte des Deutschvölkischen Schutz- und Trutzbundes 1919–1923, Hamburg 1970, S. 46f. Zitate aus Briefen Gebsattels vom 4. 12. 1914 und 29. 5. 1916.
[27] Briefe Gebsattels an Claß vom 4. und vom 6. 8. 1914. Zitiert nach

alldeutsche Führung solche weitreichenden Forderungen vorerst nicht auf die politische Tagesordnung. Aber sie blieb auch nicht untätig. Gute Ansatzpunkte für eine Politik, die auf breitere Zustimmung hoffen konnte, bot die Ostjudenfrage.

Der Zustrom von Juden aus dem Osten, der im letzten Drittel des 19. Jahrhunderts größere Ausmaße angenommen hatte, weckte von Anfang an Ängste und erregte die Gemüter. Treitschkes berühmt-berüchtigte Worte aus dem Jahre 1879 von den „hosenverkaufenden Jünglingen", die Jahr für Jahr über die deutsche Ostgrenze hinweg „aus der unerschöpflichen polnischen Wiege" nach Deutschland eindrangen, legten hiervon ebenso Zeugnis ab wie die Antisemiten-Petition von 1880/ 81. Seither gehörte die Ostjudenfrage zu den zugkräftigsten Themen der antisemitischen Agitation. Diese malte das Gespenst der Überfremdung an die Wand und verbreitete das Ostjudenstereotyp, dessen dominierende Züge Schmutz, Krankheiten, „Schnorrertum" und Unredlichkeit waren. Als im Kriege Mangel an Arbeitskräften herrschte, wurden die bisher unerwünschten Ostjuden als Arbeiter „mit mehr oder weniger Zwang" nach Deutschland gebracht.[28] Längst bevor deutsche Zivil- und Militärbehörden solche Maßnahmen planten, forderte Claß am 28. August 1914 in einer ADV-Vorstandssitzung „den sofortigen Schluß unserer Grenzen gegen Osten, um dem weiteren *Zuzug von Juden vorzubeugen."*[29] Um ihrem Verlangen Nachdruck zu verleihen, wiesen Gebsattel und andere Antisemiten in zahllosen Denkschriften bzw. Eingaben an die Regierungen von Reich und Ländern immer wieder auf diese.

E. Hartwig, Alldeutscher Verband (ADV) 1891–1939, in: D. Fricke (Hrsg.), Lexikon der Parteiengeschichte. Die bürgerlichen und kleinbürgerlichen Parteien und Verbände in Deutschland 1789–1945, Bd. 1, Leipzig 1983, S. 28 f.

[28] Vgl. *Jochmann* (s. Anm. 4), S. 504; vgl. *S. Adler-Rudel*, Ostjuden in Deutschland 1880–1940, Tübingen 1959; *Zechlin* (s. Anm. 2), S. 101–284; *T. Maurer*, Medizinalpolizei und Antisemitismus. Die deutsche Politik der Grenzsperre gegen Ostjuden im Ersten Weltkrieg, in: Jahrbücher für Geschichte Osteuropas 33 (1985), S. 205–230; dies., Ostjuden in Deutschland 1918–1933, Hamburg 1986, S. 34–44.

[29] *H. Claß*, Wider den Strom, Leipzig 1932, S. 322.

angebliche Bedrohung hin, die nie bestand. Während des gesamten Krieges kamen insgesamt nicht mehr als etwa 35 000 Ostjuden nach Deutschland. Dennoch sprachen die Antisemiten davon, daß Ostjuden „wie ein Heuschreckenschwarm über das deutsche Reich" herfielen und dem Land die akute Gefahr einer Masseneinwanderung von „6 Millionen minderwertiger, vermongolisierter Menschen" drohe.[30] Der Alldeutsche Georg Fritz trug 1915 das Thema in die Öffentlichkeit. Seine Broschüre *Die Ostjudenfrage* löste eine Debatte aus, die der antisemitischen Presse Gelegenheit gab, zum einen die antijüdische Einstellung insgesamt zu fördern und zum anderen den Druck auf die Regierung zu verstärken. Im April 1918 verboten die preußischen Behörden die Anwerbung von polnisch-jüdischen Arbeitern und verfügten eine Sperre der preußischen Ostgrenze. An diesem Ausnahmegesetz gegen Juden zeigte sich der wachsende Einfluß des Antisemitismus auf die deutsche Politik.[31]

Die Alldeutschen beschränkten ihre antisemitischen Aktivitäten nicht auf die Ostjudenfrage. Seit 1916 wirkten sie auch an der Agitation gegen „jüdische Drückeberger" und „jüdische Kriegsgewinnler" mit. Und im Sommer 1917 kam es zu einer weiteren bedeutsamen antisemitischen Eskalation. Nicht nur verbesserte der ADV durch den Erwerb einer neuen Monatszeitschrift und der *Deutschen Zeitung* seine Einflußmöglichkeiten beträchtlich. Es spitzten sich auch die innenpolitischen Gegensätze drastisch zu. Einerseits mußte Bethmann Hollweg zurücktreten. Die Dritte Oberste Heeresleitung unter Hindenburg und Ludendorff erhielt eine nahezu unbeschränkte militärdiktatorische Machtfülle. Andererseits formierte sich die Opposition, gewann die Mehrheit im Reichstag und verabschiedete eine Resolution, die sich zu einem Frieden ohne Annexionen und Kontributionen bekannte.

---

[30] Denkschrift Gebsattels an das Konigl. Bayerische Staatsministerium vom 30. 8. 1915, zitiert nach *Jochmann* (s. Anm. 4), S. 412 f.
[31] *G. Fritz*, Die Ostjudenfrage. Zionismus und Grenzschluß, München 1915; vgl. *Maurer* 1985 (s. Anm. 28), S. 209.

Die Bemühungen von konservativer Seite, Hoffnungen auf Sieg und Annexionen zu wecken und auf diese Weise den brüchig gewordenen Massenkonsens wiederherzustellen, führten zur Gründung der „Deutschen Vaterlandspartei". Sie war ein Sammelbecken völkisch-nationaler und annexionistischer Kreise und stieg in kürzester Zeit zur mitgliederstärksten Partei des Kaiserreichs auf. Vor diesem Hintergrund einer krisenhaften Zuspitzung und Polarisierung der innenpolitischen Auseinandersetzungen erschien am 18. Juni 1917 in der *Deutschen Zeitung* ein von Claß verfaßter und von Gebsattel unterzeichneter Artikel. Er trug die Überschrift „Alldeutsch – vielleicht alljüdisch?" und war gedacht als „Kriegserklärung an das Alljudentum".[32] Der Artikel setzte die Partei des „Siegfriedens" mit dem Alldeutschtum und die des „Verzichtfriedens" mit dem internationalen Judentum gleich. Mit der Verbreitung dieser Legende verfolgte die alldeutsche Führung im Sommer 1917 ein doppeltes Ziel. Sie wollte zum einen der wachsenden Kriegsmüdigkeit und Friedenssehnsucht entgegenwirken und damit die Parteien der Friedensresolution ihres Einflusses berauben. Zum anderen sollte die Bevölkerung zu weiteren Opfern und Anstrengungen angespornt und die Propagandakampagne der „Vaterländischen Partei" unterstützt werden.

Als ein gutes Jahr später die Oberste Heeresleitung durch ihre Waffenstillstandsforderung die militärische Niederlage des Kaiserreichs eingestehen mußte, erfüllte der Mythos vom internationalen Judentum als Anstifter der Friedensresolution und Drahtzieher der „Verzichtpolitik" eine Sündenbockfunktion. Die Juden, in der alldeutschen Presse als „Ferment der Dekomposition" oder „Gift der Zersetzung" diffamiert,[33] wurden beschuldigt, den Volkskörper von innen ausgehöhlt, dem Heer den Dolchstoß versetzt und das Reich ins Verderben gestürzt zu haben. Mit diesem propagandistischen Manöver

---

[32] Brief Gebsattel an Claß vom 16. 6. 1917, Zitiert nach *Lohalm* (s. Anm. 26), S. 49.
[33] Vgl. ebd., S. 49 ff. Zitate aus einem Artikel Gebsattels in der „Deutschen Zeitung" vom 15. 10. 1918.

sollte das Versagen der politischen und militärischen Führung verschleiert, die Schuld den Juden aufgebürdet und eine möglichst gute Ausgangsposition für die Wiederaufnahme des Kampfes nach dem Kriege gewonnen werden.

Die antisemitische Stoßrichtung ihrer Nachkriegspolitik legte die alldeutsche Verbandsführung schon vor dem Zusammenbruch des Kaiserreiches fest. Sie bildete im September 1918 zur besseren Koordination der antisemitischen Aktivitäten einen Ausschuß für die Bekämpfung des Judentums, dem alle bekannten Partei- und Verbandsantisemiten angehörten. Einen Monat später gaben die beiden führenden Vertreter des ADV auf einer Sitzung des „Geschäftsführenden Ausschusses" die Parolen für die Nachkriegszeit aus. Gebsattel forderte seine alldeutschen Gesinnungsgenossen dazu auf, „die Lage zu Fanfaren gegen das Judentum und die Juden als Blitzableiter für alles Unrecht zu benutzen". Und Claß verkündete mit einer Klarheit, die nichts zu wünschen übrigließ, daß er bereit sei, den Antisemitismus bewußt und bedenkenlos als politische Waffe einzusetzen. Selbst Mordaktionen hielt er für gerechtfertigt. „Ich werde vor keinem Mittel zurückschrecken und mich in dieser Hinsicht an den Ausspruch Heinrich von Kleists, der auf die Franzosen gemünzt war, halten: Schlagt sie tot, das Weltgericht fragt Euch nach den Gründen nicht!"[34]

---

[34] Vgl. ebd., S. 53.

Volker Losemann

Rassenideologien und antisemitische Publizistik in Deutschland im 19. und 20. Jahrhundert

Die in meinem Thema angelegte Verbindung von „Rassenideologien und antisemitischer Publizistik" zielt auf die Entwicklung des Rassenantisemitismus in Deutschland. Es handelt sich dabei um einen Prozeß, der im ausgehenden 19. Jahrhundert beginnt und seinen Höhepunkt in der antisemitischen Propaganda des Dritten Reiches findet. Die Fülle des Stoffes zwingt zur Konzentration auf die wichtigsten Entwicklungslinien, d. h., ich kann hier keine differenzierte Betrachtung antisemitischer Publizistik bieten, die sich in Form von Büchern und Broschüren bis hin zu den Hetzblättern der NS-Zeit über Deutschland ergoß. Ich beschränke mich vielmehr darauf, zunächst Ausgangspositionen der Rassenlehre von Gobineau und Darwin her zu skizzieren. Es geht dann um die maßgebenden Konzeptionen, die am Ende des 19. Jahrhunderts von Eugen Dühring und Houston Stewart Chamberlain verbreitet wurden. Von dort wird ein Bogen geschlagen zu dem Programm Hitlers, das in *Mein Kampf* zu fassen ist. Die Entwicklung des Rassenantisemitismus soll also – das ist der leitende Gesichtspunkt dieser Auswahl – bis zur Einmündung in die Rassenlehre Hitlers verfolgt werden, in deren Rahmen die Politik der Judenvernichtung formuliert ist.

Wenn ich neben dem Oberbegriff Rassenideologie von Rassentheorie, Rassenlehren oder Rassendoktrin spreche, ist hinreichend klargestellt, daß mit diesen Bezeichnungen kein wissenschaftlicher Anspruch in strengem Sinne verbunden ist. Entsprechendes gilt für den häufig unscharf gebrauchten Begriff Rasse. Er kommt von Anfang an vieldeutig in französischer Schreibweise *(race)* nach Deutschland und kann so etwa Menschenschlag, Gattung, Typus, Stamm und Volkscharakter bedeuten.[1] Von den späteren Rassenideologen wird er selten genau definiert: Es kann damit ein einheitlicher anthropologischer Typus bezeichnet werden. Eine Gruppe wird aber auch dann mit dem Begriff Rasse beschrieben, wenn man nur annimmt oder sich einbildet, sie verfüge über vererbte Eigenarten oder Eigenschaften.[2]

[...] Zu den Voraussetzungen der Entwicklung des Rassengedankens im 18. Jahrhundert gehört der Zerfall des christlichen Weltbildes bzw. das veränderte Menschenbild der Aufklärung.[3] Erst sie ermöglichte Versuche einer im weiteren Sinne naturwissenschaftlichen Ordnung bzw. Klassifizierung der Völker und Menschengattungen. Stellvertretend für andere ist hier der allgemein als Begründer der wissenschaftlichen Anthropologie angesehene Naturforscher Johann Friedrich Blumenbach (1752–1840) zu nennen. Für ihn spielten z. B. Umweltfaktoren wie das Klima eine wichtige Rolle bei der Erklärung von Unterschieden in Gestalt und Hautfarbe der Menschen. Ein konstituierendes Merkmal seines Rassenbegriffs waren die Formen des menschlichen Schädels. In diesen Versuch einer Bestandsaufnahme der Menschenarten flossen in hohem Maße ästhetische Kriterien ein. Der nach den Proportionen griechischer Skulpturen gebildete Idealtypus taucht auch bei Autoren dieser Zeit auf, die sich mit Phrenologie, der Schädelvermessung und -deutung, und Physiognomik, der Gesichtsdeutung, beschäftigen.

Vorbereitet wurde der Rassengedanke – damit komme ich zu einer anderen Entwicklungslinie in der zweiten Hälfte des 18. Jahrhunderts – durch die Wiederbelebung des historischen Bewußtseins. Die Aufmerksamkeit Johann Gottfried Herders (1744–1803) galt dem Ursprung und der unverfälschten Früh-

---

[1] *P. von zur Mühlen*, S. 39.
[2] Ebd. S. 12.
[3] Zum folgenden Überblick vgl. *Mosse*, S. 9 ff., und *von zur Mühlen*, S. 32 ff.

zeit der Völker. Der Begriff des „Volksgeistes", der sich in den Liedern und Sagen eines Volkes offenbarte, führte in die Vorzeit zurück. Auf der Suche nach den Ursprüngen der Sprache als dem „Lebensstrom" eines Volkes stieß man bis zu den Germanen und noch weiter bis zu den Ariern vor. Wir fassen hier die Gedankengänge, die den Germanenkult und Ariermythos zumindest angeregt haben.[4]

Auf diese Entwicklungen im Umfeld von Anthropologie, Sprachwissenschaft und Geschichte im 18. und frühen 19. Jahrhundert konnte die Rassentheorie Gobineaus aufbauen. Sein *Essai sur l'inégalité des races humaines, Der Versuch über die Ungleichheit der Menschenrassen*, erschien in vier Bänden von 1853 bis 1855. Der weitgereiste Diplomat und spätere Schriftsteller Comte Joseph Arthur de Gobineau (1816–1882), dem beste humanistische Bildung zugesprochen wird, wollte „der Geschichte den Eintritt in die Familie der Naturwissenschaften ... erwirken, (und) ihr ... die ganze Genauigkeit dieser Klasse von Kenntnissen ... verleihen"[5]. Entscheidend war für ihn dabei die Gewißheit, „daß die Rassenfrage alle anderen Probleme der Geschichte beherrscht, den Schlüssel dazu birgt, und daß die Ungleichheit der Rassen ... die ganze Kette der Völkergeschicke erklären kann".[6]

Wie andere vor ihm hatte Gobineau drei Grundrassen, die weiße, die gelbe und die schwarze, ermittelt, die in einer Hierarchie von hell nach dunkel angeordnet waren.[7] Die naturgegebene Ungleichheit der Menschenrassen manifestierte sich in dem Herrschaftsanspruch der unbedingt überlegenen Weißen, die auf die Arier zurückgingen. Nach Gobineau hatten die Arier als Eroberervölker mit wenigen Ausnahmen auch alle nichteuropäischen Kulturen begründet. Die Kultivierung unterlegener Völker durch den Arier brachte diesem einen Verlust an Reinheit und Überlegenheit, weil sie sich in einem Vermi-

---

[4] Vgl. *von See*, S. 53 ff.
[5] *Graf Gobineau*, Bd. IV, S. 303.
[6] Ebd., Bd. I, S. XVIII.
[7] Vgl. *Bein*, Bd. I, S. 218 ff., und *von zur Mühlen*, S. 52 ff.

schungsprozeß vollzog. Dieser Vermischungsprozeß leitet den unvermeidbaren Untergang der Arier ein.

Der Zerfall begann um die Zeitwende und sollte im späten 19. oder im frühen 20. Jahrhundert enden. Dann nämlich hatten sich die Germanen, die als „letzter rein erhaltener Zweig" der Arier eine „späte Blüte" dieser Kultur im Mittelalter hervorgebracht hatten, verausgabt. Offen blieb der Zeitpunkt des völligen Aufgehens in einer Mischrasse, die zu keiner höheren Kulturleistung mehr fähig war. In der Unausweichlichkeit dieses Schicksals wird der tiefe Pessimismus als ein wesentliches Merkmal der Geschichtsvision Gobineaus deutlich. Alle Geschichte bedeutete in dieser Sicht Rassenveränderung, in letzter Konsequenz Degeneration.

Die Merkmale seiner drei Grundrassen übertrug Gobineau auf das soziale Schichtungsgefüge seiner Zeit: Der weißen Rasse entsprach die französische Aristokratie, der gelben Rasse die Bourgeoisie, der schwarzen Rasse schließlich die Proletarier. Adel, Bürgertum und Volk unterschieden sich durch stärkere und schwächere Anteile an arischem Blut. In Anknüpfung an ältere restaurative Vorstellungen erschien die Revolution von 1789 in der Sicht des entmachteten Adels als Aufstand gallischer Plebejer gegen den germanischen Adel. Entsprechend stark war die Sympathie Gobineaus für die Entwicklung in Deutschland nach 1848. Der Gedanke, daß dem Adel als der höherwertigen Rasse die Herrschaft von der Natur zugewiesen sei, ließ sich auch auf andere Gesellschaften übertragen und zur beliebigen Rechtfertigung von Herrschaft und Unterdrückung verwenden.

Als wesentliche Merkmale der Rassenlehre Gobineaus lassen sich damit die folgenden Punkte hervorheben: die Überzeugung von der Ungleichheit der Menschenrassen, die Interpretation der sozialen Schichtung als Rassenunterschied und ein tiefsitzender Pessimismus.

Gobineau hat entscheidende Voraussetzungen für eine rassisch wertende Gegenüberstellung der ursprünglich als Sprachgruppen verstandenen „Arier" und „Semiten" geschaffen. Es muß aber hervorgehoben werden, daß er selbst nicht als Antisemit einzuordnen ist. [8] Auch wenn für ihn Semiten und Juden unter den Ariern standen, so charakterisierte er sie doch als „ein Volk, geschickt in allem, was es unternahm, ein freies, ein starkes, ein kluges Volk, das, ehe es tapfer, die Waffen in der Hand, den Ehrennamen einer unabhängigen Nation verlor, der Welt fast ebenso viele weise Männer als Kaufleute geliefert hatte."[9] Von der antisemitischen Bewegung vereinnahmt wurde seine Rassenlehre im Rahmen der deutschen Gobineau-Rezeption gegen Ende des 19. Jahrhunderts, wovon später die Rede sein wird.

Nach oder neben Gobineau ist die Entwicklung der Rassentheorien am Ende des 19. Jahrhunderts am stärksten von der Lehre Darwins beeinflußt worden. Nur sechs Jahre nach Gobineaus *Essai* erschien 1859 sein Werk *On the origin of species by means of natural selection*. In der Fassung des deutschen Titels von 1893 *Die Entstehung der Arten durch natürliche Zuchtwahl oder die Erhaltung der bevorzugten Rassen im Kampfe ums Dasein* sind die Grunderwägungen der Lehre Darwins enthalten. Im Zentrum seiner Biologie steht der Begriff der natürlichen Auslese, der Selektion der Arten, von denen im „Kampf ums Dasein" *(struggle for life)* nur die „Tüchtigsten" überleben *(survival of the fittest)*, das sind diejenigen, die ihrer Umwelt am besten angepaßt sind. Die Selektionstheorie Darwins entsprach damit im Biologischen Auffassungen, die im politischen Bereich in der liberalen Idee vom freien Spiel der Kräfte verbreitet waren.

Es kann kein Zweifel daran bestehen, daß dieser Ansatz für Rassentheoretiker allein schon von der Begrifflichkeit her außerordentlich attraktiv sein mußte. Für die Veränderungen und Vereinfachungen seiner Theorie im Rahmen darwinistischer und vor allem sozialdarwinistischer Richtungen ist Darwin kaum verantwortlich zu machen. Seine Lehre erfuhr bei der Anwendung auf Rassen und Menschen schon bald eine Modifi-

---

[8] Gestützt auf *Bein*, Bd. I, S. 220, hat dies von zur Mühlen besonders gegen E. Nolte und P. G. Pulzer betont (S. 126), vgl. auch *Mosse*, S. 54 f.
[9] *Graf Gobineau*, Bd. I, S. 77.

kation von großer Bedeutung: Hatte Darwin den Einfluß der Umwelt auf die natürliche Auslese sehr hoch veranschlagt, so wurde später die Rolle der Vererbung betont.

Im Gefolge Darwins wichtig geworden ist – ich nenne nur einige Namen, die für bestimmte Richtungen stehen – zunächst sein Vetter Francis Galton (1822–1911).[10] Dieser versuchte, mit quantifizierenden Methoden die für das Überleben notwendigen Eigenschaften zu ermitteln und so die Grundlagen für eine Steuerung der Selektion von Individuen und Gruppen zu schaffen. Ihm selbst ging es nicht zuletzt darum, die britische Rasse zu verbessern. Von daher kann Galton als Begründer der Eugenik, der Erbgesundheitslehre oder Erbhygiene gelten. Die Tätigkeit seines 1904 eingerichteten Laboratoriums für nationale Eugenik und entsprechende Gesellschaften zur Verbreitung des eugenischen Gedankens wurden auch in Deutschland mit großer Aufmerksamkeit verfolgt. Seit 1904 gab es hier das „Archiv für Rassen- und Gesellschaftsbiologie" und eine „Deutsche Gesellschaft für Rassenhygiene".

Alfred Ploetz (1860–1940), der Gründer beider Institutionen, suchte nach Mitteln zur qualitativen Veränderung der erbhygienischen Bedingungen. So forderte er 1895 in seinem Buch *Grundlinien einer Rassenhygiene. Die Tüchtigkeit unserer Rasse und der Schutz der Schwachen* (Untertitel), das Heiratsalter der „Tüchtigen" zu senken, das der sozial Schwachen aber zu heben. Ploetz wird der „humanen" Richtung des Sozialdarwinismus zugerechnet. Für die „inhumane" Variante – diese Klassifizierung stammt von Hedwig Conrad-Martius – mag hier der Name des „Sozialaristokraten" Alfred Tille (1866–1912) stehen, der sich 1895 wie folgt gegen das „Hineinpfuschen in das Naturwalten" wandte: „Du (große Natur) läßt die Tüchtigsten überleben, wir auch die Untüchtigen. Wir haben eigene Anstalten in denen wir Krüppel, Lahme, Blinde, Irre, Schwindsüchtige, Syphilitische aufpäppeln, damit sie sich

---

[10] Für den Problemkreis Darwin-Sozialdarwinismus ist über die bereits genannten Titel hinaus das Werk von H. Conrad-Martius grundlegend.

fortpflanzen und ihre Krankheiten weitervererben können."[11] Von solchen Gedankengängen ist es nicht mehr weit zu Menschenvernichtungsprogrammen, die ebenso Wirklichkeit wurden, wie die „Utopien der Menschenzüchtung", die Sozialdarwinisten entworfen hatten.

Ganz erheblich gefördert wurde die Verbreitung sozialdarwinistischer Theorien in der zweiten Hälfte des 19. Jahrhunderts durch die Fortschritte von Disziplinen, wie der naturwissenschaftlichen Anthropologie. Von daher bot sich den Rassenideologen die Möglichkeit, ihre Theorien durch Rückgriff auf anscheinend gesicherte neuere naturwissenschaftliche Erkenntnisse zu fundieren. Die „Tendenz zur Verwissenschaftlichung der Doktrinen", von der Patrick von zur Mühlen gesprochen hat, ist unverkennbar.[12] In der breiten Strömung im Gefolge Darwins wurden die Rassenideologien und damit auch der Rassenantisemitismus in Deutschland aufgewertet. Wichtig ist aber auch, daß sich durch die Umgestaltung der Theorie Darwins zu einer Vererbungslehre den Rassenideologen die Möglichkeit eröffnete, den pessimistischen Ansatz Gobineaus, die Angst vor der Degeneration der Rasse zu überwinden. Das Stichwort „Menschenzüchtung" ist schon gefallen. In der Folgezeit wurden die Ansätze Gobineaus und Darwins vielfach kombiniert, wobei das Bemühen um rassentheoretische Klarheit nur eine geringe Rolle spielte.

Im Blick auf die angesprochenen „humanen" und „inhumanen" Varianten des Sozialdarwinismus ist darauf hinzuweisen, daß Antisemitismus nicht unbedingt zu den Konsequenzen des Darwinismus gehörte. Die Lehre bot insgesamt breiteste Ausdeutungsmöglichkeiten und hat von daher auch einer Brutalisierung des Rassengedankens Vorschub geleistet. Was den Antisemitismus angeht, so sind ihre Vertreter nicht auf eine einheitliche Linie festzulegen.[13]

Mit dem Überblick über darwinistische Richtungen bin ich

---

[11] *Conrad-Martius*, S. 220.
[12] *von zur Mühlen*, S. 113.
[13] Dazu *Conrad-Martius*, S. 168, und *Mosse*, S. 78 f.

aus sachlichen Gründen schon über den Zeitraum hinausgegangen, in dem in den letzten Jahrzehnten des 19. Jahrhunderts der Rassenantisemitismus einsetzt. Bis dahin argumentierte die im Zusammenhang mit der Judenemanzipation seit dem Ende des 18. Jahrhunderts entstandene antijüdische Publizistik vorwiegend auf religiös-dogmatischer oder wirtschaftlich-sozialer Ebene. Mit diesen Formen der Judenfeindschaft verschmelzen die Rassentheorien zum eigentlichen Rassenantisemitismus. Von ihm kann „erst dann die Rede sein, wenn mit den antijüdischen Ressentiments die Annahme verbunden war, daß die Juden wegen *angeborener* und damit als unveränderlich geltender Eigenschaften eine Fremdgruppe bildeten, die aufgrund ihrer rassenbiologischen Determinanten nicht integriert werden könne und dürfe". [14]

Vorformen rassenantisemitischer Argumentation finden sich freilich auch schon im 18. Jahrhundert im Umkreis „germanomanischer Natur- und Rassenforschung", auf die Eleonore Sterling aufmerksam gemacht hat. [15] So vertrat der Göttinger Polyhistor Christoph Meiners (1747–1810) in seinem *Grundriß der Geschichte der Menschheit* 1786 die Auffassung, zwischen Juden und Tieren stünden als die „Primitivsten" nur Neger und Indianer. [16] Abgesehen von diesen „‚vor- wissenschaftlichen' Rassenideologien" (Bein) läßt man die Reihe rassenantisemitischer Publizistik gewöhnlich mit der 1861 anonym später unter dem Pseudonym D. H. Naudh erschienenen Schrift *Die Juden und der deutsche Staat* beginnen. Neben bekannten Anschuldigungen findet sich hier der Aufruf, „das Judentum nicht allein als Religion und Kirche, sondern auch als den Ausdruck einer Rasseneigentümlichkeit" aufzufassen, da jüdischer Sinn und jüdisches Blut in mehrtausendjähriger Abschließung untrennbar eins geworden seien. [17]

Der neue Argumentationsansatz taucht dann in den siebzi-

---

[14] *von zur Mühlen*, S. 126.
[15] *Sterling*, S. 139 ff.
[16] Nach *Saller*, S. 21.
[17] *Bein*, Bd. I, S. 222.

ger Jahren auf im Titel von Wilhelm Marrs Broschüre *Der Sieg des Judentums über das Germanentum vom nicht confessionellen Standpunkt aus betrachtet.* [18] Marr (1819–1904), ein stellungsloser Journalist, beschwor die Gefahr einer Machtergreifung des „Semitentums" für den Fall, daß das Germanentum nicht endlich Gegenmaßnahmen ergreife. Marr hatte 1879 die atheistische „Antisemitenliga" gegründet. In diesem Zusammenhang hat er als erster den wahrscheinlich schon früher geprägten Begriff „Antisemitismus", der sich nun sehr rasch durchsetzte, in politischem Sinne gebraucht. [19] Er ist als einer der unermüdlichsten Agitatoren der antisemitischen Propagandawelle anzusehen, die seit 1878 losbrach. Da ich mich auf die Nachzeichnung der Entwicklungslinien des Rassenantisemitismus beschränken muß, kann die Vielfalt der Publizistik der siebziger und achtziger Jahre hier nicht durchgemustert werden. Lediglich ihre wichtigsten und erfolgreichsten Vertreter seien noch einmal genannt: Stoecker, Böckel, Glagau, Henrici, Ahlwardt und Förster. [20] Diese Vielfalt spiegelt aber auch die Uneinigkeit der antisemitischen Bewegung, die sich etwa in den Differenzen zwischen dem christlich-sozialen Stoecker und dem entschiedenen Atheisten Marr zeigt. „Als einziges bindendes Element" blieb der Bewegung, um eine Formulierung von Werner Jochmann aufzunehmen, „der Haß gegen die Juden". [21] Dennoch waren z. B. auch von Stoecker und Böckel, deren Antisemitismus primär sozial-politisch geprägt war, rassistische Untertöne zu vernehmen. Ganz sicher ist die rassistische Argumentation ein prägendes Element des modernen Antisemitismus, von dem man gemeinhin spricht.

Eindeutig ins Zentrum rückt der Rassenantisemitismus

---

[18] Bern ⁴1879. Die Datierung dieser Schrift bereitet den Antisemitismusforschern Schwierigkeiten, nach *Massing*, S. 5, und *Pulzer*, S. 48, ist sie 1873 erschienen, *Bein*, Bd. II, S. 166, nennt 1879, *von zur Mühlen*, S. 127, gibt 1893 an. Sicher ist, daß die Broschüre 1879 bereits mehrere Auflagen erlebt hatte.
[19] Zur Begriffsgeschichte vgl. *Bein*, Bd. II, S. 163 ff.
[20] Vgl. *Jochmann*, S. 411 ff.
[21] Ebd., S. 419.

1881 bei dem Berliner Philosophen und Nationalökonomen Eugen Dühring (1833–1921) in dem Werk *Die Judenfrage als Racen-, Sitten- und Culturfrage*.[22] Breiteren Kreisen ist Dühring bekannt durch Friedrich Engels „Anti-Dühring" von 1878, einer Abrechnung mit Dührings Abweichungen von der marxistischen Orthodoxie. Seine Wendung zum Rassismus fällt in die Zeit nach 1877, dem Jahr, in dem der erblindete Privatdozent wegen heftiger Angriffe auf das Universitätswesen von der Berliner Universität relegiert worden war.

Die Radikalität seiner Position ist kaum zu überbieten: Die Judenfrage als Religionsfrage zu betrachten, wäre nach Dühring eine Irreführung. Das Problem des „Racejudentums" kann auch durch die Taufe nicht gelöst, sondern im Gegenteil nur verschlimmert werden: „Die Einstreuung von Racejudentum in die Fugen und Spalten unserer nationalen Behausungen" schien ihm „unverträglich mit unseren besten Trieben" zu sein.[23] Dühring sah das Christentum stark jüdisch bestimmt. Derjenige, der an der christlichen Überlieferung festhielt, war nicht imstande, sich entschieden genug gegen das Judentum zu wenden.[24] Seinen Atheismus begründete er in dem Buch *Der Ersatz der Religion durch Vollkommeneres und die Ausscheidung alles Judäertums durch den modernen Völkergeist* (1883).

Das Judentum ließ sich nach Dühring lediglich von einer „naturwissenschaftlichen Betrachtungsart" her erfassen.[25] Erst von daher enthüllte sich auch die jüdische Religion als Ausdruck eines schlechten Rassencharakters. Die Kritik Dührings zielte dabei auf den Monopolanspruch des unduldsamen Judengottes. Bei dem Gang durch die Geschichte der Juden hatte Dühring eine Vielzahl von Themen antisemitischer Agitation angeschlagen: so prangerte er die „eingefleischte Selbstsucht" dieses Stammes an, sprach vom unschöpferischen Ju-

---

[22] Karlsruhe – Leipzig 1881.
[23] *Dühring*, S. 4.
[24] Vgl. *Pulzer*, S. 53.
[25] *Dühring*, S. 30.

den, der sich als „Parasit" am wohlsten fühle und überhaupt zu den „niedrigsten und mißlungensten Erzeugnisse(n) der Natur" zählte.[26] Wichtig ist der Hinweis auf den internationalen Charakter der Judenfrage bzw. -feindschaft, wobei Deutschland gegenwärtig als Brennpunkt anzusehen sei. Aus der negativen Bewertung dieser Rasse ergab sich für Dühring, daß gegenüber den Juden das Toleranzangebot etwa aus religiösen Gründen nicht gelten konnte: Die Judenreligion ist eine Racenreligion, wie die Judenmoral eine Racenmoral."[27] In dieser Beschreibung des Judentums waren die in Frage kommenden Lösungsmöglichkeiten schon angedeutet, die Dühring dann vor allem in den Kapiteln 5 und 6 („Weg zur Lösung" und „Nächste Mittel und letzte Ziele") diskutierte: Die Vertreibung erschien ihm „als vorläufig von der übersehbaren Wirklichkeit und Praxis noch zu entlegen". Der Schaffung eines Judenstaates stand einmal der nomadenhafte, kaum zur Staatsgründung fähige Charakter des Juden entgegen, es drohte aber auch die Gefahr, daß ein „neu mit Juden besiedeltes Palästina, am Ende gar noch zum Kopf" werde, Ausscheiden als im Augenblick noch zu radikal mußte auch die Deportation, die ihm vorerst nur gegen Gruppen „bei kollektivem Landesverrat" anwendbar schien. Übrig blieben für Dühring am Beginn der achtziger Jahre des 19. Jahrhunderts nur Übergangslösungen: Den Einfluß der Juden auf das öffentliche Leben, auf die Erziehung und Presse mußte beseitigt, ihr Vermögen staatlich kontrolliert werden, Ehen mit Juden waren zu ächten.[28] Das Endziel oder die „Endlösung" behielt Dühring im Auge: „Wo die Race einmal gründlich erkannt ist", mit dieser Passage schließt das Werk, „da steckt man sich von vornherein ein weiteres Ziel, zu welchem der Weg nicht ohne die kraftvollsten Mittel zu bahnen ist. Die Juden sind, das wird für den Kenner dieser Race immer der Schluß sein, ein inneres Carthago, dessen Macht die modernen Völker brechen müssen, um nicht selbst von ihm eine Zerstö-

---

[26] Ebd., S. 109; vgl. *Bein*, Bd. I, S. 224.
[27] *Dühring*, S. 99.
[28] Ebd., S. 110f.

rung ihrer sittlichen und materiellen Grundlagen zu erleiden." [29]

Wenn Dührings Werk von 1881 „als die Grundschrift des modernen auf dem Prinzip der Rasse basierenden Antisemitismus" bezeichnet wird, [30] so ist darauf hinzuweisen, daß seine Einordnung in die Rassentheorie nicht leicht ist: Zwar wird die Judenfrage durchgängig als Rassenfrage behandelt. Was aber fehlt, ist ein rassenideologischer Bezugsrahmen, die übliche Hierarchie: Neben den Juden als der Inkarnation des Bösen wird nicht das positive Gegenbild des Ariers gestellt. [31] In dieser Konzentration auf das Judentum wird offenbar eine persönliche Prägung des Dühringschen Ansatzes sichtbar. Es wird berichtet, daß gerade seine Einseitigkeit und sein Unabhängigkeitsdrang, die sich bis zum Verfolgungswahn steigerten, seine damals relativ kleine Anhängerschar und andere Zeitgenossen beeindruckt hat. [32]

Der blanke Haß, der uns aus dem Werk Dührings entgegenschlägt, fiel nicht nur in Teilen der Studentenbewegung auf fruchtbaren Boden, sondern fand wirkungsvollste Umsetzung in der antisemitischen Propaganda der Folgezeit. Einer ihrer Hauptträger soll hier erwähnt werden, weil seine publizistische und politische Tätigkeit, er brachte es bis zum nationalsozialistischen Reichstagsabgeordneten, sich bis in die zwanziger Jahre unseres Jahrhunderts erstreckte. Es handelt sich hier – so der NS-Sprachgebrauch – um den „Altmeister" des Antisemitismus, Theodor Fritsch (1853–1933). Der Leipziger Ingenieur, ein Schüler Marrs, war der Verfasser des 1887 erstmals erschienenen *Antisemiten-Katechismus*, der später als *Handbuch der*

---

[29] Ebd., S. 158. Weitere zentrale Belege in prägnanter Zusammenfassung bei *Bein*, Bd. I, S. 223 ff. In der sechsten, vermehrten und zugleich letzten Auflage dieser Schrift, die E. Dühring 1920 kurz vor seinem Tod fertiggestellt hatte, die aber erst 1930 herausgebracht wurde, qualifizierte er die 1881 erwogenen Lösungsmöglichkeiten als „Neben- und Halbmittel" (ebd., S. 114).
[30] *Bein*, Bd. I, S. 226.
[31] *von zur Mühlen*, S. 129.
[32] *Bein*, Bd. II, S. 195 f.

Judenfrage fortgeführt wurde und 1932 schon in der 31. Auflage erschien![33] Die Gründung seiner „Antisemitischen Correspondenz" im Jahre 1885 erfolgte in der Absicht, den damals spürbaren Rückgang der Bewegung aufzuhalten. In der politischen Praxis konnte diese Richtung – das gilt für Dühring und Fritsch gleichermaßen – die Isolierung nicht durchbrechen. Ihre eigentliche Wirkung entfaltete diese Publizistik erst nach dem verlorenen Weltkrieg.

Wesentlichen Anteil an der Verbreitung des Rassenantisemitismus in Deutschland hatte neben Dühring auch die um die Jahrhundertwende einsetzende Gobineau-Rezeption. Gefördert wurde sie in besonderer Weise von Richard Wagner, der auch persönlich engen Kontakt zu Gobineau hielt. Wagner, dessen judenfeindliche Haltung bekannt ist, hatte den Bibliothekar und Privatgelehrten Ludwig Schemann (1852–1938) auf Gobineau verwiesen: Schemann gründete 1894 die bald unter alldeutschem Einfluß stehende Gobineau-Gesellschaft und widmete sich ganz der Verbreitung von Gobineaus Schrifttum in Deutschland. Ergebnis dieser Bemühungen war neben der Übersetzung des *Essai* vor allem die Popularisierung der Gedanken Gobineaus. Seine negative Bewertung der gelben und der schwarzen Rasse wurde nun auf die Juden übertragen. Der *Essai* konnte danach in den „Bayreuther Blättern" eine „mächtige und wissenschaftliche Waffe in den Händen der Antisemiten" genannt werden.[34] Auf dem Hintergrund eines verklärten Arierbildes gewann die Gestalt des Juden in übertragenem Sinne immer schwärzere Züge. Schemann hat im Rahmen seiner Gobineaudarstellung auch versucht, die pessimistische Grundhaltung dieses Geschichtsbildes durch den optimistischen Zusatz zu überwinden, daß der Rassenverfall durch Züchtung aufgehalten werden könne und müsse.[35] In dem Bayreuther Kreis als einem Zentrum des Rassenmystizismus ist auch ein in der rassen-antisemitischen Literatur außerordent-

[33] Vgl. *Phelps*, Th. Fritsch, S. 442 ff.
[34] Vgl. *Mosse*, S. 56.
[35] Vgl. *von zur Mühlen*, S. 67.

lich wichtiges Werk entstanden, das hier berücksichtigt werden muß. Es stammt von dem Schwiegersohn Wagners, dem englischen Wahldeutschen, wie er häufig genannt wird, Houston Stewart Chamberlain (1855–1927).

Seine *Grundlagen des 19. Jahrhunderts*, die 1899 herauskamen, hat man als eine „Art Bestandsaufnahme des Jahrhunderts" bezeichnet.[36] Chamberlain lieferte darin den umfassenden Entwurf eines Geschichtsbildes, in dem die abendländische Geschichte seit den Griechen als Rassenkampf abläuft. Das entscheidende Kriterium für die Bestimmung der Rasse war – so enthob sich Chamberlain theoretischer Schwierigkeiten – das „Rassenbewußtsein": „Unmittelbar überzeugend wie nichts anderes ist der Besitz von ‚Rasse' im *eigenen* Bewußtsein. Wer einer ausgesprochenen, reinen Rasse angehört, empfindet es täglich … Rasse hebt eben einen Menschen über sich selbst hinaus, sie verleiht ihm außerordentliche, fast möchte ich sagen, übernatürliche Fähigkeiten, so sehr zeichnen sie ihn vor dem aus einem chaotischen Mischmasch von allerhand Völkern hervorgegangenen Individuum aus."[37] Damit verließ Chamberlain das naturwissenschaftliche Fundament, auf das er sich als promovierter Biologe gern berief. Der Weg war frei für einen nahezu schrankenlosen Rassenmystizismus, der gleichsam religiöse Züge gewann.

Für Chamberlain traten die Germanen „das Erbe der Alten Welt" an und hatten im „Völkerchaos" der untergehenden Antike mit der Kirche erbitterte Kämpfe um die Freiheit der „Rassenseele" zu bestehen. Der entscheidende Kampf aber tobte zwischen arischen Germanen und Juden, wobei sich in letzteren alles Minderwertige und Schädliche konzentrierte. Wie andere Rassenideologen bewunderte Chamberlain die Juden wegen der mustergültigen Beachtung der Rassenprinzipien. Auf der anderen Seite warnte er entschieden vor dem jüdischen Weltherrschaftsstreben, aus dem sich die Gefahr einer „Infizierung der Indoeuropäer mit jüdischem Blute" erge-

---

[36] *von See*, S. 59.
[37] *Chamberlain*, Bd. I, S. 271 f.

be.[38] Der Rassenkampf zwischen Germanen und Juden gehe, damit endet der erste Band, „auf Leben und Tod"[39] Der endliche Sieg der Rassenseele werde mit der Kraft einer neu entstandenen Kultur errungen, die, von den Vorbildern Shakespeares und Beethovens geprägt, dann die Degeneration der Gegenwart überwinden könne. Der Rassenkampf und in gewissem Sinne die Lösung der Rassenfrage wurde in deutlichem Unterschied zu den Konzepten der Rassenbiologen auf das Feld der Kultur verlagert: Die „Weltanschauung und Religion" und „Kunst" benannten Schlußkapitel seines Werkes sind gegenüber den Bereichen Politik und Wirtschaft deutlich breiter ausgeführt. Gerade der Versuch, den Rassengedanken von diesen Bereichen her zu begründen, dürfte das Werk in den Kreisen annehmbar gemacht haben, die noch radikaleren Ausformungen des Antisemitismus, wie sie etwa Dühring vertrat, reserviert gegenüberstanden.[40]

Der Rassenmystizismus, den Chamberlain predigte, war auch ein Beitrag zu dem im Kreis um Wagner unternommenen Versuch, eine „positive germanische Weltanschauung" zu entwickeln. Nach Peter Pulzer ist das „Streben nach einer germanischen Religionssynthese" und das „Schwanken zwischen Heidentum und gereinigtem Christentum" Kennzeichen vieler rassenideologischer Ansätze von Gobineau bis Wagner.[41] Für Chamberlain selbst war es sehr wichtig, den arischen Ursprung des Christentums nachzuweisen. Wenn die Religion ein Ausdruck der Rasse war, besaß das Problem des Verhältnisses zum Christentum für die Rassenantisemiten zentrale Bedeutung. Auch in dieser Hinsicht hatte der Atheist Dühring die radikalste Position vertreten.

Daß den Zeitgenossen die Identifikation mit dem von Chamberlain propagierten germanischen Kulturbewußtsein leicht fiel, dafür steht zumindest das Zeugnis Kaiser Wilhelms II., auf

---

[38] Ebd., S. 324.
[39] Ebd., S. 531.
[40] Vgl. *Bein*, Bd. I, S. 228.
[41] *Pulzer*, S. 52.

dessen Anordnung Chamberlains *Grundlagen* zur Pflichtlektüre in der Seminarausbildung der Oberschullehrer erklärt wurden. [42] Der Erfolg und die Breitenwirkung dieses Werkes ist an den Auflageziffern abzulesen: Bis 1938 hatten die *Grundlagen* 24 Auflagen in Deutschland erlebt! [43]

Versucht man eine Bilanz der Entwicklung des modernen Antisemitismus unter dem Einfluß der Rassentheorien des 19. Jahrhunderts zu ziehen, so kann man zunächst hervorheben, daß der ursprünglich aus religiösen und wirtschaftlich-sozialen Motiven gespeiste Antisemitismus eine neue theoretische Grundlage erhalten hatte. Ein breites Fundament für die wertende Klassifizierung der Rassen hatte Gobineau gelegt. Darwinistische Lehren eröffneten die Möglichkeit einer bewußten Rassenpolitik. Von diesen Voraussetzungen her wurden die traditionellen Vorurteile gegen die Juden „naturgesetzlich" verankert. Eine „Besserung" des Juden durch die Taufe war nicht mehr möglich. In Konsequenz der Position Dührings waren Vernichtung oder Internierung als zwei Möglichkeiten der Lösung der Judenfrage angedeutet. Auch dem Rassenmystizismus Chamberlains war der Aufruf zum Kampf auf Leben und Tod gegen das Judentum immanent. Am Ende des 19. Jahrhunderts war somit die „Endlösung" der Judenfrage bereits vorformuliert worden.

Die weitere Entwicklung der antisemitischen Publizistik nach 1900, die mit beträchtlicher Breitenwirkung von den verschiedensten Gruppierungen vertrieben wurde, muß in den Einzelheiten hier übergangen werden. [44] In der Tendenz dürfte sie der Entwicklungskurve der rassenkundlichen Literatur entsprechen, die von zur Mühlen nachgezeichnet hat. [45] Mit allem Vorbehalt ergibt sich dabei folgendes Bild: Bis zur Jahrhundert-

---

[42] *Cecil*, S. 330 f.

[43] Nach *von zur Mühlen*, S. 230.

[44] Zu den zahlreichen antisemitischen Gruppen vgl. generell *Pulzer* und *Jochmann* (in diesem Band S. 177–218). Symptomatisch für die Entwicklung in Deutschland ist etwa, daß 1902 von dem Sozialdarwinisten Ludwig Woltmann die „Politisch-Anthropologische Revue" gegründet wurde.

[45] Vgl. *von zur Mühlen*, S. 231 ff.

wende entwickelte sich die einschlägige Buch- und Zeitschriftenproduktion ungefähr in dem gleichen Rahmen wie in England und Frankreich, d. h., es erschienen bis zu fünf Titel jährlich. Nach 1900 ist in Deutschland eine rasche Steigerung, in den frühen zwanziger Jahren ein weiteres sprunghaftes Anwachsen bis hin zu Rekordzahlen nach 1933 festzustellen. In England und Frankreich blieb es dagegen bei der gekennzeichneten Entwicklung: von 1900 bis 1945 ergaben sich nur geringfügige Schwankungen nach oben und unten.[46] In der politischen Praxis in Deutschland wurden diese Lehren erst nach dem Ersten Weltkrieg aktualisiert. Bei meinen weiteren Darlegungen beschränke ich mich daher auf das rassenideologische Programm Hitlers. Es geht dabei auch um die Frage, unter welchen Voraussetzungen dieser folgenreichste Beitrag zur antisemitischen Publizistik konzipiert wurde, der in *Mein Kampf* seine endgültige Form fand.

Fragt man nach der Herkunft des rassischen Antisemitismus bei Hitler, werden wir von ihm selbst auf seine „Lehrzeit" in Wien (1907–1913) verwiesen, in der er, wie es in *Mein Kampf* heißt, „vom schwächlichen Weltbürger zum fanatischen Antisemiten" geworden sei.[47] Gegenüber der Stilisierung seines weltanschaulichen Reifeprozesses sind erhebliche Vorbehalte angebracht, dennoch braucht man nicht daran zu zweifeln, daß er damals starken antisemitischen Einflüssen ausgesetzt war.[48] Dazu gehören die Bewegungen des christlich-sozialen Bürgermeisters Karl Lueger (1844–1910) und des Alldeutschen Georg Ritter von Schönerer (1842–1921) – nicht weniger aber auch die

---

[46] Im Blick auf den Rassenantisemitismus in Frankreich, der hier nicht einbezogen werden kann, müssen zumindest zwei Namen Erwähnung finden: Einmal ist das der von Edouard Drumont (1844–1919), Verfasser des Werks *La France Juive* (Paris 1885/86); hier sei er auf dem Umweg über E. Dühring charakterisiert, den *Mosse*, S. 150, als den „Drumont Deutschlands" bezeichnet. Für die Entwicklung in Frankreich und Deutschland ist schließlich Georges Vacher de Lapouge (1854–1936) mit dem Buch *L'Aryen, son rôle social* (Paris 1899) zu nennen, der als Rassentheoretiker beinahe die Bedeutung Gobineaus erlangt. Vgl. *Mosse*, S. 57 ff.
[47] *Hitler*, Mein Kampf, S. 69.
[48] Vgl. *Jäckel*, S. 121 ff.

Atmosphäre der Großstadt Wien, in der die erhebliche jüdische Einwanderung aus Galizien ein für Hitler augenfälliges Judenproblem hatte entstehen lassen. Durch den ehemaligen Zisterzienser Adolf Lanz von Liebenfels und seine „Ostara"-Hefte lernte Hitler schließlich eine wirre religiöse Rassenlehre kennen, in der ein Rassenkampf zwischen dem blond-blauen „Ario-Heroikern" mit den dunklen Tiermenschen, den „Sodoms-Äfflingen", geschildert wurde.[49] Von den Einflüssen der Wiener Zeit und auch vom Kriegserlebnis her kann man die antisemitische Vorstellungswelt Hitlers nur z. T. erklären. Was die Formulierung eines konkreten Programms angeht, so fallen sicher Belege dafür erst in die Zeit nach dem Ersten Weltkrieg.

Hitler fand nach dem Kriegsende in München eine politische Situation vor, die die Sammlung antisemitischer Kräfte begünstigte: Das stark jüdisch geprägte Erscheinungsbild der Münchener Revolution und Räterepublik lieferte eine Vorlage für die über Deutschland hinaus verbreitete These von einer jüdisch-bolschewistischen Revolution bzw. Weltverschwörung. Von der Propaganda wurden dabei ein Prototyp des Revolutionärs wie der brutale ungarische Kommunistenführer Belá Kûn und der Pazifist Kurt Eisner in einen Topf geworfen.[50]

Hitler bekam bald Gelegenheit, sich mit der Judenfrage zu beschäftigen: Nach der Zerschlagung der Räterepublik war er in einem Aufklärungskommando zur „Renationalisierung der Truppe" eingesetzt. In dieser Funktion wurde er mit der Beantwortung einer Anfrage über das Verhältnis der „Regierungssozialdemokratie gegenüber dem Judentum" betraut. Daraus entstand das sogenannte „erste Schriftstück der politischen Laufbahn", ein Brief zur Judenfrage vom 16. September 1919, der erste dokumentarische Nachweis seines Antisemitismus.[51] Hitler charakterisierte die jüdische Rasse und ihre Rolle in der Geschichte: Das Wirken der Juden wurde „in seinen Fol-

[49] Dazu *Daim*, S. 88 ff.
[50] Vgl. *Breitling*, S. 31 und *Mosse*, S. 163.
[51] *Deuerlein*, S. 185 und S. 202.

gen zur Rassentuberkulose der Völker ... Der Antisemitismus aus rein gefühlsmäßigen Gründen", so folgerte er weiter, „wird seinen letzten Ausdruck finden in der Form von Pogromen. Der Antisemitismus der Vernunft jedoch muß führen zur planmäßigen gesetzlichen Bekämpfung und Beseitigung der Vorrechte des Juden ... Sein letztes Ziel aber muß unverrückbar die Entfernung der Juden überhaupt sein."[52] Damit stehen bereits zwei „Kernbegriffe des Hitlerschen Antisemitismus" (E. Jäckel) fest: „Vernunft statt Gefühls- oder Pogromantisemitismus" und „Entfernung der Juden".

Ausführlicher hat sich Hitler am Beginn seiner Laufbahn, am 13. August 1920, mit dem Thema „Warum sind wir Antisemiten?" befaßt. Es handelt sich dabei um die sogenannte „grundlegende" Rede über den Antisemitismus, eine von zwei seiner frühen Reden, die vollständig erhalten sind.[53] Hitler ging darin zunächst vom Begriff der Arbeit aus, der aus dem sittlichen Pflichtgefühl der nordischen Arier erwachsen sei. Die Juden dagegen betrachteten Arbeit als „Strafe" für den Sündenfall. Aus dem unterschiedlichen Verhältnis zur Arbeit ergab sich für den Arier die Disposition zu „Rassenreinzucht" und „staatenbildender Kraft", die den Juden abging. Entsprechend angelegt ist die Fähigkeit zur Kulturschöpfung und -zerstörung. Im mehrfachem Wechsel zwischen historischer Perspektive und aktuellem Bezug begegnet der Jude als Parasit und Nomade, die „Komödie des Zionistenstaates", eine Reihe von Vorwürfen von Egoismus, Mammonismus, Materialismus – bis zum Mädchenhandel.[54] Gebrandmarkt wird die Zinsknechtschaft und die Verschwörung des „internationalen Juden", der es darauf angelegt habe, die Rassen zu entnationalisieren. Als Ziel der Bekämpfung des Judentums wird auch hier wiederum – wie das Protokoll vermerkt: unter stürmischem, lang anhaltendem Beifall und Händeklatschen – „die Entfernung der Juden aus unserem

---

[52] Ebd., S. 204.
[53] Vgl. *Jäckel*, S. 59, Abdruck und Kommentierung bei *Phelps*, Hitlers „grundlegende" Rede, S. 390 ff.
[54] Vgl. ebd., S. 394.

Volke" gefordert.[55] Was darunter zu verstehen war, blieb noch offen. Ähnliche Passagen in anderen Reden legen nahe, daß Hitler in dieser frühen Phase „Entfernung" zumindest in der Bedeutung von „Auswanderung" oder „Ausweisung" gebrauchte.[56] Die antisemitische Argumentation Hitlers hatte schon klare Konturen gewonnen; die hier angeschlagenen Themen wurden in den Reden immer wieder variiert. Erkennbar sind dabei Einflüsse Gobineaus, Dührings, Chamberlains, Fritschs und anderer, wobei man aber lediglich Parallelen und keine sicheren Quellen erschließen kann. Natürlich haben auch die Erfahrungen der Wiener Jahre ihren Ausdruck gefunden.

Seine entscheidende Prägung dürfte der Antisemitismus Hitlers erst in der Münchener Zeit durch die Begegnung mit Männern wie Gottfried Feder (1883–1941), Dietrich Eckart (1868–1923) und Alfred Rosenberg (1893–1946) erfahren haben. Die Verbindungslinien sind mit wenigen Worten anzudeuten. Da ist zum einen die antikapitalistische Parole „Brechung der Zinsknechtschaft", die von Gottfried Feder als Ansatz zur Lösung der Judenfrage ins Parteiprogramm gebracht worden war. In ihrer Anwendung auf das jüdische Bank- und Börsenwesen wurde ein altes antijüdisches Argument aufgegriffen. Von dem Stückeschreiber und unermüdlichen Propagandisten Dietrich Eckart stammt die Broschüre *Der Bolschewismus von Moses bis Lenin. Zwiegespräch zwischen Adolf Hitler und mir* (1924), in deren Titel die These der jüdisch-bolschewistischen Weltverschwörung gewissermaßen universalhistorische Deutung findet.[57] Auch Alfred Rosenberg, der spätere „Beauftragte des

---

[55] Ebd., S. 417. Eben diese Forderung war in Ankündigung der Grundsatzrede Hitlers auch auf Plakaten verbreitet worden: „Wir bekämpfen sein Wirken als Rassentuberkulose der Völker, und sind überzeugt, daß Genesung nur eintritt nach Entfernung des Erregers." Vgl. die Abbildung bei *Nolte*, Faschismus, Texte, Bilder, Dokumente, S. 72.

[56] Vgl. *Jäckel*, S. 56 ff.

[57] Auch wenn diese „frühe Quelle zu Hitlers Antisemitismus" (E. Nolte) keine authentische Äußerung Hitlers enthalten sollte, bleibt die Schrift doch ein beweiskräftiger Beleg für die antisemitischen Strömungen nach dem Ersten Weltkrieg. Vgl. dazu *Jäckel* (Hrsg.), Hitler, Sämtliche Aufzeichnungen, S. 37.

Führers für die Überwachung der gesamten geistigen und weltanschaulichen Schulung und Erziehung der NSDAP", hatte die *Spur des Juden im Wandel der Zeiten*, so der Titel einer seiner frühen Schriften aus dem Jahre 1920, verfolgt und das Sowjetregime als Judenherrschaft entlarvt.[58] R. Breitling hat zu Recht darauf hingewiesen, daß vieles von dem, was Hitler als eigenes Studium ausgab, von Rosenberg vermittelt wurde.[59]

Der Vermittlung Eckarts und Rosenbergs verdankt Hitler die Kenntnis der sogenannten „Protokolle der Weisen von Zion", einem Produkt antisemitischer Publizistik mit außerordentlicher Sprengkraft, das auch in *Mein Kampf* verarbeitet ist. Es besteht also doppelter Anlaß, etwas auführlicher darauf einzugehen.

Man nimmt heute an, daß die „Protokolle" zwischen 1894 und 1899 unter Mithilfe der russischen Geheimpolizei im Zusammenhang mit der Dreyfuss-Affäre in Frankreich gefälscht wurden.[60] Nach vorgeschobener Auffassung der antisemitischen Verbreiter und Herausgeber sind sie 1897 auf dem ersten Zionistenkongreß in Basel oder in einer parallelen geheimen Sitzung jüdischer Weiser verfaßt worden.[61] Die Frage nach der Entstehung und Echtheit, Widersprüchen usw. braucht uns hier nicht im einzelnen zu interessieren. Denn die natürlich sofort aufgeworfene Echtheitsfrage war, wie der schon erwähnte Theodor Fritsch bezeichnenderweise schrieb, nicht entscheidend: „Maßgebend ist nur der intelligible Inhalt der Protokolle; der aber ist jüdisch!"[62] Diese Argumentation deckt sich, wie noch gezeigt wird, beinahe wörtlich mit der Hitlers. Nach Deutschland, wo sie große Verbreitung fanden, gelangten die Protokolle 1919. Rosenberg selbst hat 1923 Auszüge veröffentlicht.[63]

---

[58] Vgl. *Baumgärtner*, S. 42 ff.
[59] Vgl. *Breitling*, S. 32 f.
[60] Grundlegend hierzu ist das Werk von *Cohn*.
[61] Vgl. *Bein*, Bd. I, S. 329 f.
[62] Ebd., Bd. I, S. 331.
[63] In der *Deutschen Arbeiter Partei* Drexlers kursierten die Protokolle wohl schon seit Februar 1920. Vgl. *Horn*, S. 31 Anm. 5.

Die Protokolle wollen den Inhalt einer sich über vierund-
zwanzig Sitzungen erstreckenden Rede eines ungenannten jüdischen Führers wiedergeben, die hier kurz zu charakterisieren
ist.[64] Allgemein geht es um die Ziele jüdischer Weltherrschaft
in Vergangenheit und Gegenwart. In der ersten Sitzung werden
mehr oder weniger machiavellistische Grundsätze über die
Lenkung von Staaten erörtert, die der Devise folgen „Der
Zweck heiligt die Mittel". Die Losung der jüdischen Freimau-
rerloge, die als bedrohliches Element neben den Juden eingeführt wird, lautet „Macht und Hinterlist". Deshalb gibt es keinen Grund, „vor Bestechung, Betrug und Verrat" zurückzu-
schrecken, sobald sie jüdischen Plänen nützen.[65] Beispiel dafür
ist die Verbreitung der Gedanken des Liberalismus und des Sozialismus, die nur dem Zweck diente, bei den nichtjüdischen
Völkern den Adel als das Abwehrorgan gegen die Juden zu vernichten: „Auf den Trümmern des alten Bluts- und Geschlechts-
adels haben wir den Adel unserer Gebildeten, und an seine
Spitze unseren Geldadel gesetzt."[66] Grundlage der jüdischen
Vorherrschaft sollten, so hieß es in der zweiten Sitzung, Wirt-
schaftskriege sein, denn in dieser Lage würden beide kriegfüh-
rende Parteien den über den ganzen Weltball verteilten Verbindungen des Judentums ausgeliefert sein. In diesem umfassenden Verschwörungssystem fand alles seinen Platz, so die
Presse, die die Aufgabe hatte, die Widerstandskraft selbständigen Denkens zu lähmen. Ähnliche zersetzende Funktion hatte
die Volksvertretung, der ganze Staatsapparat und die Arbeiterbewegung. Widerstände gegen das jüdische Weltherrschaftsstreben waren mit allen Mitteln zu brechen, nicht nur mit
Geld, sondern durch jede Ausnutzung von Gegensätzen und

---

[64] Der Name des Herausgebers der von mir benutzten Fassung der Protokolle, Gottfried zur Beek, ist ein Pseudonym für den Hauptmann a. D.
Ludwig Müller von Hansen (vgl. *Bein*, Bd. I, S. 328). Das Copyright für die
im „Vorposten Verlag" erschienene Ausgabe lag beim „Verband gegen die
Überhebung des Judentums e. V.". Zu den Trägern antisemitischer Publizistik vgl. *Cohn*, S. 178 ff.
[65] *Zur Beek*, (Hrsg.), S. 71 f.
[66] Ebd., S. 74.

Krisen. „Sobald ein nichtjüdischer Staat es wagt, uns Widerstand zu leisten, müssen wir in der Lage sein, seine Nachbaren
zum Kriege gegen ihn zu veranlassen. Wollen aber auch die
Nachbaren gemeinsame Sache mit ihm machen und gegen uns
vorgehen, so müssen wir den Weltkrieg entfesseln."[67] Am
Ende des Kampfes könnte dann ein König aus dem Hause David die Weltherrschaft übernehmen. Soweit in kurzen Zügen
der Inhalt.

Zweifel an der Echtheit der Protokolle wurden von Rosenberg, Hitler und Fritsch zumindest indirekt eingestanden. Unübersehbar ist aber dennoch die Faszination, die dieses Dokument auf die Antisemiten ausübte. Sie läßt sich z. T. daraus
erklären, daß hier das Judentum, so der Herausgeber der ersten
deutschen Ausgabe, angeblich „entschleiert" wurde, und zwar
entschleiert durch Bekenntnisse der Juden.[68] Die Protokolle
stellen den Höhepunkt und die Synthese älterer Verschwörungstheorien dar, die sich z. T. an dem Bild des ewig wandern-
den Juden orientierten. Dieser Verschwörungsmythos paßte,
wie G. L. Mosse formuliert hat, „in die Ungewißheiten und
Ängste des 19. Jahrhunderts und baute eine Brücke über die
Kluft zwischen den alten, antisemitischen Legenden und dem
modernen Juden in einer Welt dramatischer Veränderungen."[69]

Die ganz unmittelbare Wirkung der Protokolle auf einen in
diesem Sinne aufnahmebereiten Zeitgenossen lassen die hand-
schriftlichen Randnotizen eines unbekannten Lesers in dem
mir zugänglichen Exemplar der Protokolle erkennen: Dort wo
die Rede auf „grenzenlose Gewaltherrschaft" der Juden oder
auf „Schreckensmänner, die ihre Herrschaft auf Terror gründeten", kommt, erscheint dick unterstrichen „Sowjetrußland":
Die Assoziation „Hitler" stellt sich beim Thema „Bedeutung
der Persönlichkeit" ein und neben dem Abschnitt „Beratung
der nichtjüdischen Herrscher und Günstlinge durch die Ver-
trauensmänner der Freimaurerlogen" findet sich die Eintra-

---

[67] Ebd., S. 89.
[68] Vgl. *Bein*, Bd. I, S. 331 f.
[69] *Mosse*, S. 111.

gung: „Schacht, Luther, Stresemann".[70] Es sind dies ganz gewiß nur Assoziationen, aber sie sind doch sehr aufschlußreich dafür, wie leicht sich für einen bestimmten Leserkreis die Tagespolitik der zwanziger Jahre von den Protokollen her aufschlüsseln ließ. Auflösen konnte man mit dem Erklärungsmuster dieser Schrift solche Gegensätze wie Marxismus und Hochfinanz, die nun als Bundesgenossen der jüdischen Weltverschwörung firmierten. Es liegt auf dieser Linie, daß die Protokolle in einer französischen Wochenzeitung 1920 unter der Überschrift „Die Ursprünge des Bolschewismus" besprochen wurden.[71]

Ihre Wirkung auf Hitler kann kaum überschätzt werden. Das belegt die Auswertung seiner Reden und natürlich *Mein Kampf*. Dort vertrat er die Auffassung, daß diese Enthüllungen „mit geradezu grauenerregender Sicherheit das Wesen und die Tätigkeit des Judenvolkes aufdecken und in ihren inneren Zusammenhängen sowie den letzten Schlußzielen darlegen".[72] Gerade im Hinblick auf ihre propagandistische Verwertung ist Hitler 1936 zu Recht als „Schüler der Weisen von Zion" bezeichnet worden.[73]

Aufnahmebereit für die „Protokolle" aber erwies sich nicht nur der mehr oder minder sektiererische Kreis um Hitler, sondern auch ein breites, überwiegend bürgerliches, mittelständisches Publikum. Als besonders eifrige Leser werden Offiziere genannt. Allem Anschein nach war auch Exkaiser Wilhelm II. ebenso wie Ludendorff davon überzeugt, der Sturz des Kaiserreichs sei ein Werk der jüdischen Weltverschwörung.[74] Es gibt auch Hinweise darauf, daß Exemplare an den Hochschulen zirkulierten. Die Folgen solcher Lektüre blieben nicht aus: In der Verhandlung gegen die Mörder Walter Rathenaus bekannte einer der Täter u. a., daß man das Opfer als einen der „300 Wei-

---

[70] Vgl. die Bezugsstellen bei *zur Beek* (Hrsg.), S. 83, 86, 89 u. 134.

[71] *Cohn*, S. 212.

[72] *Hitler*, Mein Kampf, S. 337.

[73] Vgl. *Alexander Stein*, Adolf Hitler ‚Schüler der Weisen von Zion', Karlsbad 1936.

[74] Vgl. *Cohn*, S. 172 (vgl. dazu in diesem Band Röhl, S. 252–285).

sen von Zion" identifiziert habe.[75] Das Werk war zweifelsfrei schon Anfang der zwanziger Jahre in Hunderttausenden von Exemplaren verbreitet. Allein die erste deutsche Ausgabe erreichte bis 1933 insgesamt 33 Auflagen.

Nach den „Protokollen" möchte ich noch ein weiteres Beispiel antisemitischer Publizistik vorstellen, das Hitler ganz offenbar in seiner Münchener Zeit verarbeitet hat: Zu den wichtigsten Anklagen gegen das Judentum, die im Rahmen der nationalsozialistischen Rassenlehre erhoben wurden, gehört der Vorwurf der Rassenvergiftung. Auf der untersten Stufe antisemitischer Agitation wurde damit die sexuelle Ebene angesprochen und mit der Ausbreitung von Sittenskandalen geradezu krankhafte Phantasien entwickelt. Hierin hat Julius Streicher, der sogenannte „Frankenführer", mit seinem berüchtigten „Stürmer" alle anderen Hetzschriften übertroffen.[76] Daß Hitler diese Argumentation nicht fremd war, belegt schon seine „grundlegende Rede".[77] Er steht hier deutlich unter dem Einfluß des Romans *Die Sünde wider das Blut* von Arthur Dinter, einem seiner treuesten Gefolgsleute, der bis 1928 Gauleiter von Thüringen war. Dieses vom Autor als „Zeitroman" vorgestellte Werk – 1918 erschienen und nach zwei Jahren in mehr als 100 000 Exemplaren verkauft – stellt eines der typischsten Beispiele primitiver antisemitischer Literatur dar, deren Wirksamkeit nicht unterschätzt werden sollte. Es geht dabei um die Folgen der „Rassenmischung".[78]

Der Held des Buches, ein habilitierter Chemiker, trägt den bezeichnenden Namen Dr. Hermann Kämpfer und stammt aus bäuerlichem Geschlecht, das durch einen Wucherjuden ins Unglück gestürzt worden war. Er „verkauft" sich an einen Kommerzienrat in Berlin, einen getauften jüdischen „Großschieber", und heiratet dessen blonde Tochter. Nach dem Tode

---

[75] Ebd. S. 187.

[76] Vgl. *Breitling*, S. 47 und die Zusammenstellung von *Fred Hahn*.

[77] Vgl. oben Anm. 53.

[78] Zur folgenden Zusammenfassung vgl. auch *Bein*, Bd. I, S. 337 ff. und *Breitling*, S. 48 ff.

des jüdischen Kommerzienrates wird ein Schriftwechsel aufgefunden, der eine ähnliche entschleiernde Funktion hat wie die „Protokolle der Weisen von Zion". Aus ihm geht hervor, daß der Kommerzienrat zusammen mit anderen im Zuge planmäßiger Rassenvergiftung „unberührte blonde Jungfrauen zu Müttern" machte. Das Rassendrama nimmt seinen Lauf: Aus der unglücklichen Ehe mit der blonden Halbjüdin geht ein schwarzer Judenknabe hervor, das jüdische Blut ist durchgeschlagen. Auf der Ehe lastet hinfort „der schwarze Schatten des unnatürlichen Kindes". Die Mutter stirbt zusammen mit einem wiederum jüdisch geprägten Kind und gibt vorher dem Mann die Empfehlung, sich ein arisches Mädchen zu suchen! Bevor das geschieht, muß sich noch das Schicksal des ehelichen Bastards vollenden, der als verlogen, geldgierig und zügellos gezeichnet wird. Er wächst heran mit einem unehelichen, aber reinrassigen und deshalb schöpferisch, mutig und selbstlos veranlagten Sohn des germanischen Chemikers. Die Halbbrüder ertrinken schließlich beide, auch dies ein aussagekräftiges Bild, weil der Bastard nicht schwimmen kann und den blonden Halbbruder beim Rettungsversuch umklammert und mit in die Tiefe hinabzieht. Der unglückliche Vater hat sich inzwischen dem Studium der Rassenfrage verschrieben. Das „zusammengeschacherte Geld" des Schwiegervaters wird „zur Sühne" für die Gründung einer Anstalt für Rassenforschung und -hygiene und den Kampf gegen die „Hauptmacht der jüdischen Presse" verwandt. Es folgt schließlich die zweite Verbindung des Chemikers mit einer nichtjüdischen Frau, einer blonden Krankenschwester, deren Blut, dies gilt als unumstößliches Naturgesetz, aber durch früheren Geschlechtsverkehr mit einem jüdischen Offizier für immer verunreinigt war: D. h., auch sie kann dem Chemiker nur ein schwarzes Judenkind zur Welt bringen, das sie mit sich in den Tod nimmt. Auch sie ist ein Opfer der teuflischen, planmäßigen Rassenvergiftung geworden. Der germanische Held bringt nun den Juden um, der das Blut seiner Frau verseucht hat. Vor Gericht enthüllt er dann die ganze grausige Verschwörung gegen die germanische Rasse, die ans Licht gekommen war. Vor den verständnisvollen

Geschworenen, die den arischen Helden dann freisprechen, wird zugleich eine Abwehrstrategie angedeutet: „Wenn es dem deutschen Volke nicht gelingt", so mahnt er das Gericht, „den jüdischen Vampyr, den es ahnungslos mit seinem Herzblut grossäugt, von sich abzuschütteln und unschädlich zu machen – und das ist schon durch einfache gesetzliche Maßnahmen möglich –, so wird es in absehbarer Zeit zugrunde gehen." [79]

In der Handlung, die hier nur in den Grundzügen skizziert wurde, ist auf mehreren Ebenen diese abstoßende, pornographische Argumentation mit der gegen den Wucher- und Börsenjuden verknüpft. Eingearbeitet sind aber auch längere Partien, in denen offenbar „positive" Aufklärungsarbeit geleistet werden soll: So leitet der Held des Zeitromans seine Braut zum Studium der Bibel an und versucht, ihr die Rassenproblematik von Platon her verständlich zu machen. Dinter hatte seine Auslassungen schließlich mit pseudowissenschaftlichen Anmerkungen versehen und wähnte sich obendrein zusammen mit Chamberlain „auf dem festgefügten Boden der Naturwissenschaft". [80] Wichtig ist dieses Werk aber nicht allein, weil es Hitler beeinflußt hat. [81] Bedeutungsvoller ist, daß Dinter mit seinem Roman Angstvorstellungen und Instinkten seiner Zeit Ausdruck verlieh, an deren Vorhandensein zumindest in Unterströmungen es keinen Zweifel gibt.

So wurde im Zusammenhang mit der Stationierung farbiger französischer Besatzungssoldaten im Rheinland im Jahre 1920 in Schriften wie Guido Kreutzers *Die Schwarze Schmach. Der Roman des geschändeten Deutschland* [82] mit beträchtlicher

---

[79] *Dinter*, S. 366.
[80] Ebd. S. 430 (Nachwort). Das Werk war „Dem Deutschen Houston Stewart Chamberlain" gewidmet. Neben dem umfänglichen Anmerkungsapparat enthält es auch eine „Schriftkunde zur Einführung in die Judenfrage", S. 422.
[81] Parallelen finden sich sowohl in *Mein Kampf*, vgl. z. B. S. 357, 630 u. 730, als auch in *Hitlers Zweitem Buch*, S. 125 und 222.
[82] Deutlich von Dinter inspiriert ist auch die Schrift *Eine deutsche Blutschande. Der Untergang Deutschlands.* Naturgesetze über die Rassenlehre zusammengestellt und herausgegeben vom Deutsch-Völkischen Schutz- und Trutzbund, Großenhain i. Sa. 1921 (mit Abbildungen).

Publizistik die Gefahr der Bastardisierung beschworen. Es gab daneben, das bewegt sich auf einer anderen Ebene, auch seriöse Dokumentationen über Übergriffe farbiger Soldaten. Der ganze Problemkreis, den Reiner Pommerin in einer Studie aufgehellt hat, fand 1937 in der tatsächlichen „Sterilisierung der sogenannten Rheinlandbastarde" die dem Konzept der NS-Rassenideologie entsprechende Lösung.[83] Ernsthafte Überlegungen, das Problem auf diese Weise zu lösen, waren aber auch schon in der Weimarer Zeit, in der rassenhygienische Fragen lebhaft diskutiert wurden, angestellt worden. Hitler hat, wie wir *Mein Kampf* entnehmen können, auch die Vorgänge im Rheinland konsequent rassenantisemitisch interpretiert: „Juden waren und sind es, die den Neger an den Rhein bringen, immer mit dem gleichen Hintergedanken und klaren Ziele, durch die dadurch zwangsläufig eintretende Bastardisierung die ihnen verhaßte weiße Rasse zu zerstören, von ihrer kulturellen und politischen Höhe zu stürzen und selber zu ihren Herren aufzusteigen."[84] Es ist dies, wie ich meine, ein sehr eindrucksvoller Beleg dafür, daß der Antisemitismus den Kernbestand der NS-Rassenideologie ausmacht.

An den Beispielen der „Protokolle der Weisen von Zion" und des Romans *Die Sünde wider das Blut* war zu verfolgen, wie Hitler wesentlich durch Vermittlung von Eckart und Rosenberg die antisemitische Argumentation seiner Zeit rezipiert hat. Damit sind nicht zuletzt aus Raumgründen freilich nur zwei wichtige Argumentationsträger der antisemitischen Propaganda angesprochen.[85] Im Sinne des eingangs abgesteckten Themas soll jetzt abschließend gezeigt werden, wie Hitler die rassenantisemitischen Vorstellungen in *Mein Kampf* weiterentwickelt hat. Insgesamt ergibt sich darin eine bemerkenswerte Verschärfung seines Antisemitismus. Ganz offenbar hat

---

[83] Vgl. dazu das Werk von *R. Pommerin.*

[84] *Hitler,* Mein Kampf, S. 357.

[85] Ausführlicher vorgestellt werden ähnlich wichtige Beispiele von *Bein,* Bd. I, S. 303 ff. Eine ungefähre Vorstellung von der Fülle des Materials vermittelt die Bibliographie von *Gercke* (Hrsg.). – Verwiesen sei hier auch auf die Sammlungen von *Fuchs* und *Pugel.*

Hitler die Ruhe der Festungshaft in Landsberg zur Systematisierung seiner Rassenlehre benutzt. Ihr wichtigstes Merkmal ist, daß alle anderen rassenideologischen Aussagen vom Rassenantisemitismus überlagert werden. Hitler entwickelte zwar eine Einteilung der Menschheit, in deren Mittelpunkt der „Arier als Kulturbürger" steht, von denen die „Kulturträger" wie etwa die Japaner und schließlich die Kulturzerstörer, die Juden, zu trennen waren. Aber das Idealbild des Ariers spielte bei ihm bei weitem nicht die Rolle wie bei Rosenberg.

Die Radikalisierung seines Antisemitismus ist – darin folge ich Eberhard Jäckels Analyse von Hitlers Weltanschauung – an vier Aspekten ablesbar. Zum ersten gibt es keinen Zweifel daran, daß die Judenfrage zum zentralen Motiv seiner politischen Mission geworden ist.[86] Dafür spricht die Verknüpfung von zwei wesentlichen Aussagen am Schluß des 7. Kapitels von Mein Kampf. Es handelt sich um die Reaktion Hitlers auf die Nachricht vom Ausbruch der Novemberrevolution, deren Hintermänner sofort erkannt sind: Auf den Satz „Mit dem Judentum gibt es kein Paktieren, sondern nur das harte Entweder – Oder" folgt die vielzitierte Stelle: „Ich aber beschloß nun Politiker zu werden."[87] Ein weiterer neuer Aspekt – Jäckel spricht von dem „universal-missionarischen Zug" – ist darin zu sehen, daß Hitler im Kampf gegen das Judentum nicht nur eine nationale Aufgabe lösen wollte, sondern hoffte, die „größte Völkergefahr für die gesamte Welt" zu brechen.[88] Schließlich ist die Rede vom „jüdischen Internationalismus" als beinahe untrennbares Begriffspaar an die Spitze aller antisemitischen Vorwürfe gerückt. Wir fassen darin die Argumentation der „Protokolle der Weisen von Zion". Im zweiten Band von Mein Kampf (1927) wurde dieser Vorwurf mit dem außenpolitischen Konzept verknüpft, und zwar zuerst in einem für Hitler positiven Zusammenhang. Er war davon überzeugt, daß ein Eroberungs-

---

[86] Jäckel, S. 64ff.
[87] Hitler, Mein Kampf, S. 225. Das hier zitierte „nun" taucht nur in der Erstausgabe auf. Vgl. E. Jäckel, S. 63 mit Anm. 23 (S. 167f).
[88] Hitler, Mein Kampf, S. 703.

krieg gegen Rußland leicht sein würde, weil dort die bisherige germanische Führungsschicht durch eine jüdische abgelöst worden sei. Juden aber konnten bekanntlich keinen Staat organisieren und erhalten. Er hoffte so, im Osten „die gewaltigste Bestätigung für die Richtigkeit der völkischen Rassentheorie" zu erhalten.[89] Daneben wurde der jüdische Internationalismus im außenpolitischen Kontext zu einem Problem bei der Suche nach Bündnispartnern. Im Falle Englands war es die Frage, ob dort die Verfechter einer „jüdischen Weltdiktatur" oder die wahren Vertreter britischer Staatsinteressen siegen würden. Optimistischer fiel die Prognose für ein Bündnis mit Italien aus, das dabei keine „Rücksicht auf das Gezische der jüdischen Welthydra" nehmen werde.[90] Die Beständigkeit dieser Argumentation belegt noch eine Klage Hitlers in seinem „Politischen Testament" vom 4. Februar 1945: Er warf sich vor, „das Ausmaß des jüdischen Einflusses auf die Engländer Churchills" unterschätzt zu haben.[91]

Die Radikalisierung seiner Vorstellungen für die Bekämpfung des Judentums – dies ist der vierte und wichtigste Aspekt – enthält schließlich eine bekannte Äußerung Hitlers gegenüber einem Besucher in seiner Landsberger Zeit (Juli 1924): Es handelt sich um das Bekenntnis, bisher gegenüber den Juden viel zu milde gewesen zu sein. Hinfort müßten die „schärfsten Kampfmittel" angewendet werden. Er war nunmehr überzeugt, „daß nicht nur für unser Volk, sondern für alle Völker dies eine Lebensfrage ist. Denn Juda ist die Weltpest."[92] Dieser Radikalisierung entspricht das Vokabular der antisemitischen Passagen: Der Jude begegnet als die Made im faulenden Leibe, als Pestilenz, er ist schlimmer als der Schwarze Tod von einst und Bazillenträger der schlimmsten Art.[93]

Mit der Anwendung der Begriffe Völkerparasit und -vampyr

---

[89] Ebd. S. 743. Vgl. auch *Hillgruber*, S. 133 ff.
[90] *Hitler*, *Mein Kampf*, S. 721.
[91] Hitlers Politisches Testament, S. 43.
[92] *Hitler*, Sämtliche Aufzeichnungen, S. 1242.
[93] Vgl. den von *Jäckel*, S. 69 zusammengestellten Katalog.

steht Hitler, wie wir schon sehen konnten, in der Nachfolge Dührings und Dinters. Diese Traditionslinien lassen sich indessen noch weiter zurückverfolgen: Alexander Bein hat gezeigt, daß der Jude als Parasit im biologischen Sinne in der Bedeutung von Schmarotzer schon bei Herder, Proudhon, Bakunin, Lagarde und anderen vorkommt.[94]

Allein schon von daher gewann das, was unter „Entfernung der Juden" zu verstehen war, klare Konturen. Neben Erörterungen darüber, daß man die Niederlage von 1918 „durch rücksichtslosen Einsatz aller militärischer Machtmittel zur Ausrottung dieser Pestilenz" hätte verhindern können,[95] wurde Hitler im 2. Band von *Mein Kampf* noch deutlicher. Er bezieht sich dabei auf den „unerbittliche(n) Weltjude(n)" der „für seine Herrschaft über die Völker" kämpft: „Kein Volk entfernt diese Faust anders von seiner Gurgel als durch das Schwert. Nur die gesammelte konzentrierte Stärke einer kraftvoll sich aufbäumenden, nationalen Leidenschaft vermag der internationalen Völkerversklavung zu trotzen. Ein solcher Vorgang ist und bleibt aber ein blutiger."[96]

Daß Hitler hier an die physische Liquidierung der Juden dachte, läßt sich mit weiteren Stellen aus *Mein Kampf* belegen. Es ist keine Frage, daß das rassenideologische Programm gegenüber den Juden mit der Konsequenz der Endlösung hier nahezu vollständig ausformuliert worden war. Auch wenn man, wie Klaus Hildebrand, die Auffassung vertritt, daß die tatsächlich praktizierte Endlösung nicht schlüssig aus *Mein Kampf* nachzuweisen sei, so wird doch eingeräumt, daß sie „auch in ihrer radikalen Form im Keim in der Gedankenbildung des Diktators, in seiner Weltanschauung und in seinem Herrschaftsentwurf angelegt" war.[97]

Hitler hat zwar seine Rassenlehre in seinem unveröffentlichten, dem sogenannten „Zweiten Buch" von 1928 noch syste-

[94] *Bein*, Bd. I, S. 338 ff.
[95] Vgl. *Hitler*, Mein Kampf, S. 786.
[96] Ebd., S. 738. Vgl. *Jäckel*, S. 71.
[97] *Hildebrand*, S. 83.

matisiert, die das Judentum betreffenden Positionen, die den Kernbestand der NS-Rassenlehre ausmachen, sind aber nicht verändert worden. Gegenüber der Radikalität des Hitlerschen Antisemitismus verblassen die Konzeptionen bekannter Rassentheoretiker wie H. F. K. Günther und Alfred Rosenberg, die lange vor der nationalsozialistischen Machtübernahme eine führende Rolle bei der Verbreitung des Rassengedankens spielten.[98] So gesehen war in *Mein Kampf* bereits der Gipfelpunkt antisemitischer Publizistik in Deutschland erreicht, deren Konsequenzen zu lange – ob bewußt oder unbewußt sei hier dahingestellt – nicht beachtet wurden. An dieser Linie, die sich schon in seiner ersten Äußerung zur Judenfrage vom 16. September 1919 abzeichnete, hat Hitler bis zum Ende festgehalten. In seinem „Politischen Testament" vom 29. April 1945 verpflichtet er „die Führung der Nation und die Gefolgschaft zur peinlichen Einhaltung der Rassengesetze und zum unbarmherzigen Widerstand gegen den Weltvergifter aller Völker, das internationale Judentum".[99]

Mit diesem abschließenden Hinweis soll nicht alle Verantwortung auf Hitler abgeladen werden, denn die Entwicklung und Vollendung seines rassenideologischen Programms wurden, dies sollte hier deutlich werden, durch weitverbreitete antisemitische Strömungen begünstigt.

Quellen und Darstellungen

Antisemitisches und Rassistisches Schrifttum

G. *zur Beek* (Hrsg.), Die Geheimnisse der Weisen von Zion, Charlottenburg [2]1919.

H. S. *Chamberlain*, Die Grundlagen des neunzehnten Jahrhunderts. 2 Bde., München [2]1900.

A. *Dinter*, Die Sünde wider das Blut, Leipzig, Hartenstein [9]1920.

E. *Dühring*, Die Judenfrage als Racen-, Sitten- und Culturfrage, Karlsruhe, Leipzig 1881.

---

[98] Zu „Rasse-Günther" und seinem Umfeld vgl. das Werk von *Lutzhöft*.
[99] *Nolte*, Faschismus in seiner Epoche, S. 444.

E. *Dühring,* Die Judenfrage als Frage des Rassencharakters und seiner Schädlichkeiten für die Existenz und Kultur der Völker, Leipzig [6]1930 (hrsg. von H. Reinhardt).

A. *Gercke* (Hrsg.), Die Rasse im Schrifttum, bearbeitet von Rudolf Kummet, Berlin 1933 (mit kurzen Kommentaren).

A. *Graf Gobineau,* Versuch über die Ungleichheit der Menschenrassen, 4 Bde., Stuttgart [5]1939.

A. *Hitler,* Mein Kampf (Volksausgabe – Zwei Bände in einem Band), München 1939.

G. *Kreutzer,* Die Schwarze Schmach. Der Roman des geschändeten Deutschlands, Leipzig 1921.

T. *Pugel* (Hrsg.), Antisemitismus der Welt in Wort und Bild, Berlin 1935.

Quellenpublikationen nach 1945

F. *Hahn,* Lieber Stürmer! Leserbriefe an das NS-Kampfblatt 1924–1945, Stuttgart 1980.

Hitlers Zweites Buch. Hrsg. von Gerhard L. Weinberg, Stuttgart 1961.

E. *Jäckel,* (Hrsg.), Hitler, Sämtliche Aufzeichnungen 1905–1924, Stuttgart 1980.

Hitlers Politisches Testament. Die Bormann-Diktate vom Februar und April 1945. Mit einem Essay von H. R. Trevor-Roper und einem Nachwort von A. François-Poncet, Hamburg 1981.

R. H. *Phelps,* Hitlers „grundlegende" Rede über den Antisemitismus, in: Vierteljahrshefte für Zeitgeschichte 16 (1968).

Sekundärliteratur

R. *Baumgärtner,* Weltanschauungskampf im Dritten Reich, Mainz 1977.

A. *Bein,* Die Judenfrage. Biographie eines Weltproblems, 2. Bde., Stuttgart 1980.

R. *Breitling,* Die nationalsozialistische Rassenlehre. Entstehung, Ausbreitung, Nutzen und Schaden einer politischen Ideologie. Meisenheim am Glan 1971.

L. *Cecil,* Wilhelm II. und die Juden, in: W. E. Mosse (Hrsg.), Juden im Wilhelminischen Deutschland, Tübingen 1976.

N. Cohn, Die Protokolle der Weisen von Zion. Der Mythos von der jüdischen Verschwörung, Köln, Berlin 1969.

H. Conrad-Martius, Utopien der Menschenzüchtung. Der Sozialdarwinismus und seine Folgen, München 1955.

W. Daim, Der Mann, der Hitler die Ideen gab. Von der religiösen Verirrung eines Sektierers zum Rassenwahn eines Diktators, München 1958.

E. Deuerlein, Hitlers Eintritt in die Politik und die Reichweite, in: Vierteljahrshefte für Zeitgeschichte 7 (1959).

E. Fuchs, Die Juden in der Karikatur, München 1921.

K. Hildebrand, Das Dritte Reich, München ²1980.

A. Hillgruber, Die „Endlösung" und das deutsche Ostimperium als Kernstück des rassenideologischen Programms des Nationalsozialismus, in: Vierteljahrshefte für Zeitgeschichte 20 (1972).

W. Horn, Führerideologie und Parteiorganisation in der NSDAP (1919–1933), Düsseldorf 1972.

E. Jäckel, Hitlers Weltanschauung. Entwurf einer Herrschaft, erw. Neuausgabe Stuttgart 1981.

W. Jochmann, Struktur und Funktion des deutschen Antisemitismus, in: W. E. Mosse (Hrsg.), Juden im Wilhelminischen Deutschland, Tübingen 1976 (Teilabdruck i.d. Bande).

H.-J. Lutzhöft, Der Nordische Gedanke in Deutschland 1920–1940, Stuttgart 1971.

P. W. Massing, Vorgeschichte des politischen Antisemitismus, Frankfurt a. M. 1959.

G. L. Mosse, Rassismus. Ein Krankheitssymptom in der europäischen Geschichte des 19. und 20. Jahrhunderts, Königsstein 1978.

P. von zur Mühlen, Rassenideologien. Geschichte und Hintergründe, Berlin, Bonn ²1979.

E. Nolte, Der Faschismus in seiner Epoche, München ⁵1979.

E. Nolte, Der Faschismus von Mussolini zu Hitler. Texte, Bilder, Dokumente, München 1968.

R. H. Phelps, Theodor Fritsch und der Antisemitismus, in: Deutsche Rundschau 87 (1961).

R. Pommerin, Sterilisierung der Rheinlandbastarde. Das Schicksal einer deutschen Minderheit 1918–1937, Düsseldorf 1979.

K. Saller, Die Rassenlehre des Nationalsozialismus in Wissenschaft und Propaganda, Darmstadt 1961.

K. von See, Deutsche Germanen-Ideologie vom Humanismus bis zur Gegenwart, Frankfurt a. M. 1970.

E. Sterling, Er ist wie Du. Aus der Frühgeschichte des Antisemitismus in Deutschland (1815–1850), München 1956.

IV
Der Antisemitismus in der
Weimarer Republik

Heinrich August Winkler

Die deutsche Gesellschaft der Weimarer Republik und der Antisemitismus – Juden als „Blitzableiter"

Die sozialhistorische Erforschung des Antisemitismus in der Weimarer Republik steckt noch in den Anfängen. Die einschlägigen Studien informieren uns zwar zuverlässig über antisemitische Organisationen und Aktionen, auch über die Reaktionen ihrer Gegner. Aber einige wichtige Probleme sind bisher nicht zureichend geklärt worden. Ich möchte mich einigen dieser Fragen zuwenden:

1. Was waren die auslösenden Momente der antisemitischen Agitation?

2. Wie verbreitet war der Antisemitismus in der damaligen deutschen Gesellschaft?

3. Welche Rolle spielte der Antisemitismus beim Aufstieg des Nationalsozialismus?

Es versteht sich von selbst, daß die Antworten auf diese Fragen beim gegenwärtigen Forschungsstand nur vorläufig und bruchstückhaft sein können.

Auslösende Momente antisemitischer Agitation

Für das deutsche Kaiserreich läßt sich die These erhärten, daß die parteilich organisierten Judenfeinde Hochkonjunktur hatten, wenn die wirtschaftliche Konjunktur sich in einer Abschwungphase befand – und umgekehrt. Prüfen wir, ob diese Faustregel auch für die Weimarer Republik gilt. Die Jahre 1918 bis 1923, in denen wir ein starkes Anschwellen antisemitischer Aktivitäten beobachten, stellten keine Depressionsphase dar. Vielmehr erlebte Deutschland, anders als die übrigen Industrieländer, von 1920 bis zum Sommer 1922 sogar einen inflationsbedingten Boom, und nur im Jahr 1923 könnte man einen Zusammenhang von Rezession und Antisemitismus konstruieren. Aber diese Aussagen müssen sogleich wieder eingeschränkt werden. Eine *typische* Hochkonjunkturphase bildeten die Jahre 1920 bis 1922 gewiß nicht; dazu waren die wirtschaftlichen Ausgangsbedingungen von 1919, an denen der Produktionszuwachs gemessen wird, zu niedrig, und überdies fehlte dieser von politischen und sozialen Krisen erschütterten Zeit auch psychologisch alles, was ansonsten zu einem Boom gehört. Auf der anderen Seite hatte der Produktionsrückgang von 1923 nicht bloß „normale" wirtschaftliche, sondern vorrangig politische Ursachen: den „passiven Widerstand", mit dem Deutschland auf die französisch-belgische Ruhrbesetzung antwortete. Der Frage, ob nach 1918 weltweit eine langfristige Abschwungphase (mit dem Tiefpunkt nach 1929 und dem Ende erst um 1950) einsetzte, können wir an dieser Stelle nicht nachgehen. Die gewohnten Begriffe und Periodisierungen der Konjunkturtheoretiker werden der deutschen Nachkriegszeit von 1918 bis 1923 jedenfalls kaum gerecht.

In den Jahren relativer Stabilität von 1924 bis 1928 traten die engagierten Antisemiten sehr viel weniger hervor als im turbulenten ersten Jahrfünft der Republik. Es liegt also nahe, die rückläufige Erfolgskurve der Judenfeinde der wirtschaftlichen Beruhigung zuzuschreiben. Erst recht scheint auf den ersten Blick die These von der Konjunkturabhängigkeit des Antisemitismus wieder in Kraft gesetzt, wenn wir die Jahre 1929 bis 1932 betrachten. Der Vormarsch der radikal antisemitischen NSDAP folgte der schweren wirtschaftlichen Depression auf dem Fuße, und auf die ersten Anzeichen einer gewissen konjunkturellen Erholung reagierten über zwei Millionen Wähler im November 1932 damit, daß sie der Partei Hitlers wieder den Rücken kehrten.

Lassen wir vorerst dahingestellt, inwieweit die Entwicklung des Antisemitismus seit 1924 wirklich nur aus dem Auf und Ab der Konjunktur abzuleiten ist. Für die Frühzeit der Republik müssen wir die Aussagekraft der rein konjunkturellen Erklärung gering veranschlagen. Die auslösenden Momente der antisemitischen Kampagne in jenen Jahren waren ganz überwiegend politischer Natur. Was ein völkisches Blatt aus Bromberg, die „Ostdeutsche Rundschau", am 25. Juni 1919 schrieb, war durchaus typisch für das antisemitische Argumentationsmuster. „Die Juden haben unseren Siegeslauf gehemmt und uns um die Früchte unserer Siege betrogen. Die Juden haben die Axt an die Throne gelegt und die monarchische Verfassung in Stücke geschlagen. Die Juden haben die innere Front und dadurch auch die äußere zermürbt. Die Juden haben unseren Mittelstand vernichtet, den Wucher wie eine Pest verbreitet, die Städte gegen das Land, den Arbeiter gegen den Staat und (das) Vaterland aufgehetzt. Die Juden haben uns die Revolution gebracht, und wenn wir jetzt nach dem verlorenen Kriege auch noch den Frieden verlieren, so hat Juda sein gerüttelt Maß von Schuld. Darum, deutsches Volk, vor allem das Eine – befreie Dich von der Judenschaft."[1]

In der „Gründerkrise" nach 1873, der ersten Welle des „modernen", gegen die *emanzipierten* Juden gerichteten Antisemitismus (in dem freilich, was man nicht übersehen sollte, der uralte Haß auf die jüdischen „Gottesmörder" untergründig wirksam blieb), war den Juden die Schuld an einer schweren wirtschaftlichen Erschütterung aufgebürdet worden. Nach dem November 1918 waren die Juden die geborenen Sündenböcke für die militärische Niederlage Deutschlands und ihre Folgen. Im alldeutschen Lager war diese Funktion der Juden noch während des Krieges vorgeplant worden. Im Oktober 1918 forderte der Vorsitzende des Alldeutschen Verbandes, Heinrich Claß, getreu seinen schon vor 1914 verkündeten Maximen, die Aktivisten der Organisation auf, „die Lage zu Fanfaren gegen das Judentum und die Juden als Blitzableiter für alles Unrecht zu benutzen"[2].

---

[1] *Ottokar Stauf v. d. March,* Die Juden im Urteil der Zeiten. Eine Sammlung jüdischer und nichtjüdischer Aussprüche, München 1921, S. 178 f.
[2] *Werner Jochmann,* Die Ausbreitung des Antisemitismus, in: Werner

Die manipulative Absicht, die die Alldeutschen mit ihren Parolen verfolgten, hätte gar nicht deutlicher gemacht werden können. Aber scheinen nicht einige Tatsachen die Agitatoren der extremen Rechten zu bestätigen? Sie behaupteten, die Kriegs- und Inflationsgewinnler seien hauptsächlich Juden; Juden hätten die Revolution herbeigeführt und den größten Nutzen von ihr gehabt; die Ostjuden, die unaufhörlich nach Deutschland einströmten, seien Sendboten des jüdischen Bolschewismus und überdies dabei, das deutsche Volkstum zu überfremden. In der Tat war es nicht schwer, Juden zu nennen, die im Krieg oder in der unmittelbaren Nachkriegszeit zu Geld und Einfluß gelangt waren; unter den Führern des Spartakusbundes und der Unabhängigen Sozialdemokraten gab es viele, unter denen der Mehrheitssozialisten einige Juden; in den ersten Revolutionsregierungen in Reich und Ländern waren Juden bemerkenswert stark vertreten; auf der äußersten Linken spielten auch Ostjuden eine wichtige Rolle – Rosa Luxemburg, Karl Radek und Eugen Leviné zum Beispiel, um nur die bekanntesten zu nennen.

Was die Antisemiten politisch beweisen wollten, konnten sie jedoch nur jene glauben machen, die es glauben wollten. Jüdische Spekulanten und Schieber gab es ebenso wie nichtjüdische. Wenn sich viele jüdische Intellektuelle der Arbeiterbewegung anschlossen, hatte das seinen tieferen Grund darin, daß das Proletariat sich der antisemitischen Propaganda gegenüber weitgehend immun gezeigt hatte und als einzige Klasse jenes System bekämpfte, das Arbeitern *und* Juden wesentliche Rechte vorenthielt. Als die Sozialdemokratie während des Ersten Weltkrieges ihre Oppositionsrolle und ihren (ohnehin verbal gewordenen) Internationalismus zunehmend aufgab, wandten sich viele Sozialisten jüdischer Herkunft den radikaleren Kräften der Linken zu, die die Kriegskredite und damit den „Burgfrieden" ablehnten. Der Krieg wurde jedoch aus militärischen Gründen verloren, und die Revolution von 1918/19

E. Mosse (Hrsg.), Deutsches Judentum in Krieg und Revolution 1916–1923, Tübingen 1971, S. 439f.

brach nicht aufgrund irgendwelcher Aktivitäten von Juden aus, sondern weil breite Schichten der deutschen Bevölkerung – keineswegs nur die Arbeiter – Frieden und Demokratie wollten und beides bei Fortbestehen der Monarchie nicht erreichbar schien. Das Gros der Juden unterstützte im übrigen nicht eine der sozialistischen Parteien, sondern die linksliberale Deutsche Demokratische Partei, die 1918/19 ihre Hauptaufgabe darin sah, die Sozialdemokratie von sozialistischen Experimenten abzuhalten.

Die Ostjuden waren das propagandistische Lieblingsthema der Antisemiten. Sie verschwiegen jedoch beharrlich, daß das deutsche Ostjudenproblem zu einem guten Teil erst durch die Politik der Obersten Heeresleitung geschaffen worden war. Sie hatte 1914 in den besetzen Gebieten Russisch-Polens den dort lebenden Juden die materielle Existenzmöglichkeit weitgehend genommen und aus derselben Bevölkerungsgruppe dann Arbeitskräfte für die deutsche Rüstungsindustrie rekrutiert. Etwa 35 000 Ostjuden kamen auf diese Weise – unter mehr oder minder großem Zwang – in das Reich. Ungefähr ebenso viele Ostjuden befanden sich unter Kriegsgefangenen und Ausländern, die vom Kriegsausbruch in Deutschland überrascht und hier interniert worden waren. Die Zahl der in Deutschland lebenden Ostjuden erhöhte sich somit zwischen 1914 und 1918 um etwa 70 000; nimmt man jene 80 000 Ostjuden hinzu, die schon vor 1914 in Deutschland gewohnt hatten, belief sich die Gesamtzahl bei Kriegsende auf etwa 150 000.

Nach dem Krieg verloren die meisten ostjüdischen Rüstungsarbeiter ihren Erwerb; eine rasche Rückkehr in ihre Herkunftsgebiete war aber schon deswegen nicht möglich, weil die neu entstandenen Staaten Ostmitteleuropas zunächst keine Neigung zeigten, die ostjüdischen Arbeitslosen bei sich aufzunehmen. Eine beträchtliche Zahl – etwa 30 000 – gelangte 1920/21 dorthin, wo es die Ostjuden seit langem hinzog: nach Amerika. Auch in den folgenden Jahren wanderten Ostjuden über Deutschland in die Vereinigten Staaten aus. 1925, im Jahr der stärksten ostjüdischen Einwanderung, gab es in Deutschland knapp 108 000 Ostjuden – rund 30 000 mehr, als 1910 auf dem gleichen Territorium gelebt hatten. Bis Mitte 1933 sank die Zahl der Ostjuden auf 98 000. Das waren 3, 4 Prozent weniger als acht Jahre zuvor.

Ich habe einige Zahlen genannt, um die tatsächliche Größenordnung der Ostjudenfrage darzulegen. Die meisten Zeitgenossen haben das Problem, das die Ostjuden der deutschen Gesellschaft stellten, maßlos überschätzt oder bewußt aufgebauscht. Es *gab* eine soziale Ostjudenfrage – aber nur für die unmittelbar Betroffenen. Ein Teil der alteingesessenen deutschen Juden reagierte auf die Minderheit in der Minderheit erschreckt und feindselig. Die orthodoxen Ostjuden erinnerten die assimilierten deutschen Juden an ihre eigene Vergangenheit – eine unglückliche Vergangenheit, die sie für überwunden hielten, ja vielfach verdrängt hatten. Überdies schlugen die Ressentiments der nichtjüdischen Umwelt, die sich gegen die kulturell fremdartigen, sozial niedrig stehenden Neuankömmlinge aus dem Osten richteten, vielfach bereits in pauschalen Antisemitismus um. Eine öffentliche Distanzierung von den Ostjuden wurde jedoch nur von einer Minderheit der deutschen Juden gefordert und vollzogen. Dem jüdischen Unbehagen an der ostjüdischen Einwanderung zum Trotz übten sich die großen Organisationen des deutschen Judentums in Solidarität mit den diskriminierten Glaubensgenossen: Sie bemühten sich, durchaus nicht erfolglos, um die Beschäftigung arbeitsloser Ostjuden und um die Linderung der sozialen Not derer, die ohne Erwerb blieben.

Wenn die Ostjuden also kein wirkliches soziales Problem für die deutsche Gesellschaft bildeten, wie verhält es sich dann mit jenen Juden, die deutsche Staatsbürger waren? Im Jahre 1925 gab es in Deutschland 564 000 Glaubensjuden. Das entsprach einem Anteil von 0,9 Prozent der Gesamtbevölkerung. Bis zum Juni 1933 sank die Zahl auf 500 000 oder 0,8 Prozent. In ihrer sozialen Struktur unterschieden sich die deutschen Juden deutlich von ihrer Umwelt. 1925 lebten Juden dreimal so häufig in Großstädten wie Nichtjuden (48:16 Prozent); fast jeder dritte Jude hatte seinen Wohnsitz in Berlin. Die Juden waren massiv unterrepräsentiert in der Land- und Forstwirtschaft sowie in der Industrie und im Handwerk, dagegen stark überrepräsentiert in Handel und Verkehr. Es gab kaum jüdische Bauern und nur wenige jüdische Arbeiter. Dagegen waren die Juden weit über dem Durchschnitt vertreten bei den Selbständigen und bei den Angestellten. Allerdings hatten sich gegenüber dem Kaiserreich die Relationen zwischen den selbständig beschäftigten und den unselbständig beschäftigten Juden zu Lasten der Selbständigen, in ihrer Mehrzahl übrigens kleine Ladenbesitzer, verschoben. Besonders groß war der Anteil der Juden bei Maklern, Rechtsanwälten, Ärzten, Redakteuren und Regisseuren. Für zwei der eben genannten Berufe möchte ich das mit Zahlen belegen: von 100 Ärzten waren 1933 elf Juden, von 100 Rechtsanwälten und Notaren sechzehn. Juden hatten ferner starke Stellungen in der Textilindustrie und im Eisen- und Schrotthandel, wo um 1930 jeweils etwa 40 Prozent aller Unternehmungen in jüdischem Besitz waren; Juden kontrollierten vier Fünftel des Umsatzes der deutschen Warenhäuser und knapp ein Fünftel der Privatbanken.

Die deutschen Juden waren also in den privilegierten Schichten der Gesellschaft überdurchschnittlich, in den minderprivilegierten Schichten unterdurchschnittlich vertreten. Nicht mehr der „Viehjude" und der Hausierer, sondern der Arzt und Rechtsanwalt waren die gesellschaftlichen Symbolfiguren des deutschen Judentums.

Dieser soziale Aufstieg, der im Vormärz begonnen und sich im Kaiserreich beschleunigt hatte, war, so paradox es klingt, nicht zuletzt eine Folge lang andauernder und vielfach verinnerlichter Diskriminierung. Den ausgeprägten Hang der Juden zur Selbständigkeit kann man zum Teil jedenfalls, aus dem Wunsch erklären, Reibungen mit antisemitischen Arbeitgebern und Arbeitskollegen tunlichst zu vermeiden. Die Juden bevorzugten wirtschaftliche Betätigungen, in denen es keine überlieferten Zugangsbeschränkungen gab oder die ihnen seit alters her offengestanden hatten. Das starke Engagement in der Textilindustrie läßt sich aus der Tradition des Altkleiderhandels ableiten – einem den Juden seit Jahrhunderten vertrauten

Gewerbezweig. Ähnliches gilt für das Gesundheitswesen. Auf andere freie akademische Berufe konzentrierten sich die Juden, weil ihnen der öffentliche Dienst im Kaiserreich nahezu völlig versperrt geblieben war. Was vielen als jüdische Machtkonzentration erschien, war, so gesehen, nur die Kehrseite fortwirkender Benachteiligung.

Von einem beherrschenden Einfluß der Juden auf die deutsche Wirtschaft konnte keine Rede sein. Die Juden waren in den Schlüsselindustrien faktisch gar nicht vertreten, und sie waren weit davon entfernt, das Bankwesen in ihrer Hand zu haben. Verglichen mit der Zeit vor 1914 war die wirtschaftliche Bedeutung der jüdischen Privatbanken sogar stark zurückgegangen. In der Politik spielten die Juden nach der revolutionären Gründungsphase der Republik keine herausragende Rolle mehr. Groß war dagegen ihr Gewicht in der Presse – man denke an die „Frankfurter Zeitung", das „Berliner Tageblatt" und die „Vossische Zeitung" – sowie in allen Zweigen des Kulturbetriebs, darunter das Kabarett und das neue Medium Film. Juden traten also häufig als „Multiplikatoren" und nicht selten als „Modernisierer" auf, und beides trug dazu bei, daß ihre tatsächliche Macht überschätzt wurde. In Wirklichkeit war die soziale Position der deutschen Juden in der Weimarer Republik das Produkt von Emanzipation *und* Diskriminierung – eine Entsprechung des beschränkten Freiraums, der ihnen real zugestanden worden war.

In der Frühphase der Weimarer Republik spielten, so möchte ich den ersten Abschnitt zusammenfassen, konjunkturelle Bewegungen keine ausschlaggebende Rolle für das Erstarken des Antisemitismus. Vielmehr rief die traumatische Erfahrung von militärischer Niederlage und Revolution, bürgerkriegsähnlichen Auseinandersetzungen und Inflation, kurz, ein allgemeines Gefühl von Unsicherheit und Umbruch, die Suche nach Sündenböcken hervor. Die Juden waren für diese Rolle besonders geeignet, weil sie als privilegierte Minderheit galten. Die Ostjuden dienten dem Antisemitismus als ideale Zielscheibe, weil sie in ihrer Fremdartigkeit dem negativen Klischeebild von Juden viel mehr entsprachen als die assimilierten deutschen Juden. Das Konkurrenzmotiv blieb in den ersten Jahren der Republik meist verdeckt, aber wir werden noch Sachverhalte zu erörtern haben, die dafür sprechen, daß es vor wie nach 1918 eine wichtige Antriebskraft der Judenfeindschaft bildete.

Die soziale Basis des Antisemitismus

Die Frage lautet: Wie verbreitet war der Antisemitismus in der deutschen Gesellschaft der Weimarer Republik? Von der antijüdischen Agitation unbeeindruckt blieb im großen und ganzen auch nach 1918 die sozialistische Arbeiterschaft. Daß für die Proletarier nicht der jüdische Kapitalist, sondern der Kapitalist schlechthin der Gegner war, das war nicht nur ein immer wiederholter marxistischer Lehrsatz, es entsprach auch ganz der alltäglichen Erfahrung der meisten Arbeiter. Die Linksparteien griffen den Antisemitismus als eine Ideologie an, die die Massen vom Kampf für den Sozialismus ablenken sollte. Die Sozialdemokraten suchten beharrlich die Glaubwürdigkeit der Nationalsozialisten zu erschüttern, indem sie ihren antijüdischen Behauptungen Punkt für Punkt entgegentraten. In der Endphase der Weimarer Republik arbeitete die SPD eng mit den jüdischen Organisationen – darunter auch der größten und repräsentativsten, dem Centralverein deutscher Staatsbürger jüdischen Glaubens – zusammen, die auf die antisemitische Hetze mit einem Aufklärungsfeldzug antworteten.

Die KPD knüpfte mitunter – etwa 1923 – bewußt an die antisemitischen Vorurteile der von ihr umworbenen Anhänger Hitlers an und forderte sie auf, zwar auch, aber nicht nur gegen das jüdische Kapital zu kämpfen. Am Antisemitismus interessierte die Arbeiterparteien ebenso wie die Intellektuellen der deutschen Linken primär die Funktion, die er für den Kapitalismus hatte. Von der Funktion, die der Antisemitismus für die Antisemiten hatte, war seltener die Rede. Da der Nationalsozialismus als eine Spielart des Faschismus begriffen wurde (was er sicherlich *auch* war), maß man ihn am italienischen

349

Vorbild. Von daher lag es nahe, den Stellenwert des Antisemitismus zu unterschätzen. Das Schicksal, das die deutschen und europäischen Juden nach 1933 treffen sollte, lag jenseits der Vorstellungskraft der deutschen Linken.

Wenden wir uns nun kurz einer Gruppe zu, die vor 1933 ebenfalls nicht oder nur in engen Grenzen von den Nationalsozialisten erobert werden konnte: den Katholiken. Ihre Parteien, das Zentrum und die Bayerische Volkspartei, nahmen den Juden und den Judenfeinden gegenüber eine zwiespältige Haltung ein. Einerseits machten sie Front gegen antisemitische Ausschreitungen und Rassenhetze, andererseits pflegten sie eine Art kulturellen Antisemitismus. Diese doppelte Gegnerschaft entsprach ganz der damaligen kirchlichen Sicht. Statt vieler Belege aus dem katholischen Lager, zitiere ich nur einen. Im „Großen Herder" heißt es 1926 – also in einer vergleichsweise ruhigen Phase der Weimarer Republik – unter dem einschlägigen Stichwort, der Antisemitismus sei „in seinem Wesen eine Abneigung der Mehrheit gegen die als artfremd empfundene, z. T. sich selbst abschließende, aber ungewöhnlich einflußreiche Minderheit, welche hohe, namentlich geistige Werte, aber auch übersteigertes Selbstbewußtsein aufweist". Die abschließende Wertung lautet: „Der Antisemitismus ist vom christlichen Standpunkt aus abzulehnen, wenn (sic!) er die Juden um ihrer Blutsfremdheit willen bekämpft oder sich im Kampf unchristlicher Mittel bedient. Die katholische Kirche hat darum von jeher den Antisemitismus als solchen verworfen. Es gibt übrigens auch Juden, die in edler Weise zur Selbstkritik aufrufen und den Antisemitismus am wirksamsten dadurch zu überwinden suchen, daß sie keinen Anlaß zu judenfeindlicher Haltung geben."[3]

Die Ambivalenz, mit der das katholische Deutschland dem Judentum begegnete, wird auch durch einen Vorgang auf höchster politischer Ebene illustriert. Der Centralverein deutscher Staatsbürger jüdischen Glaubens versuchte 1931 wiederholt, den Reichskanzler Heinrich Brüning zu einer Verurteilung der

---

[3] Der Große Herder, Bd. 1, Freiburg [4]1926, S. 725.

wachsenden antisemitischen Hetze zu bewegen. Brüning ist diesem dringenden Wunsch niemals nachgekommen – vermutlich auch deswegen nicht, weil er die Nationalsozialisten für eine Unterstützung seiner Politik, ja nach Möglichkeit als Koalitionspartner des Zentrums gewinnen und daher nicht vor den Kopf stoßen wollte. Brüning hat damit in der „Judenfrage" sehr viel mehr taktiert als Reichspräsident von Hindenburg, der sich im November 1932 beim Reichsbund jüdischer Frontsoldaten schriftlich bedankte, als dieser ihm, um nationalsozialistischen Verleumdungen entgegenzutreten, ein Gedenkbuch mit den Namen jüdischer Kriegsgefallener überreichen ließ.

Die evangelischen Kirchenleitungen schwiegen zum Antisemitismus auch noch, als die Nationalsozialisten bereits die stärkste Partei waren. Diese Haltung konnte offiziell mit der parteipolitischen Neutralität der Kirche begründet werden. Der tiefere Grund war ein anderer. Viele, zumal lutherische Kirchenführer hatten gegen einen gemäßigten Antisemitismus gar nichts einzuwenden. Politisch konservativ, sympathisierten sie meist mit der Deutschnationalen Volkspartei, der Erbin der konservativen Parteien des Kaiserreiches, die sich in ihrem Programm und ihrer Wahlpropaganda ganz offen zum Antisemitismus bekannte.

Die Judenfeinschaft der DNVP war ähnlich instrumentell wie jene, die der von großagrarischen Interessen dominierte Bund der Landwirte im Kaiserreich gepflegt hatte: Mit Hilfe antisemitischer Parolen sollten städtische und ländliche Mittelschichten vor den Wagen der konservativen Machtelite gespannt werden. Antisemitismus war, so gesehen, ein Stück dessen, was Hans Rosenberg die „Pseudodemokratisierung der Rittergutsbesitzerklasse" genannt hat.[4] Mit den Großagrariern an einem Strang zog der äußerste rechte Flügel der Schwerindustrie, die in der DNVP ebenfalls stark vertreten war. Die Förde-

---

[4] *Hans Rosenberg*, Die Pseudodemokratisierung der Rittergutsbesitzerklasse, in: ders. Machteliten und Wirtschaftskonjunkturen, Göttingen 1978, S. 83–101.

rung, die der führende deutschnationale Politiker Alfred Hugenberg, bis 1925 Vorsitzender des Bergbaulichen Vereins und des Zechenverbandes, dem radikal antisemitischen Deutschvölkischen Schutz- und Trutzbund angedeihen ließ, entsprang einem ähnlichen taktischen Kalkül wie Thyssens und Kirdorfs frühe Unterstützung für die NSDAP: Um die Massen nach rechts zu ziehen, war der Antisemitismus ein willkommenes Mittel.

Typisch für die Großindustrie war diese taktische Linie jedoch nicht. Das Gros hielt, bis 1932 jedenfalls, das Spiel mit dem Antisemitismus für zu riskant, weil es Kräfte freizusetzen drohte, die sich eines Tages auch gegen die bürgerliche Ordnung wenden konnten. Die klassische Unternehmerpartei der Weimarer Republik, Stresemanns Deutsche Volkspartei, hielt sich von offen antisemitischen Parolen in der Regel fern. Auf der anderen Seite wandte sie sich auch nicht gegen die grassierende Judenfeindschaft. Die DVP wollte es weder mit den deutschen Juden noch mit den Judenhassern verderben und ignorierte daher den Antisemitismus tunlichst – eine Haltung, die auch die ihr nahestehende Presse, darunter die „Freiburger Zeitung", die Vorläuferin der heutigen „Badischen Zeitung", an den Tag legte. Die linksliberale DDP, von einem kleineren Teil des Unternehmerlagers und vom jüdischen Bürgertum unterstützt, verteidigte als einzige bürgerliche Partei konsequent die staatsbürgerlichen Rechte der deutschen Juden. Freilich wurde sie seit 1930 immer mehr zur quantité négligeable. Bei den beiden Reichstagswahlen von 1932 erhielt sie jeweils nur noch 1 Prozent der Stimmen. Jüngere Juden, die bislang die DDP (oder die Deutsche Staatspartei, wie sie sich seit 1930 nannte) gewählt hatten, gaben nun vorzugsweise der SPD die Stimme; ältere, vor allem gläubige Juden unterstützten eher das Zentrum.

Aus welchen Schichten kam nun der harte Kern der Antisemiten? Unter den Mitgliedern des 1919 von den Alldeutschen gegründeten Deutschvölkischen Schutz- und Trutzbundes – der größten antisemitischen Vereinigung, die bei ihrem Verbot 1922 180 000 Mitglieder zählte – finden wir Angestellte und Beamte, besonders Lehrer, gefolgt von Angehörigen des selbständigen Mittelstandes wie Kaufleuten, Kleinunternehmern und

Handwerkern. Im Bundesvorstand und in den Führerschaften der Ortsgruppen sind dieselben Gruppen vertreten, außerdem bemerkenswert viele freiberufliche Akademiker, darunter namentlich Ärzte und Rechtsanwälte.

Angestellte und Angehörige des gewerblichen Mittelstandes in den Reihen einer antisemitischen Organisation zu finden, überrascht nicht. Kleine Gewerbetreibende und Kaufmannsgehilfen hatten neben den Bauern schon im späten 19. Jahrhundert die Massenbasis der judenfeindlichen Bewegung gebildet. Antisemitismus und Nationalismus halfen ihnen dabei, sich abzuheben vom internationalen Proletariat – der Klasse, in die sie nicht absinken wollten. Gleichzeitig konnten in die Kampagne gegen die Juden auch die vagen antikapitalistischen Ressentiments dieser Gruppen einfließen. Der Jude, so hieß es in der antisemitischen Propaganda, stehe nicht nur hinter dem internationalen Marxismus, sondern auch hinter dem internationalen Börsenkapital; er ziehe die Fäden der „roten" und der „goldenen Internationale".

Der Niedergang der Antisemitenparteien, eine Folge innerer Zwistigkeiten, mangelnder Effektivität und nicht zuletzt des konjunkturellen Aufschwungs seit Mitte der 1890er Jahre, hatte das politische Gewicht der Judenfeindschaft gemindert, ihm aber nicht den Boden entzogen. Organisationen wie der Bund der Landwirte, der Alldeutsche Verband und die Deutsch-Konservative Partei hielten antijüdische Ressentiments bewußt am Leben. Als während des Krieges Deutschlands Siegesaussichten schwanden, setzte eine verstärkte antisemitische Agitation von rechts ein. Die soziale Zusammensetzung der Mitgliedschaft des Deutschvölkischen Schutz- und Trutzbundes deutet darauf hin, daß die traditionellen Trägerschichten des Antisemitismus auch nach 1918 den Hauptteil seiner Massenbasis stellten.

Aber kann man von der Soziologie der organisierten Antisemiten auf die Mentalität ganzer sozialer Schichten schließen? Auf der einen Seite besteht kein Zweifel, daß gerade in den ersten fünf Jahren der Weimarer Republik Aversionen gegen das vermeintlich „jüdische Berlin" in der deutschen Provinz weit verbreitet waren. Bauern und Handwerker, Kleinhändler, Angestellte und Beamte haben antisemitische Vorurteile, wenn sie sie vor 1918 hatten, in der unmittelbaren Nachkriegszeit gewiß nicht verloren.

Auf der anderen Seite hatte das Scheitern der Antisemitenparteien Spuren hinterlassen. Radikale Judenfeindschaft konnte nicht mehr als Bürgschaft einer wirksamen mittelstandsfreundlichen Politik gelten. Nach dem Krisenjahr 1923 schwand dann allmählich auch jene Angst vor sozialen Umwälzungen, an welche die Antisemiten bis dahin so erfolgreich appelliert hatten. Die Währungsverhältnisse stabilisierten sich; die Sozialdemokratie saß im Reich vom November 1923 bis zum Mai 1928 auf den Bänken der Opposition; Deutschland wurde rein bürgerlich, zeitweilig unter Beteiligung der Deutschnationalen, regiert. Im Frühjahr 1924 schrieb die „Nordwestdeutsche Handwerks-Zeitung", ein weit rechts stehendes Blatt, über die Deutschvölkische Freiheitspartei, die sich 1922 von den Deutschnationalen getrennt und 1924 mit den Nationalsozialisten verbündet hatte, die „Belastung der Partei mit einem fanatischen Antisemitismus" sei „jedenfalls nicht geeignet, die Hoffnung auf sachliche Arbeit zu begründen". Solche Kritik berühre aber nicht die völkische Bewegung. „Man kann nämlich gut völkisch sein und doch einer der bisherigen bürgerlichen Parteien angehören."[5]

Der Deutschnationale Handlungsgehilfen-Verband, 1893 als betont antisemitische Organisation kaufmännischer Angestellter gegründet, legte in der Weimarer Republik ebenfalls Wert auf Distanz zum „Radau-Antisemitismus". An seine Stelle setzte er eine sublimere Form von Antisemitismus: die Abwehr des angeblich übertriebenen jüdischen Einflusses auf das kulturelle Leben in Deutschland. Eine vielgelesene, dem Verband nahestehende Zeitschrift, das von Wilhelm Stapel redigierte „Deutsche

---

[5] Nordwestdeutsche Handwerks-Zeitung v. 27. 3. und 17. 4.; zit. bei *Heinrich August Winkler*, Mittelstand, Demokratie und Nationalsozialismus. Die politische Entwicklung von Handwerk und Kleinhandel in der Weimarer Republik, Köln 1972, S. 160.

Volkstum", gehörte zu den wichtigsten Sprachrohren dieser Spielart von Judengegnerschaft. Bei Handwerkern und Angestellten gab es also fortdauernde Animositäten gegenüber den Juden, aber von einem quantitativ wachsenden und qualitativ sich radikalisierenden Judenhaß kann man nicht sprechen. Seit 1924 läßt sich vielmehr allgemein ein allmähliches Abebben des radikalen Antisemitismus beobachten. Darauf deutet auch die Tatsache, daß die miteinander verbündeten Nationalsozialisten und Deutschvölkischen, die bei den Reichstagswahlen vom Mai 1924 noch 6,5 Prozent der Stimmen erhalten hatten, im Dezember desselben Jahres nur noch auf 3 Prozent kamen. Bei den Reichstagswahlen vom Mai 1928 entfielen auf die NSDAP 2,6, auf den Völkisch-Nationalen Block 0,9 Prozent.

In zwei Gruppen der deutschen Gesellschaft hat es eine wesentliche Abschwächung antisemitischer Tendenzen jedoch höchstwahrscheinlich nicht gegeben. Im Kleinhandel, der sich von den meist in jüdischem Besitz befindlichen Warenhäusern sowie den als „marxistisch" und damit ebenfalls als „verjudet" geltenden Konsumvereinen hart bedrängt fühlte, bewirkte die Angst vor überlegener Konkurrenz eine besonders intensive Judenfeindschaft. Ähnlich sah es bei vielen Akademikern aus. Ihr hoher Anteil an den Führungsgremien des Schutz- und Trutzbundes war durchaus symptomatisch. Der Antisemitismus, der schon im späten 19. Jahrhundert vor allem dank Heinrich von Treitschke salonfähig geworden war, fand nach 1918 im Bildungsbürgertum glühendere Verfechter als in irgendeiner anderen Schicht. Der vielfach bezeugte extreme Antisemitismus von Freikorpsführern illustrierte die Feindbildbedürfnisse von Angehörigen der Bildungsschicht, die durch den Krieg aus dem zivilen Leben herauskatapultiert worden waren und danach das Kriegserlebnis künstlich zu verlängern strebten. Die Juden verkörperten für sie alles, was sie am neuen Deutschland haßten: zersetzende Intellektualität und weichlichen Pazifismus, Parlamentarismus und Klassenkampf, westliche Zivilisation und östlichen Bolschewismus. Beim erwähnten antisemitischen Engagement von Ärzten und Rechtsanwälten liegt eine materielle Erklärung nahe: Sie hatten es mit besonders vielen jüdischen Berufskollegen zu tun und rechneten sich aus, daß es ihnen ohne diese Konkurrenten besser gehen würde. Die allgemeine Antipathie gegenüber den Juden erlaubte es ihnen, den eigentlichen, den egoistischen Beweggrund ihrer Judenfeindschaft zu verdrängen.

Dasselbe Motiv spielte eine ausschlaggebende Rolle bei den Studenten. Auch bei ihnen hatte die „große Depression" der Jahre 1873 bis 1896 einen sozial begründeten Antisemitismus hervorgerufen. Der Verein Deutscher Studenten und der Akademische Turnerbund, beides Gründungen der 1880er Jahre, waren dezidiert antisemitische Organisationen, und bis zum Ersten Weltkrieg hatten die meisten Korporationen wirksame Aufnahmesperren gegen Juden erlassen. Zwischen 1919 und 1921 nahmen sämtliche schlagende Verbindungen „Arierparagraphen" in ihre Satzungen auf: Studenten jüdischer Herkunft durften diesen Vereinigungen nicht angehören. Auf antisemitischem Boden stand auch der Hochschulring Deutscher Art, der Dachverband der rechtsgerichteten Studentengruppen. Angesichts solcher Vorarbeiten fiel es dem Nationalsozialistischen Deutschen Studentenbund nach Ausbruch der Weltwirtschaftskrise nicht schwer, die Mehrheit der deutschen (und österreichischen) Studenten für sich zu gewinnen. Schon 1929 schlossen sich die Studentengemeinschaften in Würzburg, Berlin und Erlangen seiner Forderung an, einen Numerus clausus für Juden einzuführen. Im Juli 1931 übernahm die Studentenorganisation der NSDAP die Herrschaft im Vorstand der Deutschen Studentenschaft.

An den deutschen Universitäten war der Antisemitismus ein Vehikel des nationalsozialistischen Vormarsches. „Der Antisemitismus der Studenten: Das Ergebnis sozialökonomischer Verunsicherung" – so betitelt Michael Kater ein Kapitel seines Buches über die politische Entwicklung der deutschen Studentenschaft in der Weimarer Republik.[6] Die Inflation hatte die Ersparnisse vernichtet, aus denen das Bildungsbürgertum das

---

[6] *Michael, H. Kater*, Studentenschaft und Rechtsradikalismus 1918–1933, Hamburg 1975, S. 145.

akademische Studium seiner Kinder zu finanzieren pflegte. Öffentliche Mittel für Stipendien standen kaum zur Verfügung. Daß die Juden nur ein Prozent der Bevölkerung, aber zwischen vier und fünf Prozent der Studenten, in Berlin und Frankfurt (Main) sogar über zehn Prozent stellten, daß sie in manchen akademischen Berufen besonders stark vertreten waren, das hat schon vor dem „großen Krach" von 1929 starke Neidgefühle unter den nichtjüdischen Studenten genährt. Antisemitismus wurde immer mehr zum Reflex der Angst vor sozialem Abstieg. Die Weltwirtschaftskrise trieb das Ressentiment zum Exzeß – auch im wörtlichen Sinn von antijüdischen Ausschreitungen innerhalb und außerhalb der Hörsäle. Der nationalsozialistische Deutsche Studentenbund konnte sich des Beifalls sicher sein, als er 1932 die Parole ausgab: „Auch du, nichtjüdischer Student, weißt nicht, ob du zu den 100 000 stellungslosen Akademikern gehören wirst … Wir nichtjüdischen Studenten wollen später wirtschaftlich unabhängig sein von der Vorherrschaft des Judentums in den akademischen Berufen."[7]

Die Professoren traten dem sozial motivierten rassischen Antisemitismus der Studentenschaft nur selten entgegen. In Freiburg scheint der katholische Dogmatiker Engelbert Krebs der einzige gewesen zu sein, der dies – im Juni 1932 – mit deutlichen Worten tat. Bezeichnenderweise kritisierte er zugleich aber die negative Rolle, die die Juden aus seiner Sicht in liberalen und sozialistischen Bewegungen spielten. Vermutlich dachten die meisten seiner Kollegen in dieser Hinsicht nicht viel anders. Offen antisemitische Äußerungen vom Katheder waren vor 1933 zwar nicht häufig, aber die Mentalität des sozialen Boykotts war unter Universitätslehrern weit verbreitet. Selbst ein liberaler „Vernunftrepublikaner" wie der Historiker Friedrich Meinecke hat aus seiner Abneigung gegen das vermeintliche jüdische Wesen kein Hehl gemacht. Nicht minder typisch war wohl, daß er individuelle Ausnahmen zuließ und einzelnen Juden, etwa in seinem Schülerkreis, Wohlwollen entgegenbrachte.

---

[7] Ebd., S. 148.

Um auch diesen Abschnitt thesenhaft zusammenzufassen: Antisemitische Ressentiments gab es, mit der faktischen Ausnahme der sozialistischen Arbeiterschaft, in allen Schichten der deutschen Gesellschaft. Im Zeichen der relativen wirtschaftlichen und politischen Stabilisierung nach 1924 verlor der aggressive Antisemitismus der radikalen Rechten an populärer Resonanz. Aber weit verbreitet blieb ein sich kulturell gebender Antisemitismus. Seine Vertreter, darunter vielgelesene Schriftsteller, sahen im modernen Judentum zersetzende Intelligenz und dekadente Großstadtzivilisation, ja oft die Modernität schlechthin verkörpert und lehnten darum die Juden als „artfremd" ab. Die prominente und oft betonte progressive Rolle, die Juden im kulturellen Leben spielten, machte sie zur bevorzugten Zielscheibe konservativer Kulturkritik. Das Bildungsbürgertum und die Studenten stellten mehr noch als im Kaiserreich die soziale Vorhut des Antisemitismus. Dem gesellschaftlichen Aufstieg der deutschen Juden entsprach mithin die gesellschaftliche Anhebung des Antisemitismus. Das Hauptmotiv des akademischen Antisemitismus, das durch alle ideologischen Verbrämungen – auch die kulturelle – hindurchschimmerte, war die Abneigung gegen die jüdische Konkurrenz im eigenen Milieu.

Nationalsozialismus und Antisemitismus

Meine dritte und letzte Frage lautet: Welche Rolle spielte der Antisemitismus beim Aufstieg des Nationalsozialismus? Ich nehme die Antwort in Form einer These vorweg: Für die Binnenintegration der nationalsozialistischen Bewegung war der Antisemitismus entscheidend; bei der Mobilisierung von Wählern stand er dagegen weniger im Vordergrund.

Hitler hat offenbar in der zweiten Hälfte der zwanziger Jahre richtig erkannt, daß er mit judenfeindlichen Parolen nicht jene Massen gewinnen konnte, die er brauchte, wenn er auf „legalem" Weg die Macht erobern wollte. In Hitlers Wahlkundgebungen und in den großen Wahlmanifesten der NSDAP von

1930 bis 1932 wurden Versailles und die „Novemberverbrecher", das internationale Bank- und Börsenkapital, der Marxismus und die bürgerlichen Parteien angeprangert – aber ausdrücklich war von den Juden nicht allzuoft die Rede. Anders bei Aufrufen an bestimmte soziale Gruppen, deren antisemitische Neigungen bekannt waren. In der Mittelstandswerbung etwa fehlte selten der Hinweis auf die jüdischen Warenhäuser, die der Nationalsozialismus liquidieren werde. Einen zentralen Platz nahm der Kampf gegen das Judentum aber immer dann ein, wenn die nationalsozialistische „Bewegung" der Adressat war.

Tatsächlich ist es durchaus zweifelhaft, ob die Weltwirtschaftskrise bei den breiten Massen eine „spontane" antisemitische Welle ausgelöst hat. Es gab zwischen 1930 und 1932 eine Reihe von antijüdischen Ausschreitungen, aber sie gingen alle auf das Konto von Nationalsozialisten. Aufrufe zum Boykott jüdischer Geschäfte wurden vor 1933 *nicht* befolgt. Da die Sozialdemokratie seit März 1930 an der Regierung im Reich nicht mehr beteiligt war, ließ sich gegen die staatliche Führung viel schwerer als in den ersten Jahren nach 1918 der Vorwurf erheben, sie sei „verjudet". Nur bei Gruppen, die eine *spezifische* Konkurrenzfurcht vor den Juden hatten – dazu gehörten fertige und werdende Akademiker, aber auch Kleinhändler –, dürfte die Wendung zum Nationalsozialismus vielfach durch den Antisemitismus bewirkt worden sein. Für das Gros der Gesellschaft gilt, daß eher der Nationalsozialismus dem Antisemitismus Auftrieb gab als umgekehrt. Eva Reichmanns Urteil erscheint insofern prinzipiell zutreffend: „Wenn also der Erfolg der NSDAP ein so getreues Bild der wirtschaftlichen Lage, nicht aber der Judenfrage war, so beweist das, daß im Nationalsozialismus in erster Linie ein Ausweg aus der Krise gesucht wurde. Die antisemitische Propaganda wurde wohl hingenommen, aber der Antisemitismus bildete nicht den Ausgangspunkt für die politischen Entscheidungen der Wähler."[8]

---

[8] *Eva G. Reichmann*, Flucht in den Haß. Die Ursachen der deutschen Judenkatastrophe, Frankfurt a. M. o. J., S. 277.

Die Hinnahme der antisemitischen Propaganda zeigt freilich auch, wie sehr sich die deutsche Gesellschaft an judenfeindliche Parolen gewöhnt hatte. Vorurteile gegen die Juden waren zu jener Zeit in vielen Ländern, und zwar nicht nur in den traditionell antisemitischen Ländern Osteuropas, sondern auch in den westlichen Demokratien weit verbreitet. Aber dort, wo die Demokratie eine lange Tradition und ein breites soziales Fundament hatte, konnte ihre Abschaffung kein populäres Programm werden. Radikale Judengegner hatten in solchen Gesellschaften wenig Chancen, mit judenfeindlichen Forderungen Politik zu machen und eine antidemokratische Massenbewegung auf die Beine zu bringen. Zudem gab es auch in den Führungsschichten starke liberale Gegengewichte gegen totalitäre und rassistische Kräfte. Das war in Amerika nicht anders als in England und, mit Einschränkungen, in Frankreich. Im Deutschland der späten Weimarer Republik fehlte dieses liberale Korrektiv fast völlig. Das war eine Hypothek des deutschen Obrigkeitsstaates, und dieser Sachverhalt muß auf unser Urteil über das Kaiserreich zurückwirken. Gewiß darf man diese Epoche der deutschen Geschichte nicht nur aus dem Blickwinkel von 1933 und nicht losgelöst aus dem zeitgenössischen europäischen Zusammenhang betrachten. Aber die Position der feudal-militärischen Herrschaftsschicht Preußens war ein deutsches Spezifikum, zu dem es in den industriell fortgeschrittenen Staaten des Westens keine Parallele gab und das lange über 1918 hinaus fortwirkte. Das gilt nicht nur für den unmittelbaren Einfluß, den diese Gruppe auf die Staatsgewalt – vor 1918 und dann wieder seit Hindenburgs Wahl zum Reichspräsidenten 1925 – ausübte, sondern auch für ihre Rolle als Verbündeter aller antidemokratischen Kräfte von rechts. Kein anderer Teil der deutschen Oberschicht hat so geschlossen und aktiv an der Zerstörung der Weimarer Republik und für die Machtübertragung an Hitler gearbeitet wie die ostelbischen Rittergutsbesitzer.

Aber selbst ein scheinbar so fortschrittliches Element im politischen System des Kaiserreiches wie das allgemeine Wahlrecht hatte durchaus ambivalente Wirkungen. Es ermöglichte auf der einen Seite den Aufstieg der Sozialdemokratie, auf der anderen trug es erheblich dazu bei, daß es 1918/19 keinen radikalen Bruch mit den Kräften des Obrigkeitsstaates gab. Die Erfahrung von einem halben Jahrhundert allgemeinen Wahlrechts ließ den meisten Deutschen, auch der großen Mehrheit der Arbeiter, jede Art von revolutionärer Diktatur als Rückschritt erscheinen. Die Tradition des allgemeinen gleichen Wahlrechts erklärt aber auch, weshalb in Kaiserreich und Republik diejenigen Gegner westlicher Demokratie den größten Erfolg hatten, die sich am besten auf die Mobilisierung von Massen verstanden – Kräften also wie der Bund der Landwirte, die Deutsche Vaterlandspartei und schließlich, alle Vorbilder weit übertreffend, die Nationalsozialisten, die bewußt demokratische Techniken zur Verfolgung antidemokratischer Zwecke einsetzten.

Die konservativen Cliquen, die Hitler im Januar 1933 zur Kanzlerschaft verhalfen, vertrauten darauf, seine antisemitischen Parolen seien nicht so ernst gemeint, wie sie klangen. Aber für Hitler war, anders als für viele Agitatoren der konservativen Rechten, die Judenfeindschaft niemals Mittel zum Zweck, sondern immer Selbstzweck. Daß er aus seinem Feindbild die letzte tödliche Konsequenz ziehen konnte, das ermöglichten ihm nicht die „Radau-Antisemiten" aus NSDAP und SA, sondern der elitäre „Orden" des Nationalsozialismus, die SS, in deren höheren Rängen es außerordentlich viele Akademiker gab. Das Bildungsbürgertum blieb über den 30. Januar 1933 hinaus die Schicht, aus der sich die Vorhut des deutschen Antisemitismus rekrutierte.

Gewiß, weder das Bildungsbürgertum noch irgendeine andere Schicht der deutschen Gesellschaft hat vor 1933 gewollt, was im Zweiten Weltkrieg mit den Juden geschah. Wer antisemitische Ressentiments hatte, dachte gemeinhin nicht an die umfassende bürgerliche Entrechtung, geschweige denn an die physische Vernichtung der Juden, sondern wäre wohl mit einer sichtbaren Zurückdrängung des jüdischen Einflusses zufrieden gewesen. Aber diese breite Strömung trug eben auch die Minderheit der rabiaten Judenfeinde, während die prinzipiellen

Gegner rassischer Diskriminierung gegen den Strom schwammen. So gilt denn auch schon für die Zeit vor 1933, was Kurt Tucholsky im Dezember 1935 – wenige Monate nach der Verabschiedung der Nürnberger Gesetze – an Arnold Zweig schrieb: „... ein Land ist nicht nur das, was es *tut* – es tut auch das, was es verträgt, was es duldet."[9]

Literaturhinweise

Walter Grab / Julius H. Schoeps (Hrsg.), Juden in der Weimarer Republik, Stuttgart 1986.

Ernest Hamburger, Jews, Democracy and Weimar Germany, New York 1972.

Hans-Helmut Knütter, Die Juden und die deutsche Linke in der Weimarer Republik 1918–1933, Düsseldorf 1971.

Uwe Lohalm, Völkischer Radikalismus. Die Geschichte des Deutschvölkischen Schutz- und Trutzbundes 1919–1923, Hamburg 1970.

Trude Maurer, Ostjuden in Deutschland 1918–1933, Hamburg 1986.

Werner E. Mosse (Hrsg.), Deutsches Judentum in Krieg und Revolution 1916–1923, Tübingen 1971.

Ders. (Hrsg.), Entscheidungsjahr 1932. Zur Judenfrage in der Endphase der Weimarer Republik, Tübingen 1965.

Donald L. Niewyk, Socialist, Anti-Semite and Jew. German Social Democracy Confronts the Problem of Anti-Semitism, Baton Rouge 1971.

Ders., The Jews in Weimar Germany, Manchester 1980.

Reiner Pommerin, Die Ausweisung von „Ostjuden" aus Bayern 1923. Ein Beitrag zum Krisenjahr der Weimarer Republik, in: Vierteljahrshefte für Zeitgeschichte 34 (1986), S. 311–340.

Eva G. Reichmann, Flucht in den Haß. Die Ursachen der deutschen Judenkatastrophe, Frankfurt a. M. o. J.

Monika Richarz (Hrsg.), Jüdisches Leben in Deutschland. Selbstzeugnisse zur Sozialgeschichte 1918–1945, Stuttgart 1982.

---

[9] *Kurt Tucholsky*, Ausgewählte Briefe 1913–1935, Reinbek 1962, S. 336.

V
Vom Antisemitismus zum Völkermord
Die NS-Judenverfolgung

Wolfgang Benz

Die Juden im Dritten Reich

Die deutschen Juden und der Nationalsozialismus – Selbstverständnis und Bedrohung

Zum Zeitpunkt der nationalsozialistischen Machtübernahme lebten im Deutschen Reich etwas mehr als eine halbe Million Menschen, die sich zum Judentum bekannten und sich als religiöse Minderheit – sie machten 0,76 Prozent der Gesamtbevölkerung aus – verstanden. Zur Besonderheit dieser Minorität gehörte, daß sie in einigen Berufen überproportional häufig vertreten war, vor allem in den Sparten Handel (darunter Makler und Bankiers), in den Berufsgruppen der Ärzte und Rechtsanwälte und in künstlerischen und kulturwissenschaftlichen Berufen. Das hatte lange zurückliegende soziale und politische Gründe, an denen die Juden selbst die geringste Schuld hatten; die daraus erwachsenden Ressentiments heizten den Antisemitismus an. Die traditionelle Judenfeindschaft mit ihren lange über die formelle bürgerliche Gleichstellung der Emanzipationszeit hinaus wirksamen gesellschaftlichen Diskriminierungen scherte sich ja nicht darum, was Ursache, was Wirkung war. Ebenso war es den Antisemiten wenig wichtig, wie die Juden als kulturelle und religiöse Minderheit in Deutschland tatsächlich lebten; ihnen war nur an der Zeichnung eines Zerrbildes gelegen, das eine allem Deutschen feindlich gesonnene, Wucher und Schacher treibende Schar fremdartiger Schmarotzer zeigte, das sich als politisches Instrument gebrauchen ließ.[1]

---

[1] Zum Antisemitismus als Vorgeschichte der nationalsozialistischen Judenpolitik und ihren Wirkungen zusammenfassend am besten: *Hermann Graml*, Reichskristallnacht. Antisemitismus und Judenverfolgung im

Schlimmer als die auf bewußter Karikatur oder absichtsvollem Mißverständnis beruhende Konkretisierung des Jüdischen in der nationalsozialistischen Propaganda waren freilich die Verschwörungstheorien, die auf sozialem Neid aufbauten und die die – keineswegs in der Überzahl befindlichen – wohlsituierten Juden zum Ausgangspunkt nahmen, um Machenschaften eines „Weltjudentums" gegen „die Deutschen" zu unterstellen. Das war insbesondere bei Kleinbürgern und verarmten Angehörigen des Mittelstandes wirksam, weil es simple Erklärungsmuster lieferte – z. B. für die kaum zu durchschauenden Ursachen der ökonomischen Katastrophe der Inflation von 1923. Der Jude habe „es gewagt, dem deutschen Volk den Krieg zu erklären. Er betreibt in der ganzen Welt mit Hilfe der in seinen Händen befindlichen Presse einen groß angelegten Lügenfeldzug gegen das wieder national gewordene Deutschland", hieß es im Aufruf zur Massenkundgebung auf dem Münchner Königsplatz am Vorabend des Boykotts der jüdischen Geschäfte und Unternehmungen, die für den 1. April 1933 angesetzt war. [2] Darin waren die wesentlichen Ressentiments zusammengefaßt.

Weniger primitiv, aber nicht weniger falsch war der andere Vorwurf an die Adresse der deutschen Juden, sie lebten in einer doppelten Loyalität, nämlich zuerst als Juden, dann als Deutsche. Genauso unrichtig war die Behauptung, die jüdische Minderheit in Deutschland sei eine soziologisch, kulturell, poli-

---

Dritten Reich, München 1988; s. a. *Herbert A. Strauss / Norbert Kampe* (Hrsg.), Antisemitismus. Von der Judenfeindschaft zum Holocaust, Bonn 1985; *Hermann Greive*, Geschichte des modernen Antisemitismus in Deutschland, Darmstadt 1983. Zur nationalsozialistischen Intention vgl. immer noch das Standardwerk: *Uwe Dietrich Adam*, Judenpolitik im Dritten Reich, Düsseldorf 1972.

[2] Abgedruckt in: *Wolfgang Benz* (Hrsg.), Die Juden in Deutschland 1933–1945. Leben unter nationalsozialistischer Herrschaft, München 1988. Der Band versteht sich als Gesamtdarstellung der sozialen und kulturellen Geschichte der Juden in Deutschland, die nicht aus der Perspektive der Verfolger geschrieben ist. Verwiesen werden muß aber auch auf den Sammelband des Leo-Baeck-Instituts, der die Ergebnisse einer Konferenz (Berlin 1985) und damit den Stand der Forschung zusammenfaßt: *Arnold Paucker / Sylvia Gilchrist / Barbara Suchy* (Hrsg.), Die Juden im nationalsozialistischen Deutschland, Tübingen 1986.

tisch und geistig geschlossene Gruppe mit gleichartigen Überzeugungen, Verhaltensweisen und Reaktionen auf die Bedrohungen, die in der NS-Propaganda zum Ausdruck kamen.

Mit der „nationalen Erhebung" war Anfang 1933 der Antisemitismus in seiner schlimmsten Spielart die offiziell herrschende Lehre geworden. Der Antisemitismus wurde zur Konsolidierung der neu etablierten Herrschaft benutzt und planmäßig angewendet zur moralischen Diskreditierung, sozialen Diffamierung und rechtlichen Diskriminierung der jüdischen Minderheit in Deutschland.

Für den gebildeten deutschen Juden war es in den ersten Wochen nach der Machtübernahme Hitlers einfach nicht denkbar, daß bürgerliche Rechte und wirtschaftliche Existenz der deutschen Juden durch den Nationalsozialismus zerstört werden könnten, von Schlimmerem ganz zu schweigen. Die von der NSDAP Ende März angekündigte und am 1. April 1933 in Szene gesetzte Boykottaktion brachte für die Juden nach den Wochen bangen Ahnens das erste tiefe Erschrecken und das erste Signal, daß die Nationalsozialisten bei den gewohnten Deklamationen ihres Antisemitismus nicht stehenbleiben würden. Das hätten die Juden zumindest gehofft, bis die NSDAP die „Greuelpropaganda" der ausländischen jüdischen Presse (von der sich jüdische Organisationen in Deutschland verzweifelt distanzierten) zum Vorwand nahmen, um den Juden und gleichzeitig auch den mehrheitlich nicht besonders antisemitisch eingestellten Nichtjuden die Grundlinien der künftigen offiziellen Judenpolitik zu demonstrieren.

Die Proteste und Verwahrungen, die Ende März von jüdischen Offiziellen verfaßt wurden, bestanden aus einer Mischung von feierlicher Zurückweisung der „ungeheuerlichen Anschuldigungen, die gegen uns deutsche Juden erhoben werden", entschiedener Distanzierung von der ausländischen Presse, die mit ihrer Berichterstattung über die Judenpolitik der Hitlerregierung den Anlaß bot, und Appellen an Anstand und Vernunft. In keinem der Dokumente, die Regierungsstellen auf allen Ebenen bis hinauf zur Reichskanzlei zugestellt oder in der jüdischen Presse veröffentlicht wurden, fehlte der

Hinweis auf die 12 000 jüdischen Opfer im Ersten Weltkrieg. Der „Reichsbund jüdischer Frontsoldaten", nach dem Ersten Weltkrieg gegründet und betont nationalbewußt auftretend, beschwor in einer Sondernummer seiner Verbandszeitschrift „Der Schild" im August 1933 das Recht der deutschen Juden, als gleichberechtigte Bürger des Deutschen Reiches zu leben, und im Oktober 1933 gab es zum Beweis der Gesinnung des Reichsbundes eine patriotische Zustimmungsadresse zum Austritt Deutschlands aus dem Völkerbund.

Die Erkenntnis, daß die Basis jüdischen Lebens in Deutschland verloren ging, war im Frühjahr 1933 noch nicht besonders verbreitet. Der Schock der Boykottaktion stärkte freilich die Autorität der Zionisten, die – je radikaler sich das NS-Regime gab und je bedrohlicher die Situation für die Juden in Deutschland wurde, desto größere Überzeugungskraft wuchs ihnen zu – sich darauf berufen konnten, mit ihrer Propaganda zur Stärkung des jüdischen Selbstbewußtseins und zur Gründung einer eigenen Nation auf palästinensischem Boden auf dem richtigen Wege zu sein, und zwar schon seit langer Zeit. Die Leitartikel in der „Jüdischen Rundschau", die zur Erneuerung des Judentums aufriefen, gaben in der Folgezeit auch vielen Nichtzionisten moralischen Halt. Unter dem Titel „Ja-Sagen zum Judentum" wurde konstatiert, das Gemeinschaftsgefühl unter Juden sei stärker geworden. Jüdische Menschen, die vor kurzem noch achtlos und gleichgültig aneinander vorbeigegangen seien, seien einander nähergekommen: „Man empfindet den Juden als Schicksalsgenossen, als Bruder. Jüdische Menschen können wieder miteinander sprechen." Das darf nicht zur Annahme verleiten, „die Juden" in Deutschland hätten nun eine weltanschaulich und politisch geschlossene Bevölkerungsgruppe gebildet. Im Gegenteil: Den Anhängern der „Zionistischen Vereinigung für Deutschland" – zahlenmäßig waren sie nicht sehr bedeutend – wurde von der Interessenvertretung der auf Assimilation Bedachten, dem mitgliederstarken „Central-Verein deutscher Staatsbürger jüdischen Glaubens", vorgeworfen, Gruppenisolation und die „Rückkehr ins Ghetto" zu betreiben.

Weitere Gegensätze gab es im religiösen Bereich, zwischen (den wenigen) orthodoxen, den konservativen und den religiös liberalen Juden; die Mehrheit bildeten die Indifferenten, die, ähnlich vielen Christen, zwar an etlichen äußeren Bräuchen festhielten, die hohen Feiertage beachteten, im übrigen aber ihren Alltag nicht mehr von der Religion bestimmen ließen.

Die äußere Bedrohung erzwang dann die Einigung der verschiedenen politischen Richtungen. Das Ziel war ab Frühjahr 1933 die Errichtung eines Dachverbandes, der politisch alle jüdischen Organisationen repräsentieren, kulturell jüdisches Selbstbewußtsein festigen und im sozialen Bereich wirtschaftliche Hilfe allen denen leisten sollte, die sie benötigten, weil sie Juden waren. Mit der Gründung des „Zentralausschusses für Hilfe und Aufbau" im April 1933 wurde auf wirtschaftlichem und sozialem Gebiet der Anfang gemacht. Alle wichtigen jüdischen Organisationen waren vertreten, der Central-Verein, die Zionistische Vereinigung für Deutschland, der Preußische Landesverband jüdischer Gemeinden, die Jüdische Gemeinde Berlin, der Jüdische Frauenbund und die orthodoxe Landesorganisation der Agudas Jisroel. Dem Zentralausschuß präsidierte der prominente Rabbiner Leo Baeck, die Richtung bestimmten Jüngere wie der Generalsekretär Max Kreutzberger, der freilich schon 1935 nach Palästina auswanderte, Salomon Adler-Rudel, der 1936 aus Deutschland ausgewiesen wurde, und Friedrich Brodnitz, der 1937 in die USA emigrierte. Sein Nachfolger Paul Eppstein wurde 1944 in Theresienstadt ermordet. Der Zentralausschuß bildete in den sechs Jahren, die ihm bis 1938/39 blieben, ein eindrucksvolles und alle Lebensbereiche umfassendes Selbsthilfewerk, finanziert von den jüdischen Gemeinden im Deutschen Reich, aber auch großzügig subventioniert von ausländischen Hilfsorganisationen wie dem American Joint Distribution Committee und dem Central British Fund und gespeist aus den Sammlungserträgen der „Jüdischen Winterhilfe"[3].

---

[3] *Günter Plum*, Deutsche Juden oder Juden in Deutschland? in: W. Benz (s. Anm. 2), S. 35–74; *Wolf Gruner*, Die Berichte über die Jüdische Winter-

Arbeit gab es genug in Reaktion auf die fortschreitende ökonomische und soziale Diskriminierung der Juden in Deutschland. So erhielt der Bereich Bildung und Erziehung nach dem Erlaß der Nürnberger Gesetze größere Bedeutung, da mit einem eigenen jüdischen Schulwerk nicht nur jüdische Gemeinschaft und jüdisches Bewußtsein, sondern gleichzeitig die Auswanderungsfähigkeit durch Hinführung zu praktischen Berufen und durch Unterricht in Hebräisch gefördert wurden. Auswanderungsvorbereitungen und die Hilfe für Auswanderungswillige spielten naturgemäß eine große Rolle, aber auch die Maßnahmen zur Berufsumschichtung, das heißt die Vermittlung von meist manuellen Kenntnissen und Fähigkeiten, mit denen sich die aus ihren Berufen Verdrängten – etwa die aus dem öffentlichen Dienst, im Bereich der Presse usw. Entlassenen oder die brotlos gewordenen Freiberufler – die künftige Existenz sichern sollten. Die ganze Skala der Wohlfahrtspflege und Wirtschaftshilfe mußte, da ja die jüdischen Deutschen zunehmend aus dem öffentlichen System der sozialen Sicherung ausgegrenzt wurden, vom „Zentralausschuß für Hilfe und Aufbau" übernommen werden, und das angesichts der rapide zunehmenden Verarmung der deutschen Juden. Darlehenskasse, Arbeitsvermittlung, Wirtschaftshilfe für besondere Berufsgruppen, Gesundheitsfürsorge, Altenpflege, Anstaltswesen, Kriegsopferfürsorge bildeten im Organisationsplan die wichtigsten Positionen. Die Leistungen waren bewundernswert, und sie demonstrierten Selbstbehauptungskraft und Solidarität in einer von Tag zu Tag bedrohlicher werdenden Umgebung.[4]

Nicht weniger bewunderungswürdig waren die Anstrengungen im kulturellen und geistigen Leben, die der „Kulturbund Deutscher Juden" ab Mitte Juli 1933 unternahm. Die Kulturor-

hilfe von 1938/39 bis 1941/42. Dokumente jüdischer Sozialarbeit zwischen Selbstbehauptung und Fremdbestimmung nach dem Novemberpogrom, in: Jahrbuch für Antisemitismusforschung 1 (1992), S. 307–341.

[4] *Clemens Vollnhals*, Jüdische Selbsthilfe bis 1938, in: Benz (s. Anm. 2), S. 314–412.

ganisation, als deren Protagonisten Kurt Singer (Arzt und Musiker und bis Frühjahr 1933 Intendant der Städtischen Oper Berlin), der junge Regisseur Kurt Baumann, der Musikkritiker Julius Bab und viele andere mit Hingabe wirkten, hatte auch eine soziale Funktion, nämlich die der Künstlerhilfe, um entlassenen jüdischen Musikern, Schauspielern und anderen Künstlern Arbeit und Publikum zu bieten. Dem Selbstverständnis nach war der Kulturbund Deutscher Juden (ab 1935, als sich die Juden nicht mehr deutsch nennen durften, hieß er „Reichsverband der Jüdischen Kulturbünde Deutschlands", und von 1938 bis 1941 firmierte er noch unter dem Namen „Jüdischer Kulturbund in Deutschland") aber eine Demonstration selbstbewußten und sich – wenigstens im Geistigen – selbst behauptenden deutschen Judentums. Bei allem programmatischen Streit, der die kurze Geschichte des Kulturbunds durchzog, war diese Organisation auch die wichtigste Bastion deutsch-jüdischer Assimilation.[5]

Der Kulturbund war eine Mitgliederorganisation, und die Zugehörigkeit bedeutete für viele deutsche Juden die einzige Möglichkeit, an irgendeiner Form kulturellen Gemeinschaftslebens teilzunehmen, nachdem ihnen Mitwirkung und Teilhabe am deutschen Kulturbetrieb verwehrt worden war. Die Möglichkeit bot sich freilich vor allem in Berlin und den großen Städten des Deutschen Reiches. Und es war ein kulturelles Ghetto, in dem die Juden Entspannung und Trost suchten.[6]

Das schwierigste Problem der Selbstdarstellung des deutschen Judentums bildete der ebenso dringende wie unter dem Druck der Verhältnisse eilig und im letzten Moment vollzogene Bau eines gemeinsamen Daches über den politisch, soziologisch und religiös so verschiedenen Organisationen, Richtungen und Gruppierungen. Dem Zusammenschluß der

---

[5] *Volker Dahm*, Kulturelles und geistiges Leben, in: Benz (s. Anm. 2), S. 75–267.
[6] *Herbert Freeden*, Jüdisches Theater in Nazideutschland, Frankfurt a. M., Berlin, Wien 1985.

Verbände und Organisationen, der es der deutschen Judenheit ermöglicht hätte, schon vor Hitlers Machtantritt mit einer Stimme zu sprechen, hatten vielfältige Hindernisse entgegengestanden, nicht nur die religiösen Gegensätze zwischen der Orthodoxie, den liberalen, den konservativen Gemeinden, auch das föderalistische Bewußtsein der süddeutschen Landesverbände, das mit den Organisationsvorstellungen des „Preußischen Landesverbands jüdischer Gemeinden" kollidierte, die unterschiedlichen und stets vehement gegeneinander artikulierten Interessen der großen Verbände, nämlich des Central-Vereins deutscher Staatsbürger jüdischen Glaubens und der Zionistischen Vereinigung für Deutschland, aber auch des besonderen Standpunktes des mitgliederstarken Reichsbundes jüdischer Frontsoldaten, die kleineren Gruppierungen bis hin zu den Sekten gar nicht gerechnet.

Im September 1933 war die Einigung erzielt, und Präsident Baeck veröffentlichte das Programm der „Reichsvertretung der deutschen Juden". Im wesentlichen sah er drei Aufgaben, nämlich Erziehung im Geiste des Judentums in Schule und Beruf, Sicherung der wirtschaftlichen Existenz und Förderung der Auswanderung aus Deutschland.[7]

Bis 1943 hat die „Reichsvertretung der deutschen Juden" (ab 1935 unter der geänderten Bezeichnung „Reichsvertretung der Juden in Deutschland") die Belange der deutschen Juden vertreten, nach dem Novemberpogrom 1938 nicht mehr als frei gewählte Körperschaft, sondern als vom nationalsozialistischen Herrschaftsapparat verordnete und eingesetzte „Reichsvereinigung der Juden in Deutschland". Aber auch in dem von der Sicherheitspolizei ernannten Vorstand blieben (mit Leo Baeck als Vorsitzendem) vier Männer der Einigungsstunde von 1933. Durch Auswanderung und Verhaftung dezi-

---

[7] *Otto D. Kulka*, Die Reichsvereinigung und jüdisches Schicksal, 1938/9–1942. Kontinuität oder Diskontinuität in deutsch-jüdischer Geschichte im Dritten Reich, in: Paucker / Gilchrist / Suchy (s. Anm. 2), S. 353–363; *Herbert A. Strauss*, Jüdische Selbstverwaltung innerhalb der Schranken nationalsozialistischer Politik – Gemeinden und Rechtsvertretung in: ebd., S. 125–152.

miert, durch immer neue Schikanen der Gestapo diskriminiert, arbeitete die Reichsvereinigung bis zum 10. Juni 1943. An diesem Tag wurde sie von der Gestapo geschlossen, und die letzten Mitarbeiter, Leo Baeck unter ihnen, wurden nach Theresienstadt deportiert. Die schlimmste Diskriminierung hatte schließlich darin bestanden, daß die Repräsentanz des deutschen Judentums ab 1935 in fortschreitendem Maße auch dazu mißbraucht wurde, bei der nationalsozialistischen Judenverfolgung erzwungene administrative Hilfsdienste zu leisten. Die Haltung der Juden erschöpfte sich zwar nicht in der Hinnahme der nationalsozialistischen Maßnahmen, aber die Möglichkeiten zur Behauptung und zum Widerstand waren gering, und sie nahmen – auch wegen der schwindenden Bereitschaft zur Solidarität der Nichtjuden – im Laufe der Zeit stetig ab.[8]

Ausgrenzung und Diskriminierung als erste Phase nationalsozialistischer Politik 1933 bis 1939

Schon zwei Monate nach der Machtübernahme hatte die Hitler-Regierung im April 1933 das „Gesetz zur Wiederherstellung des Berufsbeamtentums" erlassen. Das Gesetz bezweckte genau das Gegenteil von dem, was die Bezeichnung vortäuschte, denn es diente als Handhabe zur Entfernung politischer Gegner aus dem öffentlichen Dienst, und betroffen waren auch alle Beamten jüdischer Herkunft. Hinzu kam, daß der „Arierparagraph" sinngemäß in der Folgezeit auch in berufsständischen Vereinigungen und allen möglichen anderen Organisationen angewendet wurde: Juden wurden damit ausgegrenzt.

Ebenfalls im April 1933 wurde mit einem „Gesetz gegen die Überfüllung der deutschen Schulen und Hochschulen" der jü-

---

[8] *Konrad Kwiet / Helmut Eschwege*, Selbstbehauptung und Widerstand. Deutsche Juden im Kampf um Existenz und Menschenwürde 1933–1945, Hamburg [2]1986.

dische Anteil in den Bildungsanstalten begrenzt, das war die Vorstufe der Ausschaltung. Im Oktober 1933 wurden Juden mit Hilfe des „Schriftleitergesetzes" aus den Presseberufen entfernt. Im Mai 1935 wurden alle Juden vom Wehrdienst ausgeschlossen, und im September 1935 wurden die „Nürnberger Gesetze" erlassen. Das erste von ihnen, das „Reichsbürgergesetz", machte die deutschen Juden zu Bürgern zweiter Klasse, und das andere, das „Gesetz zum Schutz des deutschen Blutes und der deutschen Ehre", verbot u. a. die Eheschließung zwischen Juden und Nichtjuden (außereheliche sexuelle Beziehungen wurden von nun an als „Rassenschande" geächtet und drakonisch bestraft).[9] Die Nürnberger Gesetze waren an sich schlimm genug, sie bildeten aber auch die Handhabe zu weiterer Diskriminierung. Vor allem das Reichsbürgergesetz diente mit zahllosen Ausführungsbestimmungen und Durchführungsverordnungen bis zum Ende der NS-Herrschaft immer wieder aufs neue zur Beschränkung der Rechte der jüdischen Minderheit.

Ab März 1936 gab es für kinderreiche jüdische Familien keine Beihilfe mehr, im Oktober 1936 wurde es jüdischen Lehrern verboten, Privatunterricht an Nichtjuden zu erteilen. Damit verloren die Betroffenen meist die letzte Einnahmequelle, die sie nach dem Berufsverbot im Staatsdienst noch gehabt hatten. Ab April 1937 durften Juden an Universitäten nicht mehr den Doktortitel erwerben, im September 1937 verloren alle jüdischen Ärzte die Krankenkassenzulassung, im Juli 1938 auch die Approbation, das heißt die Erlaubnis zur Berufsausübung, das gleiche Schicksal traf wenig später die Rechtsanwälte und andere Berufsgruppen.

Ende April 1938 waren alle Juden gezwungen worden, ihr

---

[9] Vgl. *Hans Robinsohn*, Justiz als politische Verfolgung. Die Rechtsprechung in „Rassenschandefällen" beim Landgericht Hamburg 1936–1943, Stuttgart 1977, dort weitere Literatur zur strafrechtlichen Relevanz der Nürnberger Gesetze sowie die einschlägigen zeitgenössischen juristischen Kommentare; vgl. auch *Bernhard Lösener*, Als Rassereferent im Reichsministerium des Innern. Dokumentation, in: Vierteljahrshefte für Zeitgeschichte 9 (1961), S. 262–313.

Vermögen zu deklarieren, im Mai wurden Juden von der Vergabe öffentlicher Aufträge ausgeschlossen, im Juli wurde eine besondere Kennkarte für Juden eingeführt, im August erging die Verordnung zur Führung der zusätzlichen Zwangsvornamen Sara bzw. Israel, als weitere Brandmarke wurde Anfang Oktober ein rotes „J" in die Reisepässe der Juden gestempelt, ab Mitte November 1938 war jüdischen Kindern der Besuch deutscher Schulen untersagt. Das waren längst nicht alle Maßnahmen, und hinzu kamen die Schikanen, die man sich auf lokaler Ebene ausgedacht hatte, etwa die Tafeln am Ortseingang, daß Juden hier unerwünscht seien, die Parkbänke mit der Aufschrift „Nur für Arier", die Verbote, städtische Badeanstalten zu besuchen, und anderes mehr.[10]

Im Herbst 1938, nach fünfeinhalb Jahren nationalsozialistischer Herrschaft, hatten sich für die deutschen Juden aufgrund staatlich geplanter und verordneter Diskriminierungen die Existenzbedingungen drastisch verschlechtert. Daß es noch schlimmer kommen würde, mochten viele nicht glauben, andere waren aber auch überzeugt, daß die angekündigte Drohung einer „Lösung der Judenfrage" wahrgemacht würde, durch Evakuierung oder Ausweisung der Juden aus Deutschland oder ähnliche Maßnahmen. Niemand aber glaubte nach allem, was bereits geschehen war, an den spontanen Volkszorn, wie er angeblich am 9. November 1938 zum Ausbruch gekommen war.

Wie häufig in der Geschichte des Dritten Reiches bildete ein marginaler Anlaß, ein ganz peripheres Ereignis, den Anfang der verhängnisvollen Entwicklung. Im März 1938, nach dem „Anschluß" Österreichs, hatte die polnische Regierung die Gültigkeit der Pässe aller Auslandspolen in Frage gestellt, wenn sie mehr als fünf Jahre ohne Unterbrechung im Ausland gelebt und die Verbindung mit dem polnischen Staat verloren hatten. In Warschau fürchtete man im Frühjahr 1938 die Rückkehr der

---

[10] *Joseph Walk* (Hrsg.), Das Sonderrecht für die Juden im NS-Staat. Eine Sammlung der gesetzlichen Maßnahmen und Richtlinien – Inhalt und Bedeutung, Heidelberg, Karlsruhe 1981.

rund 20 000 Juden polnischer Staatsangehörigkeit, die seit langem in Österreich ansässig waren, aber jetzt möglicherweise nicht unter das nationalsozialistische Regime kommen wollten.

Das polnische Gesetz trat am 31. März 1938 in Kraft, aber es wurde noch nicht angewendet. Erst im Herbst, unmittelbar nach dem „Münchner Abkommen", erging am 15. Oktober eine polnische Verordnung, die die Überprüfung der Pässe der Auslandspolen vorsah. Alle konsularischen Pässe, das heißt alle im Ausland ausgestellten Dokumente, sollten ab dem 31. Oktober 1938 nur noch dann zur Einreise nach Polen berechtigen, wenn sie einen besonderen Vermerk in den polnischen Konsulaten bekommen hatten. Das betraf nun auch die 50 000 polnischen Juden, die (und viele von ihnen seit Jahrzehnten) im Deutschen Reich lebten. Die Mehrzahl von ihnen sollte nach den Intentionen der Regierung in Warschau Ende Oktober, exakt am 30. des Monats, staatenlos werden. Danach hätte auch die deutsche Reichsregierung keine Möglichkeit mehr gehabt, die ihr lästigen Ostjuden über die Ostgrenze abzuschieben, da Polen sie dann nicht mehr als Bürger anerkannte.

Nachdem Verhandlungen zwischen Berlin und Warschau fehlgeschlagen waren – die Polen hatten zweimal abgelehnt, ab 31. Oktober Besitzer polnischer Pässe ohne den Prüfungsvermerk ins Land zu lassen –, übergab das Auswärtige Amt am 26. Oktober die Angelegenheit der Gestapo: Alle polnischen Juden sollten in den nächsten vier Tagen abgeschoben werden. Die Gestapo machte sich unverzüglich und mit aller Brutalität ans Werk. Ca. 17 000 Juden wurden an die polnische Grenze deportiert und nach Polen getrieben. Nachdem Polen die Grenze schloß, irrten die Unglücklichen im Niemandsland zwischen Deutschland und Polen hin und her. Unter diesen Juden mit ungültigem polnischen Paß befand sich die Familie Grünspan. Ein Sohn, der 17jährige Herschel, lebte damals in Paris und entging so der Deportation. Am 3. November erhielt er eine Postkarte von seiner Schwester mit einer Schilderung des Geschehens.

Der Staatenlose, sich illegal in Paris herumtreibende Jüngling löste wenige Tage später Ereignisse aus, deren Dimensionen er nicht entfernt erkennen konnte.[11] Denn der Pogrom, für den sein Revolverattentat auf einen Beamten der deutschen Botschaft in Paris zum auslösenden Moment wurde, markierte die Wende. Mit keinem anderen Ereignis hat das nationalsozialistische Regime so zynisch demonstriert, daß es auch auf den Schein rechtsstaatlicher Tradition nun keinen Wert mehr legte. Antisemitismus und Judenfeindschaft, wie sie als Bestandteil der nationalsozialistischen Ideologie schon immer propagiert worden waren, schlugen jetzt um in die primitiven Formen physischer Gewalt und Verfolgung. Die „Reichskristallnacht" bildete den Scheitelpunkt des Weges zur „Endlösung", zum millionenfachen Mord an Juden aus ganz Europa.[12]

Der Novemberpogrom 1938 war alles andere als eine spontane Aufwallung, er war inszeniert, und zwar von staatlichen Stellen und auf höchster Ebene. Den Anlaß geboten hatte Herschel Grünspan, der am 7. November den Legationssekretär der Deutschen Botschaft in Paris, Ernst vom Rath, anschoß. Herschel Grünspan hatte mit der Tat protestieren wollen gegen die brutale Austreibung der Juden polnischer Nationalität aus Deutschland. Die Leiden seiner Familie bildeten sein Motiv, nichts anderes. Neu aufgelegte Spekulationen aus jüngster Zeit darüber, daß Grünspan und vom Rath sich gekannt und daß dem Attentat höchst private Motive zugrunde gelegen hätten, sind weder beweisbar noch relevant.[13] Entscheidend

---

[11] *Walter H. Pehle* (Hrsg.), Der Judenpogrom 1938. Von der „Reichskristallnacht" zum Völkermord, Frankfurt a. M. 1988; darin zur Vorgeschichte: *Trude Maurer*, Abschiebung und Attentat. Die Ausweisung der polnischen Juden und der Vorwand für die „Kristallnacht", S. 52–73.

[12] Zum gesamten Kontext vgl. insbes. *Hermann Graml*, Reichskristallnacht. Antisemitismus und Judenverfolgung im Dritten Reich. München 1988.

[13] Das gilt zum Beispiel für die spekulative Darstellung von *Hans-Jürgen Döscher*, „Reichskristallnacht". Die November-Pogrome 1938, Frankfurt a. M., Berlin 1988.

für die folgenden Ereignisse waren nicht der Attentäter und sein Opfer, sondern (wie beim Reichstagsbrand 1933) die Möglichkeiten, die sich den Nationalsozialisten nach solch einer Tat boten.

Den Nationalsozialisten war die Tat hochwillkommen, sie wurde zur Verschwörung des „Weltjudentums" gegen das Deutsche Reich emporstilisiert und diente der Einleitung der endgültigen Ausgrenzung der deutschen Juden aus allen sozialen und ökonomischen Zusammenhängen. Joseph Goebbels benutzte das Attentat zunächst zu einer antisemitischen Pressekampagne. Der reichsweit inszenierte Pogrom begann nach der Goebbelsrede vor den „Alten Kämpfern" der NSDAP am Abend des 9. November im Alten Rathaus in München. Die Führer der NSDAP waren wie jedes Jahr an diesem Tag in München versammelt, um des Hitlerputsches von 1923 zu gedenken. Um 21 Uhr war die Nachricht vom Tod Ernst vom Raths gekommen. Gegen 22 Uhr, nachdem Hitler sich entfernt hatte, stimulierte der Reichspropagandaleiter die NSDAP- und SA-Führer, redete von Vergeltung und Rache und vermittelte den Eindruck, sie seien zu Aktionen aufgerufen. Über Gaupropagandaämter und von diesen weiter zu den Kreis- und Ortsgruppenleitungen bzw. zu den SA-Stäben im ganzen Reich gaben die Spitzenfunktionäre der Partei, nun schon in der Form des Befehls, telefonisch die Stimmung weiter. Wenig später brannten die ersten Synagogen, wurden überall jüdische Menschen gedemütigt, verhöhnt, mißhandelt, ausgeplündert. [14]

Beim öffentlichen und scheinbar spontanen Vandalismus war es aber nicht geblieben. In den Tagen nach dem 9. November 1938 wurden im ganzen Deutschen Reich etwa 30 000 jüdische Männer, und zwar überwiegend besser situierte, verhaftet und in die drei Konzentrationslager Dachau, Buchenwald und Sachsenhausen eingeliefert. Was das für die Betroffenen bedeutete, ist, trotz zahlreicher Augenzeugenberichte, kaum dar-

---

[14] Zum Ablauf der Ereignisse vgl. *Wolfgang Benz*, Der Novemberpogrom 1938, in: W. Benz (s. Anm. 2), S. 499–544.

stellbar. Daß die Aktion auf einige Wochen begrenzt war, daß sie „nur" der Einschüchterung diente und der Pression zur Auswanderung, aber (noch) nicht der Vernichtung der Juden – diese Feststellungen wiegen wenig gegenüber der Katastrophe, die der Aufenthalt im KZ für die bürgerliche Existenz, für die Zerstörung der bisherigen Lebensform und im Bewußtsein der Opfer darstellte.

Die materielle Bilanz des Pogroms vom 9. November 1938, für den sich der so harmlos klingende Begriff „Reichskristallnacht" (wohl wegen der Berge von zerschlagenem Glas) einbürgerte, wurde unmittelbar nach den Ereignissen gezogen, am 12. November in Berlin unter dem Vorsitz von Hermann Göring. 7500 zerstörte jüdische Geschäfte wurden gemeldet, fast alle Synagogen waren abgebrannt oder zerstört (nach amtlichen Angaben waren 191 jüdische Kultstätten durch Feuer, weitere 76 durch menschliche Gewalt vernichtet worden, nach neueren Forschungen sind weit über 1000 Synagogen und Gebetshäuser insgesamt dem Pogrom zum Opfer gefallen), Schaufensterscheiben im Wert von vielen Millionen waren in der Nacht zum 10. November zerschlagen worden. Die Zahl der Todesopfer durch Mord, als Folge von Mißhandlung, Schrecken und Verzweiflung ging – die Selbstmorde nicht gerechnet – in die Hunderte.

Die Vorbereitungen zur definitiven Ausschaltung der Juden aus dem Wirtschaftsleben waren zum Zeitpunkt der Konferenz schon beendet: Im April 1938 war die Anmeldepflicht für jüdisches Vermögen über 5000 Reichsmark verordnet worden, ab Juni mußten jüdische Wirtschaftsbetriebe gekennzeichnet sein, um deren „Arisierung" einzuleiten. Am 14. Oktober 1938 hatte Göring in einer Konferenz über die Produktionsziele im bevorstehenden gigantischen Wirtschafts- und Rüstungsprogramm erklärt, „die Judenfrage müßte jetzt mit allen Mitteln angefaßt werden, denn sie müßten aus der Wirtschaft raus"[15].

---

[15] *Konrad Kwiet*, Nach dem Pogrom: Stufen der Ausgrenzung, in: Benz (s. Anm. 2), S. 545–659; *Avraham Barkai*, Vom Boykott zur „Entjudung".

In der Sitzung am 12. November wurde der weitere Kurs der nationalsozialistischen Politik gegenüber den Juden festgelegt. Goebbels durfte in den folgenden Tagen und Wochen propagandistisch unterfüttern, was als Vollstreckung des Volkswillens deklariert wurde, nämlich zuerst die Enteignung, dann die Ghettoisierung und schließlich die Deportation und Vernichtung der deutschen Juden, die nicht das Glück hatten, dem deutschen Herrschaftsbereich noch zu entkommen. Umstritten war noch, wer den Gewinn einstreichen sollte, der Staat oder die NSDAP. Göring, als Beauftragter für den Vierjahresplan, trug in der Sitzung vom 12. November den Sieg über Reichspropagandaminister Goebbels davon, der die Kassen der Partei mit dem Geld der Juden hatte füllen wollen. Einig waren sich die Minister und Beamten, daß die Juden nicht nur für Schäden haften sollten, die beim Pogrom angerichtet wurden – wobei durch die Beschlagnahmung der Versicherungssumme sichergestellt war, daß sie auch tatsächlich geschädigt waren –, sondern daß den deutschen Juden darüber hinaus eine „Buße" auferlegt wurde, über deren Höhe nicht lange diskutiert wurde: Eine Milliarde Reichsmark wurde festgesetzt, tatsächlich waren es schließlich 1,12 Milliarden.

Die vollständige „Arisierung" erst aller jüdischen Einzelhandelsgeschäfte, dann der Fabriken und Beteiligungen war an diesem 12. November schon eine beschlossene und von Hitler entschiedene Angelegenheit[16], ehe die Herren über Maßnahmen berieten, wie die Juden endgültig aus der deutschen Gesellschaft ausgegrenzt und isoliert werden sollten. Die Ideen reichten vom Verbot des Betretens des deutschen Waldes über die Beseitigung aller Synagogen zugunsten von Parkplätzen, über Vorschriften zum Benutzen der Eisenbahn bis zum Judenbann in Anlagen und zur äußeren Kennzeichen der Juden durch

---

Der wirtschaftliche Existenzkampf der Juden im Dritten Reich 1933–1943, Frankfurt a. M. 1988.

[16] Vgl. Die Aussage Hermann Görings im Nürnberger Hauptkriegsverbrecherprozeß am 14. März 1946, in: Der Prozeß gegen die Hauptkriegsverbrecher vor dem Internationalen Militärgerichtshof, Nürnberg 1947, Bd. IX, S. 312f.

eine bestimmte Tracht wie im Mittelalter (Göring hielt Uniformen für zweckmäßig) oder wenigstens durch ein Abzeichen.

Die meisten dieser Vorschläge wurden in der Folgezeit realisiert, als, unmittelbar nach dem Pogrom, die vollständige Entrechtung der Juden durch einen Katarakt von Anordnungen und Erlassen, Befehlen und Verboten eingeleitet wurde. Die physische Vernichtung bildete dann nur noch die letzte Station des Weges, der im November 1938 bewußt und öffentlich eingeschlagen worden war.[17]

Auswanderung 1933 bis 1941

Warum haben sich die Juden nicht rechtzeitig den Drangsalierungen und Schikanen durch Auswanderung entzogen, lautet eine häufig gestellte Frage. Abgesehen davon, daß sich der Großteil der deutschen Juden nicht weniger als andere Deutsche in Kultur und Heimatgefühl eingebunden wußte und deshalb keine Neigung zur Emigration spürte, standen der Auswanderung erhebliche Schwierigkeiten entgegen. Der NS-Staat forcierte und bremste die Auswanderung der deutschen Juden gleichzeitig. Die Verdrängung aus der Wirtschaft förderte den Emigrationswillen, aber die Vermögenskonfiskation und ruinöse Abgaben hemmten die Auswanderungsmöglichkeiten. Kein Immigrationsland ist an verarmten Einwanderern interessiert, und eine Heimtücke des NS-Regimes bestand darin, daß es den Antisemitismus zu exportieren hoffte, wenn die aus

---

[17] Zur Genesis des Entschlusses zur „Endlösung": *Eberhard Jäckel / Jürgen Rohwer,* Der Mord an den Juden im Zweiten Weltkrieg. Entschlußbildung und Verwirklichung, Stuttgart 1985; *Hermann Graml,* Zur Genesis der „Endlösung", in: Ursula Büttner (Hrsg.), Das Unrechtsregime. Internationale Forschung über den Nationalsozialismus, Bd. 2. Hamburg 1986, S. 2–18; *Martin Broszat,* Hitler und die Genesis der „Endlösung". Aus Anlaß der Thesen von David Irving, in: Vierteljahrshefte für Zeitgeschichte 25 (1977), S. 739–775; *Christopher R. Browning,* Zur Genesis der „Endlösung". Eine Antwort an Martin Broszat, in: Vierteljahrshefte für Zeitgeschichte 29 (1981), S. 97–109.

Deutschland vertriebenen Juden zum sozialen Problem in den Aufnahmeländern würden. [18]

Im Juli 1938 fand am französischen Ufer des Genfer Sees eine internationale Konferenz statt, die den Problemen der jüdischen Auswanderung aus Deutschland gewidmet war. Eingeladen hatte Präsident Roosevelt, gekommen waren Vertreter von 32 Staaten und jüdischen Organisationen. Außer der Etablierung eines „Intergovernmental Committee for Refugees" mit Sitz in London und der vagen Zusicherung einiger Staaten, die bestehenden Einwanderungsquoten könnten in Zukunft voll ausgeschöpft werden, geschah jedoch nichts, was die Emigrationsmöglichkeiten der Juden aus Hitlers Machtbereich verbessert hätte.

Institutionell zuständig war in Berlin zunächst das Reichswanderungsamt im Reichsministerium des Innern; im Januar 1939 wurde nach einem von Adolf Eichmann in Österreich entwickelten Modell die „Reichszentrale für jüdische Auswanderung" gegründet. Sie unterstand dem Chef der Sicherheitspolizei, Reinhard Heydrich, und ressortierte offiziell beim Reichsinnenministerium; de facto war die Geschäftsstelle identisch mit der Abteilung II der Gestapo.

Die Auswanderungspolitik des NS-Regimes war widersprüchlich und undurchsichtig, dem verstärkten Druck zur Emigration Anfang 1939 folgten massive Behinderungen bis zum Auswanderungsverbot im Herbst 1941. Gefördert wurde die Auswanderung nach Palästina, dazu gab es komplizierte Vereinbarungen für einen bescheidenen Kapitaltransfer (Haavara-Abkommen) und die Unterstützung der illegalen Einwanderung nach Palästina. [19] Behindert wurde dagegen die Auswanderung in die europäischen Nachbarländer. Daß sich die jüdischen Flüchtlinge vor Hitler in der ersten Auswande-

---

[18] *Juliane Wetzel*, Auswanderung aus Deutschland, in: Benz (s. Anm. 2), S. 413–498.

[19] Vgl. den eindrücklichen Erfahrungsbericht: *Alfred Heller*, Dr. Seligmanns Auswanderung. Der schwierige Weg nach Israel, hrsg. v. Wolfgang Benz, München 1990.

rungswelle zunächst in die unmittelbare Nachbarschaft begaben, lag nahe. Das bis 1935 unter Völkerbundsmandat stehende Saargebiet war ebenso erste Zuflucht für viele wie Österreich und die Tschechoslowakei, die per Saldo mehr Menschenfreundlichkeit den Emigranten gegenüber bewies als die Schweiz. Das wichtigste Exilland war 1933/34 Frankreich. Freilich war die wirtschaftliche Lage dort trostlos, und nicht wenige Juden kehrten, der zermürbenden und aussichtslosen Jagd nach einer neuen Existenz müde, nach Deutschland zurück. Ein französisches Gesetz vom November 1934 beschränkte die Erwerbsmöglichkeiten für Ausländer definitiv, ähnlich war es in Belgien, wo der Zuzug im Februar 1935 drastisch erschwert wurde. Das kleine Luxemburg bot bis zum deutschen Überfall im Mai 1940 Zuflucht, in die Niederlande hatten sich 25 000 bis 30 000 deutsche Juden in eine trügerische Sicherheit gerettet. Möglichkeiten bot auch das faschistische Italien, und zwar über den September 1938 hinaus, als Mussolini unter deutschem Druck eine Judengesetzgebung einführte, die sich allmählich mit den Nürnberger Gesetzen vergleichen ließ. In Italien – und ähnliches galt auch für das Spanien, in dem der Faschist Franco herrschte – mangelte es jedoch der Bevölkerung an antisemitischer Überzeugung, und die Rassengesetze waren dort nicht unbedingt dazu erlassen, um streng beachtet zu werden, sondern eher, um den Verbündeten in Berlin zu befriedigen.

Weil es nicht wie die meisten Emigrationsländer Europas schließlich unter deutsche Herrschaft geriet, hielt Großbritannien den größten Anteil deutschjüdischer Einwanderer auf Zeit wie auf Dauer. Bis Herbst 1938 hatten sich ca. 11 000 Juden auf die britischen Inseln gerettet, nach der „Reichskristallnacht" durften noch einmal 40 000 kommen. Generös war die rasche, unmittelbar nach dem Novemberpogrom einsetzende Hilfe für jüdische Kinder aus Deutschland, Tausende konnten mit Hilfe der Kindertransporte gerettet werden.

Die wichtigsten und begehrtesten Exilländer waren Palästina und die USA. Aus unterschiedlichen Gründen war es jedoch schwer, dorthin zu gelangen. Palästina war britisches

Mandatsgebiet, und die einwanderungswilligen Zionisten, meist junge Juden, die sich gemeinsam auf das Siedlerdasein vorbereiteten[20], wurden nur in geringer Zahl nach einem komplizierten Quotensystem zugelassen. Von der Jewish Agency offiziell betreut, also legal, wanderten 1933 bis 1936 maximal 29000 Juden aus Deutschland nach Palästina, in den Jahren 1937 bis 1941 waren es noch rund 18000. Die illegale Einwanderung (Alija Beth) war reich an Risiko und nur für einige tausend Menschen insgesamt erfolgreich.

Einwanderungsquoten bildeten auch die für viele unüberwindbare Barriere vor den Vereinigten Staaten. Aber bis 1939 wurden nicht einmal die Jahresquoten ausgenutzt. Ursachen waren sowohl die Devisenbewirtschaftung in Deutschland als auch die restriktive Politik der amerikanischen Einwanderungsbehörden. Nach dem Novemberpogrom 1938 wurden die Restriktionen zwar gelockert, aber für viele war es zu spät. Hatte zunächst die Sorge geherrscht, von verarmten Juden aus Mitteleuropa belästigt zu werden, so kam nach Kriegsausbruch die Furcht vor Nazi-Spionen hinzu, die mit dem Flüchtlingsstrom einsickern könnten. Auf jeden Fall waren vor der Einwanderungserlaubnis in die USA bürokratische Hürden von beträchtlichem Ausmaß zu überwinden. Trotzdem wurden die Vereinigten Staaten das wichtigste Exilland überhaupt: Über 130000 deutsche und österreichische Juden fanden dort Zuflucht.[21] Die aus Deutschland entkommenen Juden erwartete ein mühsamer Alltag mit beträchtlichen Eingewöhnungsproblemen, mit Sprachbarrieren, beruflichem Abstieg, wirtschaftlicher Not und Gefühlen des Entwurzeltseins – für viele lebenslang.[22] Das Jahr 1939 wurde zum Hauptauswanderungs-

---

[20] Vgl. *Werner T. Angress*, Generation zwischen Furcht und Hoffnung. Jüdische Jugend im Dritten Reich, Hamburg 1985.

[21] Zahlen nach *Herbert A. Strauss*, Jewish Emigration from Germany, in: Yearbook Leo Baeck Institute 26 (1981), S. 395; vgl. *Kurt R. Grossmann*, Emigration. Geschichte der Hitler-Flüchtlinge 1933–1945, Frankfurt a. M. 1969.

[22] Zur Sozialgeschichte der Emigration: *Wolfgang Benz* (Hrsg.), Das Exil

jahr, in dem 75 000 bis 80 000 Juden die Flucht aus Deutschland gelang. 1940 waren es noch 15 000, 1941 8000, dann, am 23. Oktober 1941, wurde die Emigration verboten. Zu diesem Zeitpunkt war der Völkermord bereits im Gang.

Der Weg zur „Endlösung": Arisierung, Ghettoisierung, Judenstern

Im Herbst 1938, zur Zeit des Novemberpogroms, befanden sich von ehemals rund 100 000 jüdischen Betrieben noch 40 000 in Händen ihrer rechtmäßigen Besitzer. Am stärksten hatten die „Arisierungen" im Einzelhandel zu Buche geschlagen, von 50 000 Geschäften waren noch 9000 übrig. Die Zahl der jüdischen Arbeitslosen war stetig angestiegen, Berufsverbote und erzwungene Verkäufe hatten zur Verarmung vieler geführt. Die „Verordnung zur Ausschaltung der Juden aus dem deutschen Wirtschaftsleben" vom 12. November 1938[23] vernichtete die noch verbliebenen Existenzen. Ab dem 1. Januar 1939 war Juden das Betreiben von Einzelhandelsgeschäften, ebenso das Anbieten von Waren und gewerblichen Leistungen auf Märkten und Festen, das Führen von Handwerksbetrieben untersagt. Die Betriebe wurden, in der Regel zu einem Bruchteil ihres Wertes, in die Hände von nichtjüdischen Besitzern überführt („arisiert") oder aufgelöst. Für den jüdischen Eigentümer bedeutete das in jedem Falle den Ruin, denn auch über den Erlös konnte er nicht verfügen, er wurde auf Sperrkonten eingezahlt und später zugunsten des Deutschen Reiches konfisziert. Schmuck, Juwelen, Antiquitäten mußten die Juden zwangsweise verkaufen, die Ankäufe erfolgten zu Preisen, die weit unter dem Wert lagen; auch über Wertpapiere und Aktien durften Juden nicht mehr verfügen, sie mußten ins Zwangsdepot gegeben werden. Jüdischer Immobilienbesitz wurde gleich-

---

der kleinen Leute. Alltagserfahrung deutscher Juden in der Emigration, München 1991.
[23] Bei *Kwiet* (s. Anm. 15), S. 547.

falls zwangsarisiert. Jüdische Arbeitnehmer wurden gekündigt, die Selbständigen hatten fast ausnahmslos Berufsverbot. Von 3152 Ärzten hatten 709 noch die widerrufliche Erlaubnis, als „Krankenbehandler" ausschließlich jüdische Patienten zu versorgen.

Nach dem Novemberpogrom kam mit dem Verbot jüdischer Zeitungen und Organisationen das öffentliche Leben der Juden zum Erliegen. Ausgeraubt und verelendet, blieb ihnen die private Existenz unter zunehmend kläglichen Umständen, unter immer neuen Schikanen. Am 30. April begannen mit einem „Gesetz über Mietverhältnisse mit Juden" die Vorbereitungen der Zusammenlegung jüdischer Familien in „Judenhäusern". Absicht war, und sie wurde rasch verwirklicht, das Zusammendrängen von Juden in Wohnungen, die die Überwachung (und später die Deportationen) erleichterten. „Ariern", so die Begründung, sei das Zusammenleben mit Juden im selben Haus nicht zuzumuten.

Der Kriegsbeginn am 1. September 1939 brachte eine Ausgangsbeschränkung: Juden durften im Sommer ab 21 Uhr und im Winter ab 20 Uhr ihre Behausung nicht mehr verlassen. Ab 20. September war ihnen der Besitz von Rundfunkempfängern verboten, das wurde als kriegsnotwendig erklärt, ebenso das Verbot, Telefone zu besitzen (19. Juli 1940), weil Juden ja als „Feinde des Reiches" galten.

Seit Anfang Dezember 1938 war ihnen Autofahren und der Besitz von Kraftfahrzeugen verboten, ab September 1939 wurden ihnen besondere Lebensmittelgeschäfte zum Einkauf zugewiesen, ab Juli 1940 durften Juden in Berlin nur noch zwischen 16 Uhr und 17 Uhr Lebensmittel einkaufen (die ihnen zugeteilten Rationen waren außerdem erheblich geringer als die der „Arier"). Immer neue Gemeinheiten dachten sich findige Bürokraten aus, etwa das Verbot, Haustiere zu halten oder Leihbüchereien zu benutzen.

Von Plänen zur „Lösung der Judenfrage" wurde gemunkelt; da gab es das alte Madagaskarprojekt, nach dem alle Juden aus Deutschland auf diese Insel deportiert werden sollten, und dann schien es, als verfolgte das NS-Regime den Plan, irgendwo in Ostpolen ein großes Judenreservat zu errichten.[24] Dabei schienen die noch in Deutschland lebenden Juden ebenso billige wie unentbehrliche Arbeitskräfte. Sie waren nämlich zur Zwangsarbeit verpflichtet und ersetzten in der Rüstungsindustrie vielfach Facharbeiter, die zur Wehrmacht eingezogen waren.

Am 1. September 1941 erging die Polizeiverordnung über die Kennzeichnung von Juden: Vom 15. September an mußte jeder Jude vom sechsten Lebensjahr an einen gelben Stern auf der Kleidung aufgenäht tragen. Damit war die öffentliche Demütigung und Brandmarkung vollkommen, die Überwachung der verfolgten Minderheit perfekt. Seit dem 1. Juli waren die Juden in Deutschland (durch die 13. Verordnung zum Reichsbürgergesetz) unter Polizeirecht gestellt, das heißt, für sie gab es keine Rechtsinstanzen mehr. Aber zu diesem Zeitpunkt lebten nicht mehr viele Juden in Deutschland. Offiziell war das Deutsche Reich „judenfrei". Einige wenige hatten sich in die Illegalität geflüchtet, andere lebten im zweifelhaften Schutz, den „Mischehen" mit nichtjüdischen Partnern boten, jederzeit gewärtig, das Schicksal der Mehrheit der deutschen Juden zu teilen.

Deportation und Ermordung 1941 bis 1945

Im Herbst 1941 begann mit der systematischen, bürokratisch geregelten und bis ins Detail programmierten Deportation der Juden aus Deutschland die letzte Phase nationalsozialistischer Judenpolitik. Sie war nunmehr zielstrebig und ausschließlich darauf gerichtet, die europäische Judenheit auszurotten.

Seit Sommer 1941 war Gestapochef Reinhard Heydrich im Besitz einer Vollmacht Hermann Görings, dem formell für die „Judenfrage" im Deutschen Reich letztinstanzlich Zuständi-

---

[24] Grundlegend zum Gesamtzusammenhang *Raul Hilberg*, Die Vernichtung der europäischen Juden. Die Gesamtgeschichte des Holocaust, Berlin 1982, durchgesehene und erweiterte Ausgabe Frankfurt a. M. 1990.

gen, die zwei Aufträge enthielt, und zwar erstens, „alle erforderlichen Vorbereitungen in organisatorischer, sachlicher und materieller Hinsicht zu treffen für eine Gesamtlösung der Judenfrage im deutschen Einflußgebiet in Europa", und zweitens sollte Heydrich „in Bälde" einen Gesamtentwurf im Hinblick auf die angestrebte „Endlösung der Judenfrage" vorlegen. [25]

Die Vorbereitungen waren mit Gründlichkeit erfolgt und Mitte Oktober 1941 abgeschlossen. Überall erhielten Juden jetzt vervielfältigte Aufforderungen, sich zur „Evakuierung" an Sammelplätzen einzufinden, sie hatten Verhaltensmaßregeln empfangen, was sie „zur Ansiedlung im Osten" mitbringen sollten, in welchem Zustand sie ihre Wohnungen zurücklassen mußten (Licht-, Gas-, Wasserrechnungen waren vor der Abreise zu bezahlen), es war ihnen eröffnet worden – unter gleichzeitiger Erteilung einer „Evakuierungsnummer" –, daß ihr gesamtes Vermögen rückwirkend zum 15. Oktober 1941 staatspolizeilich beschlagnahmt war und daß „die seit dieser Zeit getroffenen Verfügungen über Vermögensteile (Schenkungen oder Verkäufe) wirkungslos" seien. Außerdem wurde die Anfertigung einer Vermögenserklärung befohlen, die auch die in der Zwischenzeit verkauften oder verschenkten Gegenstände nebst Namen und Adressen der neuen Besitzer enthalten mußte. Der Vermögensaufstellung beizufügen waren sämtliche relevanten Urkunden wie Schuldscheine, Wertpapiere, Versicherungspolicen, Kaufverträge usw.

Der solchermaßen angekündigte Raub jüdischen Vermögens, bei dem die Beraubten zu bürokratischen Handlangerdiensten gezwungen wurden, war formal legalisiert durch die 11. Verordnung zum „Reichsbürgergesetz", einem der „Nürnberger Gesetze" von 1935. Mit den Durchführungsverordnungen waren die Rechte der Juden Zug um Zug beschnitten worden, um schließlich alle, die nicht rechtzeitig hatten auswandern können, in Ghettos und Todeslager zu treiben. Die 11. Verordnung, die am 25. November 1941 in Kraft trat, bestimmte, daß und unter welchen Umständen Juden die deutsche Staatsangehörig-

---

[25] *Hilberg*, Bd. 2, S. 419–420.

keit verloren, und definierte die Einzelheiten; dieser Verlust erfolgte automatisch mit „der Verlegung des gewöhnlichen Aufenthalts ins Ausland"[26]. Der Zweck der Bestimmung war eindeutig, wenn es im Paragraphen drei hieß: „Das Vermögen des Juden verfällt mit dem Verlust der Staatsangehörigkeit dem Reich." Damit jede Möglichkeit, diese Bestimmung zu umgehen, ausgeschlossen war, hatte das für die Angelegenheiten der Juden zuständige, von Adolf Eichmann geleitete Referat IV B 4 des Reichssicherheitshauptamts eine Verfügungsbeschränkung über das bewegliche jüdische Vermögen erlassen. Auch diese Anordnung[27], datiert vom 27. November 1941, galt rückwirkend ab 15. Oktober 1941. Ihre Absicht war, Vermögensverschiebungen vor der Deportation der Juden zu verhindern.

Waren die juristischen Konstruktionen des rückwirkenden Verlusts von Staatsangehörigkeit und Vermögen schon dubios genug, so kam noch hinzu, daß die Verlegung „des gewöhnlichen Aufenthalts" ins Ausland ja keineswegs mehr im Belieben der Juden stand. Die Auswanderung, die noch 1938/39 von den NS-Behörden forciert worden war, war seit Herbst 1941 förmlich verboten; die „Evakuierung" war, auch wenn die Betroffenen noch nicht wußten, was mit ihnen geschehen würde, keineswegs von ihnen erstrebt. Um die letzte Lücke in dem Netz zu schließen, das dazu diente, die deutschen Juden zu fangen, um schließlich ihre Existenz zu vernichten, definierte das Reichsministerium des Innern Anfang Dezember 1941 in einer geheimen Anordnung zur Durchführung der 11. Verordnung zum Reichsbürgergesetz den Begriff „Ausland" für den Deportationsfall: „Der Verlust der Staatsangehörigkeit und der Vermögensverfall trifft auch diejenigen ... Juden, die ihren gewöhnlichen Aufenthalt in den von den deutschen Truppen besetzten oder in deutsche Verwaltung genommenen Gebieten haben oder sich in Zukunft nehmen, insbesondere auch im Ge-

---

[26] Verordnung zum Reichsbürgergesetz vom 25. November 1941, RGBl I, 1941, S. 722–724.
[27] *Bruno Blau* (Bearb.), Das Ausnahmerecht für die Juden in Deutschland 1933–1945, Düsseldorf 1954, S. 102.

neralgouvernement und in den Reichskommissariaten Ostland und Ukraine."[28]

Der Rahmen für die Vertreibung der Juden aus Deutschland war mit diesen legislatorischen Akten geschaffen; auch hatte man die Deportation von Juden aus dem Reichsgebiet bereits an verschiedenen Stellen geprobt: Zur Vertreibung jüdischer Bevölkerung im großen Stil war es unmittelbar nach dem Ende des Polenfeldzugs im Herbst 1939 schon anläßlich der Annexion westpolnischer Gebiete gekommen. Die im annektierten „Gau Wartheland" ansässigen polnischen Juden waren in die Gegend von Lublin und in andere Gebiete des „Generalgouvernements" deportiert worden, wo sie in Lagern ein elendes Leben führten.[29] Ein knappes halbes Jahr nach Kriegsbeginn wurden in Pommern erstmals deutsche Juden deportiert. Am 12. Februar 1940 wurden 1000 Juden aus Stettin und Umgebung nachts aus den Wohnungen geholt und in drei Dörfer bei Lublin abgeschoben. 360 Juden aus dem Regierungsbezirk Schneidemühl teilten im März 1940 ihr Schicksal. Die Aktion war damit begründet worden, daß der Wohnraum aus „kriegswirtschaftlichen Gründen dringend benötigt" würde.[30] Überlebt haben diese Deportation nur wenige, die meisten fielen den im Frühjahr 1942 beginnenden Massenmorden zum Opfer.

Eine andere Aktion, Ende Oktober 1940 in Baden und Saarpfalz durchgeführt, entsprang der Initiative der beiden NSDAP-Gauleiter Robert Wagner (Baden) und Josef Bürckel (Saarpfalz). Diese hatten, da sie in Personalunion auch Chefs der Zivilverwaltung von Elsaß und Lothringen waren, besondere Vollmachten, woraus sie die Berechtigung ableiteten, etwa 6500 Juden von der Gestapo verhaften zu lassen. Von Sammelplätzen in größeren Städten wurden sie per Eisenbahn ins unbesetzte

---

[28] *Walk* (s. Anmerkung 10), S. 358.
[29] Vgl. (auch zu folgenden Deportationen) *Martin Gilbert*, Endlösung. Die Vertreibung und Vernichtung der Juden. Ein Atlas, Reinbek 1982.
[30] Nürnberger Dokumente NO 3522 und NG 2490; vgl. Eichmann-Prozeß, Beweisdokument Nr. 1172, Archiv Institut für Zeitgeschichte, München.

Südfrankreich transportiert, wo die Vichyregierung sie internierte. Obwohl viele während des Transports oder bald danach starben, überlebte etwa ein Drittel der bei der „Bürckelaktion" Deportierten. Beide Aktionen, die in Pommern wie die in Südwestdeutschland, waren regional begrenzt und blieben vorerst ohne Nachfolge. Den deutschen Juden blieb noch eine letzte Atempause. Die Aktionen selbst muß man aber ebenso wie die Deportationen aus Österreich nach dem „Anschluß", als Probefälle für die generelle Abschiebung aller Juden aus dem Deutschen Reich ansehen.[31]

Neben den Planungen Heydrichs zur Deportation der Juden aus Deutschland existierte seit Beginn des Rußlandfeldzugs bereits ein Teil der realen Vernichtungsmaschinerie in Form der „Einsatzgruppen der Sicherheitspolizei und des SD". Das waren Einheiten, die dem Oberbefehl des Reichsführers SS Heinrich Himmler unterstanden und die, wie es in einem Befehl vom Frühjahr 1941 hieß, berechtigt waren, „im Rahmen ihres Auftrages in eigener Verantwortung gegenüber der Zivilbevölkerung Exekutivmaßnahmen zu treffen". Das war ganz wörtlich zu verstehen, denn die Einsatzgruppen hatten die Aufgabe, „weltanschauliche Gegner" zu exekutieren, nämlich Funktionäre der kommunistischen Partei der Sowjetunion, „Juden in Partei- und Staatsstellungen" und sonstige „radikale Elemente".[32]

Das war im Polenfeldzug, aber auch schon nach dem Anschluß Österreichs und nach dem Einmarsch in die Tschechoslowakei, erprobt worden, als Einsatzkommandos der Sicherheitspolizei potentielle Gegner wie Intellektuelle, Geistliche, Politiker usw. liquidierten. Ab Sommer 1941, nach Beginn des Rußlandfeldzuges, agierten die Einsatzgruppen – es gab vier in einer Gesamtstärke von 3000 Mann – als Mordkommandos, die unter der Zivilbevölkerung im Baltikum, in Weißruthe-

---

[31] Nürnberger Dokument NG 4933, Archiv Institut für Zeitgeschichte.
[32] Nürnberger Dokumente PS 447, NOKW 256, NOKW 2080; vgl. *Helmut Krausnick*, Hitler und die Befehle an die Einsatzgruppen im Sommer 1941, in: Jäckel / Rohwer (s. Anm. 17), S. 88 f.

nien, in der Ukraine und auf der Krim Massaker in kaum vorstellbarem Ausmaß verübten. Zwischen Juni 1941 und April 1942 wurden von den Einsatzgruppen fast 560 000 Menschen ermordet, darunter praktisch die ganze jüdische Zivilbevölkerung der eroberten Gebiete. Männer, Frauen und Kinder wurden in Wälder oder aufs freie Feld getrieben, erschossen und in Massengräbern verscharrt.[33]

Während die Einsatzgruppen der SS im Osten und im Baltikum längst Massenmord im großen Stil an polnischen, ukrainischen und russischen Juden begingen, bereitete die Gestapo im Westen die Deportation vor. Schon vor der Wannseekonferenz, bei der am 20. Januar 1942 die organisatorischen Details der Abschiebung und Ermordung der europäischen Juden besprochen wurden[34], lief die dazu notwendige Maschinerie auf vollen Touren.

Eine Gruppe deutscher Juden schien privilegiert vor denen, die direkt in die Todeslager des Ostens transportiert wurden. In Nordböhmen, in einer Festung aus altösterreichischer Zeit, war ein Ghetto eingerichtet, das als Vorzugslager und Alterssitz für Juden aus der Tschechoslowakei, Österreich, Deutschland (etliche auch aus Dänemark und Holland) deklariert war: Theresienstadt.[35] Aber das Altersghetto für dekorierte Weltkriegsteilnehmer und Prominente, insgesamt schließlich für 40 000 deutsche Juden, erwies sich dann nur als KZ mit jüdischer Selbstverwaltung und für die meisten als Zwischenstation auf dem Weg nach Auschwitz, Treblinka, Sobibor, Belzec.

Der Zynismus des Regimes hatte nicht davor zurückgeschreckt, die künftigen Ghettoinsassen durch Kaufverträge, in denen ihnen ein friedvolles Altersdomizil vorgegaukelt wurde,

---

[33] *Helmut Krausnick / Hans-Heinrich Wilhelm*, Die Truppe des Weltanschauungskrieges. Die Einsatzgruppen der Sicherheitspolizei und des SD 1938–1942, Stuttgart 1981.

[34] *Kurt Pätzold / Erika Schwarz*, Tagesordnung Judenmord. Die Wannsee-Konferenz am 20. Januar 1942. Eine Dokumentation zur Organisation der „Endlösung", Berlin 1992.

[35] *H. G. Adler*, Theresienstadt 1941–1945. Das Antlitz einer Zwangsgemeinschaft, Tübingen 1955.

auszuplündern und die Öffentlichkeit durch Inszenierungen sorglos-heiteren urbanen Lebens mit künstlerischen Darbietungen und gesellschaftlichem Treiben anläßlich des Besuchs von internationalen Delegationen zu täuschen.

Für die Juden aus dem deutschsprechenden Raum, für diese hoch assimilierten Träger deutscher Kultur, mußte die Realität von Theresienstadt zum Synonym des Verrats der Deutschen an ihnen werden: Sie hatten sich im Glauben an die Emanzipation auch 1933 noch sicher gefühlt, weil sie sich nicht vorstellen konnten, daß ihre Verdienste um das – wie sie glaubten – gemeinsame Vaterland ignoriert, daß ihr Patriotismus mit Füßen getreten, daß ihr deutsches Kulturbewußtsein verachtet, ihr Bürgertum nicht mehr anerkannt, ja nicht existent sein sollte.

Die äußere Bilanz nationalsozialistischer Verfolgung, nach dem Zusammenbruch des Hitlerstaats gezogen, zeigt folgende Zahlen: Von den rund 500000 deutschen Juden emigrierten etwa 278000, die Emigration bedeutete aber bei weitem nicht für alle die Rettung vor dem Holocaust. Die Zahl der Ermordeten liegt zwischen 160000 und 195000, ungefähr 15000 Juden überlebten als Partner in „Mischehen", weniger als 6000 überstanden die Lager im Osten (die meisten wurden in Theresienstadt befreit), einige überlebten in der Illegalität, vor allem im Untergrund in Berlin und Wien. Ihre Zahl, in der Literatur meist mit 5000 angegeben, ist noch weniger genau zu bestimmen als die der Ermordeten.[36] Die innere Bilanz zog Leo Baeck, geistiges Oberhaupt und Symbolfigur des deutschen Judentums, nach seiner Befreiung aus Theresienstadt Ende 1945 in New York. Die Epoche der Juden in Deutschland sei ein für allemal vorbei: „Für uns Juden ist eine Geschichtsepoche zu Ende gegangen. Eine solche geht zu Ende, wenn immer eine Hoffnung, ein Glaube, eine Zuversicht endgültig zu Grabe getragen werden muß. Unser Glaube war es, daß deutscher und

---

[36] Zur Gesamtproblematik: *Wolfgang Benz* (Hrsg.), Dimension des Völkermords. Die Zahl der jüdischen Opfer des Nationalsozialismus, München 1991.

jüdischer Geist auf deutschem Boden sich treffen und durch ihre Vermählung zum Segen werden könnten."[37]

Trotzdem leben heute wieder etwa 70 000 Juden in Deutschland. Es sind zum großen Teil aber nicht die Nachkommen der deutschen Juden, die dem nationalsozialistischen Regime zum Opfer fielen, und die Juden in der Bundesrepublik tragen schwer an der Erinnerung.[38]

---

[37] Zitiert nach *Hans Erich Fabian*, Die letzte Etappe, in: Festschrift zum 80. Geburtstag von Rabbiner Dr. Leo Baeck am 23. Mai 1953, London 1953, S. 97.
[38] Deutsche Juden – Juden in Deutschland, hrsg. von der Bundeszentrale für politische Bildung, Bonn 1991; *Wolfgang Benz* (Hrsg), Zwischen Antisemitismus und Philosemitismus. Juden in der Bundesrepublik, Berlin 1991.

VI

Das Fortleben des Antisemitismus
nach 1945

Werner Bergmann und Rainer Erb

Antisemitismus in Deutschland 1945–1996

Demoskopische Umfragen sind ein Instrument gesellschaftlicher Selbstbeobachtung. Diese setzt immer dann verstärkt ein, wenn ein Sachverhalt zu einem gesellschaftlichen Problem wird und auf die öffentlich-politische Tagesordnung kommt. Auch im Fall des Antisemitismus ist in der Geschichte der Bundesrepublik von diesem Instrument vor allem dann Gebrauch gemacht worden, wenn die Öffentlichkeit von antisemitischen Ereignissen erschüttert wurde oder wenn die NS-Vergangenheit in Gestalt von Strafprozessen, gesetzgeberischen Entscheidungen oder Jahrestagen Aktualität gewann. Diese Ereignisfixierung hat dazu geführt, daß Umfragen zum Antisemitismus nur diskontinuierlich durchgeführt worden sind, mit der Folge, daß kurze Phasen intensiver Befragung abgelöst wurden von langen Perioden, in denen keine Daten erhoben worden sind.

Hatten die Westalliierten bereits 1945 mit Umfragen zur Einstellung der westzonalen Bevölkerung zum Nationalsozialismus und Antisemitismus begonnen, so fehlen für die SBZ und die DDR jegliche Daten, da hier die Staatsführung aus politischen Gründen den Gebrauch dieses neuen Forschungsinstrumentes stark eingeschränkt und die Ergebnisse vereinzelt durchgeführter Studien geheimgehalten hat.[1] Im Zuge der deutschen Vereinigung ist im In- und Ausland die Frage erörtert worden, welche Spuren der NS-Antisemitismus und die

---

[1] *Heinz Niemann*, Meinungsforschung in der DDR. Die geheimen Berichte des Instituts für Meinungsforschung an das Politbüro der SED, Köln 1993. Soweit diese Umfragen bisher aufgefunden worden sind, befindet sich darunter keine zum Thema Antisemitismus.

antizionistische Propaganda der SED bei den DDR-Bürgern hinterlassen haben. Schon 1990 wurden deshalb erste Antisemitismus-Umfragen in Ostdeutschland gestartet. Die fremdenfeindliche Gewaltwelle und ein Wiedererstarken des Rechtsextremismus seit 1991 veränderte die Blickrichtung. Im Vordergrund stand nun die Frage, ob im vereinten Deutschland die alten nationalistischen, xenophobischen und antisemitischen Geister wiederauferstehen..

Antisemitische Einstellungen in Westdeutschland (1945–1989)

Besorgt über das Fortleben der NS-Ideologie auch nach der Niederlage des Dritten Reiches und dem Bekanntwerden seiner Verbrechen, gaben die alliierten Militärregierungen Meinungsumfragen in Auftrag, die zeigten, daß ein großer Teil der Deutschen rassistisch und antisemitisch geblieben war. Die erste Befragung in der US-Zone vom Dezember 1946 brachte als Ergebnis, daß 18 % der Bevölkerung als „harte" Antisemiten, weitere 21 % als Antisemiten und 22 % als Rassisten eingestuft werden mußten.[2] Der Schock der Niederlage und der alliierten Besetzung, der zunächst zu einem Rückzug und zur Vermeidung exponierter Stellungnahmen geführt hatte, war bis Ende 1946 einer antisemitischen Stimmung gewichen, wie viele zeitgenössische Beobachter konstatierten.[3] Die Ressentiments gegen Juden entzündeten sich in diesen Jahren vor allem an Konflikten mit „Displaced Persons" (DPs), an Restitutionsansprüchen und Schwarzmarktgeschäften, während gleichzeitig die Alliierten das öffentliche Leben, Presse und Politik von

---

[2] *Anna Merritt / Richard L. Merritt* (Hrsg.), Public Opinion in Occupied Germany. The OMGUS-Surveys, 1945–1948, Urbana Ill. 1970, S. 146 ff.
[3] *Leonard Dinnerstein*, German Attitudes toward Jewish Displaced Persons (1945–1950), in: Hans C. Trefousse (Hrsg.), Germany and America. Essays on Problems of International Relations and Immigration, New York 1980, S. 242 ff. Weitere Hinweise bei *Frank Stern*, Im Anfang war Auschwitz, Antisemitismus im deutschen Nachkrieg, Gerlingen 1991.

Antisemitismus freihielten und mit Entnazifizierung, Kriegs-
verbrecherprozessen und Reeducation-Programmen gegen die
NS-Ideologie ankämpften.

Mit Gründung der Bundesrepublik entfiel ein Teil der alliierten Auflagen (Lizenzierungszwang für Parteien und Publikationen), was zu einem Wiederaufleben rechtsradikaler Organisationen und Zeitschriften führte. Die Stimmung wendete sich
massiv gegen eine Fortsetzung der Entnazifizierung, es wurde
die Begnadigung der verurteilten NS-Verbrecher gefordert (und
teilweise auch erreicht), und es kam zu einer Wiedereingliede-
rung ehemaliger Nationalsozialisten in den öffentlichen
Dienst. Diese als „Renazifizierung" kritisierte Entwicklung
wurde begleitet von einer Welle offen vorgetragener antisemitischer Äußerungen und Aktionen (Friedhofsschändungen)
und spiegelt sich auch in den Wahlerfolgen der rechten Parteien und in Meinungsumfragen wider. Die erste bundesweite
Umfrage vom Herbst 1949 ermittelte im Gründungsjahr der
Bundesrepublik, daß ein Viertel der Bevölkerung sich selbst als
Antisemiten einstufte, ein Anteil, der sich bis 1952 sogar noch
auf ein Drittel erhöhen sollte. Wir haben es nach 1945 also
nicht mit einer linearen Rückentwicklung antisemitischer
Einstellungen zu tun.

„Wie ist überhaupt Ihre Einstellung gegenüber den Juden?"[4]

	demonstrativ antisemitisch	gefühlsmäßig ablehnend	reserviert	tolerant	demonstrativ freundlich	kein Urteil
1949	10%	13%	15%	41%	6%	15%
1952	34%		18%	23%	7%	18%

Diese negative Einstellungsentwicklung in den ersten Jahren
der Bundesrepublik ist neben den schon genannten Gründen
damit zu erklären, daß Staat und Gesellschaft ihre Position

---

[4] *Institut für Demoskopie,* Ist Deutschland antisemitisch? Ein diagnosti-
scher Beitrag zur Innenpolitik Herbst 1949, Allensbach 1949, S. 39, und
Jahrbuch der öffentlichen Meinung 1947–1955, Allensbach 1956, S. 128.

zum Judentum, zur Judenverfolgung und zum Staat Israel finden mußten. Der Umgang mit den Juden wurde zum „Prüfstein der Demokratie" erklärt (so der US-Hochkommissar John McCloy). Intern wurde die Debatte von einer Vielzahl von kleinen Initiativen in den Kirchen (EKD-Synode in Berlin-Weißensee 1950), in der Kultur und der Öffentlichkeit angestoßen, die aber erst durch die Reparationsforderungen Israels zentrale politische Bedeutung erhielten. In der Bevölkerung wurden dieser selbstkritische Dialog und vor allem aber die materiellen Forderungen massiv abgelehnt[5], die durch „Skandale" über Unregelmäßigkeiten und Betrugsvorwürfe in Wiedergutmachungsämtern zusätzlich diskreditiert wurden (Fall Auerbach). Diese Ablehnung äußerte sich in Form traditioneller antijüdischer Vorurteile (Vorwurf der Geldgier und Rachsucht), die sich durch die jüdischen Forderungen „bestätigt" sahen (Schuldumkehr). Es waren besonders die junge, im Nationalsozialismus groß gewordene Generation und die Bildungsschicht, die durch ihre aktive Teilnahme am öffentlichen Leben im Dritten Reich auch in starkem Maße dessen Werte und Ideologie übernommen hatten, die massiv antijüdische Einstellungen zeigten.[6]

Die „Windstille" in der Thematisierung des Nationalsozialismus Mitte der fünfziger Jahre setzte die antisemitischen Einstellungen in der Bevölkerung zwar nicht offensiv unter Änderungsdruck, doch war jedem klar, daß eine Verteidigung des Antisemitismus oder Nationalsozialismus niemandem

---

[5] Im August 1952 hielten 54 % der Bundesbürger die Wiedergutmachung an Israel für überflüssig, weitere 24 % für grundsätzlich richtig, aber zu hoch, und nur 11 % stimmten ihr zu (21 % unentschieden): Institut für Demoskopie, Jahrbuch, S. 130.

[6] Dieses Ergebnis der IfD-Umfragen von 1949 und 1952 wird bestätigt durch die methodisch anspruchsvollere Untersuchung des Frankfurter Instituts für Sozialforschung von 1951, die für die Bevölkerung insgesamt sogar noch zu einem negativeren Bild kam als die Umfrageforschung: 37 % wurden als extrem antisemitisch, 25 % als bedingt antisemitisch, 28 % als nicht-antisemitisch und 10 % als pro-jüdisch eingestuft. Vgl. *Friedrich Pollock*, Gruppenexperiment. Ein Studienbericht, Frankfurt a. M. 1955.

zugebilligt wurde. Das Verbot der rechtsradikalen Sozialistischen Reichspartei durch das Bundesverfassungsgericht im Jahre 1952 demonstrierte den politischen Willen, eine Renazifizierung nicht hinzunehmen. Seit der Bundestagswahl 1953 konsolidierte sich das Parteiensystem, indem die Zahl der Parteien im Bundestag zurückging und die CDU/CSU, SPD und FDP bereits 72 % aller Stimmen auf sich vereinigen konnten. Das „Wirtschaftswunder" und die politische Integration in den Westen taten ein übriges, um die verklärende Erinnerung an die Zeit von 1933 bis 1939 zurückzudrängen und sich mit dem neuen demokratischen Staat zu arrangieren.[7] Anhand der einzigen zum Antisemitismus wiederholt gestellten Frage läßt sich parallel dazu in den fünfziger Jahren ein deutlicher Rückgang der antijüdischen Einstellungen erkennen. Es dominierte ein Desinteresse bzw. eine unentschiedene Haltung gegenüber dem Verbleib von Juden im Lande, wobei der Einstellungswandel offenbar bei vielen in den fünfziger Jahren in zwei Schritten verlaufen ist: von einer negativen Einstellung über eine unentschiedene Position zur Akzeptanz der Juden im Lande:

---

[7] G. R. Boynton und Gerhard Loewenberg haben anhand von Umfragedaten zur Einschätzung Hitlers den kontinuierlichen Rückgang positiver Einschätzungen in den fünfziger Jahren gezeigt und kommen zu dem Schluß: „Positive attitudes toward the … Hitler dictatorship were apparently undermined by the policy success of the Adenauer Government" (The Decay of Support for Monarchy and the Hitler Regime in the Federal Republic of Germany, in: British Journal of Political Science 4 [1974], S. 480). Die vom IfD wiederholt gestellte Frage lautete: „Alles was zwischen 1933 und 1939 aufgebaut worden war, und noch viel mehr, wurde durch den Krieg vernichtet. Würden Sie sagen, daß Hitler ohne den Krieg einer der größten deutschen Staatsmänner gewesen wäre?" Anteil der Ja-Antworten: 1955: 47,7 %; 1956: 42,6 %; 1959: 41,2 %; 1960: 34,1 %; 1961: 29,7 %; 1962: 37,3 %; 1963: 35,3 %; 1967: 32,3 % (Boynton/Loewenberg 1974: Tab. 1); zum Vergleich: 1990: 26 % (IfD 1993).

„Würden Sie sagen, es wäre besser (ist für Deutschland besser), keine Juden im Land zu haben?"[8]

	1952	1956	1958	1963	1965	1983	1987
besser	37%	26%	22%	18%	19%	9%	13%
nein	19%	24%	38%	40%	34%	43%	67%
unentschieden/egal	44%	50%	40%	42%	47%	48%	20%
Summe	100%	100%	100%	100%	100%	100%	100%

Die Flut antisemitischer Skandale und Übergriffe, die im Winter 1959/60 in der Schmierwelle ihren Höhepunkt fand, schockierte Öffentlichkeit und Bevölkerung, was sich unter anderem darin zeigt, daß die Zustimmung zur Verfolgung solcher Vorfälle kurzfristig deutlich zunahm (1958 hatten nur 50% eine Bestrafung bejaht, 1960 waren es 82%). Auch wenn man davon ausgehen muß, daß sich Einstellungskomplexe nicht schlagartig ändern, so haben doch diese Ereignisse und die daraufhin eingeleiteten gesetzgeberischen und bildungspolitischen Maßnahmen dazu beigetragen, daß sich der Rückgang antisemitischer Einstellungen, insbesondere in den nachwachsenden Generationen langsam fortsetzte. Die großen Strafverfahren gegen Verantwortliche des Holocaust (Eichmann-Prozeß 1961, Auschwitz-Prozeß 1963–65), die Verjährungsdebatten (1965, 1969, 1979) und die davon angestoßenen öffentlichen Auseinandersetzungen um den kriminellen Charakter des Dritten Reiches und die große Zahl der Mittäter und Wegseher, die auch nach 1945 von nichts gewußt haben wollten, führten bis Ende der sechziger Jahre zu einem Stimmungswechsel in der intellektuell-politischen Debatte, in der nun, sicherlich auch mitverursacht durch einen Generationskonflikt, die Kritiker der unzureichenden Aufarbeitung Nationalsozialismus in der Bundesrepublik ein Übergewicht beka-

---

[8] *Institut für Demoskopie,* Deutsche und Juden – vier Jahrzehnte danach, Allensbach 1986, Tab. 13; und Jahrbuch der öffentlichen Meinung, Bd. II, Allensbach 1957, S. 126.

men.[9] Auf die Bevölkerungsmeinung hatten diese Debatten allerdings einen gegenteiligen Effekt. Stießen der Eichmann- und der frühe Auschwitzprozeß noch auf erhebliche Aufmerksamkeit und Zustimmung, so stellte sich als Reaktion auf den Fortgang der Auseinandersetzung ein Überdruß in der Bevölkerung ein: Die Forderung nach einem Ende der Strafverfolgung und nach einem generellen Schlußstrich unter die NS-Vergangenheit gewann an Zustimmung.[10] Diese Schlußstrichforderung hat mit dem zeitlichen Abstand zum Nationalsozialismus weiter zugenommen und wird heute von einer Mehrheit der Bevölkerung erhoben. Antisemiten und Rechtsextreme sind durchweg in diesem Meinungslager zu finden, doch schließt diese Forderung nicht grundsätzlich eine ablehnende Haltung zu Juden oder ein positives Verhältnis zum Dritten Reich ein. Die Deutschen, die einen Schlußstrich befürworten, wollen in ihrer Mehrheit, daß Juden nicht diskriminiert,

---

[9] Noch in anderer Weise ist die Zeit von 1967 bis Ende der siebziger Jahre für einen Einstellungswandel gegenüber den Juden von großer Bedeutung gewesen. Damals änderte sich durch die Bedrohung Israels in den Kriegen seit 1967 die vorher stark proarabische und antiisraelische Einstellung der Bevölkerung zugunsten Israels (vgl. *Werner Bergmann/Rainer Erb*, Antisemitismus in der Bundesrepublik Deutschland. Ergebnisse der empirischen Forschung von 1946–1989, Opladen, 1991, S. 182). Die militärischen Erfolge und die landwirtschaftlichen Aufbauleistungen Israels hatten Rückwirkungen auf die Stereotype des „feigen", „schwachen", „häßlichen", „zur Handarbeit untauglichen" Juden, die heute im Judenbild eine Randerscheinung geworden sind. Israel wurde als Teil des Westens gesehen und gewann als Opfer arabischer Aggression (man erinnere sich an das Attentat auf die israelischen Sportler während der Olympischen Spiele 1972 in München) große Sympathien. Da antisemitische und antiisraelische Einstellungen recht hoch miteinander korrelieren, ebd. 1991, S. 193), sind Rückwirkungen auf die Einstellung zu Juden generell zu erwarten.

[10] Trotz aller Schwankungen in den Ergebnissen läßt sich von 1958 bis Mitte der siebziger Jahre eine abnehmende Bereitschaft erkennen, NS-Verbrecher auch weiterhin zu verfolgen (1958: 54 % – 1965: 38 % – 1974: 25 %), danach nahm sie wieder zu und erreichte in den achtziger Jahren die Größenordnung von 1958 (IfD, Jahrbuch der öffentlichen Meinung, Bde. III-V, Allensbach 1965–1974; bzw. Allensbacher Jahrbuch für Demoskopie, Bde. VI und VIII, Allensbach 1977 und 1984, Emnid-Informationen 1/21974, 2/1979, 4/1988).

sondern in allen Belangen gleichgestellt werden, sie lehnen es aber ab, ihnen eine politisch herausgehobene Position zuzubilligen und sie in einem Akt der Ehrung und Erinnerung in den Vordergrund des geschichtlichen Bewußtseins zu stellen.

Zwischen 1960 und 1979 hat es nur eine größere Umfrage zum Antisemitismus gegeben, was man sicherlich als einen Indikator für politisches Desinteresse ansehen kann, was aber auch durch das Fehlen größerer antisemitischer Skandale und die Konzentration der gesellschaftlichen und staatlichen Aufmerksamkeit auf den Linksextremismus und Terrorismus in den späten sechziger und den siebziger Jahren zu erklären ist. Die Studie von Alphons Silbermann und Herbert Sallen aus dem Jahre 1974 macht deutlich, daß antisemitische Einstellungen gegenüber 1949/52 zwar zurückgegangen, aber noch immer in einem beträchtlichen Umfang vorhanden waren (20 % der Westdeutschen werden als stark antisemitisch eingestuft).[11] Bei ungefähr der Hälfte der Bevölkerung fanden sich noch „Reste antisemitischer Einstellungen", die aber nicht mehr zu einem geschlossenen Weltbild integriert waren. Dies kann als Resultat eines „Privatisierungsprozesses" des Vorurteils gedeutet werden, in dem dieses nach dem Verlust seiner politischen Funktionen an Konsistenz verliert.

Der Rückgang des Antisemitismus seit Beginn der fünfziger Jahre ist nur zu einem kleinen Teil ein Effekt des Umlernens in der älteren Generation, den größeren Anteil daran haben die nachwachsenden, bereits in der Bundesrepublik sozialisierten Generationen, die nur zu einem kleinen Teil diese Vorurteile erworben haben. Hier wird ein Trend erkennbar, der sich bis heute fortsetzt, so daß der Antisemitismus weiter abgenommen hat. Generations- und Bildungseffekte wirken heute im

---

[11] *Alphons Silbermann*, Sind wir Antisemiten? Ausmaß und Wirkung eines sozialen Vorurteils in der Bundesrepublik Deutschland, Köln 1982, S. 63 und Tab. 21; *Herbert A. Sallen*, Zum Antisemitismus in der Bundesrepublik Deutschland. Konzepte, Methoden und Ergebnisse der empirischen Antisemitismusforschung, Frankfurt a. M. 1977.

Unterschied zur NS-Zeit in Richtung einer Ablehnung antijüdischer und fremdenfeindlicher Vorurteile: je jünger und besser ausgebildet jemand ist, desto häufiger lehnt er diese ab.

Für die Erkenntnis, daß der Mord an den europäischen Juden das zentrale Verbrechen des nationalsozialistischen Deutschlands war, hat die Ausstrahlung der TV-Serie „Holocaust" im Jahre 1979 einen wichtigen und andauernden Anstoß gegeben. Wenn auch die demoskopisch ermittelten Lerneffekte (Wissenszuwachs und Meinungsänderungen) zum Teil wenig stabil gewesen sein dürften, so hat die Rezeption des Films doch dazu beigetragen, daß in den achtziger Jahren der Holocaust ins Zentrum der Bewertung rückte und an ihm jedes Urteil am Nationalsozialismus gemessen wird.[12] Entsprechend geht es in den großen Konflikten der achtziger Jahre nur selten um antijüdische Äußerungen (s. u.), sondern um die Frage, wieweit das heutige Verhältnis zu Juden noch von der Schuld aus der Vergangenheit geprägt sein sollte („Ende der Schonzeit"). Diese Affären waren der Anlaß für eine Reihe von Meinungsbefragungen, die das Verhältnis zwischen Deutschen und Juden in den zeitgeschichtlichen Kontext von Schuld und Verantwortung gegenüber den jüdischen Opfern stellten.[13]

Bei allen methodischen Unterschieden ermittelten die genannten Umfragen einen Anteil von etwa 15 % Antisemiten in der Bevölkerung, der sich sehr ungleich über die Altersgruppen verteilte. Der bereits in den siebziger Jahren erkennbare Trend hatte sich weiter fortgesetzt, so daß man zu dem Schluß kommen muß, daß die ältere, noch häufiger antijüdisch eingestellte Generation ihre Vorurteile nur in wenigen Fällen an die Nachkommen vermitteln konnte. Wie das folgende Schaubild zeigt,

---

[12] Vgl. *Tilman Ernst,* „Holocaust" und politische Bildung, in: Media Perspektiven 1979, S. 230–240, hier S. 235.

[13] *Institut für Demoskopie,* Deutsche und Juden; *Emnid-Institut,* Antisemitismus, Bielefeld 1986; *IfD,* Ausmaß und Form des heutigen Antisemitismus in der Bundesrepublik Deutschland, Allensbach 1987; *Emnid-Institut,* Zeitgeschichte, Bielefeld 1989. Vgl. dazu die Analyse in *Bergmann/ Erb* 1991.

hat sich die Situation zwischen 1949 und 1987, sowohl was die Verbreitung als auch was die Generationenverteilung betrifft, deutlich verändert.

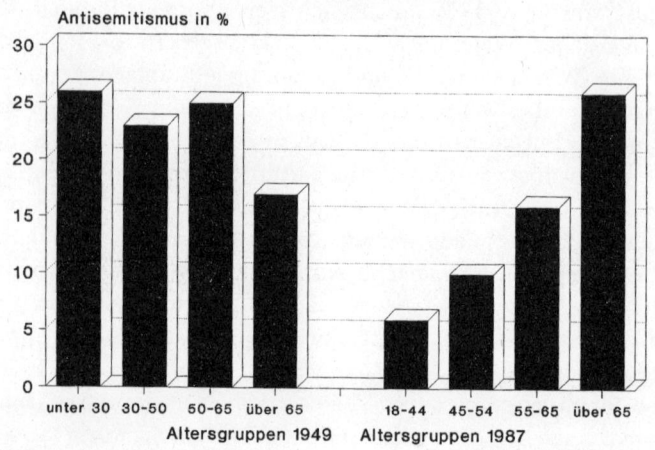

Generationenvergleich
1949 und 1987

(IfD 1949; Bergmann/Erb 1991)

1990 – erste Antisemitismusumfragen in der ehemaligen DDR

Sobald es ab Oktober 1990 mit dem Beitritt der DDR zur Bundesrepublik die Möglichkeit gab, wurden sogleich zwei Umfragen durchgeführt, um zu prüfen, ob die Sorgen über antisemitische Einstellungen unter der ostdeutschen Bevölkerung berechtigt wären.[14] Übereinstimmend zeigen beide Studien

---

[14] Eine Umfrage des American Jewish Committee vom 1.–15. 10. 1990, vgl. *David A. Jodice*, United Germany and Jewish Concerns. Attitudes Toward Jews, Israel, and the Holocaust, American Jewish Committee 1991; und eine Umfrage des Instituts für Soziologie an der Universität Erlangen-Nürnberg vom Oktober bis Dezember 1990; *Reinhard Wittenberg*

eine wesentlich geringere Verbreitung des Antisemitismus in Ost-, verglichen mit Westdeutschland, ein Ergebnis, das von allen späteren Umfragen bestätigt worden ist.[15] Dieser Unterschied gilt für alle abgefragten Dimensionen (antijüdische Stereotypen, die Bereitschaft zur Erinnerung und Wiedergutmachung, weitere Strafverfolgung von NS-Verbrechern) mit Ausnahme der Haltung zu Israelis[16] und der Einschätzung des Zionismus, der von einer gleich großen Minderheit in Ost- und Westdeutschland als Rassismus beurteilt wurde. Hier schlägt die jahrzehntelange antiisraelische Politik und Propaganda der DDR-Führung durch. Bei der Bewertung der Umfrageergebnisse muß man natürlich berücksichtigen, daß Ost- und Westdeutsche von einem je spezifischen historischen Hintergrund aus urteilen: Die größere Zustimmung zur Wiedergutmachung mag in Ostdeutschland darauf beruhen, daß sich die DDR-Regierung Jahrzehnte gegen derartige Zahlungen gewehrt hat, während die Westdeutschen die Wiedergutmachungsverpflichtungen als erfüllt ansehen und weiteren Verpflichtungen eher ablehnend gegenüberstehen. Während die Ostdeutschen den Forderungen nach der weiteren Verfolgung von NS-Verbre-

---

/ *Bernhard Prosch* / *Martin Abraham*, Antisemitismus in der ehemaligen DDR, in: Tribüne 30, Heft 118 (1991), S. 102–120.

[15] Der Antisemitismus ist seit 1945 in beiden Teilen Deutschlands eng mit der Haltung gegenüber dem Nationalsozialismus verknüpft. Umfragen zu diesem Thema zeigen durchgängig bei den Ostdeutschen eine entschiedenere Ablehnung des Nationalsozialismus, ein genaueres Wissen über ihn und eine geringere Neigung zur Exkulpation. Vgl. dazu die Forsa-Umfrage im Auftrag „Die Woche", Die Deutschen und der Nationalsozialismus, Mai 1994.

[16] Während die Juden seltener abgelehnt wurden (von 8 %) als von den Westdeutschen (im Jahre 1987: 13 %), wollten die Ostdeutschen mit Israelis häufiger „nicht so gern zu tun haben" als die Westdeutschen (16 % zu 11 %). Jenenser Schüler lagen 1990 mit einer Ablehnung von 26 % sogar noch deutlich höher als die Erwachsenen. Vgl. *Reinhard Wittenberg* / *Bernhard Prosch* / *Martin Abraham*, Struktur und Ausmaß des Antisemitismus in der ehemaligen DDR. Ergebnisse einer repräsentativen Umfrage unter Erwachsenen und einer regional begrenzten schriftlichen Befragung unter Jugendlichen, in: Jahrbuch für Antisemitismusforschung 4 (1995), Tab. 4.

chern aufgeschlossen gegenüberstehen, befürworten sie die Verbote von antisemitischen Gruppen aus ihrer Erfahrung staatlicher Repression weniger häufig, obwohl sie Antisemitismus als ernstes Problem wahrnehmen.[17] Diese Tolerierung könnte ein Hinweis darauf sein, daß bei Ostdeutschen der Antisemitismus primär als Bestandteil des „Nazi-Faschismus" abgelehnt wird, daß aber moderne Formen des Vorurteils und der Diskriminierung weniger kritisch gesehen und deshalb auch nicht aktiv bekämpft werden. Die Verbreitung fremdenfeindlicher Einstellungen und alltägliche Zurücksetzungen von „Ausländern" deuten auf die Koexistenz eines historisch fundierten Anti-Antisemitismus mit gegenwärtiger Xenophobie hin.

Die amerikanische Studie ermittelte nur die Antwortverteilung auf Einzelfragen und traf keine Aussage über die Größenordnung des Antisemitismus in der ehemaligen DDR. Diese versuchten die Nürnberger Forscher über die Bildung eines Gesamtindex zu berechnen, in den verschiedene Aspekte des Vorurteils eingingen. Demnach dürfte der „harte Kern" antisemitisch orientierter Personen rund 6 % umfassen. Gegenüber der Größenordnung, den die Antisemitismus-Umfragen der späten achtziger Jahre in Westdeutschland ermittelt hatten (12–15 % Antisemiten), erwies sich die DDR-Bevölkerung zur Überraschung vieler als weniger antisemitisch und deutlich positiver gegenüber Juden eingestellt. Nimmt man zu diesem Befund noch hinzu, daß Umfragen und Wahlergebnisse in den neuen Bundesländern nur eine geringe Akzeptanz des politischen Rechtsextremismus zeigen, dann kann man die These aufstellen, der antifaschistische Konsens der DDR habe den Nationalsozialismus und alle mit ihm verbundenen Erscheinungen gründlich diskreditieren können, weil er Bestandteil eines geschlossenen ideologischen Systems war, das jede Form politisch unliebsamer Äußerungen aus der Öffentlichkeit verbannte. Demgegenüber hat eine demokratisch pluralistische

[17] Vgl. *Jodice* (s. Anm. 14), Tab. 1, 3, 5, 6, 7, 8, 9 und 10.

Gesellschaft bei Meinungsfreiheit immer damit zu rechnen, daß es abweichende politische Meinungsspektren gibt, die ihre Sicht öffentlich durchzusetzen versuchen.

Vergleichende Umfragen in der neuen Bundesrepublik 1991–1994

Hatten die Meinungsumfragen 1990 ein beruhigendes Bild geliefert, so schien dies durch die reale Entwicklung, d. h. die seit 1991 zu beobachtende Welle fremdenfeindlicher Gewalt, neonazistischer Demonstrationen und antisemitischer Anschläge, schnell widerlegt. Der Rückschluß von der eskalierenden Gewaltwelle auf eine negative Einstellungsentwicklung in der Bevölkerung ist zwar naheliegend, widerspricht aber den Erkenntnissen über den Zusammenhang von Einstellung und Verhalten. Manifestes Verhalten ist stark von situativen Gegebenheiten abhängig. Wie die Analyse der Tatverläufe und Täterstrukturen ergeben hat, wurde 1991–1993 die große Mehrheit der fremdenfeindlichen Straftaten von Gruppen junger Männer begangen.[18] Dies rückte die Jugend in den Mittelpunkt des öffentlichen wie wissenschaftlichen Interesses[19], daneben gab es jedoch gleichzeitig auch eine ganze Reihe von Bevölkerungsbefragungen.[20] Letztere belegen, daß zwar die Besorgnis

---

[18] Vgl. *Helmut Willems u. a.*, Fremdenfeindliche Gewalt. Einstellungen, Täter, Konflikteskalation, Opladen 1993.
[19] *Hans-Uwe Otto / Roland Merten* (Hrsg.), Rechtsradikale Gewalt im vereinigten Deutschland. Jugend im gesellschaftlichen Umbruch, Bonn 1993; empirische Studien: *Peter Förster / Walter Friedrich / Harry Müller / Wilfried Schubarth*, Jugend Ost: Zwischen Hoffnung und Gewalt, Opladen 1993; *Wolfgang Melzer*, Jugend und Politik in Deutschland, Opladen 1992; *Dietmar Sturzbecher / Peter Dietrich / Michael Kohlstruck*, Jugend in Brandenburg '93, Brandenburgische Landeszentrale für politische Bildung, Potsdam 1994.
[20] *Emnid-Institut*, Antisemitismus in Deutschland, Repräsentativbefragung im Auftrag des „Spiegel", Bielefeld 1992; *Emnid-Institut*, Die gegenwärtige Einstellung der Deutschen gegenüber Juden und anderen Minderheiten, durchgeführt im Auftrag des American Jewish Committee, Bielefeld 1994; *Institut für Demoskopie*, Umfragen Nr. 5064, 5074, 5075,

in der Bevölkerung über ein Anwachsen von Antisemitismus seit 1990 zugenommen hat, daß die Einstellungen aber stabil geblieben sind (Emnid 1992: 16 % Antisemiten in Westdeutschland und 4 % in Ostdeutschland).[21]

Für West- und Ostdeutschland gilt der auch sonst international nachgewiesene Trend, daß mit besserer Bildung und niedrigerem Alter antisemitische Vorurteile seltener vorkommen. In dem Maße, wie die noch in den Nationalsozialismus aktiv verstrickte Generation stetig abnimmt, gleichen sich die nachfolgenden Generationen in ihrem Einstellungsprofil an, so daß der Generationseffekt seinen dominierenden Einfluß verliert, vor allem sind die Differenzen zwischen den 18- bis 29jährigen und den 30- bis 44jährigen gering. Während sich für die Westdeutschen in diesen jüngeren Kohorten (18–45 Jahre) das Bild eines Einstellungssockels ergibt, der offenbar nicht weiter abschmilzt, stellen Wittenberg u. a. für die Ostdeutschen eine etwas andere Verteilung fest. Auch hier sind die über 45jährigen im Durchschnitt häufiger antisemitisch eingestellt als die unter 45, es ist hier jedoch die mittlere Altersgruppe der 31- bis 44jährigen, die den geringsten Anteil an Antisemiten aufweist. Für die 18- bis 30jährigen liegt er leicht höher.[22] In der ersten demoskopischen Momentaufnahme aus dem Jahr 1990 deutete sich bereits an, daß insbesondere junge Erwachsene und Jugendliche sich als anfällig für fremdenfeindliche und antisemitische Parolen erweisen. Jugendstudien, die auch die Altersgruppe ab 14 Jahren einbeziehen, haben sich vor allem auf die

---

5076, April 1992 bis Febr. 1993; *Elisabeth Noelle-Neumann*, Rechtsextremismus in Deutschland (im Auftrag der Frankfurter Allgemeinen Zeitung), Allensbach 1993.
[21] Vergleicht man die Antwortverteilung auf Kernfragen der Erhebungen von 1990 und 1994, wird eher Stabilität bzw. ein leichter Rückgang erkennbar: „Zuviel Einfluß auf die Vorgänge in der Welt" schrieben den Juden 1990 44 % der West- und 20 % der Ostdeutschen zu, 1994 waren es 34 % und 19 %; dem Vorwurf „Die Juden nutzen den nationalsozialistischen Holocaust für ihre eigenen Absichten aus" stimmten 1990 45 % der West- und 20 % der Ostdeutschen zu, 1994 waren es 44 % und 19 % *(Jodice*, [s. Anm. 14], Tab. 3 und 4, Emnid 1994, Tab. 8 und 19).
[22] *Wittenberg u. a.* (s. Anm. 14, 1991), S. 106.

410

neuen Länder konzentriert, so daß für diese Altersgruppe der 14- bis 18jährigen keine Vergleichsdaten aus Westdeutschland vorliegen. Antisemitische Vorgaben finden bei den ostdeutschen Jugendlichen eine unerwartet hohe Zustimmung (12 % in Sachsen/Sachsen-Anhalt 1992), die noch übertroffen wird von nationalistischen (50 %) und fremdenfeindlichen Aussagen (29 %).[23] Auf eine negative Entwicklung deutete hin, daß es die jüngsten, nämlich die 14- bis 18jährigen, sind, die ein beachtliches antisemitisches Potential zeigen: 14 % stimmten dem Statement „Die Juden sind Deutschlands Unglück" zu, dies taten nur 5 % der 18- bis 20jährigen und nur 1 % der 25- bis 26jährigen.[24] Das antisemitische Potential läßt sich über die deutliche Bildungs- und Geschlechterdifferenz sowie nach der politischen Orientierung noch genauer eingrenzen: Es sind die männlichen Lehrlinge, die sich ausgeprägt antisemitisch äußern (33 % lehnen Juden ab, weibliche Lehrlinge: 10 %), bei den Schülern der 11./12. Klassen waren es 16 % – Mädchen 4 %. Bei der politischen Selbsteinstufung sind es die nach rechts tendierenden Jugendlichen, die am häufigsten diesem Statement zustimmen. Die Leipziger Jugendforscher, die bereits im Wendejahr 1990 eine Jugendstudie durchgeführt hatten, stellten bei deren Replikation 1992 fest, daß sich rechtsextreme Orientierungen, Fremdenfeindlichkeit und Gewaltbereitschaft unter ostdeutschen Jugendlichen in diesen zwei Jahren verstärkt hatten. Faßt man die Ergebnisse dieser Jugendstudien und der oben zitierten Bevölkerungsumfragen zusammen, so kann man sagen, daß der Antisemitismus in der Bevölkerung als

---

[23] *Förster u. a.*, S. 144–116. Die Befragung von Jenenser Schülern der Klassenstufen 9–13 im Dezember 1991 kommt ebenfalls zu dem Ergebnis, daß die Jugendlichen häufiger als die Gesamtbevölkerung die Meinung äußern, nicht so gerne mit Juden (13 % vs. 8 %) und Israelis (26 % vs. 16 %) zu tun haben zu wollen. Siehe *Wittenberg*, (s. Anm. 15, 1995).

[24] Die vorläufige Auswertung einer Jugendstudie zu Brandenburg und Nordrhein-Westfalen zeigt bei den ostdeutschen Jugendlichen das massive Fortbestehen antisemitischer und rechtsextremer Einstellungen auch im Jahre 1996, und eine im Vergleich zu den westdeutschen weitaus größere Verbreitung.

ganzer nicht an Bedeutung gewonnen hat, daß er aber in einer Subpopulation, nämlich der Jugend, insbesondere bei wenig gebildeten, handarbeitenden und rechtsorientierten Männern, eine größere Verbreitung und Radikalisierung erfahren hat. Dieser Befund wird durch Presseberichte über antisemitische Vorfälle sowie durch die kriminologische Auswertung der Straftaten erhärtet. Die Ursachen für die besondere Anfälligkeit der ostdeutschen Jugend sind vor allem in den tiefgreifenden und krisenhaften Transformationsprozessen in den neuen Ländern zu suchen, die einerseits zu einer radikalen Neuorientierung zwingen, die andererseits in der Phase der Auflösung sozialer und staatlicher Institutionen auch günstige Handlungsmöglichkeiten boten.[25] Die Jugend ist eine Suchphase, in der verschiedene Lebensentwürfe ausprobiert werden, so daß die Zustimmung zu antisemitischen Statements in diesem Alter nicht unbedingt eine lebenslange Festlegung bedeuten muß. Einige Jugendliche werden diese Einstellung als Element einer Protesthaltung später wieder aufgeben, ein anderer Teil ist aber mit dem Rechtsextremismus identifiziert, so daß bei diesem der Antisemitismus als Teil eines übergreifenden nationalistisch-xenophobischen Einstellungskomplexes erhalten bleiben wird.

---

[25] Wenn die These von der besonderen Belastung durch den Umbruch im Osten stimmt, dann müßten Jugendliche in Westdeutschland antisemitischen Statements weniger häufig zustimmen. Eine Regionalstudie aus Schleswig-Holstein vom Dezember 1992 ergab, daß dem bedeutungsverwandten Statement „Die Juden sind ein Volk, von dem nur Unheil ausgeht" 5,1 % der 14- bis 18jährigen zustimmten, ein Wert, der deutlich unter dem der Zustimmung zum Statement „Die Juden sind Deutschlands Unglück" in Ostdeutschland liegt (14 %). Vgl. *Institut für angewandte Sozialforschung (Infas), Bad Godesberg*, Jugend und Rechtsextremismus in Schleswig-Holstein, im Auftrag des NDR, 1992, Tab. 28.

Antisemitismus im öffentlich-politischen Leben

Rassenhaß und Antisemitismus galten den Westlliierten als die schrecklichsten Ausgeburten der NS-Ideologie. Mit Zeitungen, Fotografien, Filmen – etwa dem KZ-Film „Todesmühlen"[26] und der direkten Konfrontation der Bevölkerung mit den Lagern versuchten sie, den Deutschen die Folgen dieser Ideologie vor Augen zu führen. Die Bekämpfung des Antisemitismus war auch Bestandteil der Umerziehungspolitik.[27] Dazu gehörte das Verbot von NS-Filmen, die Aussonderung von unerwünschten Büchern, die Säuberung der Lehrpläne und Schulbücher von rassenkundlichen und antisemitischen Anteilen. Die Lehrer mußten zum Teil an „Umerziehungsseminaren" teilnehmen, bzw. belastete Lehrer wurden entlassen.[28] Ein Indiz dafür, wie bedeutsam vor allem für die Amerikaner die Bekämpfung des Antisemitismus war, ist die Übersetzung des Klassikers der Vorurteilsforschung, Gordon Allport,[29] zur Verwendung in der politischen Bildung durch die „Amerika-Häuser". In der Schulpolitik, in der Organisation der Entschädigung für NS-Opfer und der Rückgabe geraubten Vermögens gab es auf kommunaler Ebene eine Zusammenarbeit zwischen alliierten und deutschen Behörden.

Die lebhafte Debatte um die deutsche Schuld, die in den zahlreichen neugegründeten politisch-kulturellen Zeitschriften geführt wurde, hat den Aspekt des Antisemitismus kaum berührt. Auch die ersten Erklärungen der Kirchen im Nach-

---

[26] *Brewster S. Chamberlin*, Todesmühlen. Ein früher Versuch zur Massen-„Umerziehung" im besetzten Deutschland 1945–1946, in: Vierteljahrshefte für Zeitgeschichte 29 (1981), S. 420–436.

[27] Vgl. *Henry Kellermann*, Von Re-education zu Re-orientation. Das amerikanische Reorientierungsprogramm im Nachkriegsdeutschland, in: Manfred Heinemann (Hrsg.), Umerziehung und Wiederaufbau, Stuttgart 1981, S. 90 f.

[28] *Karl Ernst Bungenstab*, Umerziehung zur Demokratie? Re-education-Politik im Bildungswesen der US-Zone 1945–1949, Düsseldorf 1970, S. 78.

[29] *Gordon W. Allport*, Treibjagd auf Sündenböcke, Berlin, Bad Nauheim 1951.

kriegsdeutschland (Stuttgarter Schuldbekenntnis von 1945[30]) berührten die Schuld gegenüber den Juden nur implizit. Da sich die Kirchen vor allem selbst in der Rolle der Verfolgten durch die NS-Diktatur sahen, glaubten sie wenig Anlaß zu haben, ihr Verhalten gegenüber den Juden im Dritten Reich selbstkritisch zu betrachten. So stießen selbst diese nicht sehr weitgehenden Erklärungen in den Gemeinden auf breite Ablehnung.

In den frühen Gründungsaufrufen der Parteien vom Juni 1945 finden sich neben der Forderung nach der „Liquidierung" des Nationalsozialismus auch mehr oder minder deutliche Bekenntnisse der Schuld oder Mitschuld an den Verbrechen des Hitlerregimes und der Verpflichtung zur Wiedergutmachung. Die Ermordung der Juden wurde nicht direkt angesprochen, sondern in Begriffen wie „Rassenhochmut" oder „Völkerverhetzung" reflektiert. Die Abschaffung jeder Art von „Rassenkult" tauchte in allen programmatischen Äußerungen der frühen Zeit auf.[31] Mit dem zeitlichen Abstand zum Kriegsende nahm in allen Parteien die Bereitschaft ab, diesen Themenkomplex anzusprechen, wobei sich ein deutliches Gefälle von links nach rechts zeigte.[32] Es war vor allem die SPD, insbesondere ihr Vorsitzender Kurt Schumacher, die nach 1945 die Verfolgung der Juden verurteilte und die Forderung nach Wiedergutmachung öffentlich erhob. Auf ihren Parteitagen in Nürnberg 1947 und Düsseldorf 1948 erklärte es Schumacher

---

[30] Vgl. *Armin Boyens*, Das Stuttgarter Schuldbekenntnis vom 19. Okt. 1945 – Entstehung und Bedeutung, in: Vierteljahrshefte für Zeitgeschichte 19 (1971), S. 374–397; *Siegfried Hermle*, Die Evangelische Kirche und das Judentum nach 1945. Eine Verhältnisbestimmung anhand von drei Beispielen: Hilfe für Judenchristen, theologische Aufarbeitung, offizielle Verlautbarungen, in: Werner Bergmann / Rainer Erb (Hrsg.), Antisemitismus in der politischen Kultur nach 1945, Opladen 1990, S. 197–217.

[31] Vgl. zu SPD, KPD, CDU und FDP die Dokumente in: *Christoph Kleßmann*, Die doppelte Staatsgründung. Deutsche Geschichte 1945–1955, Göttingen 1986, S. 411ff.

[32] *Rudolf Billerbeck*, Die Abgeordneten der ersten Landtage (1946–1949) und der Nationalsozialismus, Düsseldorf 1971, S. 56ff.

zur Aufgabe der SPD, sich für eine Entschädigung der Juden einzusetzen, jede antisemitische Propaganda zu verbieten und alle zu bestrafen, die sich an Verfolgungen beteiligt hätten.[33] Schumacher war es auch, der als Oppositionsführer die erste Regierungserklärung Kanzler Adenauers kritisierte, weil er sie in bezug auf die Tragödie der Juden „zu matt und zu schwach" fand.

Es sollte nach Gründung der Bundesrepublik noch bis zum September 1951 dauern, bis der damalige Bundeskanzler Adenauer in einer Regierungserklärung öffentliche Worte zur „Haltung der Bundesrepublik gegenüber den Juden" fand.[34] In dieser Rede vor dem Bundestag lehnte der Kanzler mit dem Hinweis auf das Grundgesetz jede Form von Diskriminierung ab und wies der Erziehung und den Kirchen die Aufgabe zu, das gesamte Volk im Geist menschlicher und religiöser Toleranz zu erziehen. Den Kreisen, die noch immer antisemitische Hetze trieben, kündigte er unnachsichtige Strafverfolgung an. Die Bundesregierung und die große Mehrheit des Volkes seien sich des unermeßlichen Leides bewußt, das in der Zeit des Nationalsozialismus über die Juden gebracht worden sei. Das deutsche Volk habe in seiner überwiegenden Mehrheit die an den Juden begangenen Verbrechen verabscheut und sich nicht an ihnen beteiligt. Sprecher der im Bundestag vertretenen Parteien (SPD, FDP, Deutsche Partei, Bayernpartei und Zentrum) äußerten sich anschließend in ähnlicher Weise, nur die Parteien der äußersten Rechten und die KPD meldeten sich in der Debatte nicht zu Wort und enthielten sich auch jeden Beifalls.

Die Erklärung Adenauers kam zu diesem Zeitpunkt nicht zufällig. Den Hintergrund bildeten Wiedergutmachungsforderungen Israels, das eine derartige Erklärung zur Voraussetzung

---

[33] *Shlomo Shafir*, Die SPD und die Wiedergutmachung gegenüber Israel, in: Ludolf Herbst / Constantin Goschler (Hrsg.), Wiedergutmachung in der Bundesrepublik Deutschland, München 1989, S. 191–204, hier S. 192f.
[34] Verhandlungen des Deutschen Bundestages, 1. Wahlperiode, Stenographische Berichte, Bd. 9, Bonn 1951, S. 6697ff.

weiterer Gespräche gemacht hatte.[35] Förderlich mag auch die vom Hamburger Kultursenator Erich Lüth im Sommer 1951 ins Leben gerufene Aktion „Friede mit Israel" gewesen sein, die mit einer Unterschriftensammlung ihrer Forderung nach Aufnahme von Regierungskontakten mit Israel Nachdruck verleihen wollte.

Adenauers Erklärung formulierte die Grundlinien einer Politik gegenüber dem Antisemitismus, die für die deutschen Regierungen über Jahrzehnte bestimmend bleiben sollten. Das große Ausmaß an latentem und zum Teil manifestem Antisemitismus in der Bevölkerung, das den Politikern bekannt sein mußte, wurde als weitgehend nicht-existent behandelt. Die Bevölkerung wurde sowohl von moralischer Mitschuld am Holocaust als auch von antisemitischen Vorurteilen freigesprochen. Der Antisemitismus wurde als das Problem kleiner extremistischer Gruppen definiert, unter Strafverfolgung gestellt und ansonsten weitgehend öffentlich tabuisiert. Der Schule und den Kirchen wurde die Aufgabe übertragen, die Jugend im Geiste religiöser, politischer und ethnischer Toleranz zu erziehen. Gegen diese Problemsicht wurde vor allem von der politischen Linken Einspruch erhoben, die vom massiven Fortleben des Antisemitismus ausging und zu einer Bekämpfung eine andere Strategie empfahl: die öffentliche Auseinandersetzung mit seinen Wurzeln und seiner Verknüpfung mit der NS-Zeit. Zu seiner Bekämpfung seien weitergehende gesellschaftspolitische Reformen notwendig, da die antisemitische Disposition mit der Struktur des Kapitalismus und dem Autoritarismus der deutschen Gesellschaft verbunden sei.[36]

Im ersten Nachkriegsjahrzehnt war der Antisemitismus und seine öffentliche Thematisierung mit der Durchführung der

---

[35] *Kai von Jena*, Versöhnung mit Israel? Die deutsch-israelischen Beziehungen bis zum Wiedergutmachungsabkommen von 1952, in: Vierteljahrshefte für Zeitgeschichte 34 (1986), S. 457–480, hier S. 462; vgl. *Nana Sagi*, Die Rolle der jüdischen Organisationen in den USA und die Claims Conference, in: Herbst/Goschler (s. Anm. 33), S. 99–118.
[36] *Theodor W. Adorno / Else Frenkel-Brunswik / Daniel J. Levinson / Richard Nevitt Sanford*, The Authoritarian Personality, New York 1950.

Entnazifizierung, der Restitution und der Wiedergutmachung eng verbunden. Ein exemplarischer Fall, der große öffentliche Resonanz fand, war 1947/49 das Hamburger Entnazifizierungsverfahren des prominenten Regisseurs Veit Harlan, der 1940 den antisemitischen Film „Jud Süß" gedreht hatte.[37] Auf Presseberichte hin, daß Harlan als „unbelastet" eingestuft werden sollte, gab es öffentlichen Widerspruch. Die Vereinigung der Verfolgten des Nazi-Regimes und die „Notgemeinschaft der durch die Nürnberger Gesetze Betroffenen" stellten daraufhin Strafantrag. Der unter großer Publikumsbeteiligung, meist von Gesinnungsfreunden Harlans, durchgeführte Prozeß und seine Revision endeten 1949/1950 mit Freispruch. Das Gericht wertete zwar den Film als antisemitische Hetze und sah durchaus Harlans Mitarbeit als gegeben an, doch wurde die Verantwortlichkeit der Filmherstellung aufgeteilt: Harlan sollte nun nur für den künstlerischen Anteil verantwortlich und damit im politischen Sinne unschuldig gewesen sein, während die antisemitische Tendenz Propagandaminister Goebbels angelastet wurde.[38] Noch während der Verhandlungen kam es zu antisemitischen Angriffen auf die zum Teil jüdischen Zeugen der Anklage, und der Freispruch wurde von Beifallskundgebungen begleitet. Die demokratische Öffentlichkeit empfand den Freispruch als „Schlag gegen die Demokratie", und der damalige Hamburger Kultursenator Erich Lüth forderte Filmverleiher und Publikum zum Boykott der neuen Harlan-Filme auf, woraufhin dieser ihn verklagte. Die einsetzende Solidaritätsbewegung für Lüth führte zu einer scharfen Polarisierung der Öffentlichkeit. Diese Auseinandersetzungen gipfelten im Winter 1951/52 in Boykottaufrufen und Demonstrationen von Studenten gegen die Aufführung des neuen Harlan-Films, bei denen diese von Passanten als „Judensöldlinge" usw. angepöbelt wur-

---

[37] *Siegfried Zielinski,* Veit Harlan. Analysen und Materialien zur Auseinandersetzung mit einem Film-Regisseur des deutschen Faschismus, Frankfurt a. M. 1981.
[38] Vgl. dazu jetzt: Die Tagebücher von Joeseph Goebbels, Sämtliche Fragmente, hrsg. von Elke Fröhlich in Zusammenarbeit mit dem Bundesarchiv, Teil 1, Bd. 4, München 1987, S. 130 und S. 286.

den.[39] Diese Ereignisse zeigten, wie virulent der Antisemitismus war, wie offen er geäußert wurde und welche Spannungen, die sich teilweise in Handgreiflichkeiten entluden, er erzeugte. Diese Demonstrationen und Gegendemonstrationen sowie die Presseberichte pro und contra Harlan machen deutlich, daß es einen anti-antisemitischen Konsens in der Öffentlichkeit noch nicht gab.

Einen anderen Kristallisationspunkt des Antisemitismus bildeten die langjährigen Auseinandersetzungen um die Restitution jüdischen Eigentums.[40] Die alliierte Gesetzgebung verpflichtete die deutschen Eigentümer, jüdischen Besitz, den sie nach 1933 erworben hatten, an die jüdischen Eigentümer bzw. deren Erben zurückzugeben. Gerade um die Rückerstattung kleinerer Objekte (Häuser, Gärten, kleinere Betriebe), die zur Existenzsicherung der neuen Eigentümer dienten, wurde erbittert gestritten. Von der Lokalpresse wurde das Rückerstattungsverfahren häufig kritisiert und als unbillig hingestellt. Nach Gründung der Bundesrepublik und der damit gegebenen Möglichkeit zur Vereinsgründung schufen sich die von der Rückerstattung Betroffenen eine organisatorische Basis und zahlreiche Publikationsorgane. In diesen schilderten sie einzelne Tatsachen aus den komplizierten Rückerstattungsvorgängen, um an ausgewählten Einzelfällen das negative Stereotyp des Juden zu aktivieren und ein Klima des Gerüchts, der Korruption und der Bereicherung zu erzeugen. Sie warnten vor einer strengen Handhabung der Gesetze, dies würde der Judenfeindschaft neuen Auftrieb geben. Die Denunziationen und die Warnung sollten dazu dienen, die Bundesregierung zu bewegen, das alliierte Recht zu revidieren.

Hielt der Streit um die Restitution das negative Klischee des Juden vor allem im lokalen Rahmen wach, so wurde die Wie-

---

[39] Vgl. dazu *Werner Bergmann*, Antisemitismus in öffentlichen Konflikten. Kollektives Lernen in der politischen Kultur der Bundesrepublik Deutschland 1949–1989, Frankfurt a. M. 1997, Kap. I.
[40] *Rainer Erb*, Die Rückerstattung. Ein Kristallisationspunkt für Antisemitismus, in: Bergmann/Erb (s. Anm. 30), 1990, S. 238–252.

dergutmachung an Israel zum nationalen Thema. Umfrageergebnisse von 1952 zeigen die überwiegend negative Einstellung der Bevölkerung (vgl. Anm. 5), die Kabinettsprotokolle und die Bundestagsdebatten belegen den politischen Widerstand gegen die Wiedergutmachung, bzw. gegen die Höhe der geforderten Zahlungen. Bundeskanzler Adenauer konnte das Luxemburger Wiedergutmachungsabkommen 1953 nur mit Hilfe der oppositionellen SPD und gegen den Widerstand von Teilen seiner eigenen Fraktion im Bundestag durchsetzen.[41] Diese spezifisch finanzielle Dimension der „Bewältigung" der NS-Vergangenheit, die in der frühen Nachkriegszeit das Verhältnis von Deutschen und Juden sehr stark prägte, bildet bis heute einen bestimmenden Faktor im Judenbild der Deutschen. Noch 1989 hielten 46% der Westdeutschen die Wiedergutmachungsleistungen für zu hoch und 29% sahen in ihnen eine Ursache für Antisemitismus.[42]

Die zwischen 1953 und 1958 allgemein konstatierte restaurative Windstille gilt auch für die öffentliche Beschäftigung mit dem Antisemitismus. Einzelne Ereignisse, wie Schmierereien und Friedhofsschändungen, blieben in ihrer Resonanz lokal begrenzt und wurden nicht zum Thema von nationaler Bedeutung. In den Kirchen gab es bis Ende der fünfziger Jahre ebenfalls keine breite Auseinandersetzung mit dem christlichen Antijudaismus. Die Judenmissionsgesellschaften hielten nach 1945 am Missionsauftrag fest. Erst durch die Intervention einzelner Theologen begann ein Prozeß kritischer Selbstreflexion in Theologie und Kirche. Religiöses Brauchtum, in dem der Antijudaismus fortlebte, wie z. B. die Oberammergauer Passionsspiele[43] und die Wallfahrt zur „Deggendorfer Gnad", wurde in der traditionellen Weise begangen, erregte aber nach „Auschwitz" weltweite Kritik. Der dadurch eingeleitete Pro-

[41] *Shafir*, (s. Anm. 33), S. 201 f.
[42] *Emnid*, Zeitgeschichte, Tab. 81 und 83.
[43] Zur Auseinandersetzung vgl. den Katalog zur Ausstellung „Hört, sehet, weint und liebt". Passionsspiele im alpenländischen Raum, hrsg. von Michael Henker u. a., Oberammergau 1990.

zeß des Umdenkens führte bis Anfang der sechziger Jahre zu einer Revision des Spieltextes in Oberammergau bzw. zur Umwidmung der Wallfahrt. Bilder und Reliquien, auf denen der mittelalterliche „Judenfrevel" dargestellt war, wurden aus dem Kirchengebäude entfernt. Die Beschlüsse des Zweiten Vatikanischen Konzils vom Oktober 1965 waren von entscheidender Bedeutung für die Neubestimmung des Verhältnisses der katholischen Kirche zum Judentum. Es dauerte aber bis in die achtziger Jahre, bis die römischen Beschlüsse zur Entfernung antijüdischer Elemente aus dem religiösen Brauchtum in den lokalen Kirchengemeinden vollständig durchgesetzt waren.

Die Latenzphase des Antisemitismus endete in den späten fünfziger Jahren, als sich antisemitische Skandale häuften. Die Fälle des KZ-Arztes Eisele, des Studienrates Zind, der gegenüber einem Juden erklärt hatte, ihn und seine Familie habe man vergessen zu vergasen, und des Kaufmanns Nieland, der eine antisemitische Broschüre als offenen Brief an alle Bundesminister und Parlamentarier geschickt hatte, wurden vor allem durch das Verhalten der Behörden und der Justiz zu bundesweit und international beachteten Skandalen. Eisele und Zind konnten sich der Inhaftierung durch die Flucht nach Ägypten entziehen, weil sie rechtzeitig vor ihrem Haftantritt aus Justizkreisen gewarnt worden waren. Nieland wurde in einem Prozeß wegen Beleidigung und Staatsgefährdung freigesprochen. Die Beschäftigung mit der NS-Vergangenheit des verantwortlichen Richters förderte zutage, daß dieser im Dritten Reich selbst antisemitische Artikel verfaßt hatte.[44] Die antisemitischen Vorfälle mündeten in Justizskandale, da sie die personelle und ideologische Kontinuität in der Judikative deutlich machten.

Die oppositionelle SPD griff diese Skandale auf und richtete im Januar 1959 eine große Anfrage zur Justizpolitik an die Bundesregierung. Die SPD kritisierte, daß belastete Richter über Geschehnisse der NS-Zeit zu urteilen hätten, und forderte ein Umdenken in der Justiz. Im Bundestag wurde die gesetzliche

---

[44] *Bergmann* (s. Anm. 39), Kap. II.

Verbesserung zur Verfolgung von Tatbeständen der Volksverhetzung gefordert und ein entsprechendes Gesetzgebungsverfahren eingeleitet.

Während Anfang Dezember 1959 in zweiter Lesung über dieses Gesetz beraten wurde und verschiedene Gruppen ein Unbehagen an einem „Sondergesetz" zum Schutz der Juden artikulierten, kam es in den Weihnachtstagen zu einer Schmiererei an der eben eingeweihten Kölner Synagoge, die eine Welle von Nachfolgetaten im In- und Ausland auslöste. Allein für das Bundesgebiet zählte das „Weißbuch" der Bundesregierung bis Ende Januar 1960 685 Fälle.[45] Die Mitgliedschaft der beiden Kölner Täter in der rechtsradikalen Deutschen Reichspartei (DRP), die sich durch Ausschluß sogleich von ihnen distanzierte, lenkte die Aufmerksamkeit von Verfassungsschutz und Öffentlichkeit auf rechtsextreme Organisationen, Hausdurchsuchungen bei Funktionären förderten stark belastendes Material zutage. Das bundesweite Verbot der DRP wurde erwogen, jedoch nur in Berlin und in Rheinland-Pfalz ausgesprochen. Die öffentliche Diskussion weitete sich aus, z. B. auf die ehemaligen Nationalsozialisten in der Adenauer-Regierung und in hochrangigen Positionen von Justiz und Verwaltung. Der Mitverfasser des Kommentars zu den Nürnberger Rassengesetzen Hans Globke war Staatssekretär im Bundeskanzleramt, dem Vertriebenenminister Oberländer wurde die Beteiligung an Kriegsverbrechen in Lemberg vorgeworfen. Diese internationale Kritik an der Beschäftigung ehemaliger Nationalsozialisten im demokratischen Staat, die vor allem die ehemaligen Besatzungsmächte, jüdische Organisationen und die DDR vorbrachten, veranlaßte die Justiz dazu, die gefaßten Schmierer zum Teil sehr streng zu bestrafen. Die Versäumnisse von Schule und Elternhaus wurden von Politikern und Publizisten beklagt und eine Verbesserung der politischen Bildung gefordert und in der Folgezeit auch zum Teil realisiert. Den Faschismus-Vorwürfen der kommunistischen Staaten begegnete die

---

[45] *Bundesregierung* (Hrsg.), Die antisemitischen und nazistischen Vorfälle. Weißbuch und Erklärung der Bundesregierung, Bonn 1960.

Bundesregierung mit Gegenvorwürfen, in denen „Drahtzieher" der antisemitischen Schmierereien in „Pankow" lokalisiert wurden.[46]

Die außerordentliche öffentliche Resonanz auf diese Vorfälle, die sich im Protest und in der Empörung nahezu aller gesellschaftlichen Gruppierungen zeigte, leitete die Wende in der Bearbeitung des Antisemitismus und der NS-Vergangenheit ein. Im Rahmen der politischen Bildung, in den Wissenschaften, in den Kirchen und in Presse und Rundfunk begann man, sich intensiv mit der Erforschung und der Bekämpfung von Vorurteilen und Antisemitismus zu beschäftigen.

Die Auseinandersetzung mit der nationalsozialistischen Vergangenheit und insbesondere mit dem Holocaust wurde in den sechziger Jahren durch eine Reihe von großen Prozessen, die Debatten um die Verjährung nationalsozialistischer Gewaltverbrechen und durch das Aufkommen der rechtsradikalen NPD – nolens volens – fortgeführt. Die spektakuläre Entführung Adolf Eichmanns und sein Prozeß in Jerusalem fanden in den deutschen Medien und in der Gesellschaft große Beachtung. Das gleiche gilt für den zweijährigen Frankfurter Auschwitz-Prozeß, der von 1963 bis 1965 gegen achtzehn Angehörige des Aufsichts-, Sanitäts- und Wachpersonals geführt wurde. Die herausragende Bedeutung dieser beiden Prozesse lag darin, daß in ihnen der gesamte Komplex der „Endlösung" exemplarisch aufgerollt wurde, um nicht nur einzelne Täter zu bestrafen, sondern auch den Gesamttatbestand des Holocaust zu erhellen.

Schriftsteller griffen diese Themen in stark beachteten Bühnenstücken auf, in denen der Stoff teils dokumentarisch, teils literarisch verfremdet präsentiert wurde. Rolf Hochhuths historisches Drama von 1963, „Der Stellvertreter", das eine moralische Mitschuld des Papstes am Holocaust thematisierte, löste leidenschaftliche Stellungnahmen für und wider das Stück

---

[46] *Werner Bergmann*, Antisemitismus als politisches Ereignis. Die antisemitische Schmierwelle im Winter 1959/60, in: Bergmann/Erb (s. Anm. 30), 1990, S. 253–276.

aus. [47] Ging es Hochhuth um eine historische Rekonstruktion der Ereignisse und einer Personalisierung von Mitschuld, so führten andere Autoren, etwa Peter Weiss in seinem Auschwitz-Oratorium „Die Ermittlung" (Uraufführung 1965) oder Martin Walser mit seinem Stück „Der schwarze Schwan" (1961), das Weiterleben von Strukturen und Personen vor, die für Auschwitz verantwortlich zu machen waren. [48] Mit der Tatsache, daß die Vergangenheit nicht vergangen war, wurde die Bundesrepublik wiederholt konfrontiert, als die Verjährung für NS-Verbrechen einzutreten drohte. In der restaurativen Phase der fünfziger Jahre hatten Regierung und Parlament 1955 die Frist für Straftaten mit einer Höchststrafe von zehn Jahren Freiheitsentzug ohne jede Diskussion verstreichen lassen. Auch über die Verjährung von Totschlag im Zusammenhang mit NS-Verbrechen kam es im Mai 1960 nur zu einer kurzen, von der SPD initiierten Debatte im Bundestag, in der eine Verlängerung der Frist mit dem Einwand, man wolle kein Sonderrecht für NS-Verbrecher schaffen, abgelehnt wurde. Erst als im Jahre 1965 die Verjährung für NS-Mordtaten anstand, kam es zu einer heftig geführten Verjährungsdebatte. Die großen Prozesse und die zeitgeschichtliche Forschung hatten einer breiteren Öffentlichkeit den systematischen Charakter der Judenverfolgung bewußtgemacht, die nicht länger als Verbrechen „wie sie nun einmal im Krieg vorkommen", verharmlost werden konnte. Dennoch rührten sich 1965 weder die Bundesregierung noch der Justizminister. Die Initiative lag bei einem einzelnen CDU-Abgeordneten, Ernst Benda, und bei der SPD-Fraktion. Eine rechtspolitische Konsequenz aus der Singularität des Holocaust wurde nicht gezogen. Der Bundestag behalf sich damit, den Beginn der Verjährungsfrist auf das Jahr 1949 zu verlegen, da eine ordentliche Rechtspflege in deutscher Hand erst von diesem Zeitpunkt an gegeben war. Damit stand das Problem

---

[47] Vgl. *Reinhold Grimm u. a.* (Hrsg.), Der Streit um Hochhuths „Stellvertreter". Theater unserer Zeit, Bd. 5, Basel, Stuttgart 1963.
[48] *Heinz Geiger*, Widerstand und Mitschuld. Zum deutschen Drama von Brecht bis Weiss, Düsseldorf 1973.

1969 wieder auf der politischen Tagesordnung und wurde durch eine Verlängerung der Verjährungsfrist für Mord generell auf dreißig Jahre vorläufig gelöst. Man hoffte, bis 1979 alle noch anstehenden Ermittlungen abgeschlossen zu haben. Die Hoffnung trog jedoch, so daß der Bundestag 1979 in der nächsten Verjährungsdebatte unter großem Druck der Öffentlichkeit des In- und Auslandes die Aufhebung der Verjährung für Mord beschloß. Um kein Sonderrecht für NS-Täter zu schaffen, lehnte man eine Aufhebung der Verjährungsfrist allein für Völkermord ab. Konnte sich der Bundestag in kontroversen Debatten immer wieder zu einer Verlängerung der Verjährungsfristen durchringen, so war die Aufhebung der Verjährung und die Bestrafung von NS-Verbrechen in der Bevölkerung alles andere als populär.

Die Tendenz, den „Schlußstrich" zu fordern, offenbart die größer gewordene Differenz zwischen Bevölkerungsmeinung einerseits und der öffentlichen Meinung und Politik des In- und Auslandes andererseits. Während die deutsche Politik seit 1969 die historische Verantwortung für die Taten des Dritten Reiches stärker betont und dabei von den Prestige-Medien unterstützt wird, ist in der Bevölkerung zunehmend ein Gefühl festzustellen, das sich als „genug, zuviel, zulange" zusammenfassen läßt. Gerade gegenüber den Juden ist das Gefühl verbreitet, genug an Wiedergutmachung geleistet und einen Anspruch auf ein „normales" Verhältnis zu Juden und Israel zu haben. Die Unmöglichkeit der Normalität wird als Weigerung seitens der Juden wahrgenommen (vgl. das neue Bild des „nachtragenden, unversöhnlichen" Juden) und führt zu einem „sekundären Antisemitismus", der ins Private eingeschlossen bleibt, da ihm öffentliche Äußerungsmöglichkeiten bisher weitgehend fehlten. Wir sprechen deshalb von einem „kommunikationslatenten" Antisemitismus. [49]

---

[49] *Werner Bergmann / Rainer Erb*, Kommunikationslatenz, Moral und öffentliche Meinung, Theoretische Überlegungen zum Antisemitismus in der Bundesrepublik Deutschland, in: Kölner Zeitschrift für Soziologie und Sozialpsychologie 38 (1986), S. 223–246.

Die antisemitischen Skandale der achtziger Jahre um Politikeräußerungen und um die geplante Aufführung des Faßbinder-Stücks „Die Stadt, der Müll und der Tod", [50] in dem das Klischee des „reichen Juden" in einer sehr negativen Rolle gezeigt wurde, beruhten auf einer teils politischen, teils provokatorischen Durchbrechung dieser Latenz. Die massiven öffentlichen Reaktionen zwangen die Politiker, sich entweder zu entschuldigen oder zurückzutreten, und das Theater dazu, das Faßbinder-Stück nicht aufzuführen. In diesen Fällen konnte dem Antisemitismus, auch durch Protestaktionen von Mitgliedern der jüdischen Gemeinden, die öffentliche Bühne verwehrt werden, jedoch möglicherweise um den Preis einer Verstärkung auf der Ebene persönlichen Ressentiments. Am Verlauf der Bitburg-Affäre kann dieser Mechanismus studiert werden. Die Kritik vieler Organisationen an der Versöhnungsgeste zwischen Bundeskanzler Kohl und Präsident Reagan am unpassenden Ort wurde auf den „Einfluß gewisser Kreise der Ostküste" zurückgeführt. Damit wurde ein klassisches antisemitisches Versatzstück zur Deutung herangezogen: Die Juden hätten zuviel Einfluß in der Welt. [51] Auch in diesem Fall zwang der Protest die Politiker zu einer Änderung des vorgesehenen Programms, was von manchen geradezu als Bestätigung des antisemitischen Vorurteils von der „Macht der Juden" aufgefaßt wurde. Ähnlich wie 1960 führte die Häufung derartiger „Entgleisungen" dazu, sich politisch und wissenschaftlich intensiver mit dem Antisemitismus zu beschäftigen. Mehrere in den Jahren 1986 und 1987 durchgeführte Umfragen erlauben eine genauere Einschätzung von Struktur und Ausmaß des gegenwärtigen Antisemitismus. [52] Politikwissenschaftliche und

---

[50] *Heiner Lichtenstein* (Hrsg.), Die Faßbinder-Kontroverse oder Das Ende der Schonzeit, Königstein 1986.
[51] *Hajo Funke*, Bitburg und „die Macht der Juden". Zu einem Lehrstück anti-jüdischen Ressentiments in Deutschland/Mai 1985, in: *Alphons Silbermann / Julius H. Schoeps* (Hrsg.), Antisemitismus nach dem Holocaust, Köln 1986, S. 41–52.
[52] *Emnid*, Antisemitismus, Bielefeld 1986 (repräsentative Befragung im

journalistische Analysen versuchten, das Geschehen in die Nachkriegsgechichte der Bundesrepublik einzuordnen.[53] Die österreichische Waldheim-Affäre, die dort ebenfalls zu einer verstärkten Auseinandersetzung mit dem Antisemitismus führte, strahlte zudem noch auf die bundesdeutsche Debatte aus.

Auf Antrag von 45 Abgeordneten der Grünen, der SPD und FDP beraumte der Bundestag am 27. Februar 1986 eine Aktuelle Stunde an zum Thema: „Verantwortung aller demokratischen Parteien gegenüber Anfängen antisemitischer Tendenzen." Vor allem Bundeskanzler Kohl reproduzierte in seinem Beitrag eine Strategie, die sich schon 1951 in Adenauers Regierungserklärung findet: Die antisemitischen Vorfälle werden als Einzelfälle banalisiert, „die riesige Mehrheit unserer Mitbürger in der Bundesrepublik Deutschland und insbesondere in der jungen Generation [ist] immun gegen Antisemitismus"[54]. Der Antisemitismus wird in dieser Argumentation allenfalls als geringfügiger Bodensatz im Rechtsextremismus lokalisiert und damit abgespalten. Wo die links-liberalen Sprecher alarmierende Tendenzen, Verdrängung und mangelnde Auseinandersetzung mit der NS-Vergangenheit sahen, konstatierten die Vertreter der CDU/CSU-Fraktion einen erfolgreichen historischen Lernprozeß der Deutschen. Für diese Auffassung beriefen sie sich auf jüdische Gewährsleute. Insbesondere die Grü-

---

Auftrag des WDR); *IfD*, Deutsche und Juden, 1986; *IfD*, Antisemitismus, 1987; *Emnid*, Zeitgeschichte, 1989.

[53] *Elisabeth Kiderlen* (Hrsg.), Deutsch-jüdische Normalität … Faßbinders Sprengsätze, Pflasterstrand Flugschrift 1, Frankfurt a. M. 1985; *Silbermann und Schoeps*, Antisemitismus, 1986; *Dan Diner*, Negative Symbiose. Deutsche und Juden nach Auschwitz, in: Micha Brumlik / Doron Kiesel u. a. (Hrsg.), Jüdisches Leben in Deutschland seit 1945, Frankfurt a. M. 1986, S. 243–257; *Geoffrey H. Hartmann* (Hrsg.), Bitburg in Moral and Political Perspective, Bloomington 1986; *Ilya Levkov* (Hrsg.), Bitburg and Beyond. Encounters in American, German and Jewish History, New York 1987; *Michael Best* (Hrsg.), Der Frankfurter Börneplatz. Zur Archäologie eines politischen Konflikts, Frankfurt a. M. 1988.

[54] Verhandlungen des Deutschen Bundestages, 10. Wahlperiode, Stenographische Berichte, Bd. 10, Bonn 1986.

nen warfen den anderen Parteien vor, eine Auseinandersetzung mit dem Antisemitismus seit 1945 vermieden zu haben.

Das Engagement der Grünen in dieser Frage war Ausdruck eines Lernprozesses der „Linken", der gerade in Gang gekommen war. Während die KPD bis zu ihrem Verbot 1956 der antizionistischen Parteilinie der KPdSU gefolgt war, wurde von der SPD kontinuierlich eine Politik der Wiedergutmachung und der Unterstützung Israels betrieben. Die linken Nachwuchsorganisationen folgten bis etwa Mitte der sechziger Jahre dieser Politik und engagierten sich für das israelische Kibbuz-Modell. Im Zuge der Studentenbewegung änderte sich die Haltung der „Neuen Linken" und wurde eher israelkritisch und antizionistisch. Innenpolitisch war diese Wendung gegen Israel vor allem durch die Kritik am Philosemitismus des „Establishments", hauptsächlich an dessen negativer Symbolfigur Axel Springer und seiner Presse, motiviert. Die Kritik war teilweise eine Reaktion auf die Unterstützung Israels und die Bewunderung seiner militärischen Leistungen, die man mit den Feldzügen der Wehrmacht verglich, womit diese zugleich aus dem Kontext der NS-Kriegsführung genommen wurden. Die Identifizierung vieler Deutscher mit den Israelis („Mosche Dajan der Rommel Israels"; „Unsere Jungs am Sinai") wurde von der Linken als Entlastungsversuch interpretiert und entsprechend abgelehnt. Die Linke wurde von der konservativen und von der Boulevard-Presse nach der Formel rot=braun mit dem Totalitarismus identifiziert und des Antisemitismus bezichtigt. Dieser Vorwurf bestätigte in den Augen der Linken die Verbindung zwischen Israelfreundschaft und „reaktionärem und antikommunistischem Gedankengut"[55]. Die Imperialismustheorie und der Vietnam-Krieg, durch den die USA zum Vertreter eines aggressiven Imperialismus gestempelt wurden, definierte Israel aufgrund seiner engen Verbindung mit den USA als dessen „Statthalter" im Nahen Osten. Die Unterstützung der Befreiungsbewegungen in der Dritten Welt schloß auch die PLO ein.

---

[55] *Andrea Ludwig*, Neue oder Deutsche Linke? Nation und Nationalismus im Denken von Linken und Grünen, Opladen 1995, Kap. II.

Deutsche Terroristengruppen standen in Kontakt mit PLO-Kommandos, von denen sie militärische Ausbildung und Logistik erhielten und mit denen sie gemeinsame Aktionen durchführten, die sich auch gegen Juden und jüdische Einrichtungen richteten.

Während diese Positionen sich auf die isolierten Splitterorganisationen, die sich nach dem Zerfall der Studentenbewegung gebildet hatten, und auf deren Publikationen ohne Breitenwirkung beschränkten, kam das Thema durch den Einzug der Grünen in den Bundestag und schlug vor allem durch die erste Nahost-Reise einer Delegation der Partei politische Wellen. Das unsensible Auftreten der Delegation, die auf einer Pressekonferenz in Jerusalem ihre Kritik an Israel und ihre Parteinahme für die „Opfer der Opfer des Faschismus", nämlich die „entrechteten" Palästinenser, gerade als Pflicht einer antifaschistischen deutschen Partei stilisierte (vgl. TAZ, 2. 1. 1985), stieß nicht nur in Israel und in der deutschen Öffentlichkeit auf massive Kritik, sondern löste auch eine innerparteiliche Diskussion aus, die ein differenziertes Bild des Nahost-Konflikts und das Bewußtsein historischer Verantwortung zum Resultat hatte.[56] Daß aber „kathartische Zerreißproben"[57] die Israel-Diskussion der Grünen auch weiterhin heute kennzeichnen, haben die Äußerungen verschiedener Repräsentanten der Partei zur Golfkrise im Winter 1990/91 gezeigt.

Hat die politische Linke der alten Bundesrepublik hauptsächlich ein „Israel-Problem", das die Politik Israels gegenüber den Palästinensern betrifft und nicht zu einem allgemeinen Antisemitismus wird, so scheinen sich antisemitische Einstellungen auf der äußersten Rechten zu verstärken. Der Antisemitismus bildete immer einen Bestandteil ihrer Ideologie, obwohl sie es vermied, das Thema, vermutlich auch aus straf-

---

[56] Vgl. *Martin W. Kloke,* Israel und die deutsche Linke. Zur Geschichte eines schwierigen Verhältnisses, Frankfurt a. M. 1990.
[57] *Martin W. Kloke,* Kathartische Zerreißproben: Zur Israel-Diskussion in der Partei „Die Grünen", in: Herbert A. Strauss / Werner Bergmann / Christhard Hoffmann (Hrsg.), Der Antisemitismus der Gegenwart, Frankfurt a. M. 1990, S. 124–148.

rechtlichen Rücksichten, offen zu propagieren. Um ihre eigene politische Position zu rechtfertigen, mußte sie bestrebt sein, den verbrecherischen Charakter des Nationalsozialismus zu leugnen bzw. zu relativieren. Es entstand international eine „Revisionismus-Literatur",[58] deren zentrales Bestreben war und ist, die Existenz von Vernichtungslagern zu bestreiten und die Millionen-Zahl der Holocaust-Opfer als Übertreibung alliierter Propaganda zu „entlarven". Die Leugnung des Holocaust ist eng mit Antisemitismus verbunden, da gerade die Rechten die Juden als diejenigen ansehen, die die Erinnerung an die Vergangenheit wachhalten und Nutzen daraus ziehen wollen.

Dieser Beleidigung der Opfer versuchte die SPD und später die Bundesregierung durch ein „Sondergesetz" gegen die „Auschwitz-Lüge" zu begegnen.[59] Das geplante Gesetz wurde von vielen Seiten als juristisch ungeeignet und politisch bedenklich kritisiert, so daß die Bundesregierung ihren Entwurf zurückzog, und der Bundestag schließlich im April 1985 eine Novellierung des Beleidigungsrechts gegen die Stimmen von SPD und Grünen beschloß.

Die Thesen des „Revisionismus", sonst nur in der Literatur rechtsradikaler Kreise verbreitet und ohne wissenschaftliche Reputation, wurden aufgrund der Veröffentlichungen Ernst Noltes, dem seine Kritiker vorwarfen, revisionistisches Gedankengut gesellschaftsfähig gemacht zu haben, im „Historikerstreit" breit diskutiert und von den beteiligten Wissenschaftlern als unhaltbar zurückgewiesen.[60]

Der Historikerstreit hat deutlich gemacht, daß in der Bun-

---

[58] *Deborah E. Lipstadt*, Denying the Holocaust: The Growing Assault on Truth and Memory, New York 1993 (dt.: Betrifft: Leugnen des Holocaust, Zürich 1994); *Wolfgang Benz*, Realitätsverweigerung als antisemitisches Prinzip: Die Leugnung des Völkermords, in: ders. (Hrsg.), Antisemitismus in Deutschland, München 1995, S. 121–139.
[59] Zu den Gesetzesentwürfen von 1982 und 1985 vgl. *Sebastian Cobler*, Das Gesetz gegen die „Auschwitz-Lüge" – Anmerkungen zu einem rechtspolitischen Ablaßhandel, in: Kritische Justiz 18 (1985), S. 159–170.
[60] Historikerstreit. Die Dokumentation der Kontroverse um die Einzigartigkeit der nationalsozialistischen Judenvernichtung, München 1987.

desrepublik zwei widerstreitende Strömungen in bezug auf die Auseinandersetzung mit der Vergangenheit existieren. Einerseits hat durch die Reihe der Gedenkjahre von der „Machtergreifung" bis zur „Reichskristallnacht" von 1983 bis 1988 die wissenschaftliche und publizistische Auseinandersetzung an Intensität zugenommen. Sie führte die zentrale Bedeutung des Antisemitismus und der Judenverfolgung in der nationalsozialistischen Ideologie und Politik vor Augen. Besonders die Rede von Bundespräsident Richard von Weizsäcker zum 40. Jahrestag des Kriegsendes hat die historische Schuld und Verantwortung der Deutschen noch einmal ins öffentliche Bewußtsein gehoben.[61] Sowohl in der regionalen und ortsgeschichtlichen Erforschung als auch in der Errichtung und Pflege von Gedenk- und Forschungsstätten hat die Beschäftigung mit der NS-Zeit und der Judenverfolgung eine breite Basis gefunden. Wie schnell ein Antisemitismus-Verdacht durch die neue Sensibilität aufkommen kann, mußte der ehemalige Bundestagspräsident Philipp Jenninger mit seiner mißlungenen Rede zum Gedenken an die Novemberpogrome 1988 erfahren.

Andererseits gibt es eine breite Strömung, die auf diese Intensivierung mit der Parole „Schlußstrich unter die Vergangenheit" antwortet. Von populistisch auftretenden Politikern ist dieses Meinungsklima verstärkt worden, indem sie die deutsche Geschichte und nationale Symbole aufwerteten. In ihrem Bestreben, sich mit der deutschen Geschichte ungebrochen identifizieren zu können, erscheinen ihnen die Juden als lästige Mahner. Dieser Komplex bildet in der Programmatik der „Republikaner" einen wichtigen ideologischen Bestandteil. Mittels einer Rhetorik des Zwar – Aber erklärt man sich für nicht-antisemitisch, verbittet sich aber „jede Einmischung" seitens jüdischer Repräsentanten. Mit den Republikanern hat eine rechtsextreme Partei an Einfluß gewonnen, von der fallweise die Kommunikationslatenz gezielt durchbrochen wird.

---

[61] *Richard von Weizsäcker*, Zum 40. Jahrestag der Beendigung des Krieges in Europa und der nationalsozialistischen Gewaltherrschaft. Ansprache am 8. Mai 1985 (Bundeszentrale für politische Bildung), Bonn 1985.

Mit den überraschenden Wahlerfolgen der Republikaner im Jahre 1989 kündigte sich ein Wiedererstarken des rechten Lagers an, was aber durch den Vereinigungsprozeß zunächst überdeckt wurde. Im Gefolge der fremdenfeindlichen Gewaltwelle seit 1991 häuften sich dann auch Übergriffe gegen jüdische Friedhöfe, Denkmale, Synagogen usw.,[62] die zum Teil, wie die Brandanschläge auf die „Jüdische Baracke" in Sachsenhausen und auf die Lübecker Synagoge, große öffentliche Resonanz im In- und Ausland fanden. Vor allem der Anschlag von Sachsenhausen dürfte Mitauslöser für die großen Demonstrationen und Lichterketten gegen Ausländerfeindlichkeit und Antisemitismus Ende 1992 gewesen sein.

Neben diesen Gewalttaten ist für die Jahre 1993–1994 jedoch auch eine Häufung kleinerer antisemitischer Skandale und Affären in der Sphäre der Politik zu beobachten, in denen sich typische Skandalthemen aus den Jahren seit 1958 zu wiederholen schienen.

Der Vorsitzende des Zentralrates der Juden, Ignatz Bubis, wurde mehrfach zum Ziel von Beleidigungen, so als ihn im November 1992 ein Rostocker Stadtrat auf einer Pressekonferenz fragte, ob es stimme, daß sein Heimatland Israel sei, und der Vorsitzende der Republikaner Schönhuber ihn wiederholt als Volksverhetzer denunzierte (Süddeutsche Zeitung, 29. 3. 94; Der Tagesspiegel, 29. 8. 94). Gegen beide erhob sich massive öffentliche und politische Kritik, der Stadtrat trat noch am gleichen Tag zurück, gegen Schönhuber wurde wegen Volksverhetzung ermittelt. Die Unmöglichkeit, Schönhuber ohne eine Beleidigungsklage von seiten des Angegriffenen anzuklagen (Tagesspiegel, 8. 4. 94), führte zu einer Debatte um gesetzliche Verbesserungen des Volksverhetzungsparagraphen (§ 130 StGB sowie der Paragraphen 86, 86a StGB – Verbreitung von Propagandamitteln bzw. Verwenden von Kennzeichen ver-

---

[62] Vgl. dazu die Länderartikel „Germany" im Antisemitism World Report, hrsg. vom Institute of Jewish Affairs, London 1992ff., von Werner Bergmann und Rainer Erb.

fassungsfeindlicher Organisationen). In diesen Kontext gehört auch die öffentliche Schelte eines BGH-Urteils zur „Auschwitz-Lüge" im „Fall Deckert", das die alte Rechtsprechung bestätigte, daß das Verbreiten der „einfachen Auschwitz-Lüge" wohl als Beleidigung oder Verunglimpfung des Andenkens Verstorbener bestraft werden kann, aber nicht als Volksverhetzung, für die ein Angriff auf die Menschenwürde gegeben sein muß. Dieser Fall wurde bei der erneuten Verhandlung auf der Basis der BGH-Vorgabe zu einem Justizskandal, da in der Urteilsbegründung nicht nur der Angeklagte, der Vorsitzende der NPD Deckert, als charakterstarke Persönlichkeit bezeichnet, sondern weil in ihr auch sein Bestreben, die „Widerstandskräfte im deutschen Volk gegen die aus dem Holocaust abgeleiteten (sic) jüdischen Ansprüche zu stärken", positiv gewertet wurde (aus der Urteilsbegründung Frankfurter Rundschau, 11. 8. 94).

Die öffentliche Entrüstung war allgemein, und sogar der Deutsche Richterbund und der Bundeskanzler (Der Tagesspiegel, 15. 8. 94: „Das ist ein völlig unverständliches Urteil. Das ist eine Schande") übten – anders als noch 1959 in den Fällen Nieland und Eisele – harsche Urteilsschelte und forderten personelle Konsequenzen. Die beteiligten Richter wurden wegen „dauernder krankheitsbedingter Verhinderung" zunächst suspendiert, kehrten aber später auf ihre Posten zurück. Der BGH hob im Dezember 1994 das Mannheimer Urteil auf und überwies den Fall zur erneuten Verhandlung an das Landgericht Karlsruhe.

Ein Interview des als Kandidaten für die Bundespräsidentenwahl vorgesehenen sächsischen Justizministers, Steffen Heitmann, in der Süddeutschen Zeitung vom 18.9.1993 sorgte für einen politischen Skandal, da seine These, es sei nun mit der deutschen Einheit der Zeitpunkt gekommen, den Holocaust historisch „einzuordnen", heftigen Widerspruch nicht nur bei den Juden im In- und Ausland,[63] sondern in der breiten Öffent-

---

[63] Der Zentralratsvorsitzende der Juden Bubis lehnte eine Kandidatur Heitmanns auch nach einem Treffen mit ihm ab (Der Tagesspiegel,

lichkeit bis hinein in die CDU erregte. Obwohl sich die CDU/CSU gegen interne Kritiker hinter den Kandidaten stellte, trat dieser Ende November von seiner Kandidatur zurück, zumal die FDP diese nicht unterstützte. Mit dem Streit um einige negative Filmkritiken zu „Schindlers Liste", in denen der Journalist Henryk Broder und andere teils offen, teils verdeckten Antisemitismus gesehen hatten, schien sich eine Antisemitismus-Debatte unter Intellektuellen anzubahnen, doch blieb diese auf Talk-Shows und Feuilletons begrenzt (Der Tagesspiegel, 20. 3. 94).[64] Die genannten Fälle haben zusammen mit der andauernden fremdenfeindlichen Gewalt im In- und Ausland besorgte Fragen nach der Entwicklung der politischen Kultur im vereinten Deutschland wachgerufen. Andererseits sind die Abwehrreaktionen der Medien und der Eliten klar und eindeutig.

Fazit

Eine vorläufige Bilanz der Entwicklung des Antisemitismus in der Bundesrepublik über fast fünf Jahrzehnte kann einen Rückgang feststellen, der sehr langsam, zäh und diskontinuierlich verlaufen ist, da er weniger auf Einstellungsänderungen bei den antisemitisch geprägten älteren Generationen beruhte als vielmehr darauf, daß nach 1945 Politik, Öffentlichkeit und Schule gegen eine weitere Tradierung des Vorurteils angekämpft und ein liberales, demokratisches Wertesystem vermittelt haben. Mit der Gründung der Bundesrepublik auf der Basis demokratischer, rechtsstaatlicher und humanistischer Werte war zwar das Programm der Gesellschaft gegenüber dem Dritten Reich

---

23. 9. 93) und warf ihm vor, er habe latenten Antisemitismus „wieder salonfähiger gemacht".

[64] Die intellektuelle Szene erlebte allerdings eine ganze Reihe von Scharmützeln, in denen sich etwa der Historiker Ernst Nolte und der Dramatiker Botho Strauß gegen Vorwürfe von Ignatz Bubis, sie gehörten zum intellektuellen Rechtsradikalismus, verwahrten (vgl. Spiegel, Nr. 16, 1994; Die Zeit, 27. 4. 94; Der Tagesspiegel, 6. 5. 94).

radikal umgestellt worden, es brauchte jedoch Jahrzehnte, bis die Institutionen entsprechende Einstellungen verändert haben und diese in der Bevölkerung mehrheitlich vertreten wurden. Die moralisch fundierte Erwartung, die Deutschen hätten nach 1945, nachdem sie die volle Kenntnis über den Holocaust erlangt hatten, ihre antisemitische Einstellung sofort aufgeben müssen, verkennt einmal den Charakter von Einstellungsstrukturen, die auch aufgrund dissonanter Erfahrungen nicht sogleich geändert werden können, zum anderen die Tatsache, daß die Existenz einer „Judenfrage" seit dem Kaiserreich zum Common sense gehört hatte. Es mußte zunächst einmal die Einsicht verbreitet werden, daß es auf diese Frage keine Antwort gibt, es sei denn eine antisemitische, daß daher die „Judenfrage" als falsch gestellt gänzlich aufgegeben werden muß.[65] Erst von diesem Ausgangspunkt her ist der relative Erfolg in der Bekämpfung antisemitischer Einstellungen zu erkennen. Noch immer stimmen beachtliche Teile der Bevölkerung einzelnen antijüdischen Aussagen zu, doch verdichtet sich diese Zustimmung nur bei einem „harten Kern" zu einem geschlossenen antisemitischen Vorurteilskomplex. Dieser hat nicht nur quantitativ an Bedeutung verloren, er hat auch seine Qualität und Motivation geändert. Es geht bei ihm heute nicht primär um Gruppenkonflikte, also um rechtliche Gleichstellung, religiöse Toleranz, wirtschaftliche Konkurrenz, sondern um ein Ressentiment, das sich als „sekundärer Antisemitismus" aus den Problemen im Umgang mit der NS-Vergangenheit, insbesondere mit dem Holocaust ergibt.

---

[65] In der Nachkriegszeit verurteilten viele die NS-Judenverfolgung, hielten aber an ihrer Überzeugung fest, die „Judenfrage" hätte auf irgendeine Weise, etwa über eine Ausweisung der Juden, Berufsbeschränkungen, rechtlich minderen Status u. ä., reguliert werden müssen.

Quellen

Antisemitismus – Vorgeschichte des Völkermords?
Wolfgang Benz/Werner Bergmann
Originalbeitrag

I. Judenfeindschaft im Mittelalter und in der frühen Neuzeit

Judenfeindschaft im Mittelalter
František Graus
(in: Herbert A. Strauss/Norbert Kampe, Antisemitismus. Von der Judenfeindschaft zum Holocaust, Schriftenreihe der Bundeszentrale für politische Bildung, Bd. 213, Bonn 1984, S. 29–46)

Die Vertreibung der Juden aus Spanien im Jahre 1492
Horst Pietschmann
(in: Aus Politik und Zeitgeschichte B 37/92, S. 33–45)

Zwischen Vertreibung und Wiederansiedlung – Die Reichsstadt Augsburg und die Juden vom 15. bis zum 18. Jahrhundert
Wolfram Baer
in: Rolf Kießling (Hrsg.), Judengemeinden in Schwaben im Kontext des Alten Reiches, Akademie Verlag, Berlin 1995, S. 110–127).

II. Emanzipation und Früh-Antisemitismus: das 18. und 19. Jahrhundert

Judenemanzipation und bürgerliche Gesellschaft in Deutschland
Reinhard Rürup
(in: ders.: Emanzipation und Antisemitismus. Studien zur „Judenfrage" der bürgerlichen Gesellschaft, Vandenhoeck & Ruprecht, Göttingen 1975, S. 11–36)

Sozialer Protest und antijüdische Ausschreitungen im 19. Jahrhundert
Stefan Rohrbacher
(in: Sozialwissenschaftliche Informationen 18, Heft 3/1989, S. 149–155)

III. Der Antisemitismus im Kaiserreich

Struktur und Funktion des deutschen Antisemitismus 1878–1914
Werner Jochmann
(in: Herbert A. Strauss/Norbert Kampe, Antisemitismus. Von der Judenfeindschaft zum Holocaust, Schriftenreihe der Bundeszentrale für politische Bildung, Bd. 213, Bonn 1984,
(gekürzte Fassung, S. 108–135)

Geschichte und Idologie: Der Berliner Antisemitismusstreit 1879/81
Christhard Hoffmann
(Originalbeitrag. Teile dieses Textes wurden unter dem Titel „Der Berliner Antisemitismusstreit 1879/81" in der Zeitschrift Geschichte in Wissenschaft und Unterricht 46, 1995, S. 167–178, veröffentlicht.)

Kaiser Wilhelm II. und der deutsche Antisemitismus
John C. G. Röhl
(in: ders.: Kaiser, Hof und Staat, Wilhelm II. und die deutsche Politik, Verlag C. H. Beck, München 1995, 4. Aufl., S. 202–222, Anm. S. 272–278).

Der Aufstieg des Antisemitismus im Ersten Weltkrieg
Helmut Berding
(in: ders., Moderner Antisemitismus in Deutschland, Suhrkamp Verlag, Frankfurt a. M. 1988, S. 165–178)

Rassenideologien und antisemitische Publizistik in Deutschland im 19. und 20. Jahrhundert
Volker Losemann
(in: Judentum und Antisemitismus von der Antike bis zur Gegenwart, hrsg. von Thomas Klein/ Volker Losemann/ Gunther Mai, Droste Verlag, Düsseldorf 1984, S. 137–159).

IV. Der Antisemitismus in der Weimarer Republik

Die deutsche Gesellschaft der Weimarer Republik und der Antisemitismus. Juden als Blitzableiter
Heinrich August Winkler
(in: G. B. Ginzel (Hrsg.), Antisemitismus, Verlag Wissenschaft und Politik, Köln 1991, S. 181–191)

V. Vom Antisemitismus zum Völkermord –
Die NS-Judenverfolgung

Die Juden im Dritten Reich
Wolfgang Benz
(in: Karl Dietrich Bracher/ Manfred Funke/ Hans-Adolf Jacobsen (Hrsg.), Deutschland 1933–1945. Neue Studien zur nationalsozialistischen Herrschaft, Schriftenreihe der Bundeszentrale für politische Bildung, Bd. 314, Bonn 1992, S. 273–290)

VI. Das Fortleben des Antisemitismus nach 1945

Antisemitismus in Deutschland 1945–1996
Werner Bergmann und Rainer Erb
(kombinierter Beitrag aus: Wie antisemitisch sind die Deutschen? Meinungsumfragen 1945–1994, in: Wolfgang Benz (Hrsg.), Antisemitismus in Deutschland, dtv, München 1995, S. 47–63, u. S. 84–86, leicht gekürzt; und Privates Vorurteil und öffentliche Konflikte, in: Jahrbuch für Antisemitismusforschung 1, 1992, S. 24–36, gekürzte Fassung).

Die Autoren

Baer, Wolfram, Dr., Direktor des Stadtarchivs Augsburg.

Benz, Wolfgang, Prof. Dr., Leiter des Zentrums für Antisemitismusforschung, Technische Universität Berlin

Berding, Helmut, Dr., Professor für Neuere Geschichte an der Justus-Liebig-Universität Gießen.

Bergmann, Werner, PD Dr., Oberassistent am Zentrum für Antisemitismusforschung, Technische Universität Berlin.

Erb, Rainer, Dr., Wissenschaftlicher Angestellter am Moses Mendelssohn Zentrum an der Universität Potsdam.

Graus, František, Dr., Dr. h.c. von 1972 bis zu seinem Tod 1989 Professor für mittelalterliche Geschichte an der Universität Basel.

Hoffmann, Christhard, Dr., DAAD-Dozent, University of California, Berkeley, Department of History.

Jochmann, Werner, Dr., von 1960–1986 Leiter der Forschungsstelle für die Geschichte des Nationalsozialismus in Hamburg und Professor für neueste und Zeitgeschichte an der Universität Hamburg. Gestorben 1995.

Losemann, Volker, Dr., Akademischer Oberrat an der Philipps-Universität Marburg.

Pietschmann, Horst, Dr., Professor für Lateinamerikanische Geschichte an der Universität Hamburg.

Röhl, John C. G., Dr., Professor für europäische Geschichte an der Universität Sussex.

Rohrbacher, Stefan, Dr., Wissenschaftlicher Mitarbeiter am Institut für die Geschichte der deutschen Juden, Hamburg.

Rürup, Reinhard, Dr., Professor für Neuere Geschichte an der Technischen Universität Berlin, Institut für Geschichte.

Winkler, Heinrich August, Dr., Professor für Neueste Geschichte an der Humboldt-Universität zu Berlin, Institut für Geschichtswissenschaften.

Weitere Titel zum Weiterlesen:

Jakob J. Petuchowski / Clemens Thoma
Lexikon der jüdisch-christlichen Begegnung
Hintergründe – Klärungen – Perspektiven
Band 4581
Erstmals in der Geschichte der beiden Religionen ein umfassend
informierendes Gemeinschaftswerk zu zentralen Sachverhalten.

Doron Arazi
Itzhak Rabin – Held von Krieg und Frieden
Biographie
Band 4490
„Eine gediegene, kenntnisreiche Taschenbuch-Biographie, kein
verlegerisch-kommerzieller Schnellschuß"(DIE ZEIT).

Ignatz Bubis / Wolfgang Schäuble
Deutschland wohin?
Hrsg. von Frank Schirrmacher
Band 4487
Frank Schirrmacher im Gespräch mit Ignatz Bubis und Wolfgang
Schäuble. Spannend, kontrovers, grundsätzlich und wegweisend.

Jaffa Eliach
Träume vom Überleben
Chassidische Geschichten aus dem 20. Jahrhundert
Band 4478
Die Überlebenden des Holocaust glauben unbeirrbar an das Gute im
Menschen. Die erste größere Sammlung wahrer chassidischer
Geschichten.

Wladyslaw Bartoszewski
Es lohnt sich, anständig zu sein
Meine Erinnerungen. Mit der Rede zum 8. Mai
Hrsg. von R. Lehmann
Band 4449
„Ein leidenschaftlicher Humanist" (H. Böll) erzählt sein Leben. Ein Gejag-
ter, der zum Helfer wurde und sich zeitlebens für Versöhnung einsetzte.

HERDER / SPEKTRUM

Hans Maier
Politische Religionen
Die totalitären Regime und das Christentum
Band 4414

Die Geschichte des 20. Jahrhunderts zeigt: Politik und Religion gingen eine gefährliche Verbindung ein. Welche Konsequenzen ergeben sich daraus?

Evelyn Friedlander
Ich will nach Hause, aber ich war noch nie da
Eine jüdische Frau sucht ihr verborgenes Erbe
Band 4410

Die Geschichte einer Powerfrau, ehrlich, temperamentvoll und voll Witz. Zugleich ein packendes Dokument deutscher Wirklichkeit.

Anke Martiny
Israel – und du wunderst dich täglich
Innenansichten von Gewalt und Hoffnung
Band 4380

Ein anschaulicher Bericht aus dem Alltag in Israel, über die Farbigkeit und Widersprüchlichkeit, über die kleinen und großen Wunder eines der spannendsten Länder der Welt.

Günter Hole
Fanatismus
Der Drang zum Extrem und seine psychologischen Wurzeln
Band 4348

Wir erleben ein erschreckendes Wiederauflodern des Fanatismus. Wertvolle Ratschläge auch für den persönlichen Umgang mit fanatischen Gruppen.

Hugo Ott
Laubhüttenfest 1940
Warum Therese Loewy einsam sterben mußte
Band 4326

Welche Rolle spielt der Philosoph Heidegger in diesem Drama um die Witwe seines einstigen Lehrers?

HERDER / SPEKTRUM

Dieter Oberndörfer
Der Wahn des Nationalen
Die Alternative der offenen Republik
Band 4279
Der kulturelle Firniß ist dünn. Zwischen völkisch motivierter
Abschottung und tödlicher Gewalt verläuft nur eine schmale Grenze.
Oberndörfer zeigt, warum der Aufbau der offenen Republik gelingen
muß.

A.E. Dumbach / J. Newborn
Die Geschichte der Weißen Rose
Band 4269
Das beeindruckende Portrait der studentischen Widerstandsgruppe im
„Dritten Reich".

Jakob J. Petuchowski
Es lehrten unsere Meister
Rabbinische Geschichten
Band 4132
„Die Lektüre dieses Buches ist wie ein Abenteuer auf der Suche nach
Schönheit und Sinn" (Elie Wiesel).

Jakob J. Petuchowski
Mein Judesein
Wege und Erfahrungen eines deutschen Rabbiners
Band 4092
Die Einführung in die geistige Welt des modernen Judentums.
Ein notwendiges Buch: für Juden, Christen und für Deutsche.
„Ein Vermächtnis" (FAZ).

HERDER / SPEKTRUM

Elie Wiesel
Der fünfte Sohn
Roman
Band 4069
Jahrelang glaubt der Jude Tamiroff, den Mörder seines Sohnes
gerächt zu haben...

Elie Wiesel
Den Frieden feiern
Mit einer Vorrede von Václav Havel
Band 4019
„Wir kennen den Preis, den man für Kriege bezahlt. Welchen Preis darf
man für den Frieden bezahlen?" (Elie Wiesel).

Elie Wiesel
Die Nacht
Erinnerung und Zeugnis
Vorwort von Martin Walser
Band 4488

Elie Wiesel
Die Weisheit des Talmud
Geschichten und Portraits
Band 4384
Im Talmud, dem Brennpunkt jüdischer Traditionen und
Lebensmöglichkeiten, stecken viel Witz, Scharfsinn und Lebensklugheit.
Wiesel öffnet die Türen zu den Schätzen jahrtausendealter Weisheit.

HERDER / SPEKTRUM

Elie Wiesel
Geschichten gegen die Melancholie
Die Weisheit der chassidischen Meister
Band 4296

Die chassidische Weisheit als wahre Lebenshilfe – Zeichen der Hoffnung
und Waffe gegen die Melancholie.

Elie Wiesel
Adam oder das Geheimnis des Anfangs
Legenden und Porträts
Band 4249

In funkensprühenden Charakterstudien verleiht Nobelpreisträger Elie
Wiesel den großen Gestalten der Bibel ein überraschendes, markantes
Profil.

Elie Wiesel
Der Vergessene
Roman
Band 4186

Ein Mann spürt: Sein Gedächtnis schwindet. Wider das Vergessen erzählt
er dem Sohn von seiner Vergangenheit, die ein dunkles Geheimnis birgt.

Elie Wiesel
Gezeiten des Schweigens
Roman
Band 4154

Michael ist ein Entkommener, einer, der den Wahnsinn des Krieges
hinter sich hat. Er reist zurück in die Stadt seiner Deportation ...

HERDER / SPEKTRUM